故宫藏本术数丛刊

奇門旨歸

[清]朱浩文◎撰

郑　同◎编校

華齡出版社

责任编辑：李成志　张伟晶
责任印制：李未圻

图书在版编目（CIP）数据

奇门旨归/（清）朱浩文撰；郑同编校．—北京：华龄出版社，2013.1
ISBN 978-7-5169-0232-5
Ⅰ．奇…　Ⅱ．①朱…②郑…　Ⅲ．①奇门遁甲—研究　Ⅳ．①B992.4

中国版本图书馆 CIP 数据核字（2012）第 279361 号

书　　名：奇门旨归
作　　者：（清）朱浩文撰　郑同编校

出版发行：华龄出版社
地　　址：北京市东城区安定门外大街甲 57 号　　邮　　编：100011
电　　话：（010）58122246　　传　　真：（010）84049572
网　　址：http://www.hualingpress.com

印　　刷：三河市九洲财鑫印刷有限公司
版　　次：2013 年 1 月第 1 版　2025 年 2 月第 7 次印刷
开　　本：787×1092　1/16　　印　　张：18
字　　数：372 千字
定　　价：48.00 元

前言

北京　刘金亮　撰

《奇门旨归》，晚清楚北兴国[1]朱浩文所著，出版于光绪十九年癸巳（1893），共三十八卷，是飞盘奇门遁甲资料汇集性名著，在奇门发展史上有重要历史地位。下面我就从作者生平、书中所涉及的一些重要历史人物和历史事件、《奇门旨归》的价值等几个方面，一一加以分析介绍。

作者简介

朱浩文又名朱星源，是清末大学者和军师，著述颇丰。有人赞誉他"覃思词翰，潜心经术，类皆文学，选而精于天人与地之学"。可以说他既有儒学功底，又有经纬天地之材，还有羡仙慕道之雅好。他涉猎之广度深度，从其著述目录可见一斑：《小大学程家常必读》、《天文辑要》、《皇朝中外山水道里提纲》、《历代道学心传》、《皇极经世要旨》、《范数皇极要旨》，其中涉及儒学、天文、地理、道学、术数等方方面面。

朱星源在自叙中这样写《奇门旨归》的成书过程及其意义："自束发读书，经、史而外，天文、地舆、性命、河洛、太乙、演禽、测量、算学，悉心讲求，颇信有获。惟奇门之奥，每憾茫然，旁搜博访，苦无所衷。近涉湖海，历衡湘，游苏子熙军门元春幕，偶得师传古本，默会冥契，始悟正旨所归。历数寒暑，乃成兹集三十八卷，颜曰《奇门旨归》。是集也，天道之变，地道之亨，人物之安危，与夫得失兴衰之理，存亡祸福之机，兵家之运筹决胜，人事之趋避吉凶，无不毕具局内，包藏格中。神而明之，皆可前知预决，捷于影响"。

朱星源为清军提督苏元春做过幕僚。苏元春即上文中提到的苏子熙军门，苏子熙是苏元春的号。他曾任广西提督，相当于广西省军区司令。提督与总督、巡抚并称为封疆大吏，职责为统率本标官兵及分防营汛，节制全省各镇，校阅军实，修治武备，稽核武职官弁，为各省绿营最高军事长官。提督在清代是武职从一品官，全称为"提督军务总兵官"，一般称"军门"，如电影《甲午海战》中北洋海军提督丁汝昌就被称为"丁军门"。

---

[1] 今湖北省黄石市阳新。

《奇门旨归》涉及的著名历史人物

今天知道苏子熙的人可能不多，但在镇南关大败法军的老将冯子材却是上了中学历史课本的名将，因为镇南关大捷几乎是清朝在康乾之后唯一一次打败外国侵略者的战役。苏子熙是参加镇南关大捷的中方主要将领之一。《奇门旨归》中，作者朱浩文留下了为苏子熙选吉时率领所部的毅新军开赴广东抗法前线的课例。

晚清的广西永安[①]有“一门三提督”：苏元璋、苏元春、苏元瑞。时人将苏氏三兄弟比之于宋朝的苏洵、苏轼、苏辙，谓之“昔有文三苏，今有武三苏”。“武三苏”中，苏元春名气最大。他是清代广西3位两任广西提督之一，任期从1885年至1903年，长达19年，仅次于冯子材（21年），且与冯子材一起参加著名的中法镇南关（今友谊关）战役，战后主持国防建设而名垂青史。

法国明信片上的苏元春照片。画面下方文字为法语，N182TonkinLangsonmarêchaisou——中文意思是，谅山北部苏元帅。

1904年以治军不严之罪被弹劾，后发配新疆，1908年病死于发配地。

关于苏元春，这篇题为《苏元春：亦功亦过的清末名将》[②] 的文章更详细，可参阅。

《奇门旨归》中涉及陈宝箴（1831－1900），也是进了中学历史课本的近代史上鼎鼎大名的人物，曾做到过湖南巡抚，是清代主要维新派人物之一。陈宝箴，江西义宁（今修水）人，中国现代最负盛名的历史学家、古典文学研究家、语言学家陈寅恪先生的祖父。举人出身。早年参加湘军，随席宝田镇压太平天国起义，官至知府。曾任浙江、湖北按察使，直隶布政使，1895年任湖南巡抚时，以“变法开新”为己任，推作新政。先后设矿务局、铸币局、官钱局，兴办电信、轮船及制造公司，创立南学会、算学堂、时务学堂，支持谭嗣同等刊行《湘学报》、《湘报》，使湖南维新风气大开，成为全国最有生气的省份。1898年5月，奏请力行新政，并提出兴事、练兵、筹款三策以挽救危亡。7月，保荐杨锐、刘光第参与新政。9月，奏请调湖广总督张之洞入京总理新政。但反对维新派“民权平等”说，也不满康有为的托

---

① 今蒙山县。

② 《苏元春：亦功亦过的清末名将》，黄振南，http：//ngzb. gxnews. com. cn/html/2009－08/02/content_269225. htm。

古改制，对湖南守旧顽固势力的攻击采取妥协态度。到 1898 年，戊戌变法失败，陈宝箴因荐举维新派人物刘光第、杨锐而被革职，永不叙用，遂移居于江西南昌西山崝庐。1900 年去世，年七十。

《奇门旨归》中涉及的另一个重要历史人物是黄子寿，《清史稿》中有黄子寿传记，称其“廉明刚毅，博学多通”。黄彭年（1824－1890），字子寿，号陶楼，晚号更生，清朝贵州贵筑县（今贵阳市）人。世居醴陵枫林市。清道光二十七年（1847）进士，选翰林院庶吉士，授编修。咸丰初（1851），随父黄辅辰赴贵州筑办团练。时长寨、清水江等地苗、汉不和。黄彭年亲往苗寨察访，得悉苗民歧视、欺凌诸情，遂逐一调处，消除怨隙。同治元年（1862），四川总督骆秉章统兵防堵、围剿入川石达开所部太平军，黄彭年应聘参赞军机有功，骆拟上奏擢升，黄辞谢。同治二年，陕西巡抚刘蓉延聘主讲关中书院，黄增添经籍，严定课程，学生日增。不久，直隶总督李鸿章聘黄纂辑《畿辅通志》，历时 16 年，成书 300 卷。旧志遗缺，多有补正。修志之余，兼主讲保定莲池书院。后曾任陕西布政使，江苏布政使。1890 年调湖北布政使，总督张之洞尤倚重之。然黄子寿守正不阿，遇库款出入，断断以争，虽忤总督之意，勿顾也。不久死在任上。

《奇门旨归》中还涉及一些太守级官员。清代的太守大约相当于现在的市长。其中，徐稚生太守，即《苗疆闻见录》的作者徐家幹。这部书是徐家幹记录他跟随苏子熙镇压苗民起义所见所闻的一部著作。

《奇门旨归》提到的重要历史事件

《奇门旨归》作者亲历一些中国历史上的大事，本书第三十八卷《占验课》对这些事件有所反映。

一、太平军攻陷兴国州城的案例。兴国州是作者朱浩文的故乡。今天的湖北省黄石市阳新在清朝时名为兴国州。本例所记载的是重大历史事件。太平军与清军在兴国州进行了长达九年的拉锯战，第三十八卷第一个案例讲的就是 1853 年 10 月太平军第一次攻陷兴国州城之事。

二、太平军攻陷义宁州城，并且将其屠戮一空的案例。义宁州城即今江西修水。有这样一段名人轶事与太平军攻陷义宁州城有关。说的是“义宁陈氏”，这是对陈宝箴家族的称呼，因陈宝箴籍贯为江西省义宁州。陈宝箴常被称为“义宁陈抚”，陈三立被称为“义宁公子”，陈寅恪被称为“义宁先生”，故而得名。陈三立是国学大师陈寅恪的父亲，陈宝箴是陈寅恪的祖父。义宁州的陈氏家族当然不止一家，但声名显赫如陈宝箴家族者，却绝无仅有。陈三立于 1853 年出生在义宁州，1855 年 5 月太平军攻打该城时[①]，陈三立只有一岁多，家人带着他逃难而走。路上一位妇女劝告陈三立的母亲，要给小孩嘴里塞上絮布，以免孩子哭声引来杀身之祸。但三立的母亲并没有那样做，陈三立没有窒息而死，也没有哭，性命得以保全。为抵抗太平军，当地组织团练，陈宝箴是团练的主要领导之一。这只团练配合清朝政府军队几个月之后从太平军手中收复了义宁州城，陈宝箴以军功候补知县。五年后，陈宝箴赴京会试却没有考中进士。后来陈宝箴就靠当年团练军功踏入仕途，不断升迁，直到1895年任湖南巡抚。

三、清政府镇压侗民起义的几个案例。贵州侗民起义也是进了历史课本的大事，清朝时成为"苗乱"。本文介绍的25个例子中就有朱浩文为苏元春选吉时攻伐苗民的三个奇门课。《贵州政协报》有一篇题为《清朝咸丰黎平侗族农民起义》的文章[②]，简要介绍了这段历史。清朝咸丰年间，清廷对少数民族地区横征暴敛，残酷镇压百姓，在太平天国革命和古州"斋教军"的影响下，咸丰五年（公元1855年）七月，黎平号称"六洞"的六个寨的头人在肇洞聚商，公推肇洞侗族农民陆大汉为首领，提出"抗清廷，反官军，开仓济贫，迎接太平军"的口号，发动"六洞"侗族农民起义。"六洞"各寨侗族人民纷纷响应，不到一个月时间，起义队伍就推翻了当地清廷的政权和驻军。九月，与"六洞"毗连的黎平"四脚牛"[③]的龙额侗族农民首领姚文彬暗地邀聚当地贫苦青壮年人集会，向大家宣讲"坐死不如拼活"的起义抗暴道理，很快就得大家的赞同，并把这些人派到"四脚牛"的各寨串联起义，他自称"安黎王"。"安黎王"率部与梁维干、陆大汉"六洞"义军、古州"斋教军"、太平天国的大成军联合，两次围攻黎平府城，3次占领永从县城，1次攻下下江厅城。还横扫今黎平县和今均湖南靖州苗族、侗族自治县许多地方官军和地主武装。震惊清廷，成为贵州农民起义队伍中反清的一支重要力量。1876年正月，清廷调集黔、湘、桂三省官军万余人大肆会剿黎平"六洞"、"四脚牛"侗族农民起义军，陆大汉、姚文彬率领两支起义军在"六洞"、"四脚牛"根据地浴血奋战三个月，因寡不敌众，惨遭失败，起义军逐渐瓦解，首领相继阵亡。这次贵州侗民起义坚持了20多年。苏子熙所帅湘军是镇压起义的清军主力部队之一，而《奇门旨归》的作者当时是苏子熙的幕僚，书中有三个案例记载剿灭这次侗族起义的最后几个关键之战。

四、中法镇南关之战。中法战争中，清军在广西镇南关（今友谊关）打败法国侵略者的战役。清光绪十一年（1885）初，法军侵占镇南关，后因兵力不足、补给困难而退至文渊[④]、谅山，伺机再犯。时老将冯子材受命帮办广西关外军务，驰赴镇南关整顿部队，部署战守。二月初，冯子材得悉法军将犯镇南关，便于初五派兵夜袭文渊，

---

① 即本书"占验课"第二个例子所指。

② 《清朝咸丰黎平侗族农民起义》，张永文。

③ 四个寨子的合称。

④ 今越南同登。

打乱了法军部署，促使法军在援军未到之前即仓卒发动进攻。初八晨，法军在炮火掩护，沿东岭、西岭、中路谷地进攻关前隘，冯子材一面令各部迎战，一面通告扣波、幕府各军前来策应。其中，从幕府赶来驰援的即是苏子熙所帅毅新军。毅新军先击退西路法军，又驰援中路冯子材部。当敌逼近长墙时，年已70的冯子材持矛大呼，冲入敌阵，全军感奋，一齐涌出，与敌白刃格斗，战至中午，终将法军击退。冯子材指挥清军乘胜追击，连破文渊、谅山，重伤法军指挥官尼格里，将法军逐至郎甲以南。镇南关大捷使清军在中法战争中转败为胜，振奋了民族精神。法军战败的消息传至巴黎后，导致茹费理内阁倒台。由于此次战役中的功勋，苏子熙授提督，晋三等轻车都尉，又改额尔德蒙额勇号。《奇门旨归》案例记载了开战之前，苏子熙的毅新军奉命从湖南永州开赴广东抗法前线出军课。

《奇门旨归》的价值

一、《奇门旨归》集飞盘资料之大成。研究奇门遁甲的人都知道，奇门遁甲有转盘和飞盘两大流派。其中转盘无论在古代还是现代，相对飞盘来讲都是显学，而飞盘则一直是隐秘之学。这种不平衡主要表现在，转盘的古籍多，现代书籍多，现在办班开课的多，网上论坛多。尤其是，《四库全书》中收录了转盘奇门的资料，却没有收录飞盘奇门的资料，因而转盘奇门又被称为官方奇门。与此形成鲜明对照的是，飞盘奇门的书籍，无论古书还是现代书籍，都很少，办班的更少，网上资料、论坛都少多得。相对于官方奇门，飞盘奇门一直是民间秘传奇门，用飞盘者如凤毛麟角。清代官修《四库全书》时可能没有找到飞盘的资料，也有人说他们当时找到了飞盘奇门的资料，但却不愿意把如此难得的秘传体系公诸于世，所以隐匿不予收录。不论哪种原因，都说明飞盘奇门法脉之隐秘难寻。古籍中，属于飞盘奇门的目前面世的只有《奇门一得》、《奇门法窍》、《奇门旨归》、《奇门鸣法》、《奇门枢要》、《奇门衍象》、《遁甲括囊集》等几部书。而且《奇门鸣法》的全本是2012年易儒王力军先生刚刚无私奉献出来面世的，《奇门鸣法》系列其他几部书是郑同先生2012年才挖掘出来的。在寥寥无几的飞盘奇门著作中，除《奇门鸣法》系列自成体系，其他书不可同日而语之外，《奇门旨归》收集的资料最多、最全面、篇幅最大，其中有些资料为其它奇门书籍中所罕见。如《身命占》、《黄石公七十二局》、《奇门演卦》等市面较为少见的资料。

二、它是奇门古籍中唯一有较多占测实例的著作。奇门其他古籍中也偶尔有一些实例，但数量均不多，简直可以比作凤毛麟角。与奇门形成鲜明对比的是，其他数术一般都有大量古例可供参考。比如《梅花易数》中有大量实例，既明明白白地演示了梅花易数的起卦方法，又清清楚楚地展示了如何解断。再比如六爻纳甲法，《增删卜易》里面有多达150多个例子；《卜筮正宗》中共133个案例，除74个抄自《增删卜易》之外，另有60个左右新案例，两书加起来就有210多个例子，已经足以让学者得窥六爻之门径。再比如大六壬，一部《壬占汇选》就收集了650多个例子，其他案例集和散见案例还有很多。数术界人士都知道实例的重要性，其他几门数术体系里大量实例令奇门学者艳羡不已。对奇门而言，学会起局之后，如果没有实例，根本就没有入门。而这部《奇门旨归》里面却有25个实例，其珍贵程度不言而喻。

三、它的作者真正在战争实践中应用奇门，并且留下了案例，而且作者留下的战争案例都与历史上的大事、著名人物相联系。比如，这里有太平军攻陷兴国州城和义宁州城的案例；有清军平定苗民起义的案例；有著名的中法战争案例。

四、它有全部1080局完整的飞盘局面，用的是现在流行的井字格加外框法，使人可以快速查到局面，也可以说是古书唯一清清楚楚展示了飞盘奇门遁甲如何起局的书。在《奇门旨归》之前，由有关于飞盘奇门的书籍非常少，仅有的几部著作也没有全面系统讲清楚飞盘奇门到底如何起局。《奇门旨归》则明白无误地用穷尽列举法把飞盘奇门的全部局面都罗列出来，使学人不会再有任何迷惑。

五、它的案例记载了一些重大历史事件和一些重要历史人物的一些侧面，读来别一番感受。

叙

奇门为三式之一。自黄帝以来，太公、留侯、武侯、诚意伯，皆用行军胜敌。传而至于今日，则已名是实非。无论调坛闭戊、行筹返闭诸大端几为绝学，即一跳涧之法，亦各演布不同。往在苗疆，得友人奇门钞本，亦曾究心寻讨，历数月日无所得，遂亦置之。既而随军入湘，偶一考索，仍属茫然。知阴阳消长，其要旨固自有归也。庚辰冬，江华猺乱平，余以军暇，赴长沙省亲，适朱君星源造访，慨论猺疆形势，曰："江华乱猺，吾知其不足平也。"余曰："君寓省距江华九百里，身不临敌，何以知之?"曰："警报至，曾演奇门一局，得丙加庚，为荧入白格。《经》云：'庚为太白丙为荧，荧入白兮贼即去'，以是知贼不利。"相与谈主客之辨，甚详。其明年，受苏子熙军门聘，参赞营幕，与共帷幄者两年，日探秘奥，益有心得。或以缉捕事试之，占辄验。今编集起例诸法，皆各书所未详，复本太公《军中应验神符经》七十二局，补演千八十局，都为一书，颜曰"奇门旨归"。其随太阳节气，布门轮宫，飞星定局，一一如指诸掌。小而趋吉避凶，大而陈兵立垒，神明变化，功用无穷。六戊斗罡之机，六甲阴符之妙，亦何不可推而求焉。《百战经》曰："为将者不知太乙、奇门、六壬，不可应敌而取胜。"是书探奇门之奥，其亦足资为将者之取用乎？是可存以资世矣。

光绪九年夏四月

义宁徐家幹叙于长沙寓次

序

曩余官京师，与富川易侍御柟舫友善，朝夕相过从。柟舫尝谓：“余乡多宿学，其笃于行谊，知名当世，莫如万清轩征君；此外覃思词翰、潜心经术类，皆文学选；而精于天人舆地之学，则以朱星源司马为最。”征君以敦品励学，教授里门，旧悉于胡文忠奏牍；司马素未识面，闻其言，识而弗忘。岁壬辰，衔恤里居，时南丰包侯云韛宰吾邑，司马居幕府，晤于白伏官廨，一见如旧识，相得甚欢；与抗论天下时事，及诸经世务，具有根柢，乃叹柟舫之言为不谬。嗣以包侯介为先太恭人题栗主，[①] 事竣往谢，司马出所著《奇门旨归》见视，为言其生平所致力，以弁言委。逊谢不获，受而卒读，慨然叹曰：“天下吉凶顺逆之理竟若是，其不爽乎！”自伏羲画卦，包符秘泄，阴阳以生，固万物之所听命，人事吉凶顺逆之所寄也。所谓开物成务、前民利用者，于是乎在。羲圣功用，尽于此矣。黄帝氏作，衣裳渐启，征伐亦兴。涿鹿之战，蚩尤肆焰，爰与风后效天神所授符诀，参以天时人事，与夫治乱兴衰之故，存亡祸福之机，演成奇门千八十局。使阴阳对待、吉凶顺逆之相反显然，知所趋避，而帷幄之运筹决胜，不战制人。即万事之休咎，无不可前知预决。厥后大公、留侯、武侯、诚意，皆得力于此，胥用以建树功业，为一代伟人，非信古有获、深明古圣人阴阳之道，能若是乎！司马好学，深思锐意搜讨，游历所至，足迹几遍天下。往岁从苏子熙军门，出师黔湘，所向无前，以赞画功、授今职。近又得古本而融会之，悟其大旨所归，述以问世，是亦兵法家之左券也。虽《玉函》、《金匮》，非下走所及知；而其嗜古之念、公世之心，有不容没者，故不惮覼缕[②]而为之序。

光绪十有八年仲夏月长至日

潜阳愚弟万际轩顿首拜撰

① 栗主：古代练祭所立的神主。用栗木做成，故称“栗主”。后通称宗庙神主为“栗主”。

② 覼缕，谓详述。隋《齐故员外郎马少敏墓志》：“编之史籍，无烦覼缕。”

序

咸同间，粤逆盗弄海内，十九戒严。益阳胡文忠公抚吾鄂，锐然以肃清自任，开宾贤馆以广招异能。有淦水某生来谒，自以奇门称。公亦尝耳其名，试令卜，亦参伍验。会军于武昌，公授以兵，为大军殿，辄败衄[1]罔效，其人亦以此潜逝。嗟乎！生殆未得奇门之真者欤？毋亦徒如叶公之好龙者耶！

夫盈天地濛濛中，其大力包举者，惟理与数而已。理数相辅而行，夫人能言之，夫人而不能明之。抑知言理即有数，言数即有理，此其中自有一定之旨在。自非圣神，不能撮其旨而为之作；亦非明粹之儒，不能得其正旨之所归而为之述也。昔者羲皇一画，爰肇机缄；八卦定位，前民利用，于是乎人知以理数而为趋吉避凶之券矣。轩辕氏作，大启苞符，开上世文明之始。蚩尤悖逆，帝乃握灵，珍矢精默，遂感九天玄阴之姥，锡以祥微，而与风后作奇门焉。繁理赜数，罔弗囊括，呼吸风雷，号召神鬼，遂使狂暴授首而专车之彙以殄，功用溥矣哉。而帝复以秘籍敷示，传之无穷，殆犹是羲皇前民利用、俾民知趋避之至意也。自兹以往，在周则尚父受其传于容成子，汉则子房受之赤松，三国则诸葛公受于其外舅黄承彦。世谓黄乃受于其婿，误矣。迄明刘青田以之事太祖，未知所受，类皆建立殊勋，彪炳当代。降而年代湮远，谈者益哤、[2]讹者益伙矣。而世之言奇门者，非诧为怪异灵奇之事，即讥为射覆术数之末。噫！后之人，其欲闻前民利用之旨，以得理数趋避之归，孰从而求之哉？

予曩见坊本而好之，探索亦久，然未得师传，其间如旬首、符头以超神接气，究多囫囵莫辨，心窃疑焉，以为是必有真旨之所归，不可以浅陋而臆度也。乃庋坊本于高阁，而潜心以求明哲焉。岁癸巳，吾友朱星源司马，以所著《奇门旨归》见示，伏而读之，不禁狂喜。书之奥义，君《自序》、《凡例》言之綦详，毋庸鲰生赘也。然而原原本本，合太公、留侯、武侯诚意之精微，仍复黄帝一千八十局之旧。得其书者，如指九逵然。其趋避而利用，亦何广且显耶！

君之为人，所谓儒而君子者也。少习经史，而尤契于理学，弦诵之暇，博极天文地舆、河洛理数，以逮太乙、演禽、测算诸学，他如民生利病、水利农田、形势险要，靡不究心，有得即笔之，裒而为集，其先付剞劂者，如是书外，犹有《历代道学薪传》、《皇极经世要旨》、《范数皇极要旨》、《小大学程》、《家常必读》，共若干卷；他若《观星辑要》、《占象考验》及《皇朝中外山水道里提纲》诸集，亦已成书，而将续付手民。故身虽已受职，而终不乐仕进，犹复隐居，日读宋儒周、邵、程、朱遗书弗倦。君固精于制艺，科甲故物耳，徒以四方多故，以战功授今职，荣三世。人有以君未获

---

① 衄：挫折。
② 哤：语言杂乱。

偿巍科、联高第，若不能不为君惜者，而君则曰："理数在则然，顺受之而已矣！奚惜焉。"是君不独利民用，其所决于一己之利用，不亦明且大乎！

抑予尝有言奇门惟儒者可谈，其他则必不许之谈，何也？如朱君之书，演为千八十局，人人能用之，而于六戊斗罡、六甲阴符不肯轻述，用意良深矣。君学以理为归，是集专以理数合参，而撮其要领，以神其妙用，夫岂世俗之苟尝一脔、异言喧豗者，所敢轻道哉！若某生之于叶公好龙者，更奚足论哉！而况诧为怪异、讥为小术者耶？彼殆徒见夫市头设案，刺刺然盲咶者耳。吁，可嗤也！

予与朱君别廿年矣，今春始得晤，渴慰之下，而又得是书，以拔塞茅，乐何极耶！今朝廷宏启馆舍，勤罗异材，吾知不日大府文章上剡，将有不使君终隐之事其。庶乎以理数之极致，而述其旨趣所归，以助清时，前万民之利用，又不仅区区趋避之为而已也。

光绪十有九年癸巳冬月长至日

愚弟梅郭田顿首

自叙

奇门曷昉乎？昔黄帝战蚩尤于涿鹿，兵苦未休，偶梦天神，降授符诀。因命风后，爰立遁甲九宫，八卦八门、三奇六仪、九星九神、值符值使，阴阳顺逆，轮飞三盘，以及四时节气、旬首符头、三元定局、交承正授、超神接气、拆局、补局、闰局诸法，演成千八十局，千年万载同论也。

曰“遁甲”者何？为甲为天干之首，有君帝之尊，对宫之庚，其性险毒，甲畏之而遁于六仪之下也。曰“九宫八卦”者何？一坎、二坤、三震、四巽、五中、六乾、七兑、八艮、九离也。

曰“八门”者何？休、死、伤、杜、开、惊、生、景也。

曰“三奇”者何？乙为日奇、丙为月奇、丁为星奇，三光代临，合制庚金，形成鼎足，甲固苞桑，先王之建万国、亲诸侯，准此义也。

曰“六仪”者何？戊、己、庚、辛、壬、癸，六甲遁为六仪也。

曰“九星”者何？蓬、芮、冲、辅、禽、心、柱、任、英也。

曰“九神”者何？值符、螣蛇、太阴、六合、阳勾陈、阴白虎、太常，阳朱雀、阴玄武，九地、九天也。

曰“值符值使”者何？犹国家之有符节、玺书，职官使命也，符非得使、无与奉行，使非得符、无所凭据，天地符使，原不相离也。

曰“阴阳顺逆”者何？冬至阳遁顺行，夏至阴遁逆布也。

曰“轮飞三盘”者何？上盘象天、中盘象人、下盘象地也。

曷言乎“四时节气”？冬至、小寒、大寒、立春、雨水、惊蛰、春分、清明、谷雨、立夏、小满、芒种、夏至、小暑、大暑、立秋、处暑、白露、秋分、寒露、霜降、立冬、小雪、大雪二十四节气也。

曷言乎“旬首符头”？每遇六甲为旬首，每逢甲己为符头也。

曷言乎“三元定局”？每遇甲己符头，以子午卯酉为上元，寅申巳亥中元，辰戌丑未为下元，每节气十五日，五日换一元，各有上中下三元也。

曷言乎“交承正授”？节气此日交符头，此日到也。

曷言乎“超神”？节气未到，符头先到，谓之超，超者；越过也，曷言乎接气，节气先到，符头未到，借下元之局以接之，谓之接气也。

曷言乎“拆局”？节气既交，拆去上节气之局也。

曷言乎“补局”？本节气初交，有借局待交下节气，仍补足也。

曷言乎“闰局”，补足后余时，则为闰也。

曷言乎“千八十局”？阴阳二遁共十八局，每局各得小局六十也。继而太公删为七十二，独取三奇，每奇得三八念四局也。子房撮为一十八，取阴九、阳九二遁括之也。下逮武侯、诚意，皆承此一脉渊源，用之以建奇勋而成大业，亦非别诩奇能也。

浩文自束发读书，经史而外，天文地舆，性命河洛、太乙演禽、测量算学，悉心讲求，颇信有获。惟奇门奥窔，每憾茫然；旁搜博访，苦无所衷。近涉湖海、历衡湘，游苏子熙、军门元春幕，偶得师传古本，默会冥契，始悟正旨所归，爰历数寒暑，仍成兹集三十八卷，颜曰“旨归”。是集也，天道之变，地道之亨，人物之安危，与夫得失兴衰之理，存亡祸福之机，兵家之运筹决胜，人事之趋避吉凶，无不毕具局内，包藏格中。神而明之，皆可前知预决，捷于影响。且一年之时日，以至于千百万年之时日，理一而已，无不同也，功用不綦溥欤！

若夫六戊斗罡之术，六甲阴符之妙，风雷从其呼吸，鬼神听其指挥，必口授符诀，设坛祭炼，而后有成。集内不敢预载，非秘密也，恐涉不经，转兹误也。故虽皆昉于黄帝，而于此又不得不视为天府石室之秘文也。

时光绪九年癸未月仲春月

兴国朱浩文星源氏撰于零陵毅新军次

凡例

一、奇门作用，专重时方。时方真正，捷于影响，无不应验。如吉格在午时午方，须较定午正，直向午方，始为准的。若稍偏差，毫厘千里，祸福不定。

一、奇门定局，节气符头，最为紧要。盖三元符头有定，四时节气无定，必须先明正受奇诀，而后用超神接气、拆补闰局之法以定之，始无差谬，然不知拆补闰局之法，则超接无凭；不知闰局合周天之所以然，则拆补亦谬。《经》云“千年万载一同论”者，总须先明闰局，合周天之所以，然而后可知拆补之法。知用拆补之法，超接无俟他求矣。俗以芒种、大雪后讲置闰、论超接，相隔天壤。

一、奇门起例，最重九宫。凡三奇、六仪、八门、九星、九神、符使，皆随其轮布，而天地人三盘格局，亦因之以成。俗以八宫可合八门，而不知九宫寄门之秘，纷哝无主，讹谬实深。

一、奇门渊源，自黄帝制为千八十局，相传愈久，愈失其真。其间能用者，惟太公、子房、武侯、诚意，的是一脉真传，故有准验。集内将千八十局，均演布遁起，与太公留存《军中应验神符七十二局》吻合无遗，一脉源流，显有可据。

一、奇门兵事，趋避甚多。凡三胜五不击之外，又有太岁、月建，俱不可击。旺气所在，亦宜避之。所谓“春不东伐，秋不西征”者是也。外有亭亭白奸、三门四户、私门、天马、天罡方之类，俱须从岁月太阳查算，均有活法，不能预载，用者慎之。

一、奇门最重格局。然有专宜之格，有宜此而不宜彼之格，宜随事活看，详审用之，不可拘泥。如龙回首、鸟跌穴吉矣，若逢庚格为值符，断不可用。龙逃走、雀投江凶矣，为主者不害。虎猖狂、蛇夭娇凶矣，为客者不害。皆有活法，不可一例。

一、奇门出兵动众，临敌交锋，同是此时，全在主客动静上，临机详审，变化莫测。吉凶祸福，转移俄倾，皆在掌握，不可不慎。

一、九遁之格，虽是皆吉，然亦视其专宜。如龙遁利水战，风遁利火攻，神遁、鬼遁利埋伏、偷劫，总须因事变通，自然准验。奇墓刑迫，亦须避忌。

一、三诈谓之隐宫，兵家利用埋伏，无人知之，然必得奇门乃验。

一、五假，假其气以用事则吉，若悖其气以用之则凶，尤忌墓迫。

一、奇门诸事选择，最重要衰旺休囚。如开门本吉，但其性属金，如临土宫金位，及当季夏三秋，所谓得时得地，时之最吉者也；如在春夏而临于木火，金气太衰，岂得为吉？八门皆然，三奇亦然。

一、五不遇，凡选择作用，惟此煞为最凶，虽有门奇，亦不可用。

一、奇门阴阳选择，浅学者但知以会合为上吉，不知阳宅须要宅主生命配合奇门之生旺，阴宅须要山头化命配合门奇之生旺则吉。若天禄、天德、天贵、天马、三合、六合之理，皆宜合参，斯为得之。

一、奇门占事，要分动静。静则只查值符值使、时干日干，看其生克衰旺如何。动则专看方向，盖动者机之先见者也。如闻南方之事则占离位，闻北之事则占坎位，如鸦鸣雀噪，东鸣则看震，西门则看兑。此皆不能胶柱鼓瑟、刻舟求剑者也。诸占类此。

一、集内占法，已载百十余种，其有未备者，须参看武侯《玄机赋》三篇，临时会意，临事变通，分定主客，详看星门奇仪、神宫三盘，生克衰旺休囚，格局吉凶。神而明之，灵机所发，触处洞然。凡得失兴衰之理、存亡祸福之机，无不可前知矣。

一、兹集共成三十八卷。阳遁九局均在十四至二十二卷内，阴遁九局均在二十三至三十一卷内。阴阳二遁，共一千零八十时局。其星神、奇仪、门宫、上中下三盘格局，均演布遁起，列此十八卷之内，看格取用。又在首二、三、四、五、六、七、八、九、十、十一、十二、十三，及三十二至三十八等卷，凡欲占天时人事、战阵攻取，随心所动，迎机报时，检书查阅，不必另起，最为简易。假如冬至后甲子日乙丑时占事，甲为符头，子为上元，即为冬至上阳一局，检查第十四卷，阳一局甲己日乙丑时便是。又如夏至后甲子日乙丑日时占事，甲为符头，子为上元，即为夏至上阴九局，检查第二十三卷，阴九局甲己日乙丑时便是。余皆仿此，按符头节气三元歌诀查看。

一、兹集书成已久，原不敢率尔问世，方今时事多艰，讲求者众，然或以起例纷繁，茫无所据；或以渊源无本，伪谬不真，每甚苦焉。此集所演千八十局，与太公《军中应验神符经七十二局》，及武侯《玄机赋》上中下三篇，俱能吻合。渊源既确，查阅尤便。天事、人事、兵事，屡占亦屡有准验。故见此书者，如永安苏子熙，军门永新刘仙舫，太史湘潭朱卓夫，太史义宁徐稺生观察，咸谓宜公诸世，不可秘也。予因不揣固陋，率付剞劂，以公同志。

目录

奇门旨归卷一

九宫八卦图

绿四 巽	黄五 中	白六 乾
碧三 震		赤七 兑
黑二 坤		白八 艮
白一 坎		紫九 离

野马跳涧图

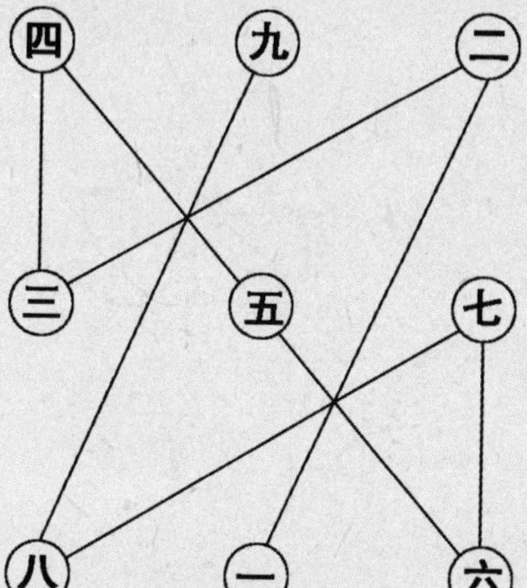

一卦统三图

冬至一七四	立春八五二
坎宫统小寒二八五	艮宫统雨水九六三
大寒三九六	惊蛰一七四
春分三九六	立夏四一七
震宫统清明四一七	巽宫统小满五二八
谷雨五二八	芒种六三九

此阳遁顺行九宫局法。

夏至九三六	立秋二五八
离宫统小暑八二五	坤宫统处暑一四七
大暑七一四	白露九三六
秋分七一四	立冬六九三
兑宫统寒露六九三	乾宫统小雪五八二
霜降五八二	大雪四七一

此阴遁逆行九宫局法。

六甲三元定例

上元	甲子	乙丑	丙寅	丁卯	戊辰
中元	己巳	庚午	辛未	壬申	癸酉
下元	甲戌	乙亥	丙子	丁丑	戊寅
上元	己卯	庚辰	辛巳	壬午	癸未
中元	甲申	乙酉	丙戌	丁亥	戊子
下元	己丑	庚寅	辛卯	壬辰	癸巳
上元	甲午	乙未	丙申	丁酉	戊戌
中元	己亥	庚子	辛丑	壬寅	癸卯
下元	甲辰	乙巳	丙午	丁未	戊申
上元	己酉	庚戌	辛亥	壬子	癸丑
中元	甲寅	乙卯	丙辰	丁巳	戊午
下元	己未	庚申	辛酉	壬戌	癸亥

阳遁九局起例歌

冬至惊蛰一七四，小寒二八五同推。春分大寒三九六，立春八五二相随。谷雨小满五二八，雨水九六三为期。清明立夏四一七，芒种六三九为宜。十二节气四时定，上中下元是根基。

阴遁九局起例歌

夏至白露九三六，小暑八二五之间。大暑秋分七一四，立秋二五八循环。霜降小雪五八二，大雪四七一相关。处暑排来一四七，立冬寒露六九三。此是阴遁起例法，节气推移仔细参。

五虎遁（年起月例）

甲己之年丙作初，乙庚之岁戊为头。丙辛须向庚寅起，丁壬壬寅顺行流。

惟有戊癸何处发，正月始从甲寅求。

五鼠遁（日起时例）

甲己还加甲，乙庚丙作初。丙辛起戊子，丁壬庚子居。戊癸推壬子，时元定不虚。

九宫八卦五行

巽四绿木	离九紫火	坤二黑土
震三碧木	中五黄土	兑七赤金
艮八白土	坎一白水	乾六白金

九星五行

天蓬水、天芮土、天冲木、天辅木、天禽土、天心金、天柱金、天任土、天英火。

九神五行

值符火、螣蛇土、太阴水、六合木、勾陈土、太常五行化气、朱雀火、九地土、九天金。冬至后阳遁顺布。

值符火、螣蛇土、太阴水、六合木、白虎金、太常五行化气、玄武水、九地土、九天金。夏至后阴遁逆布。

六仪三奇五行

甲子戊土、甲戌己土、甲申庚金、甲午辛金、甲辰壬水、甲寅癸水、星奇丁火、月奇丙火、日奇乙木。阳顺阴逆。

八门五行

休水、死土、伤木、杜木、中土寄、阳死阴生、开金、惊金、生土、景火。

干支合化五行

甲己化土，乙庚化金，丙辛化水，丁壬化木，戊癸化火。

子丑化土，寅亥化木，辰酉化金，巳申化水，卯戌化火，午未合不化。

贵人方

甲戊庚日	丑阳贵未阴贵	乙日	申阳贵子阴贵
己日	子阳贵申阴贵	丙日	酉阳贵亥阴贵
丁日	亥阳贵酉阴贵	壬日	卯阳贵巳阴贵
癸日	巳阳贵卯阴贵	辛日	寅阳贵午阴贵

日禄方

甲在寅，乙在卯，丙戊在巳，丁己在午，庚在申，辛在酉，壬在亥，癸在子。

旬空方

甲子旬中空戌亥，甲戌旬中空申酉。甲申旬中空午未，甲午旬中空辰巳。

甲辰旬中空寅卯，甲寅旬中空子丑。

喜神方

甲己在艮乙庚乾，丙辛坤位喜有缘。丁壬离宫嘻嘻笑，戊癸巽上乐便便。

诸事吉方

青龙	子	戌	申	午	寅	辰
天目	丁卯	丁丑	丁亥	丁酉	丁未	丁巳
地耳	癸酉	癸未	癸巳	癸卯	癸丑	癸亥
天门	辰	寅	子	戌	申	午
地户	巳	卯	丑	亥	酉	未
华盖	酉	未	巳	卯	丑	亥。

建除十二神日时黄黑道诀

建青龙兮除明堂，满为天刑平朱雀。定为金柜执天德，破为白虎危玉堂。
成为天牢收玄武，开为司命闭勾陈。

附日时例

子午临申位，丑未戌上寻。寅申居子位，卯酉却加寅。辰戌龙位起，巳亥午中行。

奇门旨归卷二

烟波钓叟歌

阴阳顺逆妙难穷，二至还乡一九宫。若能了达阴阳理，天地都来一掌中。
轩辕黄帝战蚩尤，涿鹿经年苦未休。偶梦天神授符诀，登坛致祭谨虔修。
神龙负图出洛水，彩凤衔书碧云里。因命风后演成文，遁甲奇门从此始。
一千八十当时制，太公删为七十二。逮于汉代张子房，一十八局为精艺。
先须掌上排九宫，纵横十五在其中。次将八卦轮八节，一气统三为正宗。
阴阳二遁分顺逆，一气三元人莫测。五日都来换一元，接气超神为准则。
认取九宫为九星，八门又逐九宫行。九宫逢甲为值符，八门值使自分明。
符上之门为值使，十时一易堪凭据。值符常遗加时干，值使顺逆遁宫去。
六甲元号六仪名，三奇即是乙丙丁。阳遁顺仪奇逆布，阴遁逆仪奇顺行。
吉门偶尔合三奇，万事称心万事宜。更合从旁加检点，余宫不可有微疵。
三奇得使诚堪取，六甲遇之非小补。乙逢犬马丙鼠猴，六丁玉女骑龙虎。
又有三奇游六仪，号为玉女守门扉。若作阴私和合事，请君但向此中推。
天三门兮地四户，问君此法知何处。太冲小吉与从魁，此是天门私出路。
地户除危定与开，举事皆从此中去。六合太阴太常君，三神元是地私门。
更得奇仪相照耀，出门百事总欣欣。太冲天马最为贵，猝然有难宜逃避。
但能乘取天马方，剑戟如林不足畏。三为生气五为死，胜在三分衰在五。
能识游三避五时，造化真机须记取。就中伏吟为最凶，天蓬加着地天蓬。
天蓬若到天英上，须知即是返吟宫。八门返伏皆如此，生在生兮死在死。
就中凶宿得奇门，万事皆凶不堪使。六仪击刑何太凶，甲子值符愁向东。
戌刑未上申刑虎，寅巳辰辰午刑午。三奇入墓宜细推，甲日那堪居未宫。
丙奇属火火墓戌，此时诸事不须为。更兼乙奇来临六，丁奇临八亦同论。
又有时干入墓宫，课中时下忌相逢。戊戌壬辰兼丙戌，癸未丁丑一同凶。
五不遇时龙不精，号为日月损光明。时干来克日干上，甲日须知时忌庚。
奇与门兮共太阴，三般难得总加临。若还得二亦为吉，举措行藏必遂心。
更得值符值使利，兵家用事最为贵。当从此地击其冲，百战百胜君须记。
天乙之神所在宫，大将宜居击对冲。假令值符居离位，天英坐取击天蓬。

甲乙丙丁戊阳时，神人天上报君知。坐击须凭天上奇，阴时地下亦如之。
若见三奇在五阳，偏宜为客最高强。忽然逢着五阴位，又宜为主好裁详。
值符前三六合位，太阴之神在前二。后一宫中为九天，后二之神为九地。
九天之上好扬兵，九地潜藏好立营。伏兵但向太阴位，若逢六合利逃形。
天地人分三遁名，天遁月精华盖临。地遁日精紫云蔽，人遁当知是太阴。
生门六丙合六丁，此为天遁自分明。地遁六乙合六己，开门逢之地遁取。
休门六丁共太阴，欲求人遁无过此。要知三遁何所宜，藏形遁迹斯为美。
庚为太白丙为荧，庚丙相加谁会得。六庚加丙白入荧，白入荧兮贼即来。
六丙加庚荧入白，荧入白兮贼即去。丙为悖兮庚为格，格则不通悖乱逆。
丙加天乙为符悖，天乙加丙为飞悖。庚加日干为伏干，日干加庚飞干格。
加一宫兮战于野，同一宫兮战于国。庚加值符天乙伏，值符加庚天乙飞。
庚加癸兮为大格，加己为刑最不宜。加壬之时为上格，又嫌年月日时逢。
更有一般奇格者，六庚谨勿加三奇。此时若也行兵去，匹马只轮无返期。
六癸加丁蛇夭矫，六丁加癸雀投江。六乙加辛龙逃走，六辛加乙虎猖狂。
请看四者是凶神，百事逢之莫措手。丙加甲兮鸟跌穴，甲加丙兮龙返首。
只此二者是吉神，为事如意十八九。八门若遇休开生，诸事逢之皆趁情。
伤宜捕猎终须获，杜好逃遁及隐形。景上投书并破阵，惊能擒讼有声名。
若问死门何所主，只宜吊死与行刑。蓬任冲辅禽阳星，英芮柱心阴宿名。
辅禽心星为上吉，冲任小吉未全亨。大凶蓬芮不堪使，小凶英柱不精明。
小凶无气变为吉，大凶无气却平平。吉宿更能逢旺相，万举万全功必成。
若遇休囚并废没，劝君不必进前程。要识九星配五行，须求八卦考羲经。
坎蓬水星离英火，中宫坤艮土为营。乾兑为金震巽木，旺相休囚看重轻。
与我同行即为相，我生之月诚为旺。废于父母休于财，囚于鬼兮真不旺。
假令水宿号天蓬，相在初冬与仲冬。旺于正二休四五，其余仿此自研穷。
急从神兮缓从门，三五反覆天道亨。十干加符若加错，入墓休囚吉事危。
十精为使最为贵，起宫太乙用无遗。天目为客地耳主，六甲推合无错理。
劝君莫失此元机，洞彻九星辅明主。宫制其门则不迫，门制其宫是迫雄。
天网四张无走路，一二网低有路踪。三至四宫难回避，八九高张任西东。
节气推移时候定，阴阳顺逆要精通。三元积数成六纪，天地未成有一理。
请观歌里真妙诀，非是真贤莫传与。

三盘三元合论

奇门八卦、九宫、八门、九星，乃地盘之定局。地道常静，故八卦九宫永定而不易。若八门更换而为人盘，九星飞泊而为天盘，一时一易，则变化无穷，虽鬼神亦莫能测其机矣，岂可得而易之乎？虽然，物之所不能逃者数也，数之所不能离者理也，理之所不能违者时也。天有四时，迭运而成岁；一岁十二月，每一月有二气，共二十四气；每一月三十日，或二十九日；每五日为一睺，每一气十五日有三睺，一岁共七十二睺。气者节也，睺者元也，每一节各分为上中下三元。子午卯酉为上元，寅申巳亥为中元，辰戌丑未为下元。故甲子、己卯、甲午、己酉为六十花甲上元符头，管六十甲子而三元毕矣。

超神接气拆补闰局法

六十花甲符头，一日不增多，一日不减少；而气有或先或后，则其为日也，不为或多或少。先须讲明正受奇诀，则其他超神接气、拆补闰局，自有次第，可以通晓。如冬至、夏至、立春、立秋、春分、秋分、雨水、大寒、小寒、立冬等节，二十四气方如此日时交，即遇甲子、己卯、甲午、己酉是上元，符头亦如此日到，乃为正受也。如节气未到，甲子、己卯、甲午、己酉符头先到，谓之超神。超者，越过也，当用本节之上元，不可错用下节之上元。奇门专重节气，岂有节未到，而预用之哉？如星家命理，三月某日交立夏节后生人，必作四月算命，岂可作三月者？又如四月某日方交立夏节气，其节前四月内生人，必作三月算命，岂有作四月者？其接气者，迎接也。如节气先到，甲子、己卯、甲午、己酉符头未到，其候尚是下元，当拆本节下元某局以接之，谓之接气也。其闰局之法，余者为闰，一气三侯，一候五日，上中下元即三候，三五共一十五日，一气有一百八十二时零五刻有奇，终则换下节，一时一局，十五日共一百八十局，其余二时零五刻，则为闰局也。芒种大雪后置闰者，非也。若终三元，其阴阳已错，岂有是理乎？如知拆补之法者，其正受、超神、接气、置闰，不辨自明矣。此拆补秘法，超神、接气、置闰，尽包含无遗矣。

甘氏叙

遁甲之书，条类万端，而参究其理，则一始于黄帝、风后，集一千八十局。至周吕尚、太公，删为七十二局。后汉子房撮为一十八局，吻合一千八十之理，盖欲其捷而省之也。其间通天略地、彰往察来、变化莫测之理，又寓于言语文字之外，人莫能识。是后但知其永定三盘之局，不复察其所以然之活法，虽举此而不能识彼，况能因始以见其终乎？是何异于渡河失剑，刻识其舟而求之耶！予幼遇异人，授太公活法变局秘诀，天盘、人盘、星门随时变易，逢当令符使所值之宫，九星八门分顺逆飞布，自有难穷之妙，此奇门实用之要诀也。然地盘奇仪常安，每一局乃一元，管五日，六十时用足，方终一局，看在何节气内更换三元，此谓之天动地静之道也。世传五禽寄于二宫，重借死门以配之，不知始误。李筌考之唐荆川、李九峰来谒陈纯阳祖师之说，但当趋五飞乾，其天神禽为君干之象，位居中央，随局更使，五行不定故也。予遇异人之授，与二公合若符契。详究其用，寄者无验，而不寄者百不一爽，则此是彼非，不辨自明矣。至于所用之宫，此时布演遇何遁等格，而吉凶之来由，一日而至于千百日，一年而至于千百年之事，其应如响。是虽不能尽得圣人作法之精意，其亦用规矩而巧者也。特此以告诸同志者，幸勿忽焉。

甘氏异传秘诀歌

阴阳顺逆妙难穷，一千八十失来踪。符使变化无穷极，统领奇仪历九宫。
地道安然奇仪定，六十时终节局移。天道无休常运斡，符使之宫顺逆飞。
阳遁符一飞二黑，阴遁符九逆艮驰。如此九星飞九宫，九星顺逆不相同。
蓬芮冲辅禽循顺，英任柱心禽逆行。此行阳星为值事，蓬芮冲辅止天英。
此时阴星为值事，符英任柱至天蓬。年月日时循环转，九星更换逐宫移。
反伏二吟符使位，一二之余宫位推。十时飞遍还原位，星同年月易天干。
八门专主飞何处，阳顺阴逆九宫飞。若遇开门为值使，惊生景休死伤杜。
值使十时归本位，有时超五理当然。符禽居中皆原位，斯时用法各天机。
符使入中分顺逆，七将飞宫开闭虚。凶门恶宿逢生旺，奇仪得令各施为。
吉内藏凶凶有吉，主客之时用最奇。主得门星奇仪旺，营谋战讼凯歌回。
客逢生时来伤主，利客先施主受亏。门宫合卦此时宫，爻中造化论六神。
君圣臣贤兼孝子，妻妾奴婢内外亲。旺气内亲分上下，衰气断然外戚邻。
贤能贵贱成离难，父子兄才官鬼评。国泰丰年岁干见，公侯伯宰月干推。
省府州县日干是，人民时干讨天真。要知天道雨晴阴，交节日时局内明。

要知圣主传朝位，登基日时局中推。要知出师取胜归，安营发马格遁推。
要知官品升擢职，到任时日决如何。要知安营仓府库，胜负贤能丰积时。
要知房产常换主，竖造入门重造时。要知万事成又败，造葬迁谋配合时。
要知生涯有利益，出入谋求遇吉时。要知年月有败兴，太岁宫中格局明。
要知四季有吉凶，立春立夏立秋冬。要知月日有失得，二十四气论交节。
要知时日有灾祥，六甲旬中看生伤。生合旺相临期吉，休囚冲克吉中殃。
要知生平兴废事，命生时日局中推。同生富贵修短事，再察父母得子年。
十二宫分坐向格，二十八宿定方舆。大运九九专造化，吉凶成败格推详。
阳遁符蓬为初九，二九天芮三九冲。四九辅星禽五九，六九天心七九柱。
八九天任九九英，阴遁符英为初九。二九天任三九柱，四九天心五九禽。
六九天辅七九冲，八九天芮九九蓬。符使一九终九九，九九星终又换符。
蓬符运管八十一，八十二芮管如初。阳遁蓬芮星顺换，阴遁蓬英星逆更。
加符时干为初运，九星顺逆换初头。美运中间期有恶，恶运之中美不期。
许多成败皆藏格，万事尽包一局知。逐年月日时用事，此事干支始用神。
假如甲子为时始，甲子就为用事神。乙丑轮二壬申九，十时年月癸酉同。
六十花甲终癸亥，六十一数作用神，重用甲子六十一，千年万载一同明。
用事之神何所使，诸星各宿定根基。贵人胜蛇日上定，青龙明堂又建除。
五符天曹并月将，以上四星起在时。奇门各宿分宫位，遁格玄微莫浪传。

三奇专使论

遁甲之法，重在本时之干支，故其起例，以本时干加临九星为值符，以本时支加临八门为值使。曰“使”者，即如古之枢密使与使相，即今之布政司、按察使之类，乃职官之谓也。曰“符”者，即印信文书，如古之告身，今之公据文凭、勅书之类，乃玺书之谓也。职官奉符玺以行事，而甲己为符头，则握符玺之枢，运行于鸿蒙杳霭间，孰谓甲畏庚金而遁，乃遂终遁焉已也？然符非得使，孰与奉行；使非得符，何所凭据？二者原不相离，犹之子平家官杀不离印绶，印绶不离官杀；杀印相生，功名显达之谓也。故三奇得使，非徒谓三奇得之也，乃谓六甲符头得此三奇之使耳。

论主客

太公曰：“凡主客，动静无常，变化莫测”，故有不定之象。或以先动为客，后动为主；或以动者为客，静者为主。或以先声为客，后声为主；或以天盘为客，地盘为主。诸事总有用诀，成败胜负，皆以分定主客为紧要。如出兵动众，以我为客；至彼地，或以贼巢为主，或以贼所侵城郭为主，或以阳为客、阴为主，或反客为主、反主为客。选将求贤、招兵买马、干谒访友之类，是我为客，他为主。如有人来求我或先通知我而我未知，是彼为客，我为主。如在对敌，再又分主客也。或此时交锋，若利客，宜先耀武扬威，放炮呐喊；若利主，惟宜偃旗息鼓，禁声而敌，埋伏取胜。

凡发兵，须看贼巢远近，交战或不同时，交锋不可以先动为客，待临敌取主客利时而用之可也。如此时主客不利，只宜固守。倘若急迫，或被围困，宜以计胜。或运筹闭六戊，或乘天马天罡、画符念咒等类，亦可。如占国事、都省、府县、乡市、家宅、官讼、坟茔、求谋、名利、婚姻、行人、失脱、逃走、捕捉，皆以地盘为主，天盘为客。人事最多，不能备述。大抵地盘诸星得天盘诸星生合为上吉，若地盘生合天盘者次之。如客生主，为称意美满，进益多端；主生客，为耗散迟延；主客比和，行藏皆遂。主克客则半实半虚，自败虚花，事为不果；客克主则战败无成，求吉招凶。故善用奇门者，必先分定主客，然后再明占法。如此时利主，我即为主；此时利客，我即客。或以进为客，不进为主，在我一心，不可执一。为客为主，任我可也。

总法天机前篇

凡布演奇门，先观天象，后察细微，总在我一心运用，不可不知也。如天盘九星、奇仪、八门属金，加于地盘诸星属木，是金克木，为客来伤主，战利为客，行兵先举，放炮呐喊，士卒精壮，百战百胜。凡求谋、请谒、交易等事，主破败惊忧。客舍暗昧，遭逢盗贼小人。惟行人即至。若金旺木衰，其凶尤甚。如天盘金星在衰墓死绝之时，加于木宫生旺之时，金不能克木，则木星为吉；如木亦临衰墓绝之时，其凶终不免矣。如天盘木星加于地盘火星上，是为木生火，战利为主，谋为一切等事，皆能如意。如有重木临生旺之宫，谓之贪生之木，压火无光，火渐自灭。若木临退气之宫，或木少火多，是枯木生火，大利主兵。如天盘土加于地盘金星，是客来生主，若系土旺，或有重土，虽曰生金，须知土厚埋金，必有暗兵埋伏，使英雄失志，忠烈受屈。如天盘木加地盘金，乃主伤其客，宜掩旗息鼓禁声而敌大胜。凡诸谋为，事多破败，有始无终。惟求名显达，官事得理，出行吉。如天盘金加地盘土，乃主生客，宜耀武扬威、进兵奏凯，客兵大胜。凡谋为诸事，始终皆耗，劳碌心力，后得安妥。

作用妙法后篇

妙用之法，全在年月日时四天干，详其加临九宫，合为吉凶等格，则知圣君贤臣、孝子慈孙，父母妻妾、奴婢戚邻诸事咸可推详之矣。年干为君、父母，月干为臣宰、为伯叔，日干为兄弟、朋友，时干为妻妾、子女、士卒、奴婢。如天盘年干合吉格，门生宫，或上下干相合，主国泰民安，君臣父母，福寿康宁。若年干合凶格，或被冲克，主四海兵戈，身心不宁，骨肉刑伤、灾危忧惊。若月干得天盘相生，或合吉格，有忠臣烈士，辅国安民，加官封爵，万事称心；若凶格，又被冲克，有奸臣专权，休官罢职，六亲参商，贫苦奔波。若日干得天盘八门生，合吉格，主兄弟和睦，贵喜临门，身安友助，求谋遂心；若日干被克，合凶格，主兄弟刑伤，六亲不和，身困招灾。若时干得天盘生，合吉格，主妻子贤能，士卒精强，奴婢得力；倘合凶格，又被冲克，主父子刑伤不和，兵卒自乱，奴婢欺主。凡六庚加于年月日时干上，或年月日时干加临六庚上，须看六庚加于何人干上，财知某人之吉凶。合吉格尤吉，合凶格尤凶，主骨肉不和，己身危困。假如阳遁三局甲己日丁卯时，时干在九宫离上，开门、天冲星、甲子戊一同临宫，生门与庚在坤二宫，甲己日为飞干格，主兄弟不和，朋友反目，身招灾困。又如阳九局乙庚日丙子时，得青龙返首吉格，主贵喜盈门，身安友助，求谋遂心。若看年干、月干、时干须另起，不可即以此为准，恐吉凶不验也。

临机变用

人为万物之灵，感通诸事之应，在我天机，一时之动，皆可推也。如欲知兵家胜负，则于出师动众、发马立营日为始，逐日查算利于何日时交锋得胜，何日时贼来何方，何日时埋伏何处，何日时奏凯成功，皆预可知也。欲知人事成败得失，随时演遁可知。欲知人生寿夭穷通，则取本命年月日时演布，而妻财子禄、富贵贫贱寿夭皆可知矣。凡物器之破损成败久暂，则以所得之日时，或方见之时，或取物形之长短方圆，按五行所属配合遁时，则器物损坏日时、被窃盗可预知矣。又如军中，凡有一见一闻，或遇移倒、斜蹲、错落、金鼓等项，或听言语善恶，或见旗鼓破损，或鸟兽来从何方，或听鸟兽声音只数，或风从何方忽来，或雷震树木响动几声、在于何方，但遇一见一闻，稍涉怪异之事，俱可为吉凶之兆，或听人言语几声几字，或乐器不时乱鸣几声，或金鼓不时响动几声，凡事物遇目一见，皆可取为占卜之应。在吾心一动，活法变通。切记不可取其一，又取其二，以至吉凶无可定也。如取某件占之不准，再取别物占之又不准，是心未定，所以吉凶无验也。

如遇一字、一点、一物、一声、一人、一兽，即为子时；二为丑，三为寅。如甲己日遁起甲子时，如数有十三，即作第二次丙子时。若数多皆逢子时，即为第三次、第四次、五次戊子、庚子、壬子。再遇多，五子时尽，即作乙丑、丁丑、己丑、辛丑、癸丑。如此千时万时，皆可仿此而用无穷也。时定，然后用符使飞布，演遁九星八门，详诸吉凶遁格及大运日时，一切吉凶远近前后，尽可知矣。若出师，须详看领军官及大小头目本命天干，合吉凶等格，或利于征伐，或利于埋伏，或利于冲锋，或利于接应，或利于固守，或利于行事，总视其人年命所利斟酌用之，则大小三军皆无误矣。

凡八门与宫比和，虽为主为客均利，再详遁格各利否。若天盘奇仪生地盘奇仪，惟利主兵大胜，一切诸事大吉。若地盘克天盘，为主亦吉，诸事有始无终。若天盘奇仪克地盘奇仪，为客兵大胜，一切谋为等事，破败耗散，有忧灾凶。

凡八门生宫，为客生主。若天盘奇仪又生合地盘者，或地盘奇仪克天盘，惟利为主，战凯而归；所为一切等事，皆如心意，而多进益，永为祯祥。若逢天盘奇仪克地盘奇仪，为主兵谨防埋伏，当有虚诈，不可攻打，以计取之。凡八门克宫，为客伤主。若天盘奇仪克地盘奇仪，或地盘生天盘，为客兵百战百胜。此时地盘奇仪克天盘奇仪者，谓之主先胜于客，后不可敌，亦不可深入也。

凡为宫克门，是主强客弱。若地盘奇仪克天盘奇仪，或得天盘生地盘，为主兵大胜，诸事吉庆，由我主张，然亦不可太过也。若地盘克天盘，主兵先胜，宜急回兵，不可攻剿，诸事先吉后忧。

凡为宫生门，是客强主弱。若地盘奇仪又生天盘奇仪、或天盘克地盘者，为客兵全胜。凡为诸事，虽吉而多虚费。若上克下者，求谋反招惊忧。若天盘生地盘、或地盘克天盘，凡为主人，先加恩德，以利诱之，而后得胜，诸事宜迟而有益。又以上所论门宫，若得生旺之时，或逢冲克，亦不为忧；若逢衰之时，又被冲克，宜须固守，诸事莫为。若我在生旺，制人为胜；如逢衰墓，制人为忧。若逢生旺，生人有益；逢衰墓生人，此自败矣。

占事主客论

凡此时或为主为客，总顺用九星六仪、三奇八门，逢生旺禄，不逢衰墓死绝，不受他诸星克制，任我为主为客也。

如上梁、安葬、赴任、远行、商贾、出入、婚姻、谋为、求名、请谒、家宅等类，只宜地盘为主，天盘九星、三奇、六仪、八门为客。大抵要天盘生合地盘为上吉，自有官贵相助，诸凡不逢阻隔，进益多端。

如地盘生合天盘为次吉，则多耗散，为事费力，始终劳碌，诸事迟缓，宜求谋请托，事方得妥。如天盘诸星克地盘，凡诸为一切等事，多招是非，口舌重造，即成复败，不免忧惊。

如地盘诸星克天盘诸星，是为有势，凡事虽强，恐后无益，谓之“我克者休”，[①] 故诸事有始无终。只宜求名，官事得。若战为主，百战百胜，奏凯而归。

如天盘与地盘诸星比和，门宫亦然，或门生宫、宫生门，或门宫比和，诸星或天盘生地盘，或地盘生天盘，主客皆吉。

① 我生者旺，同我者相，生我者废，我克者休，克我者囚。

如地盘临衰墓死绝之宫，逢天盘相克，大利为客，为主大凶。凡为诸事，立见灾非，吉事成凶，忧惊重见，永为不吉。

如地盘临生旺得令之宫，逢天盘衰囚、诸星相克者，是失令之客，不能伤得令之主，客反招其咎也。如地盘之星虽在衰墓失令之宫，逢天盘诸星相生为主者，初虽不吉，幸受其生，迨交我旺之日时，自大吉也。天盘与地盘同论，余仿此。凡用，当细详之。

如客生主，为称意美满，进益多端；主生客，为耗散迟延，凡事后吉；主客比和，行藏皆遂。主克客，为半实半虚，自败虚花，事为不果，惟战则得胜，求名得就。如客克主，事招惊恐，灾祸刑伤。如主临旺气逢生，为美、为新、为盛、为繁华、为鲜明，逢克为枵、为败、为破、为旧、为歪斜、为无色无用也。

如详人品，逢生旺之时，为富人，为时人。主客诸星皆旺，为富贵人。如客生主，为有权人；主生客，为退时人、为贫人。客伤主，为奴婢、小人。合吉格，为善人、好人。合凶格，为凶恶人、贼盗人。主克客，为有难人、灾厄人，或逃亡人。如主逢衰墓之时，为闲人，为凌下之人。主客俱衰，为受诬人，或下贱人。如临衰墓，又逢冲克，为废人、为痴人、为无用人。若要知人品贵贱、长幼、男女、老少，以九星八门定之。如开门天心星逢生，为富贵人，为长者、大贵、君父；逢克者，林下贵宦、僧道老翁。如死门逢生，惟老母贵、妻贵，母有权有势，或国家皇亲；逢克，为乡间老妇、后母、再娶无夫之妻，或尼姑、卖婢之类。余仿此推。

凡取克应，此一时一宫，有九神、九星、三奇、六仪、八门，俱有克应，但不知以何星等类，为定一时之应耳。盖一时有一星得令为主，余星若失令为用，俱取为克应之准也。如此时合吉格，[1] 有明堂贵人、青龙、长生、旺、禄、五符[2]等吉星，门宫相生者，为贵人、显宦、达士、正人、善人，在物为美、为新、为贵物、美品、佳味；若合凶格，门宫相克，干支冲犯，为林下官贵、为平常人、僧人、为不正人、为奸邪、为疾病，或废人，或盗贼，在物为破损旧物、为缺器、为无用闲器、为苦酸腥臭之物味。此大概言之，然万物事类无穷，凡用须以本日时，细看生旺休囚，以变通详察之也。

---

① 点校者注：“格”字系依据前后文补。

② 点校者注：五符，古奇门用法。详见华龄版《奇门探索录》之《五符法》、《五符总断》节。五符所在之方，出兵大胜，耀武扬威。若请谒求谋、上官赴任、利见大人、商贾交易、竖造安葬、迁改、婚娶、大利。如从此方出兵，必有顺风相送，乃天助也。

奇门旨归卷三

吉格释义

九遁歌

奇门九遁少人知，秘在仙经甚奥微。丙合生门居丁上，便为天遁月光辉。
乙合开门临六己，地遁日精能蔽之。丁与休门临太阴，人遁星精藉照临。
丙合生门合九天，神灵所蔽有威权。丁合休门临九地，伏兵鬼遁能潜避。
乙合休门临坎水，即是蛟龙得云雨。辛仪合生临艮丙，猛虎神威净八蛮。
虎狂位遇丁景制，叱咤生风上将坛。龙逃亦藉丁加景，一跃雷门振羽轮。

天遁

丙加丁，逢生门，为天遁。其方得月精所蔽，此时宜修身炼道、遁迹隐形，可以称王侯之权，利朝君王、谢苍穹、祈福求神，出师征战使敌自伏。凡上策献书、求官进职、翦恶除凶、商贾出行、婚姻入宅百事吉。倘练祭丁甲、呼风唤雨，用本旬玉女符咒立应。

地遁

乙加己，逢开门，临九地、太阴、六合，为地遁。其方得日精所蔽，此时宜设伏藏兵、立寨安营、建置修造、出阵攻城，全师捷胜。凡出行、埋葬、冠婚、藏匿皆吉。又看乘朱雀宜设词行诈间谍，乘螣蛇宜蛊惑，乘太常有酒食宴会，乘青龙有财喜，乘白虎有争斗，乘玄武主窃取探私，乘勾陈主淹滞。

人遁

丁加乙，逢休生门，临太阴，为人遁。其方得星精所蔽，此时宜选将求贤，说敌和仇，投策献书，隐藏伏匿。凡结姻交易全吉。又看乘日禄、喜神、贵人，主财喜和合。乘朱雀主词讼得理，乘螣蛇主恶梦邪魅，乘白虎忌行舟，乘玄武防盗，乘天辅天柱主阴雨、天冲主雷、天英主电。占病，危。

风遁

乙奇合开休生吉门，临巽宫，为风遁。此时宜于其方祭神，取气喷旗旐，战立旌旗，以应风侯。或托异香，令军士沈听音乐，呼风破敌，用火攻，飞砂走石，用本旬玉女符咒，顺风击之。《经》曰："局中风遁可生风，赤壁鏖兵用此攻。藏隐遁伏机密事，交头接耳总相通。"又看乘天冲天辅二星，祭风愈妙。又丙奇与开门临坤宫，宜祷祭风伯雨师。

云遁

乙加辛，合开休生三吉门，临坤，为云遁。此时宜于其方祷求雨泽、利农稼、建营寨、修仙炼道。大将逢之，宜埋伏掩袭，以应云候，全胜。须呼本旬玉女符咒，破云生雾，取气作用。又冬月宜求雪，夏月宜求雨，乘白虎主冰雹，乘朱雀主旱。劫营利。

龙遁

乙加壬，合开休生三吉门，临坎，为龙遁。此时宜于其方祭龙神，祈雨泽，演习水战，密运机谋，造置水器，或开河通渠，计量积水冲阵，以应龙候。又看乘青龙元武神后之神，主霪雨，防奸细盗贼。凡移舟转向下水、计量江面、把守关津隘口、水军对敌，须用本旬玉女符咒，步蹑斗罡，必得龙神暗助。

虎遁

乙加辛，逢休生门，临艮，为虎遁。此时宜于其方招抚叛亡，据险守险，设计冲锋，并祭风镇邪、驱除魔祟、捕捉射猎，以应虎候。若安营伏兵，贼自不敢正视。须用本旬玉女咒，蹑罡步斗，必得虎威神助。

神遁

丙奇生门临九天，为神遁。此时宜于其方祭祀祈神，建置坛场，驱神遣将，阴谋密计，以应神候。行兵宜作神将，涂抹三军，神即至矣。若遇白虎、雷杀、劫杀，防雷伤。《经》曰：“格中神遁最难逢，大将行兵立见功。祭祀鬼神极有应，人间百事福无穷。”

鬼遁

辛加丁，逢休生杜门，临艮宫、九地，为鬼遁。此时宜于其方采探贼情，偷营劫寨，行间谍，布谣言，疑惑军心，彼不能察。又宜超亡荐孤，驱神遣鬼，祭炼丁甲，用本旬玉女符咒，自得鬼神助力。

以上九遁，凡行兵用事俱吉，惟忌奇墓刑迫。

三诈法

凡事宜开休生三吉，即不得乙丙丁三奇，亦吉。又取地盘九地、太阴、六合三神助奇，谓之阴门得助，故无不吉。

真诈

乙丙丁合开、休、生门，临太阴，为真诈。宜暗计埋伏，布德、隐遁吉。

重诈

乙丙丁合开、休、生门，临九地，为重诈。宜选将招兵，修筑、埋葬吉。

休诈

乙丙丁合开、休、生门，临六合，为休诈。宜祷祈、祛邪、合药、治疫、造葬、婚姻、交易、上官、赴任、遣使、破敌，万事皆吉。

五假法

假者，假其气以用事，须以其事而符其气则用之有益，否则悖其气而用之则凶。忌迫墓，慎之。

天假

景门合乙、丙、丁临九天，为天假。宜彰动天威，奋扬威武，谒贵求贤，上书献策，颁号令，申盟约，使敌人自伏。

地假

杜门同丁、己、癸临九地，为地假。宜潜伏隐遁，私约交通，偃旗息鼓，暗地施为。临太阴，宜遣人间谍。临六合，宜逃亡避灾难。

人假

惊门同六壬临九天，为人假。宜捕捉叛亡，搜擒匿寇，捕盗拿贼，暗计施行。若太白入荧，已在其下，必获。

鬼假

死门同丁、己、癸临九地，为鬼假，又为神假。宜超亡、荐度、安葬、埋伏交战、筑堤积水、挖井通渠。

物假

伤门同丁、己、癸临六合，为物假。宜索取捕捉，返归故里，修葺旧垒，填塞古道、交易、伏藏，俱吉。

青龙回首

戊加丙，为龙回首。此时宜举百事，有欣悦称心之验。行军俱吉。

飞鸟跌穴

丙加戊，为鸟跌穴。此时百事宜为，有显达易成之象。战阵皆吉。

三奇得使

甲己日丙奇，乙庚日乙奇，丙辛日丙奇，丁壬日乙奇，戊癸日丁奇。凡阴阳二遁遇此，诸事皆吉。

玉女守门

甲己时在丙，乙庚时在辛，丙辛时在乙，丁壬时在己，戊癸时在壬。凡营建宴会喜庆事，皆吉。

又时遇乙卯、乙未、丙午、丁酉谓之值使，加临玉女，合吉格，诸事大吉。又如庚午、庚子、己卯、戊子，亦为守门时。

天辅时

甲己之日己巳时，乙庚甲申不须疑。丙辛端用甲午好，丁壬甲辰最为宜。
戊癸甲寅定免罪，号为天辅大吉时。

此时万事皆宜，行兵征战，必获大胜。虽斧钺在前，有罪必释，最为妙异。

三奇升殿

乙奇到震，丙奇到离，丁奇到兑，此三奇升本宫之殿，百事皆吉。

奇游禄位

乙奇到震，丙奇到巽，丁奇到离，为本禄之位，合吉门，谋为皆吉。

欢怡

乙丙丁三奇，临六甲值符之宫，为欢怡，凡百谋为无不和悦。

相佐

本旬值符，加地盘三奇之上，百事皆宜。派兵调弁，尤为效力。

天地奇仪相合

乙庚、丙辛、丁壬为奇，合戊癸、甲己为仪，合得吉门，凡百谋为皆有和合之象。

交泰

乙奇加丁，丁奇加丙，遇吉门，主客皆吉，谋为大利。

天运昌气

六丁加六乙，为昌气。遇吉门，主客皆利。凡百谋为皆吉。

门宫和义

和者，宫生门也。义者，门生宫也。遇吉门吉格，万事皆宜。

奇门旨归卷四

凶格释义

青龙逃走

六乙加辛，为龙逃走。此时不宜举兵，主将士逃窜，谋为皆凶。

白虎猖狂

六辛加乙，为虎猖狂。不宜行兵，主客皆伤，诸事不吉。行船婚姻修造尤忌。

螣蛇妖娇

六癸加丁，为蛇妖娇。此时百事不利，主动作虚惊。兵家值此，尤防敌人妖术火攻。

朱雀投江

六丁加癸，为雀投江。诸事不宜。文书泄漏，火灾怪异。

太白火荧

六庚加丙，为白入荧。诸事凶。尤防贼来劫营，伏兵丙宫挫其锋。

荧入太白

六丙加庚，为荧入白。行兵主贼去，宜尾追，有不战而贼自败之象。

飞宫格

六甲值符加地庚，为飞宫格。诸事不吉。战主大将遭擒。凡事宜静不宜动，用兵先举者必败，最宜慎之。

伏宫格

六庚加地甲值符，为伏宫格。此时行兵，宜进不宜退。出行主逢盗贼，车折马伤，百事不宜。

飞干格

日干加庚，为飞干格。战则主客皆伤，出行主飞灾横祸。

伏干格

庚加日干，为伏干格。此时战必遭擒，主客两伤，出行尤忌。

大格

天庚加地癸。此时谋为诸事不利，出行阻隔，车破马伤，惟捕捉可获。

小格

天庚加地壬，为天罗。凡百谋为不利，行兵出行尤忌。

刑格

六庚加地已，此时行兵大凶，出行道途阻隔，诸事不利。

悖格[1]

六丙加年月日时干。此宜固守，不可轻动，利主不利客。举事主紊乱无绪，凶。

年月日时格

六庚加本年岁干、月干、日干、时干，百事不利。惟宜捕捉，行人即至。

天网四张格

六甲值符加地癸，为天网。此时惟利渔猎。《经》曰："天网四张，万物尽伤。百事不举，惟宜逃亡。"当从天上六癸方出。又曰："天网四张走无路，一二网低有路通。"网高者，天上六癸加五六七八九宫，大凶，不可用。网低者，天上六癸加一二三四宫，可匍匐而出。

地罗遮格

天上六壬加时干六癸，忌出兵出行。《经》曰："地罗遮障莫占前，天网四张无路走。"

五不遇时

时干克日干皆是。出行主折损，百事凶。用兵尤忌，虽有奇门，切不可用。

六仪击刑

甲子临震，甲戌临坤，甲申临艮，甲午临离，甲辰临巽，甲寅临巽。此时忌用兵，主有击刑之象。安营值其方尤忌。出行谋为不利。

三奇入墓

乙奇临坤，丙奇临乾，丁奇临艮，为三奇入墓。忌行军。凡百事，吉者不吉，凶

① 丙加值符主菘政纪纲紊乱。又丙加丙为天乙加丙为飞悖。

者不凶，无功之象。

时干入墓

戊戌，壬辰，丙戌，癸未，丁丑。此时百事不宜，出师出行尤忌。

星门入墓

休蓬入辰，惊开心柱入丑，伤杜冲辅入未，景英入戌，生死任芮禽入辰。此时凡百谋为阻滞不通。

伏吟

星符门还加本宫，为伏吟。此时凡百谋为只宜静守，不可妄动。急猝进兵，必遭围困。虽有吉门，亦不可用。

返吟

星符门加对冲之宫，为返吟。凡百谋为反覆不定。积粮静守吉。

门宫迫制

休临离，开惊临震巽，生死临坎，伤杜临坤艮，景临兑乾，八门克宫为迫，宫克八门为制。吉门吉宫迫制，则吉事不吉，凶事不凶。凶宫凶门克制，则灾殃尤甚。

奇门旨归卷五

十干克应

六甲加六戊，谓天盘戊加地盘戊，是为伏吟。凡事闭塞，静守为吉。

戊加乙为青龙合灵，门吉事吉，门凶事凶。

加丙为青龙返首，动作大利。若逢迫墓击刑，吉事成凶。

加丁为青龙耀明，谒贵求名吉利。若值墓迫，招是招非。

加己为贵人入狱，公私皆不利。

加庚为值符飞宫，吉事不吉，凶事更凶。

加辛为青龙折足，吉门生助，尚可谋为；若逢凶门，主拐带失财，有足疾。

加壬为龙入天牢，凡阴阳皆不利。

加癸为青龙华盖，吉格，门吉招福，门凶多乖。

乙加戊为利阴害阳，门逢凶迫、财破人伤。

加乙为日奇伏吟，不宜谒贵求名，只可安分守身。

加丙为奇仪顺生，吉星迁官进职，凶星夫妻别离。

加丁为奇仪相佐，文书事吉，百事可为。

加己为日奇入雾，土掩暗昧，门凶宅必凶。得三奇开门，为地遁。

加庚为日奇被刑，争讼财产，夫妻怀私。

加辛为青龙逃走，奴仆拐带，六畜皆伤。

加壬为日奇入地，尊卑悖乱，官讼是非。

加癸为华盖青龙，宜遁迹修道，隐匿藏形，躲灾避难为吉。

丙加戊为飞鸟跌穴，谋为百事洞彻。

加乙为日月并行，公私谋为皆吉。

加丙为月奇孛师，文书逼迫，破耗遗失。

加丁为星奇朱雀，贵人文书吉利，常人平静。得三吉门，为天遁。

加己为火孛入刑，囚人刑杖，文书不行。吉门得吉，凶门转凶。

加庚为荧入太白，门户破坏，盗贼耗失。

加辛为谋事成就，病人不凶。

加壬为火入天罗，为客不利。是非颇多。

加癸为华盖孛师，阴人害事，灾祸频生。

丁加戊为青龙转光，官人升迁，常人咸昌。

加乙为人遁，吉格，贵人加官进爵，常人婚姻财喜。

加丙为星随月转，贵人越级高升，常人乐里生悲。

加丁为奇入太阴，文书即至，喜事遂心。

加己为火入勾陈，奸私仇冤，事因女人。

加庚为年月日时格，文书阻隔，行人必归。

加辛名曰朱雀入狱，罪人释囚，官人失位。

加壬名曰五神互合，贵人恩诏，讼狱公平。

加癸名为朱雀投江，文书口舌俱消，音信沉溺。

己加戊名犬遇青龙，门吉谋为遂意，上人见喜；门凶枉劳心机。

加乙名为墓神不明，地户蓬星，宜遁迹隐形为利。

加丙名曰火孛地户，阳人冤冤相害，阴人必致淫污。

加丁名曰朱雀入墓，文状词讼，先曲后直。

加己名为地户逢鬼，病者死，百事不遂。

加庚名曰刑格，求名词讼先动者不利，阴星有谋害之情。

加辛名曰游魂入墓，大人鬼魅、小人家先为祟，凶。

加壬名地网高张，狡童佚女，奸情杀伤。

加癸名曰地刑元武，男女疾病垂危，词讼有囚狱之凶。

庚加戊曰太白天乙伏宫，百事不可谋为，凶。

加乙为太白蓬星，退吉进凶。

加丙为太白入荧，占贼必来，为客利进，为主破财。

加丁曰亭亭之格，因私昵起官司，门吉有救。

加己名为刑格，官司被重刑。

加庚曰太白同宫，官灾横祸，兄弟雷攻。

加辛曰白虎干格，远行车折马死。

加壬远行迷失道路，男女音信嗟呀。

加癸名为大格，行人至，官司止。生产母子俱伤，大凶。

辛加戊曰困龙被伤，官司破财，屈抑越分，妄动祸殃。

加乙曰白虎猖狂，人亡家败，远行多殃，尊长不喜，车船俱伤。

加丙曰干合孛师，荧惑出现，占雨无，占晴旱，占事必因财致讼。

加丁曰狱神得奇，经商获倍利，囚人逢赦宥。

加己曰入狱自刑，奴仆背主，讼诉难伸。

加庚曰白虎出力，刀刃相接，主客相残，宜退让，强进血溅衣衫。

加辛为伏吟天庭，公废私就，讼狱自罹罪名。

加壬曰凶蛇入狱，两男争女，讼事不息，先动失理。

加癸曰天牢华盖，日月失明，误入天网，动止乖张。

壬加戊名为蛇化龙，男人发达，女产婴童。

加日奇六乙名曰格名小蛇，女人柔顺，男子嗟呀。占孕生子，禄马光华。

加月奇六丙名曰水蛇入火，官灾刑禁，络绎不绝。

加星奇六丁名干合蛇刑，文书牵连，贵人匆匆，女吉男凶。

加己名曰凶蛇入狱，大祸将至，顺守斯吉，词讼主理曲。

加庚名曰太白擒蛇，刑狱公平，立剖邪正。

加辛名曰螣蛇相缠，纵得吉门，亦不能安。若有谋望，被人欺瞒。

加壬名曰蛇入地罗，外人缠绕，内事索索，星门俱吉，庶免蹉跎。

加癸名曰幼女奸淫，家有丑声。门星俱吉，转为福亨，吉。

癸加戊名曰天乙会合，吉格财喜，婚姻吉人赞助成合。门凶迫制，反招官非。

加日奇六乙名曰华盖蓬星，贵人禄位加增，常人平安。

加月奇六丙名曰华盖孛师，贵贱逢之，上人见喜。

加星奇六丁名曰螣蛇夭矫，文书官司，火焚莫逃。

加己名曰华盖地户，男女占之，音信皆阻，躲避灾难为吉。

加庚名曰太白入网，以暴争，讼立平。

加辛名曰网盖天牢，占讼占病，死罪莫逃。

加壬名曰复见螣蛇，嫁娶重婚，不保年华。

加癸曰天网四张，行人失伴，病讼皆伤。

三奇到宫应克

乙到乾：有人着黄衣至、或扛钱过为应。后六十日内，进商音人财产，大发。

到坎：有人着皂衣至，或有鼓声为应，后七日得财。

到艮：有人着白衣至，或缠布来，或网裹鱼来为应。后一年内进人口，有人送家禽来，大吉。

到震：有渔猎人至，并小儿二人同来为应。后七日进财宝。若有东方产亡者，闻之主大发。

到巽：有白衣人骑马过，或小儿作戏要为应。后三年内生贵子，进东方财产。若闻东方人家失火或缢死，大发。

到离：有人着色衣为应。后三七日进横财。若闻东方有刀刃自杀者，必大发。

到坤：有三五少妇至，或鸟鹊成群为应。后三日或三十日，进角音人田地。

丙到乾：有披衣人至，或鸟鹊成队飞来为应。后百日，进寡妇财产。

到坎：有瞽目人至，北方有飞鸟来应。后百日或一年，因水火生财，大富。

到艮：有人着青衣至，小儿哭泣，或童子手拿铜铁器物为应。后七日内进财宝，周年内进白马。

到震：有武人持军器至。若春用，有雷声或鼓声应。

到巽：有鼓声歌乐为应。后七日有色衣人至，家招横财。

到离：有黄黑飞鸟成队来为应。或七日、六十日，进田蚕，发旺。

到坤：有皂衣人至，或乌鹊鸣南方为应。后三七日进南方人财物，或一年内进牛羊及绝户财产，大发。

到兑：有人持技并拿酒器及抱小儿为应，更有鼓乐之声。

丁到乾：有人持刀刃至，或牵马过为应。后三日内或七十日内，动土得财，大发。

到坎：有人抱小儿来，南方云雨至，黑禽自西来为应。百日内有婚姻喜庆事，大吉。

到艮：有人与小儿打狗为应。后七日或七十日内，进黄黑色活物。半年内人口及田契发旺。

到震：有二女子着青衣至，或双夫妇至，或黑白禽自南方来为应。后七十日内进黄白活物，大发。

到巽：有小儿骑马过，南方云起，北方下雨为应。周年内人淹死，妇人产亡，凶。

到离：有蹶足人或瞎眼人至，及小儿骑马过为应。后九十日内，因火生财发旺。

到坤：有女人着青衣至，与僧道同行，或黑牛乘车为应。后七十日内因水破财，致败。

到兑：有人抱文书印簿至，或赶牛羊鹿为应。后六十日内，进田宅，致富。

十干克应歌

六甲时行遇贵人，三教人逢乙奇神。丙逢执器人骑马，丁逢眷女礼相迎。
戊己阴阳人其伴，庚辛壬逢斗打人。六癸山林隐逸士，无气生旺理上评。

九星克应歌

天蓬时逢贵人行，湖海人来有喜欣。天芮乡民或匠艺，僧道同行论世情。
天冲相逢人渔猎，辅贵阴人三五迎。天禽农夫泥土匠，天心秀士作官人。
天柱阴人争口舌，天任运土阻行人。天英火烛文纸赤，聘礼歌欢鼓乐声。

八门克应歌

休遇阴阳贵贱人，江湖游乐捕网宾。生遇乡谈产业，伤逢争讼斗争临。
杜逢逃避男共女，或遇山林乐饮人。惊逢骂詈年少妇，赌博贪淫斗闹声。
景遇二人昼饮乐，开逢官贵老年人。死门病厄并游猎，又遇送柩白衣人。

奇门旨归卷六

占投军

以天冲为武士，值符为主帅。值符宫生天冲宫，及天冲宫生值符宫，一见即投合；如彼此相克，定不收录。天冲即作值符，一去即为部长，后必大用。伏吟空回，返吟反覆不准。

占攻城

以六庚为攻者，以天禽星为守者。[①] 如六庚乘旺相，得开门，加中五宫，[②] 城必破。又看地盘天禽所乘之宫，得旺相及吉门者，其守将不可擒，反此必死。

占守城

以天禽星为守者，天蓬、六庚为攻者。天禽宫得休、生、开、景，又旺相，有六丙，其城不破。如无旺相气及吉门，再犯天蓬、六庚入中宫，断不能守。

占贼临境城可守否

以时干为客，时支为主，[③] 看其生克何如。如时支宫被值符所落之克制，而时支又乘六庚、元武，此城当弃；或值使宫自被下克，此城亦不可居，速宜退避。如值符宫相生相比，或值符自受刑，敌人虽来，不能取胜，守之无妨。

占贼来去

敌兵来去，先分界限。冬至后以坎、艮、震、巽四宫为内，离、坤、兑、乾四宫为外。六庚落外界，主不至。六庚落宫被克者，为安营不稳，自惊而退。六庚克所落之宫，又逢元武、天蓬、白虎之神乘，必大胜。庚得九天，必大张声势，鸣鼓而进。庚得九地，则偃旗息鼓而来。如贼已入境，占其何时去，看六庚在内四宫为不去，在外四宫为去。总以六庚之地盘年、月、日、时，为去来之期。[④] 如太白入荧，虽主贼

---

① 原注云：庚者兵众，禽者中心众攻之，故受攻。

② 可见中五亦有门行到，此不寄之验。

③ 即符使之宫。

④ 如庚加年干年内方去，月日时仿此。

来，若在外界，[1] 亦主不来。荧入太白，虽主贼去，若在内界，亦主不去。

占胜败

凡战阵，以景、惊二门主之。《经》曰："景门宜破阵。"又治乱之法，要视惊门，以值符所落之宫为主，六庚所落之宫为客。值符宫克六庚宫主胜，六庚宫克值符宫客胜。又论旺相为胜，休囚为负。如主得景、惊二门，或二门宫与主宫相生，则主胜；客得景、惊二门，或二门宫与客相生，则客胜。如主客宫相生，来必讲和。如主客所乘皆旺相，俱得二门，不相刑克，其力相等，则两相恐惧，不战而退。如六庚为值符是主客同宫，主二家不分胜负。又日干加庚主胜，庚加日干客胜。如谷雨上元阳遁五局丙辛日壬辰时，天柱为值符，上带六庚，主二家不相胜负。

占贼来否

此时天上奇仪、星门克宫，贼来猖狂。若地上坐旺禄得令之宫，贼虽来，而我可以计胜。若我居失令之地，逢其相克，仅防有失。如我克他，贼虽见而无害。若上下诸星比和，干支相生，主不进不退，恐贼暗来，宜埋伏待之。

又法：以月将加正时，寻天罡所在孟仲季，则知其来否。

	临孟	临仲	临季
来不来	不来	半路半来	全来
去不去	尚在	半去	已去
出不出	不出	半出	全出
战不战	来战	已战	欲战
罢不罢	已罢	欲罢	未罢
利不利	主利	两伤	利客
何道通	左道	中道	右道
兵被围	可待	相撞	急去
行不行	未行	欲行	已行

占阵式诀

古之出师，先布阵式，观其阵之变化虚实，方将与将斗。今时之将，远贼巢五七

① 外四宫。

十里，或百里外安营，令乡导探其贼情之进退，或探其虚实，或不入险地，或见其形式，急回报有贼多少，或在远近路之多少。主将一闻其信，不按日时之吉凶、主客之用法，急令士卒，至彼地方，或贼逃避，或贼埋伏，或贼相撞。士卒一见贼，或远一二百步，或远三五百步，畏其性命，不敢前进；或遇冲敌畏怕，奔走不暇，安望其张弓驾失迎敌接战哉！须有奇异阵法，妙藏主将心中，随时运用，变化莫测，自可百战百胜。倘遇险道崖谷，不能布列，须按方埋伏，待时而出，则制胜尤易。

《经》曰："天地合其德，日月合其明，四时合其序，鬼神合其吉凶。"临阵对敌，惟时为重。盖时者乃天地万物、始终一切之主。有能为参赞，知演遁奇门，分利主客，用兵取胜，此冶乱安民之要务也。主客用法，妙在发兵立营，日时为始，遁演符使，逐日逐时，用星门飞布，逢某星奇仪、八门于某宫，合某遁吉凶格；与主将本命、行年大运利于何日时交锋，或贼何日时投降，或贼于何日时偷营，如日时用兵埋伏何方，如法击之。如主将本命行年遇凶格，或临墓绝宫，不可出。再看军中所忌，凡日月星辰、风云雷雨、虎豹马兽、鸡犬兔鹿等项，各有吉祥，但有异见异闻，即以此时演遁吉凶等格。如遇凶格，急宜移营。凡彼众我寡，或被围困，或贼急猝猛来，时不可待，当用闭六戊运筹等法，步蹑斗罡，或呼玉女诸神助力，可保万全。此为鬼神合其吉凶也。

凡行兵，须预算晴雨风雷，选定吉日吉时吉方，不待临时误用。或所攻之地有远近，先令向导究其何处便于收草、何处可以安营、何处可以进杀、何处可以埋伏、何处可以伏杀，使士卒知所进止也。

凡将兵，须同为一心，则百战百胜。今北将南兵，或南将北兵，或新募之卒不及操练，不知坐作进退，不知金鼓号令，或东西易位，前后失次，乃兵家失规之大病。领兵就敌若此者，断不可用。

凡新募之兵，查选兵中有能知地理及算卜演遁、知五行生克之理天文星象之变等色人，取在营中，以便差遣，使不练而练，各有所执。如行路以各色旗为号谕定，遇高冈举某色旗，遇深陷举某色旗，遇狭道举某色旗，遇贼来或埋伏举某色旗，遇河道举某色旗，或立号为定，则士卒知其缓急，以便进止，不至迷乱。再令一人执天蓬星旗，又令一人执天芮星旗，又一人执天冲星旗，又一人执天辅星旗，又一人执天禽星旗，又一人执天心星旗，又一人执天柱星旗，又一人执天任星旗，又一人执天英星旗；再以一人执休门旗，又一人执生门旗，又一人执伤门旗，又一人执杜门旗，又一人执景门旗，又一人执死门旗，又一人执惊门旗，又一人执开门旗，皆不更名，以星为号，各依五方五色，衣甲与旗一样，则兵随旗转也。如来日发兵到某地，查路之远近，宜于某时到某地方，参赞预令某领兵官执某旗，则某色士卒随某旗某门到某地札住。如此星门以此日此时，演遁格局，布列成阵，主将至此登坛，即此是为阵法也。自立营日时为始，飞布筹算星仪大运，日时利于某方某官兵为冲锋，某官兵为接应，某官兵为埋伏，某官兵为招安，某官兵为固守，此时或扬声呐喊，或禁声暗出，以旗为号，先出某方官兵，将某旗招摇，从某方向出，则士卒随旗进剿，逐一轮班而出。到交锋之际，又查此时吉凶等格，看利主利客，相时变动，妙存一心。如先强后弱，胜不可追；先弱后强，守敌后剿，方得万全制胜。此为今时用兵之法也。

占朝觐引见

以休门、岁干、年命日干之落宫决之，岁干为天子，日干为引见之人。年命日干得岁干来生，再有三奇相扶者，元吉。又看休门落宫得奇仪相乘者，主引见天子必喜而得宠。如岁干不生年命日干之落宫，亦不相克制，而休门得奇来生年命日干之落宫者，亦吉。若岁干来克年命日干，再入空亡墓废并休门不得奇仪吉格者，不利。

占文武升迁

法以开杜二门主之，文官看开门，武官看杜门。二门乘三奇，再得旺相，生其年命日干者，必升。太岁来生年命日干者，必系天子特旨。值符来生者，上司保举。月建来生年命日干及开门者，部臣保举。开门再得旺相相生，升之必速。得门不得奇，亦升。得奇不得门，只加衔，不升。

占在任升迁

凡莅任日久荐多，未见超擢，欲知升期，当以开门决之，因开门为官发印也。开加生旺宫，再得三奇，合吉格，必升。再遇岁干、月建，乘吉神来生，定然高擢。其有吉格而不旺相，或旺相而无吉格，及旺相吉格而岁干、月建不来生，亦不升也。

占降调

开门受克，文官降调。杜门受克，武官降调。返吟主调任，空亡必革职。入墓不惟降罢，仍招罪戾。太岁来克，天子不喜。值符来克，上司参劾。月干来克，部臣奏参。如见元武为盗案，白虎为命案，朱雀印信，螣蛇罣误，太阴罢职，六合、勾陈贪酷。若开杜二门，乘旺相相生之宫，或得三奇吉格，虽参不妨。

占大计吉凶

以值符为吏部，开门为官星。开门宫受值符宫克制，又休、囚、没及不得吉星吉格者，主拿问。旺相者罢职，得吉星者降级。开门宫不受值符宫克制反相生者，无事。

占求官

以开门落宫与年命日干宫决之。开门落宫生年命日干之宫，再得三奇吉门吉格者，得官必速；不得三奇吉门吉格者，得官必迟。反此不得。

占出任何方

以天盘开门之落宫决之。开门落于内四宫必近，落于外四宫必远。阳遁自坎至巽为内，自离至乾为外。阴遁反此。再以地盘所带之干，分配九州。甲齐、乙东夷、丙楚、丁南蛮、戊韩魏、己中州、庚秦、辛晋、壬燕、癸北狄，子齐、丑吴越、寅燕、卯宋、辰郑邯郸、巳楚、午周、未秦、申晋、酉赵、戌鲁、亥卫。见元武主民间多盗，白虎主斗伤，朱雀主刁讼，螣蛇多异怪，太阴主奸淫，天乙青龙、六合乃礼仪敦朴之俗，勾陈多争田土之事。

占新任官员贤劣及何处人

以开门为官星，九星为心性，天干为分野。① 如开门上乘吉星为好人，凶星为恶人。天辅心性文雅，天任仁慈，天心心善正直，天禽忠厚，天冲风厉，天英轰烈，天芮贪酷，天柱奸宄，天蓬大恶。甲蛮，乙海外及东夷，丙楚，丁岱江淮南，戊己韩魏中州河济，庚秦，辛晋，壬燕赵，癸常山。

占谒贵

现任之官以天盘开门落宫主之，未任致仕官以天盘甲子戊主之，以日干为求谒之人。开门甲子戊乘旺相气，再得奇门吉格来生日干落宫者，去谒必见，见且有益，所求如意。开门甲子戊与日干比和者，但求谒，主少迟。开门甲子戊同宫者，主贵人有客，宜稍待。若开门甲子戊返吟，主贵人他往，不得见。开门甲子戊入库，不得见。开门甲子戊受制，贵人有忧事，不见，见亦无益。开门甲子戊落宫来冲克日干之宫者，主贵人不喜，枉惹羞辱。谒武官，看杜门，亦仿此。

占干谒

干谒专看休门，以休门宫②分为所见之人，时干宫③为往见之人。如休门宫生时干宫，而时干又有三奇临之，遂意。如相克制，又无三奇，不得见，或不喜悦，所求不遂。又要彼此二宫旺相，有一处休囚，即不吉。若所见之方得休门临之，亦相见也。

占访人

以天盘所往之方为我，地盘之星为他。天地二盘相比和者，必见。再得奇门吉格

---

① 天盘之干。

② 如天休加震为木宫。

③ 天盘时干加地盘水为坎之类。

及天地二盘所得之干相合者，并有酒食。若相克制，主猜忌，不见。如临星干人墓，彼在家，不肯见。如地盘之星落空亡者，彼实不在家。

占人来访

以来人所来之方天盘之星为来人、为客，地盘所得之星为主、为我。天盘星得奇门来生地盘者，为贵客，有益于我，可见。若天盘星克地盘星，再遇凶门凶格，必损我，不可见。

占请客

以值符为客，天乙为主。天乙所乘之宫来生值符之宫者，必来。时干生日干者，亦来。天盘星生地盘星者，亦来。反此不来。

占入山访道

以天芮为访道之人，天辅为传道之人。若天辅得奇门吉格来生天芮者，必得高人传授。相比和者，空见人，不传道。相克，不见。再看阳日得僧道传道，阴日得羽人传道。

占访友

大凡奇门用事，专择方向与时耳。如我欲访友寻人，以所往之方地盘为主，天盘为客。主客要相生合，又得吉门，去必相遇。若门凶，上下两盘又相克制，则不遇也。庚为年月日时格，值此亦不遇也。

奇门旨归卷七

占求人推荐否

其法以甲子戊为求荐之人，以天乙为推荐之人。若天乙落宫生甲子戊与值符宫者，必推荐。有克，不荐。

占幕馆

以天辅为求幕馆之人，以甲子戊开门为官长。若开门乘吉格来生天辅之宫，主显官来聘。若仅得甲子戊开门生天辅之宫，无吉格，主贵人举荐。若开门不乘旺相三奇，主微员来聘。相比和者，主宾投契。克制、返吟者，主宾不和。若天辅入墓，宾凶；开门入墓，东主凶。落空亡者，终不得馆。

占书馆

以天辅为师长，天芮为弟子。若天芮落宫生天辅宫，主弟子来聘师长。天辅落宫生天芮落宫，主师长就子弟或旧徒。天辅落宫克天芮落宫，师长嫌子弟。天芮克天辅，弟子嫌师长。若天芮乘旺相气，又得吉格，必是厚馆。反此必薄。天辅天芮返吟，中途而废。天芮落空亡、墓库，终不得馆。余仿此。

占应役

以开门为现任之官，以日干为应役之人。若日干所乘之宫得旺相气，再得奇门吉格，而开门所乘之宫又得奇仪吉格来生日干，必得官长重用，发达。若日干不得旺相吉格而被开门生者，主上见喜，小吉。若日干开门冲克，不利。

占差遗

专看开门所冲之星与众人年命之年干日干。被开门冲者得，不冲者不得。得吉格者得，得凶格者凶。

占退役

以开门为官长，以日干为退役之人。若开门生日干，主官有眷恋之情，不准退；克日干，准退，惹怒责；比和者，准退。又日干乘青龙逃走、荧入白，必退。[①]

占迁移吉凶

以九星及九宫分方向，定可否。如此方上有三奇吉门，再时得天禽，四季皆吉。得天辅，春夏大利。天心，秋冬大利。其余星俱不利。各以来时占，看何星为天乙定之。[②]

占出行谋干

以日干落宫为出行谋干之人，看所在何方。有吉门吉格来生日干之宫者，往必大利。或不得奇门吉格来生而与日干比和者，亦利。反此不利。再被凶门凶格来冲克日干，主大凶。若临空亡入墓之方，或日干年命临刑、墓、空亡方位者，不利。

占出行水陆吉凶

以休景二门所乘之宫分水旱二路。休门落宫合天地二盘有三奇相乘者，水路吉。景门有三奇临，旱路吉。行船忌青龙逃走、白虎猖狂凶格，主风暴；螣蛇夭矫，主凶灾；朱雀投江，主沉溺。又以伤门为船，伤加休上，为浮为顺；休加伤上，为舟行水底，主沉溺。景门为旱路，又以伤门为马为车。忌太白入荧，主盗；荧入太白，主火惊；元武、天蓬，主失盗。水路忌惊门来克，恐伤船。休加景，主泥泞难行。若二门入墓，主关梁阻隔，行动艰辛。

占船主善恶

以震三宫为船，以天盘上所得之星为船主之善恶。震宫上得辅、禽、心三星为上吉，冲、任为中吉，其船家是好人。得英、芮、柱、蓬为大凶，船不可登。

---

① 若乘白入荧、虎猖狂，不可退。蛇夭矫，主惊恐，欲退不能。再见凶格与朱雀投江，必革退。

② 观此则以其人来之时发占，不以六壬之簇时也。

占出外预定归期

其法以四维长生决之。看出门之日系何干，即看四维是何干长生之日，以本宫地盘之干即回家之日。

占出外不知家中安否

其法专以四维决之。四维者，乃四长生之方也。如甲乙日看乾宫，此四大长生之根也。若得门得奇，吉则俱吉，凶则俱凶。

占出外之人安否

先定方向，看其方上下二盘。得三奇吉门、吉格者安，反此不安。

占行人在外吉凶

法以行人年命日干决之。年命日干落在坎、艮、震、巽，阳遁为内为近；离、坤、兑、乾，为外为远。年命落四维者甚远，落坤、艮者为极远。阴遁以离、坤、兑、乾为内为近，坎、艮、震、巽为外为远，合而决之。年命落于四正者，不甚远。年命日干落于休、废，其人在外必不如意，非困即病。若年命日干落于墓、库、空亡之宫，再乘死绝之气，其人必不在。如年命日干乘旺相吉格，在外名利遂心。

占行人归期

法以行人年命日干，专看庚格。阳日以庚下临之干主之，阴日以庚上乘之干定之。年格年来，月格月来，日格日来，时格时来，不格不来。何谓“不格”？乙庚为合，不为格；庚入墓，或临空，亦不为格。

奇门旨归卷八

占求财谋望

当分体用，以生门所落之宫为体，生门及所乘之星为用。用生体吉，体生用则不吉。用旺体衰，体虽克用，不为大吉。体旺用衰，用虽克体，亦无大害。大抵看生门所落宫，分再看上下盘之格局吉凶何如。吉格吉星，所求如意。一有不吉，所求仅半。休、囚、废、没，全无。犯诸凶格者，主凶。

占求财

以甲子戊为财神，生门为财方，看二宫天盘落于何宫，以二宫生克比合验其得失。天盘甲子戊与生门落于坎、艮、震、巽四宫，阳遁为内为近，又为速；再得奇门吉格者，得必多。若得门不得奇、得奇不得门，得之不多。门奇俱不得，不落空亡、墓绝，不受地盘克制，得之必少。或甲子戊与生门落于一内一外，得之必迟。二宫俱在外，必千里之财。二宫落空亡、返吟、墓绝，再有凶神凶格相并者，必不得财，反遭是非。

占贸易

以甲子戊为资本，生门为利息。生门所落之宫得奇门吉格，来生甲子戊之落宫者，必获倍利。二宫比和者，亦得中利。生门来克甲子戊之落宫，再乘凶神凶格者，必折本。甲子戊之落宫生生门之宫，主加添资本，仍得利息。生门落墓绝之地，再有凶神凶格相乘者，必耗尽资本，主大凶。

占合伙求财

以日干落宫为我，时干落宫为伙计。时干乘奇门吉格来生日干者，则伙有益于我。日干乘奇门吉格而生时干者，则有益于他。二宫比和者，主合伙公平，各无猜忌。若时干所落之宫乘凶神凶格，来克日干宫者，不利。再以生门之生我、不生我详之，百不失一。

占开店肆

以开门主之。开门乘旺相气，带奇门奇格，来生日干之落宫者，大吉。相比和不克制者，次吉。若开门入墓，或返吟及落空亡者，不利。开门落宫乘凶神凶格，来冲克日干者，更不利。

占交易

以日干落宫为我，时干落宫为他，六合为经纪。日干生时干，买主愿受。时干生日干，卖主愿意。日干克时干，买主不受。时干克日干，卖主不卖。六合生日干，经纪人向卖主；生时干者，向买主。二干落宫相比和者，二家公平交易，主成。二干有一落空亡者，主交易不成。

占买货

以日干落宫为收买货物之人，以时干落宫为货物。时干落宫乘旺相气再得奇门吉格者，为美货。乘休囚之气不得奇门吉格者，为废货。时干落宫来生日干落宫者，其货不拘美恶，皆有利息。来克日干落宫或乘墓绝及空亡者，不利，不必买。

占脱货可否

以值符甲子戊为我，以天乙为脱货之人，以六合为经纪牙人。若天乙落宫乘奇门吉格来生值符之宫者，其货可脱。比和者，脱亦无碍。反此必不可脱，必有失。又看六合落宫，生天乙落宫，主经纪与脱货之人相善。生值符与甲子戊之宫者，主经纪与货主同心。倘六合入墓或落空陷之宫，必有奸诈骗拐之事，断不可脱。

占脱货求财

以日干落宫为货主，时干落宫为货物，以甲子戊落宫为资本，生门落宫为利息。若日干落宫生时干所落之宫，主人恋货，不肯脱。若时干落宫生日干所落之宫，主货恋人，不能脱。再看时干之落宫，生甲子戊与生门之落宫者，有利息。反此无利。倘时干落宫乘凶神凶格，来冲克日干宫者，主折耗。惟日干落宫克时干落宫，虽欲急脱，售之必迟。若时干落宫日干之落宫，售之必速。

占借贷

其法以所住之方、天盘所得之星为求借之人，又以天盘之星所落地盘之星为借贷之家。若地盘之星生天盘之星，必得借。比和，虽借，主迟疑。相克，主不借，反惹羞辱。若天盘所得之干入地盘墓者，主吝涩，不肯借。如临空亡宫，彼实无，不必去借。又法以值符为物主，天乙①为往借之人，各以所落宫分生克论之。值符宫生天乙宫，天乙宫克值符宫，借之必遂。值符克天乙，天乙生值符，借不必遂。②

占放债

以六甲值符为放债之人，值符下临之星为天乙，即借债之人。若地盘之星乘旺相之气生天盘之星，借债必还；乘凶格克天盘之星，必不还。落空亡者，主死亡负债；乘墓绝，主混赖不还。③

占讨债

以天乙所落之宫为欠债之人，以勾陈落宫为讨欠之人。勾陈落宫克天乙落宫，其人实心去讨，天乙落宫克勾陈落宫，所使之人畏彼不敢讨。勾陈与天乙相生比和，彼此通同不讨。勾陈被天乙生，主嘱托贿赂，所使之人不肯讨。天乙落宫得旺相气来生值符者，必还。若天乙落空来生值符，④有心而力未逮。天乙落宫克制值符宫者，安心不还，必不能讨。

占打抽丰

以日干落宫为打抽丰之人，所住之方为抽丰之处。得奇门吉格来生日干者，所往必利。不得奇门吉格，但得来生者，亦利。相比和者，平平。克制日干之宫者，去必有损。临空亡墓绝之宫者，不见，徒劳无益，不必去。

---

① 即值使，俱仿此。
② 此条系占借物。
③ 此皆言地盘之星所带干仪也。
④ 可知值符为放债之人。

奇门旨归卷九

占童试

以天辅星为试官，丁奇为文章，日干为童生。丁奇得门来生年命，日干合吉门吉格而得天辅来生者，必高取。或年命日干与丁奇合吉门吉格，不得天符来生，亦取。丁奇、年命日干不得吉门吉格，但得天辅来生，主文宗施恩，不在文章美恶，亦取。若返吟伏吟入库，生录旧文，不取。落空亡者，必不完卷。落惊、伤二门，主文卷割扯。休门乘凶神凶格冲克年命日干者，主文章涂污，不取。

占岁考等第

以天辅星为试官，日干为试子，丁奇为文章。若天辅来生丁奇，及年命日干再合奇仪吉格、乘三吉门者，上吉，主一等。若丁奇年命日干落景门者，次吉，主二等。得奇不得门，或得门不得奇，或与天辅比和者，三等。如丁奇落空亡之宫，年命日干再乘凶神凶格，四等。倘再被天辅来克，主劣等。

占科举

以值符为正主考，月干为副主考，天乙朱雀为帘官，景门丁奇为文章，日干为士子。值符落宫生日干之宫及景门、丁奇之落宫，再合格者，必高中。月干来生者，亦然。朱雀来生景门、丁奇，主帘官力荐。丁奇、景门落宫克值符、月干之宫，文卷虽佳，主官不喜。克朱雀之落宫者，不荐。乘凶格者，文意差池。空亡、入墓，必犯贴出。乘元武，必讹字迹，不中。日干落空亡之宫，得值符月干来生者，文章虽佳，榜上无名。值符、日干、朱雀落空亡，文卷不入主考之目。入墓者，亦不中。场后见天驿二马及太冲星者，不中，更不必候榜。

占乡会试

以日干为士子，值符为总裁，天乙为房师，[①] 六丁为文章。若值符宫克日干宫，座师不取。天乙宫克日干宫，房师不荐。六丁宫克日干宫，日干宫克六丁宫及六丁宫休囚废没，俱主题目太难，文字失意。如值符、天乙宫来生日干之宫，六丁宫又得旺相，必中。缺一不中。故中难，必须此格皆全乃获售。此至理也，六壬亦当仿此法推之。

占殿试

以景门、丁奇为文章。如岁干所乘之宫来生景门，丁奇之落宫再得奇门吉格者，必中鼎甲。岁干落宫生景门，丁奇之宫不得奇门吉格者，必中二甲。岁干落宫不生景门，丁奇之宫自乘旺相者，中三甲。岁干不生景门、丁奇之宫返吟、入墓者，不中。或克岁干之宫，又有凶神相并，不惟不中，且遭罪戾。

占武科举

以值符为主考，日干为举子，甲申庚为箭甲，午辛为红心，景门为策论。专看甲申庚落宫，若克甲午辛之宫，或冲其宫，皆为箭中红心。再看景门得旺相，又与值符相生者，主中。缺一不中。

又法：以天冲星为监试官，日干为试士，甲戌己为弓，甲申庚为矢，景门为策论，伤门为马。甲戌己、甲申庚、伤门各乘旺相之宫，与日干相生者，主外场合式；克者，主外场阻隔。又以甲午辛为红心，庚加辛宫主矢中红心；庚落艮、乾，矢落四角；巽、震、坤、兑，矢落两旁；落空亡，矢不中；庚落戊宫，计中几矢。若年命日干得天冲来生，更兼景门奇仪有吉格者，必中；反此不中。[②]

占病

以病人日干为主，[③] 以天芮为病神，以生死二门为生死。如日干落在生门者，不死。得死门者，难愈。更遇休、囚，得凶星凶格者，必死。余六门，主缠绵。以天芮废、没之日为愈期。占儿女病时干入墓者，必死。

---

① 天乙即值使也，此指贵人向言，非值符名也。
② 武童仿此。
③ 八字内之日干。

占病愈

以天芮之落宫为病症，克天芮落宫之干支者为愈期。如甲乙木克戊己土之类是也。

占病吉凶

以天芮之落宫为病，以生死二门推之。天芮得生门者生，得死门得死。又看天芮落乾、兑二宫，为旺不能治。落离宫、中宫，其病缠绵。落震、巽二宫，病神受克，主不药而愈。落坎宫为休囚，病虽缠绵，尤可医治。新病落空亡者生，久病落空亡者死。又看日干带死囚之气，或带凶神凶格，不得奇门者，亦死。若天芮落宫乘空神凶格，日干虽得旺相气，而被病神来冲克年命者，亦死。又看病人年命日干，入墓者亦死。[1]

占请医

以天心星为医者，又以乙奇所落之宫乘奇门吉格为良医。二神乘旺相之宫不逢奇门吉格者为时医，不得旺相气及奇门吉格者为庸医。不论庸医、良医，但能克天芮病神之宫者，医必有功。若病神落空，克二神落宫，虽良医不能治也。

占何病症

以天芮所落之宫决之，后以“戴九履一”之法验是何病。离宫为头、眼目，在内为心，在病为火。落坤为腹，在内为胃，在病为蛊胀，在外为肌肤，又为右肩右耳，在病为疮。落兑为咽喉、胸膈，为肺，在内为咳嗽噎病、喘急喑哑，在外为口齿、额角、右肋，在病为疮。落乾为腿足，亦为头，在内为大肠，在病内则膀胱便闭壅结，外则眼足筋骨疼痛，又为疮。落坎在内为小肠、肾气、丹田，在病为寒疾、遗精、泄泻或淋漓、便闭，或茶酒久宿腰痛，又为阴虚疮痒病气，又为肾。落艮在内为脾，内病主虚胀，在外为腿足脚气，在病为麻木风湿，又为疮。落震在内为肝胆，在外为左肋，内病则为血虚、为痨症吐血、痞痳惊悸狂言，外病则目盲耳聋、皮肤疯癞、疮痛，在股拳筋之疾。落巽在内，为胃口、膏肓，又为胆病，内则中风不语、肝肺相伤、三焦虚炎感伤、风热喘急，在外为左耳右肩左肱，又为筋，外病则手足浮热、四肢无力，为火，为疫，又为瘫痪狂悸筋虚之疾。再以天芮落宫所带之干，验其寒热虚实，详审节气时令，方为的验。不可疏忽，学者慎之。

---

① 臞仙曰：“死门加生门，占病死者复生。”点校者注：臞仙，即朱权，术数大家，明太祖朱元璋之第十七子，晚号臞仙，又号涵虚子。原本臞作衢，误，从诸本改正。

奇门旨归卷十

占失物

以日干落宫为失主，时干落宫为失物，各以类推之。看时干落宫乘旺相气来生日干落宫者，仍得；返吟者，亦得；落空亡、墓绝之日，不得。乾为金镯宝物、铜铁圆圈之物，又为帽缨、为马。坎为水晶、珍珠、笔墨、毛发细软之物，又为猪。艮为山、玉石、器册、镫靴之物，又为牛、犬、猫。震为车船、木器、碧色、衣服之物，又为驴、骡。巽为丝釉、缎布、细软之物，又为彩色、细长、成队之物。离为文明、图书、手卷、字画、印信、文券、彩禽、衣暖之物，又为马。坤为铜铁鼓、磬、釜，中空有声象之物，又为牛、羊。兑为金银首饰、有口对襟之物，又为羊、鸡、飞禽。看其有气便为活生之物，无气为死囚废弃，或为损坏旧物。

占走失六畜

骡、驴、车船以伤门天冲主之，牛、羊以死门主之。看落天盘何宫，即往其方寻之。马以乾、兑宫所得之星主之。若得天蓬星，当于近水处寻之。如乘元武，为人盗去。若看得之之日，须逢庚格，月、日、时为期。

占走失

以时干为失主，六合为逃亡之物，俱以落宫论之。又以六合宫与时干宫，看在内外，以分远近。如日干六合俱在内，易寻；俱在外，难寻。若时干在外、六合在内，易寻；六合在外、时干在内，难寻。又以六合所在之宫为方向。如得旺相之星，又乘开、休、生、杜四门，不可得。反此可得。乘九地、太阴，有人潜藏；乘九天远走，元武被人盗去，螣蛇有人盘诘羁縻，朱雀有信，勾陈有勾引而去。[1] 再看六庚，作年格年获，月格月获，日格日获，时格时获。

---

① 俱指六合所乘而言。

占何人盗

以蓬、元为盗，二神乘旺相气，又得奇门吉格者，乃是贵人为盗。不乘旺相不吉格者，小人为盗。仍配八卦以决之：乾为老阳，震为长壮，坎为中男始壮，艮为出力童年，坤为老妇，巽长女，离中女，兑少女。在内宫为亲近之人，在外宫为外人。

占捕盗贼

劫人财物为盗，杀人取财为贼，以天蓬为大贼，元武为小盗，勾陈为捕盗之人，杜门为捕盗之方，皆以天盘主之。勾陈落宫克蓬、元之落宫者，捕之必获。若蓬、元克勾陈之宫，主贼旺，捕人不敢拿。蓬、元宫与勾陈比和者，必捕人通同为贼。勾陈与蓬、元同宫，必捕人为盗。蓬、元宫生勾陈，捕人受贿，纵之不捕。总以庚格主之，年格年获，月格月获，日格日获，时格时获，不格不获。杜门有格必获，否亦不获。

占捕亡

以六合为逃人，以伤门为捕人。[①] 如六合宫克伤门宫，不可得，反此易得。伤门宫生六合宫，捕人不实力、必受其赂。伤门六合同宫，必两相通同。值年、月、日、时格则可获，天网低亦然。

占走失奴婢

男仆专看天蓬之宫，女婢专看天盘天芮之宫，寻之必获。阴日看天盘蓬、芮之宫决之，逢格必获，不格不获。若与六合相益者，必被拐去。二神入库，有人隐藏，难寻。落空亡者，必不能获。

占走失何方

失去小儿，阳遁于天盘六合所在之方，阴遁于地盘六合所在之宫决之。若失女婢，阳遁于天盘太阴所在之方，阴遁于地盘太阴宫定之。看此二神，即知其所在之方矣。又看二神在坎、艮、震、巽四宫，阳遁为内为近；落离、坤、兑、乾，为外为远。阴

① 全以八门为主、以八门为人盘，主人事也。

遁反此。若二神落日干墓库之宫，远近难寻。落空亡者，其人又往他方去。之后再以干合神之宫寻之，必获。

占远信

以景门为信。歌曰："景上投书并破阵。"景门临外界来迟，临内为速。上带吉格，信吉；凶格，信凶；门迫、投江，永无信。[①]

占信息虚实

以景门、朱雀为信息决之。若景门乘旺相气，又得三奇者，为的信。景门休囚不得三奇而乘朱雀者，为诈信，不可听。景门落空亡、入墓而带朱雀者，乃道路之言，或狂悖架捏之词，更不可信。

占词讼

以值符为原告，值符所落地盘所乘之星为被告。天盘星克地盘星，原告胜；地盘星克天盘星，被告胜。

占官司

以甲辰壬、螣蛇推之。值符落宫下临甲辰壬、螣蛇，主原告牵连多人。乙奇落宫下临甲辰壬、螣蛇，主被告牵连多人。开门落宫下临甲辰壬、螣蛇，主问官牵连多人。甲辰壬、螣蛇落空亡之宫，无牵连。若见庚、癸大格，纵牵连无妨。

占审官司得理否

以开门所落之宫为问官，值符落宫为原告，乙奇落宫为被告，六合落宫为干证。开门落值符之宫，官向原告；生乙奇，向被告；生六合，主听干证之言。归结相生者得理，相克者不得理。开门入墓，问官糊涂，审不明白。落空亡不审，返吟须换官审。

① 冬至后以坎艮震巽为内，离坤兑乾为外，夏至后反此。

占官嘱托否

以开门为问官，值符为原告，乙奇为被告。值符落宫生开门宫，主原告有托，乙奇亦然。二宫若被开门冲克，纵有嘱托，官不准。

占临审被责否

以庚格决之。庚金所乘之宫来克值符宫者，主原告被责；克乙奇所落之宫，被告被责；克六合所落之宫，干证受责。若庚金入墓及落空亡之宫，官恕不责。

占状词

以景门、朱雀为状词，开门为官长。如景、惊二门乘旺相气，再有三奇吉格，主情词恳切，不被开门冲克者，必准。景、惊二门不得奇仪吉格，再与开门冲克者，主官嗔怒不准，即准反招罪责。若景、惊二门入墓，主情词不明，不准；景惊二门落空亡，主平空捏词，不准；开门入墓及落空亡者，主官不动情，不准。

占词讼吉凶

其法以景、惊二门主之。凡有词讼，若惊门乘旺相之气，讼不息，景门亦然。若二门入墓落空，主讼事不成。

占囚禁

以甲午辛为罪人，辛为天狱，壬为地牢，癸为地网。看日干之落宫下临甲午辛者，主囚禁。甲午辛落宫下临地盘壬、癸者，为误入天牢，待冲破之日必出。若天盘壬、癸临地盘甲午辛者，为网罗蒙头，主久囚禁。如天上星仪落地盘墓库及壬、癸者，终不出狱，竟作狱底之鬼。若落空亡宫，为空狱，主不囚禁。

占问罪轻重

以甲午辛为罪人，开门为问官。如开门落宫生甲午辛之落宫，问官怜悯，不加罪；相比和者，罪必轻；相冲克及凶格相乘者，罪必重。若甲午辛落空，又得吉格奇门及开门来生者，定主有罪赦宥。

占官事催提缓急

以时干为我，日干为官长，六丁为公文，值使为公差。若值符宫克天乙，[1] 而六丁临于内地，其提缓；如天乙宫克值符宫，而值使临于外地，其提缓。再有击刑，来意至恶。得三奇若相生，公差与官长相见则喜，相克见怒。又看六庚为天狱，落休囚一去即结，旺相则不能结。

占领批文迟速

六丁宫与值符宫相生则速，相克则迟。[2]

① 按：此天乙乃时干也，天上时干乃天乙宫。
② 又看六丁在何处，即以本日干支定其日期。

奇门旨归卷十一

占避难

其法专以杜门决之，看其落于何方，即于其方避之。再看所乘之干是何干，见戊为贵人潜避。若杜门乘三奇则去无阻隔，大吉。若见庚，须抱木而行，方免凶灾。见辛为天狱、壬为地牢，必不能逃。若杜门落地盘癸，为天网格，在坎坤二宫，可用三四尺木压之而逃。在乾、兑二宫，可匍匐而过之。在艮、离二宫，网高八九尺，可挺身而行。若同震、巽二宫，天网盈门，不能逃。若同乾、兑二宫，木被金克，虽逃去，后亦拿获。若有三奇吉格落日干之宫者，可救。

占雀噪

以朱雀为主，看朱雀所临何奇、何门，以决其事。如开门得奇，主有亲朋至，或行人远归，或主酒食。[①] 休门得奇，主有喜事、喜信及婚姻之事。[②] 生门得奇，主得田产财物、猪畜之事。[③] 若不得三奇门及门迫奇墓，俱主无所关系。再看景门，临吉格则有喜信，凶格则有凶信或小恼。

占禽鸟怪鸣

其法专看天禽星落宫下临地盘之宫是何干以论之。若天禽落地盘，得吉格者吉，凶格者凶，各以八门配之，吉凶自验。

占何怪

其法专看螣蛇，及所乘星门以决之。若螣蛇落宫在坎，为水怪、神怪；在艮石怪、山精；在震木怪、狐狸；在巽花妖、龙蛇；在离火怪、鸟怪、人怪、龟鳖；在坤老妇、

① 此皆以开门决之、人盘断人事此举一隅也。
② 休即喜也。
③ 俱切生门断法。

老羊怪及房屋、釜、灶怪；在兑飞禽、羊怪、金银埋久作怪；在乾猪、羊、犬骨及铜铁器皿作怪。若不得奇门吉格而居凶格者，必致死亡、孝服、官司之凶。落空无碍。

占梦吉凶

其法专看螣蛇所乘天盘门仪，下临地盘是何门仪。合吉门吉格者吉，凶门凶格者凶。若落地盘入墓则无凶，吉。

占胎息男女

其法以坤宫天芮星为母，以天盘星临坤之星为胎息。阳星为男胎星，阴星为女胎。惟天禽临坤为双生，阳干是男，阴干是女。

占孕何日生

以坤宫为产室，天芮为产母，天盘所得之星为小儿。天芮克天盘之星者，主产速。天盘星生地盘星及天芮者，子恋母腹，产迟。天盘星克地盘星者，主母凶。地盘星克天盘星者，主子亡。若得旺相气及奇门吉格者，方吉。如天盘星落地盘墓库，子死母腹。天地二盘乘凶门凶格，子母俱凶。

占生男女长命否

以所生时干天盘所落之宫，看是何星何神。以天蓬为天贼，元武为偷生，再乘休废无气之时，主不能养。若带奇门吉格、吉神，再乘旺相之气，主长命富贵。

奇门旨归卷十二

占婚姻

以六乙为女、六庚为男，取甲以乙妹娶庚之义也。如乙庚二干落宫，相生合则成，两相刑克则不成。[①] 又以天上六合为媒人。如六合宫生六乙宫，媒向女家；生六庚宫，媒向男家。六庚宫克六乙宫，女家畏而不嫁。六乙宫克六庚宫，男家嫌而不娶。六乙宫带击刑，主女性凶恶；带德合，主女性坚贞。六庚宫带凶神，男性暴烈；带德合，天性温厚。又：庚金入墓乘吉格者，刑夫。乙奇入墓乘凶格者，克妻。

占纳宠

以乙奇为妻，丁奇为妾，太白庚金为夫。若乙、丁之落宫生庚之落宫，其女必肯嫁；乙、丁落宫克庚之落宫，不肯嫁；乙、丁宫相比和者，主妻妾和协。如乙克丁宫，主妻不容妾；丁克乙宫，主妾欲欺妻。若乙、丁入空陷、墓绝之宫，主不能成，成亦不利。如庚之落宫生丁奇之宫，主徒劳不成。

占买奴婢

以值符为买奴婢之人，以天芮之落宫为奴婢。若天芮落宫生值符者，主奴益主；相比和者，不逊。克值符者，反逆，乘元武、天蓬者，偷盗；乘青龙逃走者，走失；螣蛇夭矫者，病亡。乘白荧虎狂者，又克值符落宫，定然弑主，大凶。乘玉女守门者，淫乱污主；荧入太白者，主懒惰昏庸。

占选妃

以值符为差官，岁干为天子，柱星室女。室女年命日干为值符所生者，主差官看中，必选；天柱为值符所生者，亦选。若室女年命日干克所乘之宫，或天柱落宫为值

① 如地盘子卯相刑之类。

符所乘之宫来克，不选。

占选后如何

以岁干所乘之宫与室女年命日干之宫，合天柱之落宫。看岁干之宫来生室女年命日干之宫并天柱之宫者，必得主上隆宠。若甲子戊之宫来生年命日干天柱之宫者，主后为王妃贵人。克年命、天柱宫者，主上不喜，仅充下陈。

占买房产吉凶

以值符为买主，生门为住宅，死门为地主。生死二门乘三奇吉格来生值符宫者，主买后发达。二门不得吉格来生值符宫者，中吉。比和者，平安。二门乘休、废，再逢凶神凶格，来克值符宫者，主买后破败家财。值符生此二门，主因宅产萧索，不利。

占坟墓

凡坟墓之地，死者居之吉则招福，凶则招祸。盖先人之灵魂，守黄泉之下，安则子孙兴旺，不安则子孙败亡。若未葬之先占之，其法守看死门并天地二盘之星以决之。以死门落宫地盘之星为死者，死门天盘之星为生人，死门落宫乘三奇而与地盘之星相生旺相，不相克制，主死者安。地盘之星生天盘之星，天盘之星得三奇者，主存亡俱安，吉，后主兴旺。若死门落宫与地盘之星相克，主存亡不安。地盘之星克天盘之星，不得奇门护持者，主存亡俱凶。死门返吟者，迁之吉。死门落空亡者，主无地气，家败人亡。再以何干何神何格推之，得吉干吉星生旺者吉，凶神凶格凶干克制者凶。[①]

占开挖水道

以开门主之，开门乘旺相气而得三奇，主开挖有益，顺利无害。若开门返吟入墓，不宜挑挖。倘值太白凶格及甲辰壬，有害。

占河水消涨

以天蓬、休门决之。休门乘旺相气而得三奇者，水虽长不至泛滥。休门乘旺相气

① 此大盘之星疑兼上下二盘之星而言。

而值庚格，主河水壅泛涨。再有甲辰壬带螣蛇，主孽龙舞水为害。休门落于二、五、八宫，水被土克，主立消无水。休门不乘庚格与甲辰壬者，水虽旺不出岸。

占布种五谷

以九星所乘之门以类推之，乘旺相而得三奇吉门皆吉。以开门、天心为麦田，伤门、天冲为稻谷。杜门、天辅为黍稷，又为棉花。景门、天英为高粱，休门、天蓬为荳田。死门、天芮为荞麦，又为蒜。各门各星，乘旺相，带三奇，大收。得旺相气不得三奇吉格者，薄收。九星内有被克或值凶亡、入墓而得凶格，歉收，不必种。

占雨

以天禽为司命之主，天柱为雨师，天冲为雷神，天辅为风伯，螣蛇为电光，天蓬为水神，甲辰壬为龙神。若天禽临旺相之宫，天柱、甲辰壬游于一、三、七宫，或下临甲辰壬，主大雨。带甲寅癸，下临甲寅癸于一、三、七宫，主小雨。甲辰壬加临震宫，为龙登雷门，主雷雨。下临地盘螣蛇，主闪电。乘伤门，临地盘螣蛇，为龙雷发蛟，震怪。落空亡、墓库，主阴雾不雨。冬月看天心星及天柱土宿，带壬、癸，下临壬、癸，或乘元武、白虎，主水土凝结而为雪。空亡、入墓，主阴寒。更看白虎猖狂，主大风。青龙逃走，主风起云散，无雨。白入荧，主冰雹。荧入白，主晴。若天柱游于三、七宫不带壬、癸，或下临之宫不见壬、癸而见螣蛇者，主现虹霓，不雨。如落宫下临朱雀，或落空亡者，主久旱不雨，强求反有火灾。

占雪

以乾、兑二宫为主。或天心星乘壬癸二干到兑，或天柱星乘壬、癸二干到乾，皆主雪。各以落宫所得之干[①]以定其期。

占立窑

法以景门主之。景门乘旺相气，得三奇吉格来生年命日干者，吉；若带凶神凶格克年命日干者，凶。乘雀投江、蛇夭矫者，大凶。

---

① 地盘宫中干。

奇门旨归卷十三

占何方丰歉

以立春时刻建起天地二盘，以九宫配九州。得奇门之方，丰收；得门不得奇、得奇不得门，平收。门奇俱不得而落于空亡者，主歉。见水则淹没，见火则亢旱，见木暴风折耗，见金冰雹兵戈之凶。坎齐、艮燕、震未、巽吴、离楚、坤秦、兑赵、乾鲁卫、中宫周郑。

占雨有无

以天禽为主宰之神，天柱为雨师，天蓬为水神，天辅为风伯，天冲为雷神，天英为电光，甲辰壬为龙神，以离为天。甲辰壬临离宫，看何星乘之。天禽乘，细雨遍桑田；天冲乘，雨中有雷；天辅乘雨中有风天芮乘，主暴雨；天柱乘，主七日细雨；天任乘，雨在山；天蓬乘，为水运于上、火运于下。再临地盘甲寅癸，主霖淫，久雨不止。复看九星乘甲辰壬于中宫，亦有雨。总以地盘相乘甲寅癸者大雨，不乘甲寅癸者雨即止。又甲辰壬加震宫下临地盘螣蛇，主龙雷伐妖，震怪。再看地盘庚干，复以月将加正时，见白虎、劫煞者，主雨中有冰雹，伤禾稼。若甲辰壬落乾、坤、艮、巽宫，主密云不雨。若落空亡宫，主暴雨不雨。或为地盘所在之干克制者，主微雨。再看太白入荧，主冰雹；白虎猖狂，主暴风无雨，龙逃走主无雨，蛇夭矫虹霓见。若水神落宫，而值地盘荧惑、朱雀者，久旱不雨，不可祈祷。强祈祷，必有灾殃。

占久雨不晴

以景门、朱雀之宫决之。若景门乘旺相气，再得地盘丙奇，或乘朱雀之宫者，为晴期。若乘天英旺相之宫，晴速。冲、辅二星，主风晴。反此不晴。若落空亡者，亦晴。

又甘氏占晴雨

此时遇阳星、阳门飞临阳宫，又有火、土星同宫，必定久晴。如阴星、阴门合水、金星及壬、癸、休门飞临阴宫，二局并合相生、沐浴者，主大雨如注。若遇景门土宿飞临者，主雨时有时无，或日中下雨。如阴星、阳门加于阴宫，或阴星、阴门加于阳宫，主半阴半晴。若壬癸及申子辰日时，天蓬、休门亦主有雨。若逢火、土星不遇水日时并沐浴者，无雨。若遇水星冲合，当有大雨。①

占捕逃

此时六癸加于一二三四五宫，急赶必见；如六七八九宫，或上干克下干或门克宫，逃则无追。要知逃往方，须从天上六癸所加之处追赶。如临一宫，往正北方一里十里或百里；临二宫，往西南方二里二十里或二百里。余仿此。天上六癸为贼为逃人，若加于旺方为百里，逢衰墓为十里，逢衰墓而受克者为一里。若逢旺气逢生逃，必难追。如此时宫地盘克六癸，或六癸宫生此时宫，易见。若六癸与时宫比和，必易见。若六癸克时宫，或时宫克六癸宫，一定难寻。

占走失人不知何方

各以类神推之。若走失子侄、小儿看六合，阳遁看天盘六合落宫，阴遁看地盘六合所在之宫。若六合在内四宫者近，在外四宫者远。天地二盘不见勾陈，为自己迷失或逃走。若见勾陈或干神合者，有人勾引而去。六合所带之干入四墓者，有人藏匿难寻。看其年命日干不落空亡、四墓而得三奇吉门者易寻，否则难寻。失幼女寻天柱，以年月日时四格为寻见之期。

占走失奴

以天蓬推之。若天蓬自乘旺相气而带三奇吉门者，难寻。若落坤宫归于父母之家，易寻。若乘杜门有三奇者，难寻。若不与勾陈并，自己逃走；与勾陈并，有人拐去。在内四宫者近，在外四宫者远处潜藏。落于何宫则何方寻之，落空、四墓难寻。

占走失婢妾

失妾看太阴落宫，失婢看天芮落宫。内四宫近，外四宫远。合天地二盘不见勾陈、元武，以自逃走。与勾陈、元武相并，有人拐去。落坎宫，水畔庙中寻之。落艮宫，

① 蓬任冲辅为阳星，休生伤杜为阳门。英芮柱心为阴星，景死惊开为阴门。

东北山边或高处寻之。落震、巽宫，花树林中寻之。落离宫，高阜窑治处寻之。落坤宫，古墓坟中或老阴人家寻之。落兑宫，市井闹市演戏处寻之。落乾宫，官贵家寻之。落中宫，左右邻家寻之。落空亡、四墓之宫，难寻。逢格易寻。

占走失骡马驴疋车船

以天冲星为骡马驴车，伤门为船。若天冲乘旺相气得三奇者，其去必速，寻难。落乾、兑宫，木被金克，不能远行，寻易。落坤宫，被人窝藏，难寻。坎宫为水止，主阻滞，易寻。若天冲乘休囚之宫，易寻；空亡之宫，不必寻。伤门落坎宫，为船被水浮，而乘奇门旺相气者，难寻。落坤、艮、中宫，土旺水枯，船不能行，易寻。再看景门所乘之干，为得信之日；落于何宫，即往何方寻之。

占走失牛羊

以坤宫、天芮星主之。坤为牛，坤中有未，未为羊，皆以死门象之。看死门临何宫，即往何方寻。死门临离，往高阜窑冶处寻。临兑，往有口舌处或宰杀处寻。临乾，往有高楼处寻。临震、巽，往茂草、园圃处寻。入墓，被人收留。再看朱雀所带之干是何干，即何日有信。若下临元武，被人盗去。落空亡宫，不能寻。又失牛顺风寻，失马逆风寻。

占失物得否

以日干落宫为失主，时干落宫为所失之物。若时干乘旺相气得吉门奇仪而生日干落宫者，必得。返吟者，失而复得。若开门来生日干落宫，必从官得。落空亡者，不得。

占何人为盗

以元武落宫推之。元武在乾，白衣老人盗去。在坎，蓬头皂衣小子盗去。在艮，赤足白衣小儿盗去。在震，青衣身瘦之人或把门人盗去。在巽，花衣身长人盗去。在离，肥胖高大人盗去。在坤，黑衣孤独粗短黑色人盗去。在兑，小巧好歌唱人盗去。落空亡不必寻。元武在中宫，本家人盗去，仍在家中寻。

占物盗去藏于何方

以盗长生之处，便为藏物之所。若元武乘天蓬者，[1] 藏于西南老妇人家。芮、禽、任星者，[2] 藏西南亲族之家，或时常有鼓声之人。乘冲、辅，藏西北楼阁之处，或近水阴厕之处。乘英星，藏东北炉冶之处，或高堆石砂之处，或灰烬石压土埋之处。乘柱、心，藏于花园囿圃之处，或东南窑灶之处。各以类推之。

占补盗获否

以天蓬为大盗，元武为小盗，勾陈为捕盗之人，杜门为捕盗之方。如勾陈落宫克蓬、元落宫，捕之必获。如天地二盘蓬、元之宫克勾陈所在之宫，捕人不敢捕。天地二盘蓬、元宫与勾陈宫比和，主捕人与贼通同，不捕。若蓬、元落宫生勾陈，宫捕人受贿，不敢捕。如勾陈落宫生蓬、元宫，捕人架之为盗，不捕。若二盘勾陈与蓬、元同宫者，即捕人为盗，不捕。若蓬、元乘三奇格吉门，必是飞盗，难捕。如蓬、元落内四宫，为近处人为盗；落外四宫，为远处人为盗。再以庚格为获盗之期，年格年获，月格月获，日格日获，时格时获。庚格在内获速，在外获迟，不格不获。

捉贼法

甲艮乙震丙巽宫，戊辰己巳丁离中。庚坤辛兑壬乾上，癸坎十干定吉凶。
有人识得其中妙，暗藏人马捉贼兵。

占应兵可应否

以伤门落宫并日干落宫，合而参之。若伤门落宫得三奇而生日干落宫，主应兵有益。日干落宫乘旺相气，再有三奇，得伤、杜二门比和，应兵得官。日干落宫不得三奇，而与伤、杜二门比和，应兵而已。若日干落宫不得旺相三奇，再被伤、杜二门克制，应兵无益。

---

① 水长生坤申。
② 土亦长生坤申。

占应兵可得马否

以本人日干落宫与天冲星之落宫，合而推之。若天冲星乘旺相气，来生年命日干落宫，必得良马。若天冲落宫不得旺相气，来生年命日干落宫，虽得马，定是劣马。若有庚格、空亡者，不得。

占道途吉凶

时干所落前一宫遇天蓬为贼盗，如无不遇。再看时干所加本宫，得三奇吉门并旺相及诸吉格者不妨。

占宿店吉凶

时干落宫逢蓬、英、柱，俱主恶人，余五星俱吉。如恶星克时干而时干遇三奇并诸吉格，虽有恶意，亦不敢害。如无吉格，俱乘旺相，亦无碍。如时干得休、囚、废、没并凶星者，主侵害。

占人来请可去否

以其来方之门星推之。来方门星生日干落宫之门星，便是好意，来请可去。若比和者，是亲友来请，亦可去。若来方门星克日干落宫门星，不可去，去必损。又以值符、天乙分主客，宜详察焉。

占求地得否吉否

以死门并日干落宫合而决之。死门落宫生日干落宫必得，比和亦得。克日干不得，死门落空亡不得。其地吉凶，看死门有奇无奇。有奇则吉，无奇则凶。再参以吉凶等格，看之愈明。若死门伏吟，其地定有古坟，不可用。

奇门旨归卷十四

阳遁一局

冬至上　惊蛰上

清明中　立夏中

甲己日十二时局

乙庚日十二时局

丙辛日十二时局

丁壬日十二时局

戊癸日十二时局

阳一局甲己日

甲子时

辛辅合 杜 辛 合 巽 辅 杜	乙英天 景 乙 天 离 英 景	己芮蛇 死 己 蛇 坤 芮 死
庚冲阴 伤 庚 阴 震 冲 伤	壬禽勾 中 壬 勾 五 禽 中	丁柱朱 惊 丁 朱 兑 柱 惊
丙任地 生 丙 地 艮 任 生	戊蓬符 休使 戊 符 坎 蓬 休	癸心常 开 癸 常 乾 心 开

乙丑时

壬禽勾 伤 辛 合 巽 辅 杜	戊蓬符 生 乙 天 离 英 景	庚冲阴 休使 己 蛇 坤 芮 死
辛辅合 死 庚 阴 震 冲 伤	癸心常 杜 壬 勾 五 禽 中	丙任地 开 丁 朱 兑 柱 惊
乙英天 惊 丙 地 艮 任 生	己芮蛇 景 戊 符 坎 蓬 休	丁柱朱 中 癸 常 乾 心 开

丙寅时

癸心常 死 辛 合 巽 辅 杜	己芮蛇 惊 乙 天 离 英 景	辛辅合 景 己 蛇 坤 芮 死
壬禽勾 休使 庚 阴 震 冲 伤	丁柱朱 伤 壬 勾 五 禽 中	乙英天 中 丁 朱 兑 柱 惊
戊蓬符 开 丙 地 艮 任 生	庚冲阴 生 戊 符 坎 蓬 休	丙任地 杜 癸 常 乾 心 开

丁卯时

丁柱朱 休使 辛 合 巽 辅 杜	庚冲阴 开 乙 天 离 英 景	壬禽勾 生 己 蛇 坤 芮 死
癸心常 景 庚 阴 震 冲 伤	丙任地 死 壬 勾 五 禽 中	戊蓬符 杜 丁 朱 兑 柱 惊
己芮蛇 中 丙 地 艮 任 生	辛辅合 惊 戊 符 坎 蓬 休	乙英天 伤 癸 常 乾 心 开

戊辰时

辛辅合 景 辛 合 巽 辅 杜	乙英天 中 乙 天 离 英 景	己芮蛇 惊 己 蛇 坤 芮 死
庚冲阴 生 庚 阴 震 冲 伤	壬禽勾 休使 壬 勾 五 禽 中	丁柱朱 伤 丁 朱 兑 柱 惊
丙任地 杜 丙 地 艮 任 生	戊蓬符 开 戊 符 坎 蓬 休	癸心常 死 癸 常 乾 心 开

己巳时

庚冲阴 生 辛 合 巽 辅 杜	丙任地 杜 乙 天 离 英 景	戊蓬符 开 己 蛇 坤 芮 死
己芮蛇 惊 庚 阴 震 冲 伤	辛辅合 景 壬 勾 五 禽 中	癸心常 死 丁 朱 兑 柱 惊
丁柱朱 伤 丙 地 艮 任 生	乙英天 中 戊 符 坎 蓬 休	壬禽勾 休使 癸 常 乾 心 开

庚午时

己芮蛇 惊 辛 合 巽 辅 杜	丁柱朱 伤 乙 天 离 英 景	乙英天 中 己 蛇 坤 芮 死
戊蓬符 开 庚 阴 震 冲 伤	庚冲阴 生 壬 勾 五 禽 中	壬禽勾 休使 丁 朱 兑 柱 惊
癸心常 死 丙 地 艮 任 生	丙任地 杜 戊 符 坎 蓬 休	辛辅合 景 癸 常 乾 心 开

辛未时

戊蓬符 开 辛 合 巽 辅 杜	癸心常 死 乙 天 离 英 景	丙任地 杜 己 蛇 坤 芮 死
乙英天 中 庚 阴 震 冲 伤	己芮蛇 惊 壬 勾 五 禽 中	辛辅合 景 丁 朱 兑 柱 惊
壬禽勾 休使 丙 地 艮 任 生	丁柱朱 伤 戊 符 坎 蓬 休	庚冲阴 生 癸 常 乾 心 开

壬申时

乙英天 中 辛 合 巽 辅 杜	壬禽勾 休使 乙 天 离 英 景	丁柱朱 伤 己 蛇 坤 芮 死
丙任地 杜 庚 阴 震 冲 伤	戊蓬符 开 壬 勾 五 禽 中	庚冲阴 生 丁 朱 兑 柱 惊
辛辅合 景 丙 地 艮 任 生	癸心常 死 戊 符 坎 蓬 休	己芮蛇 惊 癸 常 乾 心 开

癸酉时

丙任地 杜 辛 合 巽 辅 杜	辛辅合 景 乙 天 离 英 景	癸心常 死 己 蛇 坤 芮 死
丁柱朱 伤 庚 阴 震 冲 伤	乙英天 中 壬 勾 五 禽 中	己芮蛇 惊 丁 朱 兑 柱 惊
庚冲阴 生 丙 地 艮 任 生	壬禽勾 休使 戊 符 坎 蓬 休	戊蓬符 开 癸 常 乾 心 开

甲戌时

辛辅阴 杜 辛 阴 巽 辅 杜	乙英地 景 乙 地 离 英 景	己芮符 死使 己 符 坤 芮 死
庚冲蛇 伤 庚 蛇 震 冲 伤	壬禽合 中 壬 合 五 禽 中	丁柱常 惊 丁 常 兑 柱 惊
丙任朱 生 丙 朱 艮 任 生	戊蓬天 休 戊 天 坎 蓬 休	癸心勾 开 癸 勾 乾 心 开

乙亥时

癸心勾 伤 辛 阴 巽 辅 杜	己芮符 生 乙 地 离 英 景	辛辅阴 休 己 符 坤 芮 死
壬禽合 死使 庚 蛇 震 冲 伤	丁柱常 杜 壬 合 五 禽 中	乙英地 开 丁 常 兑 柱 惊
戊蓬天 惊 丙 朱 艮 任 生	庚冲蛇 景 戊 天 坎 蓬 休	丙任朱 中 癸 勾 乾 心 开

阳一局乙庚日

丙子时

丁柱常 死使 辛 阴 巽 辅 杜	庚冲蛇 惊 乙 地 离 英 景	壬禽合 景 己 符 坤 芮 死
癸心勾 休 庚 蛇 震 冲 伤	丙任朱 伤 壬 合 五 禽 中	戊蓬天 中 丁 常 兑 柱 惊
己芮符 开 丙 朱 艮 任 生	辛辅阴 生 戊 天 坎 蓬 休	乙英地 杜 癸 勾 乾 心 开

丁丑时

丙任朱 休 辛 阴 巽 辅 杜	辛辅阴 开 乙 地 离 英 景	癸心勾 生 己 符 坤 芮 死
丁柱常 景 庚 蛇 震 冲 伤	乙英地 死使 壬 合 五 禽 中	己芮符 杜 丁 常 兑 柱 惊
庚冲蛇 中 丙 朱 艮 任 生	任禽合 惊 戊 天 坎 蓬 休	戊蓬天 伤 癸 勾 乾 心 开

戊寅时

壬禽合 景 辛 阴 巽 辅 杜	戊蓬天 中 乙 地 离 英 景	庚冲蛇 惊 己 符 坤 芮 死
辛辅阴 生 庚 蛇 震 冲 伤	癸心勾 休 壬 合 五 禽 中	丙任朱 伤 丁 常 兑 柱 惊
乙英地 杜 丙 朱 艮 任 生	己芮符 开 戊 天 坎 蓬 休	丁柱常 死使 癸 勾 乾 心 开

已卯时

辛辅阴 生 辛 阴 巽 辅 杜	乙英地 杜 乙 地 离 英 景	已芮符 开 己 符 坤 芮 死
庚冲蛇 惊 庚 蛇 震 冲 伤	壬禽合 景 壬 合 五 禽 中	丁柱常 死使 丁 常 兑 柱 惊
丙任朱 伤 丙 朱 艮 任 生	戊蓬天 中 戊 天 坎 蓬 休	癸心勾 休 癸 勾 乾 心 开

庚辰时

庚冲蛇 惊 辛 阴 巽 辅 杜	丙任朱 伤 乙 地 离 英 景	戊蓬天 中 己 符 坤 芮 死
已芮符 开 庚 蛇 震 冲 伤	辛辅阴 生 壬 合 五 禽 中	癸心勾 休 丁 常 兑 柱 惊
丁柱常 死使 丙 朱 艮 任 生	乙英地 杜 戊 天 坎 蓬 休	壬禽合 景 癸 勾 乾 心 开

辛巳时

已芮符 开 辛 阴 巽 辅 杜	丁柱常 死使 乙 地 离 英 景	乙英地 杜 己 符 坤 芮 死
戊蓬天 中 庚 蛇 震 冲 伤	庚冲蛇 惊 壬 合 五 禽 中	壬禽合 景 丁 常 兑 柱 惊
癸心勾 休 丙 朱 艮 任 生	丙任朱 伤 戊 天 坎 蓬 休	辛辅阴 生 癸 勾 乾 心 开

壬午时

戊蓬天 中 辛 阴 巽 辅 杜	癸心勾 休 乙 地 离 英 景	丙任朱 伤 己 符 坤 芮 死
乙英地 杜 庚 蛇 震 冲 伤	已芮符 开 壬 合 五 禽 中	辛辅阴 生 丁 常 兑 柱 惊
任禽合 景 丙 朱 艮 任 生	丁柱常 死使 戊 天 坎 蓬 休	庚冲蛇 惊 癸 勾 乾 心 开

癸未时

乙英地 杜 辛 阴 巽 辅 杜	任禽合 景 乙 地 离 英 景	丁柱常 死使 己 符 坤 芮 死
丙任朱 伤 庚 蛇 震 冲 伤	茂蓬天 中 壬 合 五 禽 中	庚冲蛇 惊 丁 常 兑 柱 惊
辛辅阴 生 丙 朱 艮 任 生	癸心勾 休 戊 天 坎 蓬 休	已芮符 开 癸 勾 乾 心 开

甲申时

辛辅蛇 杜 辛 蛇 巽 辅 杜	乙英朱 景 乙 朱 离 英 景	己芮天 死 己 天 坤 芮 死
庚冲符 伤使 庚 符 震 冲 伤	壬禽阴 中 壬 阴 五 禽 中	丁柱勾 惊 丁 勾 兑 柱 惊
丙任常 生 丙 常 艮 任 生	戊蓬地 休 戊 地 坎 蓬 休	癸心合 开 癸 合 乾 心 开

乙酉时

丁柱勾 伤使 辛 蛇 巽 辅 杜	庚冲符 生 乙 朱 离 英 景	任禽阴 休 己 天 坤 芮 死
癸心合 死 庚 符 震 冲 伤	丙任常 杜 壬 阴 五 禽 中	戊蓬地 开 丁 勾 兑 柱 惊
已芮天 惊 丙 常 艮 任 生	辛辅蛇 景 戊 地 坎 蓬 休	乙英朱 中 癸 合 乾 心 开

丙戌时

丙任常 死 辛 蛇 巽 辅 杜	辛辅蛇 惊 乙 朱 离 英 景	癸心合 景 己 天 坤 芮 死
丁柱勾 休 庚 符 震 冲 伤	乙英朱 伤使 壬 阴 五 禽 中	已芮天 中 丁 勾 兑 柱 惊
庚冲符 开 丙 常 艮 任 生	壬禽阴 生 戊 地 坎 蓬 休	戊蓬地 杜 癸 合 乾 心 开

丁亥时

乙英朱 休 辛 蛇 巽 辅 杜	壬禽阴 开 乙 朱 离 英 景	丁柱勾 生 己 天 坤 芮 死
丙任常 景 庚 符 震 冲 伤	戊蓬地 死 壬 阴 五 禽 中	庚冲符 杜 丁 勾 兑 柱 惊
辛辅蛇 中 丙 常 艮 任 生	癸心合 惊 戊 地 坎 蓬 休	已芮天 伤使 癸 合 乾 心 开

阳一局丙辛日

戊子时

癸心合 景 辛 蛇 巽 辅 杜	己芮天 中 乙 朱 离 英 景	辛辅蛇 惊 己 天 坤 芮 死
壬禽阴 生 庚 符 震 冲 伤	丁柱勾 休 壬 阴 五 禽 中	乙英朱 伤使 丁 勾 兑 柱 惊
戊蓬地 杜 丙 常 艮 任 生	庚冲符 开 戊 地 坎 蓬 休	丙任常 死 癸 合 乾 心 开

己丑时

壬禽阴 生 辛 蛇 巽 辅 杜	戊蓬地 杜 乙 朱 离 英 景	庚冲符 开 己 天 坤 芮 死
辛辅蛇 惊 庚 符 震 冲 伤	癸心合 景 壬 阴 五 禽 中	丙任常 死 丁 勾 兑 柱 惊
乙英朱 伤使 丙 常 艮 任 生	己芮天 中 戊 地 坎 蓬 休	丁柱勾 休 癸 合 乾 心 开

庚寅时

辛辅蛇 惊 辛 蛇 巽 辅 杜	乙英朱 伤使 乙 朱 离 英 景	己芮天 中 己 天 坤 芮 死
庚冲符 开 庚 符 震 冲 伤	壬禽阴 生 壬 阴 五 禽 中	丁柱勾 休 丁 勾 兑 柱 惊
丙任常 死 丙 常 艮 任 生	戊蓬地 杜 戊 地 坎 蓬 休	癸心合 景 癸 合 乾 心 开

辛卯时

庚冲符 开 辛 蛇 巽 辅 杜	丙任常 死 乙 朱 离 英 景	戊蓬地 杜 己 天 坤 芮 死
己芮天 中 庚 符 震 冲 伤	辛辅蛇 惊 壬 阴 五 禽 中	癸心合 景 丁 勾 兑 柱 惊
丁柱勾 休 丙 常 艮 任 生	乙英朱 伤使 戊 地 坎 蓬 休	壬禽阴 生 癸 合 乾 心 开

壬辰时

己芮天 中 辛 蛇 巽 辅 杜	丁柱勾 休 乙 朱 离 英 景	乙英朱 伤使 己 天 坤 芮 死
戊蓬地 杜 庚 符 震 冲 伤	庚冲符 开 壬 阴 五 禽 中	壬禽阴 生 丁 勾 兑 柱 惊
癸心合 景 丙 常 艮 任 生	丙任常 死 戊 地 坎 蓬 休	辛辅蛇 惊 癸 合 乾 心 开

癸巳时

戊蓬地 杜 辛 蛇 巽 辅 杜	癸心合 景 乙 朱 离 英 景	丙任常 死 己 天 坤 芮 死
乙英朱 伤使 庚 符 震 冲 伤	己芮天 中 壬 阴 五 禽 中	辛辅蛇 惊 丁 勾 兑 柱 惊
壬禽阴 生 丙 常 艮 任 生	丁柱勾 休 戊 地 坎 蓬 休	庚冲符 开 癸 合 乾 心 开

甲午时

辛辅符 杜使 辛 符 巽 辅 杜	乙英常 景 乙 常 离 英 景	己芮地 死 己 地 坤 芮 死
庚冲天 伤 庚 天 震 冲 伤	壬禽蛇 中 壬 蛇 五 禽 中	丁柱合 惊 丁 合 兑 柱 惊
丙壬勾 生 丙 勾 艮 任 生	戊蓬朱 休 戊 朱 坎 蓬 休	癸心阴 开 癸 阴 乾 心 开

乙未时

丙任勾 伤 辛 符 巽 辅 杜	辛辅符 生 乙 常 离 英 景	癸心阴 休 己 地 坤 芮 死
丁柱合 死 庚 天 震 冲 伤	乙英常 杜使 壬 蛇 五 禽 中	己芮地 开 丁 合 兑 柱 惊
庚冲天 惊 丙 勾 艮 任 生	壬禽蛇 景 戊 朱 坎 蓬 休	戊蓬朱 中 癸 阴 乾 心 开

丙申时

乙英常 死 辛 符 巽 辅 杜	壬禽蛇 惊 乙 常 离 英 景	丁柱合 景 己 地 坤 芮 死
丙任勾 休 庚 天 震 冲 伤	戊蓬朱 伤 壬 蛇 五 禽 中	庚冲天 中 丁 合 兑 柱 惊
辛辅符 开 丙 勾 艮 任 生	癸心阴 生 戊 朱 坎 蓬 休	己芮地 杜使 癸 阴 乾 心 开

丁酉时

戊蓬朱 休 辛 符 巽 辅 杜	癸心阴 开 乙 常 离 英 景	丙任勾 生 己 地 坤 芮 死
乙英常 景 庚 天 震 冲 伤	己芮地 死 壬 蛇 五 禽 中	辛辅符 杜使 丁 合 兑 柱 惊
壬禽蛇 中 丙 勾 艮 任 生	丁柱合 惊 戊 朱 坎 蓬 休	庚冲天 伤 癸 阴 乾 心 开

戊戌时

丁柱合 景 辛 符 巽 辅 杜	庚冲天 中 乙 常 离 英 景	壬禽蛇 惊 己 地 坤 芮 死
癸心阴 生 庚 天 震 冲 伤	丙任勾 休 壬 蛇 五 禽 中	戊蓬朱 伤 丁 合 兑 柱 惊
己芮地 杜使 丙 勾 艮 任 生	辛辅符 开 戊 朱 坎 蓬 休	乙英常 死 癸 阴 乾 心 开

己亥时

癸心阴 生 辛 符 巽 辅 杜	戊芮地 杜使 乙 常 离 英 景	辛辅符 开 己 地 坤 芮 死
壬禽蛇 惊 庚 天 震 冲 伤	丁柱合 景 壬 蛇 五 禽 中	乙英常 死 丁 合 兑 柱 惊
戊蓬朱 伤 丙 勾 艮 任 生	庚冲天 中 戊 朱 坎 蓬 休	丙任勾 休 癸 阴 乾 心 开

阳一局丁壬日

庚子时

壬禽蛇 **惊** 辛 符 巽 辅 杜	戊蓬朱 **伤** 乙 常 离 英 景	庚冲天 **中** 己 地 坤 芮 死
辛辅符 **开** 庚 天 震 冲 伤	癸心阴 **生** 壬 蛇 五 禽 中	丙任勾 **休** 丁 合 兑 柱 惊
乙英常 **死** 丙 勾 艮 任 生	己芮地 **杜**使 戊 朱 坎 蓬 休	丁柱合 **景** 癸 阴 乾 心 开

辛丑时

辛辅符 **开** 辛 符 巽 辅 杜	乙英常 **死** 乙 常 离 英 景	己芮地 **杜**使 己 地 坤 芮 死
庚冲天 **中** 庚 天 震 冲 伤	壬禽蛇 **惊** 壬 蛇 五 禽 中	丁柱台 **景** 丁 合 兑 柱 惊
丙任勾 **休** 丙 勾 艮 任 生	戊蓬朱 **伤** 戊 朱 坎 蓬 休	癸辛阴 **生** 癸 阴 乾 心 开

壬寅时

庚冲天 **中** 辛 符 巽 辅 杜	丙任勾 **休** 乙 常 离 英 景	戊蓬朱 **伤** 己 地 坤 芮 死
己芮地 **杜**使 庚 天 震 冲 伤	辛辅符 **开** 壬 蛇 五 禽 中	癸心阴 **生** 丁 合 兑 柱 惊
丁柱合 **景** 丙 勾 艮 任 生	乙英常 **死** 戊 朱 坎 蓬 休	壬禽蛇 **惊** 癸 阴 乾 心 开

癸卯时

己芮地 **杜**使 辛 符 巽 辅 杜	丁柱合 **景** 乙 常 离 英 景	乙英常 **死** 己 地 坤 芮 死
戊蓬朱 **伤** 庚 天 震 冲 伤	庚冲天 **中** 壬 蛇 五 禽 中	壬禽蛇 **惊** 丁 合 兑 柱 惊
癸心阴 **生** 丙 勾 艮 任 生	丙任勾 **休** 戊 朱 坎 蓬 休	辛辅符 **开** 癸 阴 乾 心 开

甲辰时

辛辅天 **杜** 辛 天 巽 辅 杜	乙英勾 **景** 乙 勾 离 英 景	己芮朱 **死** 己 朱 坤 芮 死
庚冲地 **伤** 庚 地 震 冲 伤	壬禽符 **中**使 壬 符 五 禽 中	丁柱阴 **惊** 丁 阴 兑 柱 惊
丙任合 **生** 丙 合 艮 任 生	戊蓬常 **休** 戊 常 坎 蓬 休	癸心蛇 **开** 癸 蛇 乾 心 开

乙巳时

乙英勾 **伤** 辛 天 巽 辅 杜	壬禽符 **生** 乙 勾 离 英 景	丁柱阴 **休** 己 朱 坤 芮 死
丙任合 **死** 庚 地 震 冲 伤	戊蓬常 **杜** 壬 符 五 禽 中	庚冲地 **开** 丁 阴 兑 柱 惊
辛辅天 **惊** 丙 合 艮 任 生	癸心蛇 **景** 戊 常 坎 蓬 休	己芮朱 **中**使 癸 蛇 乾 心 开

丙午时

戊蓬常 **死** 辛 天 巽 辅 杜	癸心蛇 **惊** 乙 勾 离 英 景	丙任合 **景** 己 朱 坤 芮 死
乙英勾 **休** 庚 地 震 冲 伤	己芮朱 **伤** 壬 符 五 禽 中	辛辅天 **中** 丁 阴 兑 柱 惊
壬禽符 **开** 丙 合 艮 任 生	丁柱阴 **生** 戊 常 坎 蓬 休	庚冲地 **杜** 癸 蛇 乾 心 开

丁未时

己芮朱 **休** 辛 天 巽 辅 杜	丁柱阴 **开** 乙 勾 离 英 景	乙英勾 **生** 己 朱 坤 芮 死
戊蓬常 **景** 庚 地 震 冲 伤	庚冲地 **死** 壬 符 五 禽 中	壬禽符 **杜** 丁 阴 兑 柱 惊
癸心蛇 **中**使 丙 合 艮 任 生	丙任合 **惊** 戊 常 坎 蓬 休	辛辅天 **伤** 癸 蛇 乾 心 开

戊申时

丙任合 **景** 辛 天 巽 辅 杜	辛辅天 **中**使 乙 勾 离 英 景	癸心蛇 **惊** 己 朱 坤 芮 死
丁柱阴 **生** 庚 地 震 冲 伤	乙英勾 **休** 壬 符 五 禽 中	己芮朱 **伤** 丁 阴 兑 柱 惊
庚冲地 **杜** 丙 合 艮 任 生	壬禽符 **开** 戊 常 坎 蓬 休	戊蓬常 **死** 癸 蛇 乾 心 开

己酉时

阴柱丁 **生** 辛 天 巽 辅 杜	庚冲地 **杜** 乙 勾 离 英 景	壬禽符 **开** 己 朱 坤 芮 死
癸心蛇 **惊** 庚 地 震 冲 伤	丙任合 **景** 壬 符 五 禽 中	戊蓬常 **死** 丁 阴 兑 柱 惊
己芮朱 **伤** 丙 合 艮 任 生	辛辅天 **中**使 戊 常 坎 蓬 休	乙英勾 **休** 癸 蛇 乾 心 开

庚戌时

癸心蛇 **惊** 辛 天 巽 辅 杜	己芮朱 **伤** 乙 勾 离 英 景	辛辅天 **中**使 己 朱 坤 芮 死
壬禽符 **开** 庚 地 震 冲 伤	丁柱阴 **生** 壬 符 五 禽 中	乙英勾 **休** 丁 阴 兑 柱 惊
戊蓬常 **死** 丙 合 艮 任 生	庚冲地 **杜** 戊 常 坎 蓬 休	丙任合 **景** 癸 蛇 乾 心 开

辛亥时

壬禽符 **开** 辛 天 巽 辅 杜	戊蓬常 **死** 乙 勾 离 英 景	庚冲地 **杜** 己 朱 坤 芮 死
辛辅天 **中**使 庚 地 震 冲 伤	癸心蛇 **惊** 壬 符 五 禽 中	丙任合 **景** 丁 阴 兑 柱 惊
乙英勾 **休** 丙 合 艮 任 生	己芮朱 **伤** 戊 常 坎 蓬 休	丁柱阴 **生** 癸 蛇 乾 心 开

阳一局戊癸日

壬子时

辛辅天 中使 辛 天 巽 辅 杜	乙英勾 休 乙 勾 离 英 景	己芮朱 伤 己 朱 坤 芮 死
庚冲地 杜 庚 天 震 冲 伤	壬禽符 开 壬 蛇 五 禽 中	丁柱阴 生 丁 阴 兑 柱 惊
丙任合 景 丙 合 艮 任 生	戊蓬常 死 戊 常 坎 蓬 休	癸心蛇 惊 癸 蛇 乾 心 开

癸丑时

庚冲地 杜 辛 天 巽 辅 杜	丙任合 景 乙 勾 离 英 景	戊蓬常 死 己 朱 坤 芮 死
己芮朱 伤 庚 地 震 冲 伤	辛辅天 中使 壬 符 五 禽 中	癸心蛇 惊 丁 阴 兑 柱 惊
丁柱阴 生 丙 合 艮 任 生	乙英勾 休 戊 常 坎 蓬 休	壬禽符 开 癸 蛇 乾 心 开

甲寅时

辛辅地 杜 辛 地 巽 辅 杜	乙英合 景 乙 合 离 英 景	己芮常 死 己 常 坤 芮 死
庚冲朱 伤 庚 朱 震 冲 伤	壬禽天 中 壬 天 五 禽 中	丁柱蛇 惊 丁 蛇 兑 柱 惊
丙任阴 生 丙 阴 艮 任 生	戊蓬勾 休 戊 勾 坎 蓬 休	癸心符 开 癸 符 乾 心 开

乙卯时

戊蓬勾 伤 辛 地 巽 辅 杜	癸心符 生 乙 合 离 英 景	丙任阴 休 己 常 坤 芮 死
乙英合 死 庚 朱 震 冲 伤	己芮常 杜 壬 天 五 禽 中	辛辅地 开使 丁 蛇 兑 柱 惊
壬禽天 惊 丙 阴 艮 任 生	丁柱蛇 景 戊 勾 坎 蓬 休	庚冲朱 中 癸 符 乾 心 开

丙辰时

己芮常 死 辛 地 巽 辅 杜	丁柱蛇 惊 乙 合 离 英 景	乙英合 景 己 常 坤 芮 死
戊蓬勾 休 庚 朱 震 冲 伤	庚冲朱 伤 壬 天 五 禽 中	壬禽天 中 丁 蛇 兑 柱 惊
癸心符 开使 丙 阴 艮 任 生	丙任阴 生 戊 勾 坎 蓬 休	辛辅地 杜 癸 符 乾 心 开

丁巳时

庚冲朱 休 辛 地 巽 辅 杜	丙任阴 开使 乙 合 离 英 景	戊蓬勾 生 己 常 坤 芮 死
己芮常 景 庚 朱 震 冲 伤	辛辅地 死 壬 天 五 禽 中	癸心符 杜 丁 蛇 兑 柱 惊
丁柱蛇 中 丙 阴 艮 任 生	乙英合 惊 戊 勾 坎 蓬 休	壬禽天 伤 癸 符 乾 心 开

戊午时

乙英合 景 辛 地 巽 辅 杜	壬禽天 中 乙 合 离 英 景	丁柱蛇 惊 己 常 坤 芮 死
丙任阴 生 庚 朱 震 冲 伤	戊蓬勾 休 壬 天 五 禽 中	庚冲朱 伤 丁 蛇 兑 柱 惊
辛辅地 杜 丙 阴 艮 任 生	癸心符 开使 戊 勾 坎 蓬 休	己芮常 死 癸 符 乾 心 开

己未时

丙任阴 生 辛 地 巽 辅 杜	辛辅地 杜 乙 合 离 英 景	癸心符 开使 己 常 坤 芮 死
丁柱蛇 惊 庚 朱 震 冲 伤	乙英合 景 壬 天 五 禽 中	己芮常 死 丁 蛇 兑 柱 惊
庚冲朱 伤 丙 阴 艮 任 生	壬禽天 中 戊 勾 坎 蓬 休	戊蓬勾 休 癸 符 乾 心 开

庚申时

丁柱蛇 惊 辛 地 巽 辅 杜	庚冲朱 伤 乙 合 离 英 景	壬禽天 中 己 常 坤 芮 死
癸心符 开使 庚 朱 震 冲 伤	丙任阴 生 壬 天 五 禽 中	戊蓬勾 休 丁 蛇 兑 柱 惊
己芮常 死 丙 阴 艮 任 生	辛辅地 杜 戊 勾 坎 蓬 休	乙英合 景 癸 符 乾 心 开

辛酉时

癸心符 开使 辛 地 巽 辅 杜	己芮常 死 乙 合 离 英 景	辛辅地 杜 己 常 坤 芮 死
壬禽天 中 庚 朱 震 冲 伤	丁柱蛇 惊 壬 天 五 禽 中	乙英合 景 丁 蛇 兑 柱 惊
戊蓬勾 休 丙 阴 艮 任 生	庚冲朱 伤 戊 勾 坎 蓬 休	丙任阴 生 癸 符 乾 心 开

壬戌时

壬禽天 中 辛 地 巽 辅 杜	戊蓬勾 休 乙 合 离 英 景	庚冲朱 伤 己 常 坤 芮 死
辛辅地 杜 庚 朱 震 冲 伤	癸心符 开使 壬 天 五 禽 中	丙任阴 生 丁 蛇 兑 柱 惊
乙英合 景 丙 阴 艮 任 生	己芮常 死 戊 勾 坎 蓬 休	丁柱蛇 惊 癸 符 乾 心 开

癸亥时

辛辅地 杜 辛 地 巽 辅 杜	乙英合 景 乙 合 离 英 景	己芮常 死 己 常 坤 芮 死
庚冲朱 伤 庚 朱 震 冲 伤	壬禽天 中 壬 天 五 禽 中	丁柱蛇 惊 丁 蛇 兑 柱 惊
丙任阴 生 丙 阴 艮 任 生	戊蓬勾 休 戊 勾 坎 蓬 休	癸心符 开使 癸 符 乾 心 开

奇门旨归卷十五

阳遁二局

小寒上　立春下

谷雨中　小满中

甲己日十二时局

乙庚日十二时局

丙辛日十二时局

丁壬日十二时局

戊癸日十二时局

阳二局甲己日

甲子时

阴辅庚 **杜** 阴 庚 巽 辅 杜	地英丙 **景** 地 丙 离 英 景	符芮戊 **死**使 符 戊 坤 芮 死
蛇冲己 **伤** 蛇 己 震 冲 伤	合禽辛 **中** 合 辛 五 禽 中	常柱癸 **惊** 常 癸 兑 柱 惊
朱任丁 **生** 朱 丁 艮 任 生	天蓬乙 **休** 天 乙 坎 蓬 休	勾心壬 **开** 勾 壬 乾 心 开

乙丑时

合禽辛 **伤** 阴 庚 巽 辅 杜	天蓬乙 **生** 地 丙 离 英 景	蛇冲己 **休** 符 戊 坤 芮 死
阴辅庚 **死**使 蛇 己 震 冲 伤	勾心壬 **杜** 合 辛 五 禽 中	朱任丁 **开** 常 癸 兑 柱 惊
地英丙 **惊** 朱 丁 艮 任 生	符芮戊 **景** 天 乙 坎 蓬 休	常柱癸 **中** 勾 壬 乾 心 开

丙寅时

勾心壬 **死**使 阴 庚 巽 辅 杜	符芮戊 **惊** 地 丙 离 英 景	阴辅庚 **景** 符 戊 坤 芮 死
合禽辛 **休** 蛇 己 震 冲 伤	常柱癸 **伤** 合 辛 五 禽 中	地英丙 **中** 常 癸 兑 柱 惊
天蓬乙 **开** 朱 丁 艮 任 生	蛇冲己 **生** 天 乙 坎 蓬 休	朱任丁 **杜** 勾 壬 乾 心 开

丁卯时

常柱癸 **休** 阴 庚 巽 辅 杜	蛇冲己 **开** 地 丙 离 英 景	合禽辛 **生** 符 戊 坤 芮 死
勾心壬 **景** 蛇 己 震 冲 伤	朱任丁 **死**使 合 辛 五 禽 中	天蓬乙 **杜** 常 癸 兑 柱 惊
符芮戊 **中** 朱 丁 艮 任 生	阴辅庚 **惊** 天 乙 坎 蓬 休	地英芮 **伤** 勾 壬 乾 心 开

戊辰时

阴辅庚 **景** 阴 庚 巽 辅 杜	地英丙 **中** 地 丙 离 英 景	符芮戊 **惊** 符 戊 坤 芮 死
蛇冲己 **生** 蛇 己 震 冲 伤	合禽辛 **休** 合 辛 五 禽 中	常柱癸 **伤** 常 癸 兑 柱 惊
朱任丁 **杜** 朱 丁 艮 任 生	天蓬乙 **开** 天 乙 坎 蓬 休	勾心壬 **死**使 勾 壬 乾 心 开

己巳时

蛇冲己 **生** 阴 庚 巽 辅 杜	朱任丁 **杜** 地 丙 离 英 景	天蓬乙 **开** 符 戊 坤 芮 死
符芮戊 **惊** 蛇 己 震 冲 伤	阴辅庚 **景** 合 辛 五 禽 中	勾心壬 **死**使 常 癸 兑 柱 惊
常柱癸 **伤** 朱 丁 艮 任 生	地英丙 **中** 天 乙 坎 蓬 休	合禽辛 **休** 勾 壬 乾 心 开

庚午时

符芮戊 **惊** 阴 庚 巽 辅 杜	常柱癸 **伤** 地 丙 离 英 景	地英丙 **中** 符 戊 坤 芮 死
天蓬乙 **开** 蛇 己 震 冲 伤	蛇冲己 **生** 合 辛 五 禽 中	合禽辛 **休** 常 癸 兑 柱 惊
勾心壬 **死**使 朱 丁 艮 任 生	朱任丁 **杜** 天 乙 坎 蓬 休	阴辅庚 **景** 勾 壬 乾 心 开

辛未时

天蓬乙 **开** 阴 庚 巽 辅 杜	勾心壬 **死**使 地 丙 离 英 景	朱任丁 **杜** 符 戊 坤 芮 死
地英丙 **中** 蛇 己 震 冲 伤	符芮戊 **惊** 合 辛 五 禽 中	阴辅庚 **景** 常 癸 兑 柱 惊
合禽辛 **休** 朱 丁 艮 任 生	常柱癸 **伤** 天 乙 坎 蓬 休	蛇冲己 **生** 勾 壬 乾 心 开

壬申时

地英丙 **中** 阴 庚 巽 辅 杜	合禽辛 **休** 地 丙 离 英 景	常柱癸 **伤** 符 戊 坤 芮 死
朱任丁 **杜** 蛇 己 震 冲 伤	天蓬乙 **开** 合 辛 五 禽 中	蛇冲己 **生** 常 癸 兑 柱 惊
阴辅庚 **景** 朱 丁 艮 任 生	勾心壬 **死**使 天 乙 坎 蓬 休	符芮戊 **惊** 勾 壬 乾 心 开

癸酉时

朱任丁 **杜** 阴 庚 巽 辅 杜	阴辅庚 **景** 地 丙 离 英 景	勾心壬 **死**使 符 戊 坤 芮 死
常柱癸 **伤** 蛇 己 震 冲 伤	地英丙 **中** 合 辛 五 禽 中	符芮戊 **惊** 常 癸 兑 柱 惊
蛇冲己 **生** 朱 丁 艮 任 生	合禽辛 **休** 天 乙 坎 蓬 休	天蓬乙 **开** 勾 壬 乾 心 开

甲戌时

蛇辅庚 **杜** 蛇 庚 巽 辅 杜	朱英丙 **景** 朱 丙 离 英 景	天芮戊 **死** 天 戊 坤 芮 死
符冲己 **伤** 符 己 震 冲 伤	阴禽辛 **中** 阴 辛 五 禽 中	勾柱癸 **惊** 勾 癸 兑 柱 惊
常任丁 **生** 常 丁 艮 任 生	地蓬乙 **休** 地 乙 坎 蓬 休	合心壬 **开** 合 壬 乾 心 开

乙亥时

合心壬 **伤**使 蛇 庚 巽 辅 杜	天芮戊 **生** 朱 丙 离 英 景	蛇辅庚 **休** 天 戊 坤 芮 死
阴禽辛 **死** 符 己 震 冲 伤	勾柱癸 **杜** 阴 辛 五 禽 中	朱庚丙 **开** 勾 癸 兑 柱 惊
地蓬乙 **惊** 常 丁 艮 任 生	己冲符 **景** 地 乙 坎 蓬 休	常任丁 **中** 合 壬 乾 心 开

阳二局乙庚日

丙子时

勾柱癸 **死** 蛇 庚 巽 辅 杜	符冲己 **惊** 朱 丙 离 英 景	阴禽辛 **景** 天 戊 坤 芮 死
合心壬 **休** 符 己 震 冲 伤	常任丁 **伤**使 阴 辛 五 禽 中	地蓬乙 **中** 勾 癸 兑 柱 惊
天芮戊 **开** 常 丁 艮 任 生	蛇辅庚 **生** 地 乙 坎 蓬 休	朱英丙 **杜** 合 壬 乾 心 开

丁丑时

常任丁 **休** 蛇 庚 巽 辅 杜	蛇辅庚 **开** 朱 丙 离 英 景	合心壬 **生** 天 戊 坤 芮 死
勾柱癸 **景** 符 己 震 冲 伤	朱英丙 **死** 阴 辛 五 禽 中	天芮戊 **杜** 勾 癸 兑 柱 惊
符冲己 **中** 常 丁 艮 任 生	阴禽辛 **惊** 地 乙 坎 蓬 休	地蓬乙 **伤**使 合 壬 乾 心 开

戊寅时

阴禽辛 **景** 蛇 庚 巽 辅 杜	地蓬乙 **中** 朱 丙 离 英 景	符冲己 **惊** 天 戊 坤 芮 死
蛇辅庚 **生** 符 己 震 冲 伤	合心壬 **休** 阴 辛 五 禽 中	常任丁 **伤**使 勾 癸 兑 柱 惊
朱英丙 **杜** 常 丁 艮 任 生	天芮戊 **开** 地 乙 坎 蓬 休	勾柱癸 **死** 合 壬 乾 心 开

己卯时

蛇辅庚 **生** 蛇 庚 巽 辅 杜	朱英丙 **杜** 朱 丙 离 英 景	天芮戊 **开** 天 戊 坤 芮 死
符冲己 **惊** 符 己 震 冲 伤	阴禽辛 **景** 阴 辛 五 禽 中	勾柱癸 **死** 勾 癸 兑 柱 惊
常任丁 **伤**使 常 丁 艮 任 生	地蓬乙 **中** 地 乙 坎 蓬 休	合心壬 **休** 合 壬 乾 心 开

庚辰时

符冲己 **惊** 蛇 庚 巽 辅 杜	常任丁 **伤**使 朱 丙 离 英 景	地蓬乙 **中** 天 戊 坤 芮 死
天芮戊 **开** 符 己 震 冲 伤	蛇辅庚 **生** 阴 辛 五 禽 中	合心壬 **休** 勾 癸 兑 柱 惊
勾柱癸 **死** 常 丁 艮 任 生	朱英丙 **杜** 地 乙 坎 蓬 休	阴禽辛 **景** 合 壬 乾 心 开

辛巳时

天芮戊 **开** 蛇 庚 巽 辅 杜	勾柱癸 **死** 朱 丙 离 英 景	朱英丙 **杜** 天 戊 坤 芮 死
地蓬乙 **中** 符 己 震 冲 伤	符冲己 **惊** 阴 辛 五 禽 中	阴禽辛 **景** 勾 癸 兑 柱 惊
合心壬 **休** 常 丁 艮 任 生	常任丁 **伤**使 地 乙 坎 蓬 休	蛇辅庚 **生** 合 壬 乾 心 开

壬午时

地蓬乙 **中** 蛇 庚 巽 辅 杜	合心壬 **休** 朱 丙 离 英 景	常任丁 **伤**使 天 戊 坤 芮 死
朱英丙 **杜** 符 己 震 冲 伤	戊芮天 **开** 阴 辛 五 禽 中	蛇辅庚 **生** 勾 癸 兑 柱 惊
阴禽辛 **景** 常 丁 艮 任 生	勾柱癸 **死** 地 乙 坎 蓬 休	符冲己 **惊** 合 壬 乾 心 开

癸未时

朱英丙 **杜** 蛇 庚 巽 辅 杜	阴禽辛 **景** 朱 丙 离 英 景	勾柱癸 **死** 天 戊 坤 芮 死
常任丁 **伤**使 符 己 震 冲 伤	地蓬乙 **中** 阴 辛 五 禽 中	符冲己 **惊** 勾 癸 兑 柱 惊
蛇辅庚 **生** 常 丁 艮 任 生	合心壬 **休** 地 乙 坎 蓬 休	天芮戊 **开** 合 壬 乾 心 开

甲申时

符辅庚 **杜**使 符 庚 巽 辅 杜	常英丙 **景** 常 丙 离 英 景	地芮戊 **死** 地 戊 坤 芮 死
天冲己 **伤** 天 己 震 冲 伤	蛇禽辛 **中** 蛇 辛 五 禽 中	合柱癸 **惊** 合 癸 兑 柱 惊
勾任丁 **生** 勾 丁 艮 任 生	朱蓬乙 **休** 朱 乙 坎 蓬 休	阴心壬 **开** 阴 壬 乾 心 开

乙酉时

合柱癸 **伤** 符 庚 巽 辅 杜	天冲己 **生** 常 丙 离 英 景	蛇禽辛 **休** 地 戊 坤 芮 死
阴心壬 **死** 天 己 震 冲 伤	勾任丁 **杜**使 蛇 辛 五 禽 中	朱蓬乙 **开** 合 癸 兑 柱 惊
地芮戊 **惊** 勾 丁 艮 任 生	符辅庚 **景** 朱 乙 坎 蓬 休	常英丙 **中** 阴 壬 乾 心 开

丙戌时

勾任丁 **死** 符 庚 巽 辅 杜	符辅庚 **惊** 常 丙 离 英 景	阴心壬 **景** 地 戊 坤 芮 死
合柱癸 **休** 天 己 震 冲 伤	常英丙 **伤** 蛇 辛 五 禽 中	地芮戊 **中** 合 癸 兑 柱 惊
天冲己 **开** 勾 丁 艮 任 生	蛇禽辛 **生** 朱 乙 坎 蓬 休	朱蓬乙 **杜**使 阴 壬 乾 心 开

丁亥时

常英丙 **休** 符 庚 巽 辅 杜	蛇禽辛 **开** 常 丙 离 英 景	合柱癸 **生** 地 戊 坤 芮 死
勾任丁 **景** 天 己 震 冲 伤	朱蓬乙 **死** 蛇 辛 五 禽 中	天冲己 **杜**使 合 癸 兑 柱 惊
符辅庚 **中** 勾 丁 艮 任 生	阴心壬 **惊** 朱 乙 坎 蓬 休	地芮戊 **伤** 阴 壬 乾 心 开

阳二局丙辛日

戊子时

阴心壬 **景** 符 庚 巽 辅 杜	地芮戊 **中** 常 丙 离 英 景	符辅庚 **惊** 地 戊 坤 芮 死
蛇禽辛 **生** 天 己 震 冲 伤	合柱癸 **休** 蛇 辛 五 禽 中	常英丙 **伤** 合 癸 兑 柱 惊
朱蓬乙 **杜**使 勾 丁 艮 任 生	天冲己 **开** 朱 乙 坎 蓬 休	勾任丁 **死** 阴 壬 乾 心 开

己丑时

蛇禽辛 **生** 符 庚 巽 辅 杜	朱蓬乙 **杜**使 常 丙 离 英 景	天冲己 **开** 地 戊 坤 芮 死
符辅庚 **惊** 天 己 震 冲 伤	阴心壬 **景** 蛇 辛 五 禽 中	勾任丁 **死** 合 癸 兑 柱 惊
常英丙 **伤** 勾 丁 艮 任 生	地芮戊 **中** 朱 乙 坎 蓬 休	合柱癸 **休** 阴 壬 乾 心 开

庚寅时

符辅庚 **惊** 符 庚 巽 辅 杜	常英丙 **伤** 常 丙 离 英 景	地芮戊 **中** 地 戊 坤 芮 死
天冲己 **开** 天 己 震 冲 伤	蛇禽辛 **生** 蛇 辛 五 禽 中	合柱癸 **休** 合 癸 兑 柱 惊
勾任丁 **死** 勾 丁 艮 任 生	朱蓬乙 **杜**使 朱 乙 坎 蓬 休	阴心壬 **景** 阴 壬 乾 心 开

辛卯时

天冲己 **开** 符 庚 巽 辅 杜	勾任丁 **死** 常 丙 离 英 景	朱蓬乙 **杜**使 地 戊 坤 芮 死
地芮戊 **中** 天 己 震 冲 伤	符辅庚 **惊** 蛇 辛 五 禽 中	阴心壬 **景** 合 癸 兑 柱 惊
合柱癸 **休** 勾 丁 艮 任 生	常英丙 **伤** 朱 乙 坎 蓬 休	蛇禽辛 **生** 阴 壬 乾 心 开

壬辰时

地芮戊 **中** 符 庚 巽 辅 杜	合柱癸 **休** 常 丙 离 英 景	常英丙 **伤** 地 戊 坤 芮 死
朱蓬乙 **杜**使 天 己 震 冲 伤	天冲己 **开** 蛇 辛 五 禽 中	蛇禽辛 **生** 合 癸 兑 柱 惊
阴心壬 **景** 勾 丁 艮 任 生	勾任丁 **死** 朱 乙 坎 蓬 休	符辅庚 **惊** 阴 壬 乾 心 开

癸巳时

朱蓬乙 **杜**使 符 庚 巽 辅 杜	阴心壬 **景** 常 丙 离 英 景	勾任丁 **死** 地 戊 坤 芮 死
常英丙 **伤** 天 己 震 冲 伤	地芮戊 **中** 蛇 辛 五 禽 中	符辅庚 **惊** 合 癸 兑 柱 惊
蛇禽辛 **生** 勾 丁 艮 任 生	合柱癸 **休** 朱 乙 坎 蓬 休	天冲己 **开** 阴 壬 乾 心 开

甲午时

天辅庚 **杜** 天 庚 巽 辅 杜	勾英丙 **景** 勾 丙 离 英 景	朱芮戊 **死** 朱 戊 坤 芮 死
地冲己 **伤** 地 己 震 冲 伤	符禽辛 **中**使 符 辛 五 禽 中	阴柱癸 **惊** 阴 癸 兑 柱 惊
合任丁 **生** 合 丁 艮 任 生	常蓬乙 **休** 常 乙 坎 蓬 休	蛇心壬 **开** 蛇 壬 乾 心 开

乙未时

合任丁 **伤** 天 庚 巽 辅 杜	天辅庚 **生** 勾 丙 离 英 景	蛇心壬 **休** 朱 戊 坤 芮 死
阴柱癸 **死** 地 己 震 冲 伤	勾英丙 **杜** 符 辛 五 禽 中	朱芮戊 **开** 阴 癸 兑 柱 惊
地冲己 **惊** 合 丁 艮 任 生	符禽辛 **景** 常 乙 坎 蓬 休	常蓬乙 **中**使 蛇 壬 乾 心 开

丙申时

勾英丙 **死** 天 庚 巽 辅 杜	符禽辛 **惊** 勾 丙 离 英 景	阴柱癸 **景** 朱 戊 坤 芮 死
合任丁 **休** 地 己 震 冲 伤	常蓬乙 **伤** 符 辛 五 禽 中	地冲己 **中**使 阴 癸 兑 柱 惊
天辅庚 **开** 合 丁 艮 任 生	蛇心壬 **生** 常 乙 坎 蓬 休	朱芮戊 **杜** 蛇 壬 乾 心 开

丁酉时

常蓬乙 **休** 天 庚 巽 辅 杜	蛇心壬 **开** 勾 丙 离 英 景	合任丁 **生** 朱 戊 坤 芮 死
勾英丙 **景** 地 己 震 冲 伤	朱芮戊 **死** 符 辛 五 禽 中	天辅庚 **杜** 阴 癸 兑 柱 惊
符禽辛 **中**使 合 丁 艮 任 生	阴柱癸 **惊** 常 乙 坎 蓬 休	地冲己 **伤** 蛇 壬 乾 心 开

戊戌时

阴柱癸 **景** 天 庚 巽 辅 杜	地冲己 **中**使 勾 丙 离 英 景	符禽辛 **惊** 朱 戊 坤 芮 死
蛇心壬 **生** 地 己 震 冲 伤	合任丁 **休** 符 辛 五 禽 中	常蓬乙 **伤** 阴 癸 兑 柱 惊
朱芮戊 **杜** 合 丁 艮 任 生	天辅庚 **开** 常 乙 坎 蓬 休	勾英丙 **死** 蛇 壬 乾 心 开

己亥时

蛇心壬 **生** 天 庚 巽 辅 杜	朱芮戊 **杜** 勾 丙 离 英 景	天辅庚 **开** 朱 戊 坤 芮 死
符禽辛 **惊** 地 己 震 冲 伤	阴柱癸 **景** 符 辛 五 禽 中	勾英丙 **死** 阴 癸 兑 柱 惊
常蓬乙 **伤** 合 丁 艮 任 生	地冲己 **中**使 常 乙 坎 蓬 休	合任丁 **休** 蛇 壬 乾 心 开

阳二局丁壬日

庚子时

符禽辛 **惊** 天 庚 巽 辅 杜	常蓬乙 **伤** 勾 丙 离 英 景	地冲己 **中**使 朱 戊 坤 芮 死
天辅庚 **开** 地 己 震 冲 伤	蛇心壬 **生** 符 辛 五 禽 中	合任丁 **休** 阴 癸 兑 柱 惊
勾英丙 **死** 合 丁 艮 任 生	朱芮戊 **杜** 常 乙 坎 蓬 休	阴柱阴 **景** 蛇 壬 乾 心 开

辛丑时

天辅庚 **开** 天 庚 巽 辅 杜	勾英丙 **死** 勾 丙 离 英 景	朱芮戊 **杜** 朱 戊 坤 芮 死
地冲己 **中**使 地 己 震 冲 伤	符禽辛 **惊** 符 辛 五 禽 中	阴柱癸 **景** 阴 癸 兑 柱 惊
合任丁 **休** 合 丁 艮 任 生	常蓬乙 **伤** 常 乙 坎 蓬 休	蛇心壬 **生** 蛇 壬 乾 心 开

壬寅时

地冲己 **中**使 天 庚 巽 辅 杜	合任丁 **休** 勾 丙 离 英 景	常蓬乙 **伤** 朱 戊 坤 芮 死
朱芮戊 **杜** 地 己 震 冲 伤	天辅庚 **开** 符 辛 五 禽 中	蛇心壬 **生** 阴 癸 兑 柱 惊
阴柱癸 **景** 合 丁 艮 任 生	勾英丙 **死** 常 乙 坎 蓬 休	符禽辛 **惊** 蛇 壬 乾 心 开

癸卯时

朱芮戊 **杜** 天 庚 巽 辅 杜	阴柱癸 **景** 勾 丙 离 英 景	勾英丙 **死** 朱 戊 坤 芮 死
常蓬乙 **伤** 地 己 震 冲 伤	地冲己 **中**使 符 辛 五 禽 中	符禽辛 **惊** 阴 癸 兑 柱 惊
蛇心壬 **生** 合 丁 艮 任 生	合任丁 **休** 常 乙 坎 蓬 休	天辅庚 **开** 蛇 壬 乾 心 开

甲辰时

地辅庚 **杜** 地 庚 巽 辅 杜	合英丙 **景** 合 丙 离 英 景	常芮戊 **死** 常 戊 坤 芮 死
朱冲己 **伤** 朱 己 震 冲 伤	天禽辛 **中** 天 辛 五 禽 中	蛇柱癸 **惊** 蛇 癸 兑 柱 惊
阴任丁 **生** 阴 丁 艮 任 生	勾蓬乙 **休** 勾 乙 坎 蓬 休	符心壬 **开**使 符 壬 乾 心 开

乙巳时

合英丙 **伤** 地 庚 巽 辅 杜	天禽辛 **生** 合 丙 离 英 景	蛇柱癸 **休** 常 戊 坤 芮 死
阴任丁 **死** 朱 己 震 冲 伤	勾蓬乙 **杜** 天 辛 五 禽 中	朱冲己 **开**使 蛇 癸 兑 柱 惊
地辅庚 **惊** 阴 丁 艮 任 生	符心壬 **景** 勾 乙 坎 蓬 休	常英戊 **中** 符 壬 乾 心 开

丙午时

勾蓬乙 **死** 地 庚 巽 辅 杜	符心壬 **惊** 合 丙 离 英 景	阴任丁 **景** 常 戊 坤 芮 死
合英丙 **休** 朱 己 震 冲 伤	常芮戊 **伤** 天 辛 五 禽 中	地辅庚 **中** 蛇 癸 兑 柱 惊
天禽辛 **开**使 阴 丁 艮 任 生	蛇柱癸 **生** 勾 乙 坎 蓬 休	朱冲己 **杜** 符 壬 乾 心 开

丁未时

常芮戊 **休** 地 庚 巽 辅 杜	蛇柱癸 **开**使 合 丙 离 英 景	合英丙 **生** 常 戊 坤 芮 死
勾蓬乙 **景** 朱 己 震 冲 伤	朱冲己 **死** 天 辛 五 禽 中	天禽辛 **杜** 蛇 癸 兑 柱 惊
符心壬 **中** 阴 丁 艮 任 生	阴任丁 **惊** 勾 乙 坎 蓬 休	地辅庚 **伤** 符 壬 乾 心 开

戊申时

阴任丁 **景** 地 庚 巽 辅 杜	地辅庚 **中** 合 丙 离 英 景	符心壬 **惊** 常 戊 坤 芮 死
蛇柱癸 **生** 朱 己 震 冲 伤	合英丙 **休** 天 辛 五 禽 中	常芮戊 **伤** 蛇 癸 兑 柱 惊
朱冲己 **杜** 阴 丁 艮 任 生	天禽辛 **开**使 勾 乙 坎 蓬 休	勾蓬乙 **死** 符 壬 乾 心 开

己酉时

蛇柱癸 **生** 地 庚 巽 辅 杜	朱冲己 **杜** 合 丙 离 英 景	天禽辛 **开**使 常 戊 坤 芮 死
符心壬 **惊** 朱 己 震 冲 伤	阴任丁 **景** 天 辛 五 禽 中	勾蓬乙 **死** 蛇 癸 兑 柱 惊
常芮戊 **伤** 阴 丁 艮 任 生	地辅庚 **中** 勾 乙 坎 蓬 休	合英丙 **休** 符 壬 乾 心 开

庚戌时

符心壬 **惊** 地 庚 巽 辅 杜	常芮戊 **伤** 合 丙 离 英 景	地辅庚 **中** 常 戊 坤 芮 死
天禽辛 **开**使 朱 己 震 冲 伤	蛇柱癸 **生** 天 辛 五 禽 中	合英丙 **休** 蛇 癸 兑 柱 惊
勾蓬乙 **死** 阴 丁 艮 任 生	朱冲己 **杜** 勾 乙 坎 蓬 休	阴任丁 **景** 符 壬 乾 心 开

辛亥时

天禽辛 **开**使 地 庚 巽 辅 杜	勾蓬乙 **死** 合 丙 离 英 景	朱冲己 **杜** 常 戊 坤 芮 死
地辅庚 **中** 朱 己 震 冲 伤	符心壬 **惊** 天 辛 五 禽 中	阴任丁 **景** 蛇 癸 兑 柱 惊
合英丙 **休** 阴 丁 艮 任 生	常芮戊 **伤** 勾 乙 坎 蓬 休	地柱癸 **生** 符 壬 乾 心 开

阳二局戊癸日

壬子时

地辅庚 **中** 地 庚 巽 辅 杜	合英丙 **休** 合 丙 离 英 景	常芮戊 **伤** 常 戊 坤 芮 死
朱冲己 **杜** 朱 己 震 冲 伤	天禽辛 **开**使 天 辛 五 禽 中	蛇柱癸 **生** 蛇 癸 兑 柱 惊
阴任丁 **景** 阴 丁 艮 任 生	勾蓬乙 **死** 勾 乙 坎 蓬 休	符心壬 **惊** 符 壬 乾 心 开

癸丑时

朱冲己 **杜** 地 庚 巽 辅 杜	阴任丁 **景** 合 丙 离 英 景	勾蓬乙 **死** 常 戊 坤 芮 死
常芮戊 **伤** 朱 己 震 冲 伤	地辅庚 **中** 天 辛 五 禽 中	符心壬 **惊** 蛇 癸 兑 柱 惊
蛇柱癸 **生** 阴 丁 艮 任 生	合英丙 **休** 勾 乙 坎 蓬 休	天禽辛 **开**使 符 壬 乾 心 开

甲寅时

朱辅庚 **杜** 朱 庚 巽 辅 杜	阴英丙 **景** 阴 丙 离 英 景	勾芮戊 **死** 勾 戊 坤 芮 死
常冲己 **伤** 常 己 震 冲 伤	地禽辛 **中** 地 辛 五 禽 中	符柱癸 **惊**使 符 癸 兑 柱 惊
蛇任丁 **生** 蛇 丁 艮 任 生	合蓬乙 **休** 合 乙 坎 蓬 休	天心壬 **开** 天 壬 乾 心 开

乙卯时

合蓬乙 **伤** 朱 庚 巽 辅 杜	天心壬 **生** 阴 丙 离 英 景	蛇任丁 **休** 勾 戊 坤 芮 死
阴英丙 **死** 常 己 震 冲 伤	勾芮戊 **杜** 地 辛 五 禽 中	朱辅庚 **开** 符 癸 兑 柱 惊
地禽辛 **惊**使 蛇 丁 艮 任 生	符柱癸 **景** 合 乙 坎 蓬 休	常冲己 **中** 天 壬 乾 心 开

丙辰时

勾芮戊 **死** 朱 庚 巽 辅 杜	符柱癸 **惊**使 阴 丙 离 英 景	阴英丙 **景** 勾 戊 坤 芮 死
合蓬乙 **休** 常 己 震 冲 伤	常冲己 **伤** 地 辛 五 禽 中	地禽辛 **中** 符 癸 兑 柱 惊
天心壬 **开** 蛇 丁 艮 任 生	蛇任丁 **生** 合 乙 坎 蓬 休	朱辅庚 **杜** 天 壬 乾 心 开

丁巳时

常冲己 **休** 朱 庚 巽 辅 杜	蛇任丁 **开** 阴 丙 离 英 景	合蓬乙 **生** 勾 戊 坤 芮 死
勾芮戊 **景** 常 己 震 冲 伤	朱辅庚 **死** 地 辛 五 禽 中	天心壬 **杜** 符 癸 兑 柱 惊
符柱癸 **中** 蛇 丁 艮 任 生	阴英丙 **惊**使 合 乙 坎 蓬 休	地禽辛 **伤** 天 壬 乾 心 开

戊午时

阴英丙 **景** 朱 庚 巽 辅 杜	地禽辛 **中** 阴 丙 离 英 景	符柱癸 **惊**使 勾 戊 坤 芮 死
蛇任丁 **生** 常 己 震 冲 伤	合蓬乙 **休** 地 辛 五 禽 中	常冲己 **伤** 符 癸 兑 柱 惊
朱辅庚 **杜** 蛇 丁 艮 任 生	天心壬 **开** 合 乙 坎 蓬 休	勾芮戊 **死** 天 壬 乾 心 开

己未时

蛇任丁 **生** 朱 庚 巽 辅 杜	朱辅庚 **杜** 阴 丙 离 英 景	天心壬 **开** 勾 戊 坤 芮 死
符柱癸 **惊**使 常 己 震 冲 伤	阴英丙 **景** 地 辛 五 禽 中	勾芮戊 **死** 符 癸 兑 柱 惊
常冲己 **伤** 蛇 丁 艮 任 生	地禽辛 **中** 合 乙 坎 蓬 休	合蓬乙 **休** 天 壬 乾 心 开

庚申时

符柱癸 **惊**使 朱 庚 巽 辅 杜	常冲己 **伤** 阴 丙 离 英 景	地禽辛 **中** 勾 戊 坤 芮 死
天心壬 **开** 常 己 震 冲 伤	蛇任丁 **生** 地 辛 五 禽 中	合蓬乙 **休** 符 癸 兑 柱 惊
勾芮戊 **死** 蛇 丁 艮 任 生	朱辅庚 **杜** 合 乙 坎 蓬 休	阴英丙 **景** 天 壬 乾 心 开

辛酉时

天心壬 **开** 朱 庚 巽 辅 杜	勾芮己 **死** 阴 丙 离 英 景	朱辅庚 **杜** 勾 戊 坤 芮 死
地禽辛 **中** 常 己 震 冲 伤	符柱癸 **惊**使 地 辛 五 禽 中	阴英丙 **景** 符 癸 兑 柱 惊
合蓬乙 **休** 蛇 丁 艮 任 生	常冲己 **伤** 合 乙 坎 蓬 休	蛇任丁 **生** 天 壬 乾 心 开

壬戌时

地禽辛 **中** 朱 庚 巽 辅 杜	合蓬乙 **休** 阴 丙 离 英 景	常冲己 **伤** 勾 戊 坤 芮 死
朱辅庚 **杜** 常 己 震 冲 伤	天心壬 **开** 地 辛 五 禽 中	蛇任丁 **生** 符 癸 兑 柱 惊
阴英丙 **景** 蛇 丁 艮 任 生	勾芮戊 **死** 合 乙 坎 蓬 休	符柱癸 **惊**使 天 壬 乾 心 开

癸亥时

朱辅庚 **杜** 朱 庚 巽 辅 杜	阴英丙 **景** 阴 丙 离 英 景	勾芮戊 **死** 勾 戊 坤 芮 死
常冲己 **伤** 常 己 震 冲 伤	地禽辛 **中** 地 辛 五 禽 中	符柱癸 **惊**使 符 癸 兑 柱 惊
蛇任丁 **生** 蛇 丁 艮 任 生	合蓬乙 **休** 合 乙 坎 蓬 休	天心壬 **开** 天 壬 乾 心 开

奇门旨归卷十六

阳遁三局

大寒上　春分上
雨水下　芒种中
甲己日十二时局
乙庚日十二时局
丙辛日十二时局
丁壬日十二时局
戊癸日十二时局

阳三局甲己日

甲子时

蛇辅己 杜 蛇 己 巽 辅 杜	朱英丁 景 朱 丁 离 英 景	天芮乙 死 天 乙 坤 芮 死
符冲戊 伤使 符 戊 震 冲 伤	蛇禽庚 中 阴 庚 五 禽 中	勾柱壬 惊 勾 壬 兑 柱 惊
常任癸 生 常 癸 艮 任 生	地蓬丙 休 地 丙 坎 蓬 休	合心辛 开 合 辛 乾 心 开

乙丑时

阴禽庚 伤使 蛇 己 巽 辅 杜	地蓬丙 生 朱 丁 离 英 景	符冲戊 休 天 乙 坤 芮 死
蛇辅己 死 符 戊 震 冲 伤	合心辛 杜 阴 庚 五 禽 中	常任癸 开 勾 壬 兑 柱 惊
朱英丁 惊 常 癸 艮 任 生	天芮乙 景 地 丙 坎 蓬 休	勾柱壬 中 合 辛 乾 心 开

丙寅时

合心辛 死 蛇 己 巽 辅 杜	天芮乙 惊 朱 丁 离 英 景	蛇辅己 景 天 乙 坤 芮 死
阴禽庚 休 符 戊 震 冲 伤	勾柱壬 伤使 阴 庚 五 禽 中	朱英丁 中 勾 壬 兑 柱 惊
地蓬丙 开 常 癸 艮 任 生	符冲戊 生 地 丙 坎 蓬 休	常任癸 杜 合 辛 乾 心 开

丁卯时

勾柱壬 休 蛇 己 巽 辅 杜	符冲戊 开 朱 丁 离 英 景	阴禽庚 生 天 乙 坤 芮 死
合心辛 景 符 戊 震 冲 伤	常任癸 死 阴 庚 五 禽 中	地蓬丙 杜 勾 壬 兑 柱 惊
天芮乙 中 常 癸 艮 任 生	蛇辅己 惊 地 丙 坎 蓬 休	朱英丁 伤使 合 辛 乾 心 开

戊辰时

蛇辅己 景 蛇 己 巽 辅 杜	朱英丁 中 朱 丁 离 英 景	天芮乙 惊 天 乙 坤 芮 死
符冲戊 生 符 戊 震 冲 伤	阴禽庚 休 阴 庚 五 禽 中	勾柱壬 伤使 勾 壬 兑 柱 惊
常任癸 杜 常 癸 艮 任 生	地蓬丙 开 地 丙 坎 蓬 休	合心辛 死 合 辛 乾 心 开

己巳时

符冲戊 生 蛇 己 巽 辅 杜	常任癸 杜 朱 丁 离 英 景	地蓬丙 开 天 乙 坤 芮 死
天芮乙 惊 符 戊 震 冲 伤	蛇辅己 景 阴 庚 五 禽 中	合心辛 死 勾 壬 兑 柱 惊
勾柱壬 伤使 常 癸 艮 任 生	朱英丁 中 地 丙 坎 蓬 休	阴禽庚 休 合 辛 乾 心 开

庚午时

天芮乙 惊 蛇 己 巽 辅 杜	勾柱壬 伤使 朱 丁 离 英 景	朱英丁 中 天 乙 坤 芮 死
地蓬丙 开 符 戊 震 冲 伤	符冲戊 生 阴 庚 五 禽 中	阴禽庚 休 勾 壬 兑 柱 惊
合心辛 死 常 癸 艮 任 生	常任癸 杜 地 丙 坎 蓬 休	蛇辅己 景 合 辛 乾 心 开

辛未时

地蓬丙 开 蛇 己 巽 辅 杜	合心辛 死 朱 丁 离 英 景	常任癸 杜 天 乙 坤 芮 死
朱英丁 中 符 戊 震 冲 伤	天芮乙 惊 阴 庚 五 禽 中	蛇辅己 景 勾 壬 兑 柱 惊
阴禽庚 休 常 癸 艮 任 生	勾柱壬 伤使 地 丙 坎 蓬 休	符冲戊 生 合 辛 乾 心 开

壬申时

朱英丁 中 蛇 己 巽 辅 杜	阴禽庚 休 朱 丁 离 英 景	勾柱壬 伤使 天 乙 坤 芮 死
常任癸 杜 符 戊 震 冲 伤	地蓬丙 开 阴 庚 五 禽 中	符冲戊 生 勾 壬 兑 柱 惊
蛇辅己 景 常 癸 艮 任 生	合心辛 死 地 丙 坎 蓬 休	天芮乙 惊 合 辛 乾 心 开

癸酉时

常任癸 杜 蛇 己 巽 辅 杜	蛇辅己 景 朱 丁 离 英 景	合心辛 死 天 乙 坤 芮 死
勾柱壬 伤使 符 戊 震 冲 伤	朱英丁 中 阴 庚 五 禽 中	天芮乙 惊 勾 壬 兑 柱 惊
符冲戊 生 常 癸 艮 任 生	阴禽庚 休 地 丙 坎 蓬 休	地蓬丙 开 合 辛 乾 心 开

甲戌时

符辅己 杜使 符 己 巽 辅 杜	常英丁 景 常 丁 离 英 景	地芮乙 死 地 乙 坤 芮 死
天冲戊 伤 天 戊 震 冲 伤	蛇禽庚 中 阴 庚 五 禽 中	合柱壬 惊 勾 壬 兑 柱 惊
勾任癸 生 勾 癸 艮 任 生	朱蓬丙 休 朱 丙 坎 蓬 休	阴心辛 开 阴 辛 乾 心 开

乙亥时

阴心辛 伤 符 己 巽 辅 杜	地芮乙 生 常 丁 离 英 景	符辅己 休 地 乙 坤 芮 死
蛇禽庚 死 天 戊 震 冲 伤	合柱壬 杜使 蛇 庚 五 禽 中	常英丁 开 合 壬 兑 柱 惊
朱蓬丙 惊 勾 癸 艮 任 生	天冲戊 景 朱 丙 坎 蓬 休	勾任癸 中 阴 辛 乾 心 开

阳三局乙庚日

丙子时

合柱壬 **死** 符 己 巽 辅 杜	天冲戊 **惊** 常 丁 离 英 景	蛇禽庚 **景** 地 乙 坤 芮 死
阴心辛 **休** 天 戊 震 冲 伤	勾任癸 **伤** 蛇 庚 五 禽 中	朱蓬丙 **中** 合 壬 兑 柱 惊
地芮乙 **开** 勾 癸 艮 任 生	符辅己 **生** 朱 丙 坎 蓬 休	常芮丁 **杜**使 阴 辛 乾 心 开

丁丑时

勾任癸 **休** 符 己 巽 辅 杜	符辅己 **开** 常 丁 离 英 景	阴心辛 **生** 地 乙 坤 芮 死
合柱壬 **景** 天 戊 震 冲 伤	常英丁 **死** 蛇 庚 五 禽 中	地芮乙 **杜**使 合 壬 兑 柱 惊
天冲戊 **中** 勾 癸 艮 任 生	蛇禽庚 **惊** 朱 丙 坎 蓬 休	朱蓬丙 **伤** 阴 辛 乾 心 开

戊寅时

蛇禽庚 **景** 符 己 巽 辅 杜	朱蓬丙 **中** 常 丁 离 英 景	天冲戊 **惊** 地 乙 坤 芮 死
符辅己 **生** 天 戊 震 冲 伤	阴心辛 **休** 蛇 庚 五 禽 中	勾任癸 **伤** 合 壬 兑 柱 惊
常英丁 **杜**使 勾 癸 艮 任 生	地芮乙 **开** 朱 丙 坎 蓬 休	合柱壬 **死** 阴 辛 乾 心 开

己卯时

符辅己 **生** 符 己 巽 辅 杜	常英丁 **杜**使 常 丁 离 英 景	地芮乙 **开** 地 乙 坤 芮 死
天冲戊 **惊** 天 戊 震 冲 伤	蛇禽庚 **景** 蛇 庚 五 禽 中	合柱城 **生** 合 壬 兑 柱 惊
勾任癸 **伤** 勾 癸 艮 任 生	朱蓬丙 **中** 朱 丙 坎 蓬 休	阴心辛 **休** 阴 辛 乾 心 开

庚辰时

天冲戊 **惊** 符 己 巽 辅 杜	勾任癸 **伤** 常 丁 离 英 景	朱蓬丙 **中** 地 乙 坤 芮 死
地芮乙 **开** 天 戊 震 冲 伤	符辅己 **生** 蛇 庚 五 禽 中	阴心辛 **休** 合 壬 兑 柱 惊
合柱壬 **死** 勾 癸 艮 任 生	常英丁 **杜**使 朱 丙 坎 蓬 休	蛇禽庚 **景** 阴 辛 乾 心 开

辛巳时

地芮乙 **开** 符 己 巽 辅 杜	合柱壬 **死** 常 丁 离 英 景	常英丁 **杜**使 地 乙 坤 芮 死
朱蓬丙 **中** 天 戊 震 冲 伤	天冲戊 **惊** 蛇 庚 五 禽 中	蛇禽庚 **景** 合 壬 兑 柱 惊
阴心辛 **休** 勾 癸 艮 任 生	勾任癸 **伤** 朱 丙 坎 蓬 休	符辅己 **生** 阴 辛 乾 心 开

壬午时

朱蓬丙 **中** 符 己 巽 辅 杜	阴心辛 **休** 常 丁 离 英 景	勾任癸 **伤** 地 乙 坤 芮 死
常英丁 **杜**使 天 戊 震 冲 伤	地芮乙 **开** 蛇 庚 五 禽 中	符辅己 **生** 合 壬 兑 柱 惊
蛇禽庚 **景** 勾 癸 艮 任 生	合柱壬 **死** 朱 丙 坎 蓬 休	天冲戊 **惊** 阴 辛 乾 心 开

癸未时

常英丁 **杜**使 符 己 巽 辅 杜	蛇禽庚 **景** 常 丁 离 英 景	合柱壬 **死** 地 乙 坤 芮 死
勾任癸 **伤** 天 戊 震 冲 伤	朱蓬丙 **中** 蛇 庚 五 禽 中	天冲戊 **惊** 合 壬 兑 柱 惊
符辅己 **生** 勾 癸 艮 任 生	阴心辛 **休** 朱 丙 坎 蓬 休	地芮乙 **开** 阴 辛 乾 心 开

甲申时

天辅己 **杜** 天 己 巽 辅 杜	勾英丁 **景** 勾 丁 离 英 景	朱芮乙 **死** 朱 乙 坤 芮 死
地冲戊 **伤** 地 戊 震 冲 伤	符禽庚 **中**使 符 庚 五 禽 中	阴柱壬 **惊** 阴 壬 兑 柱 惊
合任癸 **生** 合 癸 艮 任 生	常蓬丙 **休** 常 丙 坎 蓬 休	蛇心辛 **开** 蛇 辛 乾 心 开

乙酉时

阴柱壬 **伤** 天 己 巽 辅 杜	地冲戊 **生** 勾 丁 离 英 景	符禽庚 **休** 朱 乙 坤 芮 死
蛇心辛 **死** 地 戊 震 冲 伤	合任癸 **杜** 符 庚 五 禽 中	常蓬丙 **开** 阴 壬 兑 柱 惊
朱芮乙 **惊** 合 癸 艮 任 生	天辅己 **景** 常 丙 坎 蓬 休	勾英丁 **中**使 蛇 辛 乾 心 开

丙戌时

合任癸 **死** 天 己 巽 辅 杜	天辅己 **惊** 勾 丁 离 英 景	蛇心辛 **景** 朱 乙 坤 芮 死
阴柱壬 **休** 地 戊 震 冲 伤	勾英丁 **伤** 符 庚 五 禽 中	朱芮乙 **中**使 阴 壬 兑 柱 惊
地冲戊 **开** 合 癸 艮 任 生	符禽庚 **生** 常 丙 坎 蓬 休	常蓬丙 **杜** 蛇 辛 乾 心 开

丁亥时

勾英丁 **休** 天 己 巽 辅 杜	符禽庚 **开** 勾 丁 离 英 景	阴柱壬 **生** 朱 乙 坤 芮 死
合任癸 **景** 地 戊 震 冲 伤	常蓬丙 **死** 符 庚 五 禽 中	地冲戊 **杜** 阴 壬 兑 柱 惊
天辅己 **中**使 合 癸 艮 任 生	蛇心辛 **惊** 常 丙 坎 蓬 休	朱芮乙 **伤** 蛇 辛 乾 心 开

阳三局丙辛日

戊子时

蛇心辛 景 天 己 巽 辅 杜	朱芮乙 中使 勾 丁 离 英 景	天辅己 惊 朱 乙 坤 芮 死
符禽庚 生 地 戊 震 冲 伤	阴柱壬 休 符 庚 五 禽 中	勾英丁 伤 阴 壬 兑 柱 惊
常蓬丙 杜 合 癸 艮 任 生	地冲戊 开 常 丙 坎 蓬 休	合任癸 死 蛇 辛 乾 心 开

己丑时

符禽庚 生 天 己 巽 辅 杜	常蓬丙 杜 勾 丁 离 英 景	地冲戊 开 朱 乙 坤 芮 死
天辅己 惊 地 戊 震 冲 伤	蛇心辛 景 符 庚 五 禽 中	合任癸 死 阴 壬 兑 柱 惊
勾英丁 伤 合 癸 艮 任 生	朱芮乙 中使 常 丙 坎 蓬 休	阴柱壬 休 蛇 辛 乾 心 开

庚寅时

天辅己 惊 天 己 巽 辅 杜	勾英丁 伤 勾 丁 离 英 景	朱芮乙 中使 朱 乙 坤 芮 死
地冲戊 开 地 戊 震 冲 伤	符禽庚 生 符 庚 五 禽 中	阴柱壬 休 阴 壬 兑 柱 惊
合任癸 死 合 癸 艮 任 生	常蓬丙 杜 常 丙 坎 蓬 休	蛇心辛 景 蛇 辛 乾 心 开

辛卯时

地冲戊 开 天 己 巽 辅 杜	合任癸 死 勾 丁 离 英 景	常蓬丙 杜 朱 乙 坤 芮 死
朱芮乙 中使 地 戊 震 冲 伤	天辅己 惊 符 庚 五 禽 中	蛇心辛 景 阴 壬 兑 柱 惊
阴柱壬 休 合 癸 艮 任 生	勾英丁 伤 常 丙 坎 蓬 休	符禽庚 生 蛇 辛 乾 心 开

壬辰时

朱芮乙 中使 天 己 巽 辅 杜	阴柱壬 休 勾 丁 离 英 景	勾英丁 伤 朱 乙 坤 芮 死
常蓬丙 杜 地 戊 震 冲 伤	地冲戊 开 符 庚 五 禽 中	符禽庚 生 阴 壬 兑 柱 惊
蛇心辛 景 合 癸 艮 任 生	合任癸 死 常 丙 坎 蓬 休	天辅己 惊 蛇 辛 乾 心 开

癸巳时

常蓬丙 杜 天 己 巽 辅 杜	辅心辛 景 勾 丁 离 英 景	合任癸 死 朱 乙 坤 芮 死
勾英丁 伤 地 戊 震 冲 伤	朱芮乙 中使 符 庚 五 禽 中	天辅己 惊 阴 壬 兑 柱 惊
符禽庚 生 合 癸 艮 任 生	阴柱壬 休 常 丙 坎 蓬 休	地冲戊 开 蛇 辛 乾 心 开

甲午时

地辅己 杜 地 己 巽 辅 杜	合英丁 景 合 丁 离 英 景	常芮乙 死 常 乙 坤 芮 死
朱冲戊 伤 朱 戊 震 冲 伤	天禽庚 中 天 庚 五 禽 中	蛇柱壬 惊 蛇 壬 兑 柱 惊
阴任癸 生 阴 癸 艮 任 生	勾蓬丙 休 勾 丙 坎 蓬 休	符心辛 开使 符 辛 乾 心 开

乙未时

阴任癸 伤 地 己 巽 辅 杜	地辅己 生 合 丁 离 英 景	符心辛 休 常 乙 坤 芮 死
蛇柱壬 死 朱 戊 震 冲 伤	合英丁 杜 天 庚 五 禽 中	常芮乙 开使 蛇 壬 兑 柱 惊
朱冲戊 惊 阴 癸 艮 任 生	天禽庚 景 勾 丙 坎 蓬 休	勾蓬丙 中 符 辛 乾 心 开

丙申时

合英丁 死 地 己 巽 辅 杜	天禽庚 惊 合 丁 离 英 景	蛇柱壬 景 常 乙 坤 芮 死
阴任癸 休 朱 戊 震 冲 伤	勾蓬丙 伤 天 庚 五 禽 中	朱冲戊 中 蛇 壬 兑 柱 惊
地辅己 开使 阴 癸 艮 任 生	符心辛 生 勾 丙 坎 蓬 休	常芮乙 杜 符 辛 乾 心 开

丁酉时

勾蓬丙 休 地 己 巽 辅 杜	符心辛 开使 合 丁 离 英 景	阴任癸 生 常 乙 坤 芮 死
合英丁 景 朱 戊 震 冲 伤	常芮乙 死 天 庚 五 禽 中	地辅己 杜 蛇 壬 兑 柱 惊
天禽庚 中 阴 癸 艮 任 生	蛇任壬 惊 勾 丙 坎 蓬 休	朱冲戊 伤 符 辛 乾 心 开

戊戌时

蛇柱壬 景 地 己 巽 辅 杜	朱冲戊 中 合 丁 离 英 景	天禽庚 惊 常 乙 坤 芮 死
符心辛 生 朱 戊 震 冲 伤	阴任癸 休 天 庚 五 禽 中	勾蓬丙 伤 蛇 壬 兑 柱 惊
常芮乙 杜 阴 癸 艮 任 生	地辅己 开使 勾 丙 坎 蓬 休	合英丁 死 符 辛 乾 心 开

己亥时

符心辛 生 地 己 巽 辅 杜	常芮乙 杜 合 丁 离 英 景	地辅己 开使 常 乙 坤 芮 死
天禽庚 惊 朱 戊 震 冲 伤	蛇柱壬 景 天 庚 五 禽 中	合英丁 死 蛇 壬 兑 柱 惊
勾蓬丙 伤 阴 癸 艮 任 生	朱冲戊 中 勾 丙 坎 蓬 休	阴任癸 休 符 辛 乾 心 开

阳三局丁壬日

庚子时

天禽庚 惊 地 己 巽 辅 杜	勾蓬丙 伤 合 丁 离 英 景	朱冲戊 中 常 乙 坤 芮 死
地辅己 开使 朱 戊 震 冲 伤	符心辛 生 天 庚 五 禽 中	阴任癸 休 蛇 壬 兑 柱 惊
合英丁 死 阴 癸 艮 任 生	常芮乙 杜 勾 丙 坎 蓬 休	蛇柱壬 景 符 辛 乾 心 开

辛丑时

地辅己 开使 地 己 巽 辅 杜	合英丁 死 合 丁 离 英 景	常芮乙 杜 常 乙 坤 芮 死
朱冲戊 中 朱 戊 震 冲 伤	天禽庚 惊 天 庚 五 禽 中	蛇柱壬 景 蛇 壬 兑 柱 惊
阴任癸 休 阴 癸 艮 任 生	勾蓬丙 伤 勾 丙 坎 蓬 休	符心辛 生 符 辛 乾 心 开

壬寅时

朱冲戊 中 地 己 巽 辅 杜	阴任癸 休 合 丁 离 英 景	勾蓬丙 伤 常 乙 坤 芮 死
常芮乙 杜 朱 戊 震 冲 伤	地辅己 开使 天 庚 五 禽 中	符心辛 生 蛇 壬 兑 柱 惊
蛇柱壬 景 阴 癸 艮 任 生	合英丁 死 勾 丙 坎 蓬 休	天禽庚 惊 符 辛 乾 心 开

癸卯时

常芮乙 杜 地 己 巽 辅 杜	蛇柱壬 景 合 丁 离 英 景	合英丁 死 常 乙 坤 芮 死
勾蓬丙 伤 朱 戊 震 冲 伤	朱冲戊 中 天 庚 五 禽 中	天禽庚 惊 蛇 壬 兑 柱 惊
符心辛 生 阴 癸 艮 任 生	阴任癸 休 勾 丙 坎 蓬 休	地辅己 开使 符 辛 乾 心 开

甲辰时

朱辅己 杜 朱 己 巽 辅 杜	阴英丁 景 阴 丁 离 英 景	勾芮乙 死 勾 乙 坤 芮 死
常冲戊 伤 常 戊 震 冲 伤	地禽庚 中 天 庚 五 禽 中	符柱壬 惊使 符 壬 兑 柱 惊
蛇任癸 生 蛇 癸 艮 任 生	合蓬丙 休 合 丙 坎 蓬 休	天心辛 开 天 辛 乾 心 开

乙巳时

阴英丁 伤 朱 己 巽 辅 杜	地禽庚 生 阴 丁 离 英 景	符柱壬 休 勾 乙 坤 芮 死
蛇任癸 死 常 戊 震 冲 伤	合蓬丙 杜 天 庚 五 禽 中	常冲戊 开 符 壬 兑 柱 惊
朱辅己 惊使 蛇 癸 艮 任 生	天心辛 景 合 丙 坎 蓬 休	勾芮乙 中 天 辛 乾 心 开

丙午时

合蓬丙 死 朱 己 巽 辅 杜	天心辛 惊使 阴 丁 离 英 景	蛇任癸 景 勾 乙 坤 芮 死
阴英丁 休 常 戊 震 冲 伤	勾芮乙 伤 天 庚 五 禽 中	朱辅己 中 符 壬 兑 柱 惊
地禽庚 开 蛇 癸 艮 任 生	符柱壬 生 合 丙 坎 蓬 休	常冲戊 杜 天 辛 乾 心 开

丁未时

勾芮乙 休 朱 己 巽 辅 杜	符柱壬 开 阴 丁 离 英 景	阴英丁 生 勾 乙 坤 芮 死
合蓬丙 景 常 戊 震 冲 伤	常冲戊 死 地 庚 五 禽 中	地禽庚 杜 符 壬 兑 柱 惊
天心辛 中 蛇 癸 艮 任 生	蛇任癸 惊使 合 丙 坎 蓬 休	朱辅己 伤 天 辛 乾 心 开

戊申时

蛇任癸 景 朱 己 巽 辅 杜	朱辅己 中 阴 丁 离 英 景	天心辛 惊 勾 乙 坤 芮 死
符柱壬 生 常 戊 震 冲 伤	阴英丁 休 天 庚 五 禽 中	勾芮乙 伤 符 壬 兑 柱 惊
常冲戊 杜 蛇 癸 艮 任 生	地禽庚 开 合 丙 坎 蓬 休	合蓬丙 死 天 辛 乾 心 开

己酉时

符柱壬 生 朱 己 巽 辅 杜	常冲戊 杜 阴 丁 离 英 景	地禽庚 开 勾 乙 坤 芮 死
天心辛 惊使 常 戊 震 冲 伤	蛇任癸 景 天 庚 五 禽 中	合蓬丙 死 符 壬 兑 柱 惊
勾芮乙 伤 蛇 癸 艮 任 生	朱辅己 中 合 丙 坎 蓬 休	阴英丁 休 天 辛 乾 心 开

庚戌时

天心辛 惊使 朱 己 巽 辅 杜	勾芮乙 伤 阴 丁 离 英 景	朱辅己 中 勾 乙 坤 芮 死
地禽庚 开 常 戊 震 冲 伤	符柱壬 生 天 庚 五 禽 中	阴英丁 休 符 壬 兑 柱 惊
合蓬丙 死 蛇 癸 艮 任 生	常冲戊 杜 合 丙 坎 蓬 休	蛇任癸 景 天 辛 乾 心 开

辛亥时

地禽庚 开 朱 己 巽 辅 杜	合蓬丙 死 阴 丁 离 英 景	常冲戊 杜 勾 乙 坤 芮 死
朱辅己 中 常 戊 震 冲 伤	天心辛 惊 天 庚 五 禽 中	蛇任癸 景 符 壬 兑 柱 惊
阴英丁 休 蛇 癸 艮 任 生	勾芮乙 伤 合 丙 坎 蓬 休	符柱壬 生 天 辛 乾 心 开

阳三局戊癸日

壬子时

朱辅己 **中** 朱 己 巽 辅 杜	阴英丁 **休** 阴 丁 离 英 景	勾芮乙 **伤** 勾 乙 坤 芮 死
常冲戊 **杜** 常 戊 震 冲 伤	地禽庚 **开** 天 庚 五 禽 中	符柱壬 **生** 符 壬 兑 柱 惊
蛇任癸 **景** 蛇 癸 艮 任 生	合蓬丙 **死** 合 丙 坎 蓬 休	天心辛 **惊**使 天 辛 乾 心 开

癸丑时

常冲戊 **杜** 朱 己 巽 辅 杜	蛇任癸 **景** 阴 丁 离 英 景	合蓬丙 **死** 勾 乙 坤 芮 死
勾芮乙 **伤** 常 戊 震 冲 伤	朱辅己 **中** 天 庚 五 禽 中	天心辛 **惊**使 符 壬 兑 柱 惊
符柱壬 **生** 蛇 癸 艮 任 生	阴英丁 **休** 合 丙 坎 蓬 休	地禽庚 **开** 天 辛 乾 心 开

甲寅时

常辅己 **杜** 常 己 巽 辅 杜	蛇英丁 **景** 蛇 丁 离 英 景	合芮乙 **死** 合 乙 坤 芮 死
勾冲戊 **伤** 勾 戊 震 冲 伤	朱禽庚 **中** 朱 庚 五 禽 中	天柱壬 **惊** 天 壬 兑 柱 惊
符任癸 **生**使 符 癸 艮 任 生	阴蓬丙 **休** 阴 丙 坎 蓬 休	地心辛 **开** 地 辛 乾 心 开

乙卯时

阴蓬丙 **伤** 常 己 巽 辅 杜	地心辛 **生**使 蛇 丁 离 英 景	符任癸 **休** 合 乙 坤 芮 死
蛇英才 **死** 勾 戊 震 冲 伤	合芮乙 **杜** 朱 庚 五 禽 中	常辅己 **开** 天 壬 兑 柱 惊
朱禽庚 **惊** 符 癸 艮 任 生	天柱壬 **景** 阴 丙 坎 蓬 休	勾冲戊 **中** 地 辛 乾 心 开

丙辰时

合芮乙 **死** 常 己 巽 辅 杜	天柱壬 **惊** 蛇 丁 离 英 景	蛇英丁 **景** 合 乙 坤 芮 死
阴蓬丙 **休** 勾 戊 震 冲 伤	勾冲戊 **伤** 朱 庚 五 禽 中	朱禽庚 **中** 天 壬 兑 柱 惊
地心辛 **开** 符 癸 艮 任 生	符任癸 **生**使 阴 丙 坎 蓬 休	常辅己 **杜** 地 辛 乾 心 开

丁巳时

勾冲戊 **休** 常 己 巽 辅 杜	符任癸 **开** 蛇 丁 离 英 景	阴蓬丙 **生**使 合 乙 坤 芮 死
合芮乙 **景** 勾 戊 震 冲 伤	常辅己 **死** 朱 庚 五 禽 中	地心辛 **杜** 天 壬 兑 柱 惊
天柱壬 **中** 符 癸 艮 任 生	蛇英丁 **惊** 阴 丙 坎 蓬 休	朱禽庚 **伤** 地 辛 乾 心 开

戊午时

蛇英丁 **景** 常 己 巽 辅 杜	朱禽庚 **中** 蛇 丁 离 英 景	天柱壬 **惊** 合 乙 坤 芮 死
符任癸 **生**使 勾 戊 震 冲 伤	阴蓬丙 **休** 朱 庚 五 禽 中	勾冲戊 **伤** 天 壬 兑 柱 惊
常辅己 **杜** 符 癸 艮 任 生	地心辛 **开** 阴 丙 坎 蓬 休	合芮乙 **死** 地 辛 乾 心 开

己未时

符任癸 **生**使 常 己 巽 辅 杜	常辅己 **杜** 蛇 丁 离 英 景	地心辛 **开** 合 乙 坤 芮 死
天柱壬 **惊** 勾 戊 震 冲 伤	蛇英丁 **景** 朱 庚 五 禽 中	合芮乙 **死** 天 壬 兑 柱 惊
勾冲戊 **伤** 符 癸 艮 任 生	朱禽庚 **中** 阴 丙 坎 蓬 休	阴蓬内 **休** 地 辛 乾 心 开

庚申时

天柱壬 **惊** 常 己 巽 辅 杜	勾冲戊 **伤** 蛇 丁 离 英 景	朱禽庚 **中** 合 乙 坤 芮 死
地心辛 **开** 勾 戊 震 冲 伤	符任癸 **生** 朱 庚 五 禽 中	阴蓬丙 **休** 天 壬 兑 柱 惊
合芮乙 **死** 符 癸 艮 任 生	常辅己 **杜** 阴 丙 坎 蓬 休	蛇英丁 **景** 地 辛 乾 心 开

辛酉时

地心辛 **开** 常 己 巽 辅 杜	合芮乙 **死** 蛇 丁 离 英 景	常辅己 **杜** 合 乙 坤 芮 死
朱禽庚 **中** 勾 戊 震 冲 伤	天柱壬 **惊** 朱 庚 五 禽 中	蛇英丁 **景** 天 壬 兑 柱 惊
阴蓬丙 **休** 符 癸 艮 任 生	勾冲戊 **伤** 阴 丙 坎 蓬 休	符任癸 **生**使 地 辛 乾 心 开

壬戌时

朱禽庚 **中** 常 己 巽 辅 杜	阴蓬丙 **休** 蛇 丁 离 英 景	勾冲戊 **伤** 合 乙 坤 芮 死
常辅己 **杜** 勾 戊 震 冲 伤	地心辛 **开** 朱 庚 五 禽 中	符任癸 **生**使 天 壬 兑 柱 惊
蛇英丁 **景** 符 癸 艮 任 生	合芮乙 **死** 阴 丙 坎 蓬 休	天柱壬 **惊** 地 辛 乾 心 开

癸亥时

常辅己 **杜** 常 己 巽 辅 杜	蛇英丁 **景** 蛇 丁 离 英 景	合芮乙 **死** 合 乙 坤 芮 死
勾冲戊 **伤** 勾 戊 震 冲 伤	朱禽庚 **中** 朱 庚 五 禽 中	天柱壬 **惊** 天 壬 兑 柱 惊
符任癸 **生**使 符 癸 艮 任 生	阴蓬丙 **休** 阴 丙 坎 蓬 休	地心辛 **开** 地 辛 乾 心 开

奇门旨归卷十七

阳遁四局

冬至下　惊蛰下

清明上　立夏上

甲己日十二时局

乙庚日十二时局

丙辛日十二时局

丁壬日十二时局

戊癸日十二时局

阳四局甲己日

甲子时

符辅戊 **杜**使 符 戊 巽 辅 杜	常英癸 **景** 常 癸 离 英 景	地芮丙 **死** 地 丙 坤 芮 死
天冲乙 **伤** 天 乙 震 冲 伤	蛇禽己 **中** 蛇 己 五 禽 中	合柱辛 **惊** 合 辛 兑 柱 惊
勾任壬 **生** 勾 壬 艮 任 生	朱蓬丁 **休** 朱 丁 坎 蓬 休	阴心庚 **开** 阴 庚 乾 心 开

乙丑时

蛇禽己 **伤** 符 戊 巽 辅 杜	朱蓬丁 **生** 常 癸 离 英 景	天冲乙 **休** 地 丙 坤 芮 死
符辅戊 **死** 天 乙 震 冲 伤	阴心庚 **杜**使 蛇 己 五 禽 中	勾任壬 **开** 合 辛 兑 柱 惊
常英癸 **惊** 勾 壬 艮 任 生	地芮丙 **景** 朱 丁 坎 蓬 休	合柱辛 **中** 阴 庚 乾 心 开

丙寅时

阴心庚 **死** 符 戊 巽 辅 杜	地芮丙 **惊** 常 癸 离 英 景	符辅戊 **景** 地 丙 坤 芮 死
蛇禽己 **休** 天 乙 震 冲 伤	合柱辛 **伤** 蛇 己 五 禽 中	常英癸 **中** 合 辛 兑 柱 惊
朱蓬丁 **开** 勾 壬 艮 任 生	天冲乙 **生** 朱 丁 坎 蓬 休	勾任壬 **杜**使 阴 庚 乾 心 开

丁卯时

合柱辛 **休** 符 戊 巽 辅 杜	天冲乙 **开** 常 癸 离 英 景	蛇禽己 **生** 地 丙 坤 芮 死
阴心庚 **景** 天 乙 震 冲 伤	勾任壬 **死** 蛇 己 五 禽 中	朱蓬丁 **杜**使 合 辛 兑 柱 惊
地芮丙 **中** 勾 壬 艮 任 生	符辅戊 **惊** 朱 丁 坎 蓬 休	常英癸 **伤** 阴 庚 乾 心 开

戊辰时

符辅戊 **景** 符 戊 巽 辅 杜	常英癸 **中** 常 癸 离 英 景	地芮丙 **惊** 地 丙 坤 芮 死
天冲乙 **生** 天 乙 震 冲 伤	蛇禽己 **休** 蛇 己 五 禽 中	合柱辛 **伤** 合 辛 兑 柱 惊
勾任壬 **杜**使 勾 壬 艮 任 生	朱蓬丁 **开** 朱 丁 坎 蓬 休	阴心庚 **死** 阴 庚 乾 心 开

己巳时

天冲乙 **生** 符 戊 巽 辅 杜	勾任壬 **杜**使 常 癸 离 英 景	朱蓬丁 **开** 地 丙 坤 芮 死
地芮丙 **惊** 天 乙 震 冲 伤	符辅戊 **景** 蛇 己 五 禽 中	阴心庚 **死** 合 辛 兑 柱 惊
合柱辛 **伤** 勾 壬 艮 任 生	常英癸 **中** 朱 丁 坎 蓬 休	蛇禽己 **休** 阴 庚 乾 心 开

庚午时

地芮丙 **惊** 符 戊 巽 辅 杜	合柱辛 **伤** 常 癸 离 英 景	常英癸 **中** 地 丙 坤 芮 死
朱蓬丁 **开** 天 乙 震 冲 伤	天冲乙 **生** 蛇 己 五 禽 中	蛇禽己 **休** 合 辛 兑 柱 惊
阴心庚 **死** 勾 壬 艮 任 生	勾任壬 **杜**使 朱 丁 坎 蓬 休	符辅戊 **景** 阴 庚 乾 心 开

辛未时

朱蓬丁 **开** 符 戊 巽 辅 杜	阴心庚 **死** 常 癸 离 英 景	勾任壬 **杜**使 地 丙 坤 芮 死
常英癸 **中** 天 乙 震 冲 伤	地芮丙 **惊** 蛇 己 五 禽 中	符辅戊 **景** 合 辛 兑 柱 惊
蛇禽己 **休** 勾 壬 艮 任 生	合柱辛 **伤** 朱 丁 坎 蓬 休	天冲乙 **生** 阴 庚 乾 心 开

壬申时

常英癸 **中** 符 戊 巽 辅 杜	蛇禽己 **休** 常 癸 离 英 景	合柱辛 **伤** 地 丙 坤 芮 死
勾任壬 **杜**使 天 乙 震 冲 伤	朱蓬丁 **开** 蛇 己 五 禽 中	天冲乙 **生** 合 辛 兑 柱 惊
符辅戊 **景** 勾 壬 艮 任 生	阴心庚 **死** 朱 丁 坎 蓬 休	地芮丙 **惊** 阴 庚 乾 心 开

癸酉时

勾任壬 **杜**使 符 戊 巽 辅 杜	符辅戊 **景** 常 癸 离 英 景	阴心庚 **死** 地 丙 坤 芮 死
合柱年 **伤** 天 乙 震 冲 伤	常英癸 **中** 蛇 己 五 禽 中	地芮丙 **惊** 合 辛 兑 柱 惊
天冲乙 **生** 勾 壬 艮 任 生	蛇禽己 **休** 朱 丁 坎 蓬 休	朱蓬丁 **开** 阴 庚 乾 心 开

甲戌时

天辅戊 **杜** 天 戊 巽 辅 杜	勾英癸 **景** 勾 癸 离 英 景	朱芮丙 **死** 朱 丙 坤 芮 死
地冲乙 **伤** 地 乙 震 冲 伤	符禽己 **中**使 符 己 五 禽 中	阴柱辛 **惊** 阴 辛 兑 柱 惊
合任壬 **生** 合 壬 艮 任 生	常蓬丁 **休** 常 丁 坎 蓬 休	蛇心庚 **开** 蛇 庚 乾 心 开

乙亥时

蛇心庚 **伤** 天 戊 巽 辅 杜	朱芮丙 **生** 勾 癸 离 英 景	天辅戊 **休** 朱 丙 坤 芮 死
符禽己 **死** 地 乙 震 冲 伤	阴柱辛 **杜** 符 己 五 禽 中	勾英癸 **开** 阴 辛 兑 柱 惊
常蓬丁 **惊** 合 壬 艮 任 生	地冲乙 **景** 常 丁 坎 蓬 休	合任壬 **中**使 蛇 庚 乾 心 开

阳四局乙庚日

丙子时

阴柱辛 **死** 天 戊 巽 辅 杜	地冲乙 **惊** 勾 癸 离 英 景	符禽己 **景** 朱 丙 坤 芮 死
蛇心庚 **休** 地 乙 震 冲 伤	合任壬 **伤** 符 己 五 禽 中	常蓬丁 **中**使 阴 辛 兑 柱 惊
朱芮丙 **开** 合 壬 艮 任 生	天辅戊 **生** 常 丁 坎 蓬 休	勾阴癸 **杜** 蛇 庚 乾 心 开

丁丑时

合任壬 **休** 天 戊 巽 辅 杜	天辅戊 **开** 勾 癸 离 英 景	蛇心庚 **生** 朱 丙 坤 芮 死
阴柱辛 **景** 地 乙 震 冲 伤	勾英癸 **死** 符 己 五 禽 中	朱芮丙 **杜** 阴 辛 兑 柱 惊
地冲乙 **中**使 合 壬 艮 任 生	符禽己 **惊** 常 丁 坎 蓬 休	常蓬丁 **伤** 蛇 庚 乾 心 开

戊寅时

符禽己 **景** 天 戊 巽 辅 杜	常蓬丁 **中**使 勾 癸 离 英 景	地冲乙 **惊** 朱 丙 坤 芮 死
天辅戊 **生** 地 乙 震 冲 伤	蛇心庚 **休** 符 己 五 禽 中	合任壬 **伤** 阴 辛 兑 柱 惊
勾英癸 **杜** 合 壬 艮 任 生	朱芮丙 **开** 常 丁 坎 蓬 休	阴柱辛 **死** 蛇 庚 乾 心 开

己卯时

天辅戊 **生** 天 戊 巽 辅 杜	勾阴癸 **杜** 勾 癸 离 英 景	朱芮丙 **开** 朱 丙 坤 芮 死
地冲乙 **惊** 地 乙 震 冲 伤	符禽己 **景** 符 己 五 禽 中	阴柱辛 **死** 阴 辛 兑 柱 惊
合任壬 **伤** 合 壬 艮 任 生	常蓬丁 **中**使 常 丁 坎 蓬 休	蛇心庚 **休** 蛇 庚 乾 心 开

庚辰时

地冲乙 **惊** 天 戊 巽 辅 杜	合任壬 **伤** 勾 癸 离 英 景	常蓬丁 **中**使 朱 丙 坤 芮 死
朱芮丙 **开** 地 乙 震 冲 伤	天辅戊 **生** 符 己 五 禽 中	蛇心庚 **休** 阴 辛 兑 柱 惊
阴柱辛 **死** 合 壬 艮 任 生	勾英癸 **杜** 常 丁 坎 蓬 休	符禽己 **景** 蛇 庚 乾 心 开

辛巳时

朱芮丙 **开** 天 戊 巽 辅 杜	阴柱辛 **死** 勾 癸 离 英 景	勾英癸 **杜** 朱 丙 坤 芮 死
常蓬丁 **中**使 地 乙 震 冲 伤	地冲乙 **惊** 符 己 五 禽 中	符禽己 **景** 阴 辛 兑 柱 惊
蛇心庚 **休** 合 壬 艮 任 生	合任壬 **伤** 常 丁 坎 蓬 休	天辅戊 **生** 蛇 庚 乾 心 开

壬午时

常蓬丙 **中**使 天 戊 巽 辅 杜	蛇心庚 **休** 勾 癸 离 英 景	合任壬 **伤** 朱 丙 坤 芮 死
勾英癸 **杜** 地 乙 震 冲 伤	朱芮丙 **开** 符 己 五 禽 中	天辅戊 **生** 阴 辛 兑 柱 惊
符禽巳 **景** 合 壬 艮 任 生	阴柱辛 **死** 常 丁 坎 蓬 休	地冲乙 **惊** 蛇 庚 乾 心 开

癸未时

勾英癸 **杜** 天 戊 巽 辅 杜	符禽己 **景** 勾 癸 离 英 景	阴任辛 **死** 朱 丙 坤 芮 死
合任壬 **伤** 地 乙 震 冲 伤	常蓬丁 **中**使 符 己 五 禽 中	地冲乙 **惊** 阴 辛 兑 柱 惊
天辅戊 **生** 合 壬 艮 任 生	蛇心庚 **休** 常 丁 坎 蓬 休	朱芮丙 **开** 蛇 庚 乾 心 开

甲申时

地辅戊 **杜** 地 戊 巽 辅 杜	合英癸 **景** 合 癸 离 英 景	常芮丙 **死** 常 丙 坤 芮 死
朱冲乙 **伤** 朱 乙 震 冲 伤	天禽己 **中** 天 己 五 禽 中	蛇柱辛 **惊** 蛇 辛 兑 柱 惊
阴任壬 **生** 阴 壬 艮 任 生	勾蓬丁 **休** 勾 丁 坎 蓬 休	符心庚 **开**使 符 庚 乾 心 开

乙酉时

蛇柱辛 **伤** 地 戊 巽 辅 杜	朱冲乙 **生** 合 癸 离 英 景	天禽己 **休** 常 丙 坤 芮 死
符心庚 **死** 朱 乙 震 冲 伤	阴任壬 **杜** 天 己 五 禽 中	勾蓬丁 **开**使 蛇 辛 兑 柱 惊
常芮丙 **惊** 阴 壬 艮 任 生	地辅戊 **景** 勾 丁 坎 蓬 休	合英癸 **中** 符 庚 乾 心 开

丙戌时

阴任壬 **死** 地 戊 巽 辅 杜	地辅戊 **惊** 合 癸 离 英 景	符心庚 **景** 常 丙 坤 芮 死
蛇柱辛 **休** 朱 乙 震 冲 伤	合英癸 **伤** 天 己 五 禽 中	常芮丙 **中** 蛇 辛 兑 柱 惊
朱冲乙 **开**使 阴 壬 艮 任 生	天禽己 **生** 勾 丁 坎 蓬 休	勾蓬丁 **杜** 符 庚 乾 心 开

丁亥时

合英癸 **休** 地 戊 巽 辅 杜	天禽己 **开**使 合 癸 离 英 景	蛇柱辛 **生** 常 丙 坤 芮 死
阴任壬 **景** 朱 乙 震 冲 伤	勾蓬丁 **死** 天 己 五 禽 中	朱冲乙 **杜** 蛇 辛 兑 柱 惊
地辅戊 **中** 阴 壬 艮 任 生	符心庚 **惊** 勾 丁 坎 蓬 休	常芮丙 **伤** 符 庚 乾 心 开

阳四局丙辛日

戊子时

符心庚 **景** 地 戊 巽 辅 杜	常芮丙 **中** 合 癸 离 英 景	地辅戊 **惊** 常 丙 坤 芮 死
天禽己 **生** 朱 乙 震 冲 伤	蛇柱辛 **休** 天 己 五 禽 中	合英癸 **伤** 蛇 辛 兑 柱 惊
勾蓬丁 **杜** 阴 壬 艮 任 生	朱冲乙 **开**使 勾 丁 坎 蓬 休	阴任壬 **死** 符 庚 乾 心 开

己丑时

天禽己 **生** 地 戊 巽 辅 杜	勾蓬丁 **杜** 合 癸 离 英 景	朱冲乙 **开**使 常 丙 坤 芮 死
地辅戊 **惊** 朱 乙 震 冲 伤	符心庚 **景** 天 己 五 禽 中	阴任壬 **死** 蛇 辛 兑 柱 惊
合英癸 **伤** 阴 壬 艮 任 生	常芮丙 **中** 勾 丁 坎 蓬 休	蛇柱辛 **休** 符 庚 乾 心 开

庚寅时

地辅戊 **惊** 地 戊 巽 辅 杜	合英癸 **伤** 合 癸 离 英 景	常芮丙 **中** 常 丙 坤 芮 死
朱冲乙 **开**使 朱 乙 震 冲 伤	天禽己 **生** 天 己 五 禽 中	蛇柱辛 **休** 蛇 辛 兑 柱 惊
阴任壬 **死** 阴 壬 艮 任 生	勾蓬丁 **杜** 勾 丁 坎 蓬 休	符心庚 **景** 符 庚 乾 心 开

辛卯时

朱冲乙 **开**使 地 戊 巽 辅 杜	阴任壬 **死** 合 癸 离 英 景	勾蓬丁 **杜** 常 丙 坤 芮 死
常芮丙 **中** 朱 乙 震 冲 伤	地辅戊 **惊** 天 己 五 禽 中	符心庚 **景** 蛇 辛 兑 柱 惊
蛇柱辛 **休** 阴 壬 艮 任 生	合英癸 **伤** 勾 丁 坎 蓬 休	天禽己 **生** 符 庚 乾 心 开

壬辰时

常芮丙 **中** 地 戊 巽 辅 杜	蛇柱辛 **休** 合 癸 离 英 景	合英癸 **伤** 常 丙 坤 芮 死
勾蓬丁 **杜** 朱 乙 震 冲 伤	朱冲乙 **开**使 天 己 五 禽 中	天禽己 **生** 蛇 辛 兑 柱 惊
符心庚 **景** 阴 壬 艮 任 生	阴任壬 **死** 勾 丁 坎 蓬 休	地辅戊 **惊** 符 庚 乾 心 开

癸巳时

勾蓬丁 **杜** 地 戊 巽 辅 杜	符心庚 **景** 合 癸 离 英 景	阴任壬 **死** 常 丙 坤 芮 死
合英癸 **伤** 朱 乙 震 冲 伤	常芮丙 **中** 天 己 五 禽 中	地辅戊 **惊** 蛇 辛 兑 柱 惊
天禽己 **生** 阴 壬 艮 任 生	蛇柱辛 **休** 勾 丁 坎 蓬 休	朱冲乙 **开**使 符 庚 乾 心 开

甲午时

朱辅戊 **杜** 朱 戊 巽 辅 杜	阴英癸 **景** 阴 癸 离 英 景	勾芮丙 **死** 勾 丙 坤 芮 死
常冲乙 **伤** 常 乙 震 冲 伤	地禽己 **中** 地 己 五 禽 中	符柱辛 **惊**使 符 辛 兑 柱 惊
蛇任壬 **生** 蛇 壬 艮 任 生	合蓬丁 **休** 合 丁 坎 蓬 休	天心庚 **开**使 天 庚 乾 心 开

乙未时

蛇任壬 **伤** 朱 戊 巽 辅 杜	朱辅戊 **生** 阴 癸 离 英 景	天心庚 **休** 勾 丙 坤 芮 死
符柱辛 **死** 常 乙 震 冲 伤	阴英癸 **杜** 地 己 五 禽 中	勾芮丙 **开** 符 辛 兑 柱 惊
常冲乙 **惊**使 蛇 壬 艮 任 生	地禽己 **景** 合 丁 坎 蓬 休	合蓬丁 **中** 天 庚 乾 心 开

丙申时

阴英癸 **死** 朱 戊 巽 辅 杜	地禽己 **惊**使 阴 癸 离 英 景	符柱辛 **景** 勾 丙 坤 芮 死
蛇任壬 **休** 常 乙 震 冲 伤	合蓬丁 **伤** 地 己 五 禽 中	常冲乙 **中** 符 辛 兑 柱 惊
朱冲乙 **开** 蛇 壬 艮 任 生	天心庚 **生** 合 丁 坎 蓬 休	勾芮丙 **杜** 天 庚 乾 心 开

丁酉时

合蓬丁 **休** 朱 戊 巽 辅 杜	天心庚 **开** 阴 癸 离 英 景	蛇任壬 **生** 勾 丙 坤 芮 死
阴英癸 **景** 常 乙 震 冲 伤	勾芮丙 **死** 地 己 五 禽 中	朱辅戊 **杜** 符 辛 兑 柱 惊
地禽己 **中** 蛇 壬 艮 任 生	符柱辛 **惊**使 合 丁 坎 蓬 休	常冲乙 **伤** 天 庚 乾 心 开

戊戌时

符柱辛 **景** 朱 戊 巽 辅 杜	常冲乙 **中** 阴 癸 离 英 景	地禽己 **惊**使 勾 丙 坤 芮 死
天心庚 **生** 常 乙 震 冲 伤	蛇任壬 **休** 地 己 五 禽 中	合蓬丁 **伤** 符 辛 兑 柱 惊
勾芮丙 **杜** 蛇 壬 艮 任 生	朱辅戊 **开** 合 丁 坎 蓬 休	阴英癸 **死** 天 庚 乾 心 开

己亥时

天心庚 **生** 朱 戊 巽 辅 杜	勾芮丙 **杜** 阴 癸 离 英 景	朱辅戊 **开** 勾 丙 坤 芮 死
地禽己 **惊**使 常 乙 震 冲 伤	符柱辛 **景** 地 己 五 禽 中	阴英癸 **死** 符 辛 兑 柱 惊
合蓬丁 **伤** 蛇 壬 艮 任 生	常冲乙 **中** 合 丁 坎 蓬 休	蛇任壬 **休** 天 庚 乾 心 开

阳四局丁壬日

庚子时

地禽己 惊使 朱 戊 巽 辅 杜	合蓬丁 伤 阴 癸 离 英 景	常冲乙 中 勾 丙 坤 芮 死
朱辅戊 开 常 乙 震 冲 伤	天心庚 生 地 己 五 禽 中	蛇任壬 休 符 辛 兑 柱 惊
阴英癸 死 蛇 壬 艮 任 生	勾芮丙 杜 合 丁 坎 蓬 休	符柱辛 景 天 庚 乾 心 开

辛丑时

朱辅戊 开 朱 戊 巽 辅 杜	阴英癸 死 阴 癸 离 英 景	勾芮丙 杜 勾 丙 坤 芮 死
常冲乙 中 常 乙 震 冲 伤	地禽己 惊使 地 己 五 禽 中	符柱辛 景 符 辛 兑 柱 惊
蛇任壬 休 蛇 壬 艮 任 生	合蓬丁 伤 合 丁 坎 蓬 休	天心庚 生 天 庚 乾 心 开

壬寅时

常冲乙 中 朱 戊 巽 辅 杜	蛇任壬 休 阴 癸 离 英 景	合蓬丁 伤 勾 丙 坤 芮 死
勾芮丙 杜 常 乙 震 冲 伤	朱辅戊 开 地 己 五 禽 中	天心庚 生 符 辛 兑 柱 惊
符柱辛 景 蛇 壬 艮 任 生	阴英癸 死 合 丁 坎 蓬 休	地禽己 惊使 天 庚 乾 心 开

癸卯时

勾芮丙 杜 朱 戊 巽 辅 杜	符柱辛 景 阴 癸 离 英 景	阴英癸 死 勾 丙 坤 芮 死
合蓬丁 伤 常 乙 震 冲 伤	常冲乙 中 地 己 五 禽 中	地禽己 惊使 符 辛 兑 柱 惊
天心庚 生 蛇 壬 艮 任 生	蛇任壬 休 合 丁 坎 蓬 休	朱辅戊 开 天 庚 乾 心 开

甲辰时

常辅戊 杜 常 戊 巽 辅 杜	蛇英癸 景 蛇 癸 离 英 景	合芮丙 死 合 丙 坤 芮 死
勾冲乙 伤 勾 乙 震 冲 伤	朱禽己 中 朱 己 五 禽 中	天柱辛 惊 天 辛 兑 柱 惊
符任壬 生使 符 壬 艮 任 生	阴蓬丁 休 阴 丁 坎 蓬 休	地心庚 开 地 庚 乾 心 开

乙巳时

蛇英癸 伤 常 戊 巽 辅 杜	朱禽己 生使 蛇 癸 离 英 景	天柱辛 休 合 丙 坤 芮 死
符任壬 死 勾 乙 震 冲 伤	阴蓬丁 杜 朱 己 五 禽 中	勾冲乙 开 天 辛 兑 柱 惊
常辅戊 惊 符 壬 艮 任 生	地心庚 景 阴 丁 坎 蓬 休	合芮丙 中 地 庚 乾 心 开

丙午时

阴蓬丁 死 常 戊 巽 辅 杜	地心庚 惊 蛇 癸 离 英 景	符任壬 景 合 丙 坤 芮 死
蛇英癸 休 勾 乙 震 冲 伤	合芮丙 伤 朱 己 五 禽 中	常辅戊 中 天 辛 兑 柱 惊
朱禽己 开 符 壬 艮 任 生	天柱辛 生使 阴 丁 坎 蓬 休	勾冲乙 杜 地 庚 乾 心 开

丁未时

合芮丙 休 常 戊 巽 辅 杜	天柱辛 开 蛇 癸 离 英 景	蛇英癸 生使 合 丙 坤 芮 死
阴蓬丁 景 勾 乙 震 冲 伤	勾卯乙 死 朱 己 五 禽 中	朱禽己 杜 天 辛 兑 柱 惊
地心庚 中 符 壬 艮 任 生	符任壬 惊 阴 丁 坎 蓬 休	常辅戊 伤 地 庚 乾 心 开

戊申时

符任壬 景 常 戊 巽 辅 杜	常辅戊 中 蛇 癸 离 英 景	地心庚 惊 合 丙 坤 芮 死
天柱辛 生使 勾 乙 震 冲 伤	蛇英癸 休 朱 己 五 禽 中	合芮丙 伤 天 辛 兑 柱 惊
勾冲乙 杜 勾 壬 艮 任 生	朱禽己 开 阴 丁 坎 蓬 休	阴蓬丁 死 地 庚 乾 心 开

己酉时

天柱辛 生使 常 戊 巽 辅 杜	勾冲乙 杜 蛇 癸 离 英 景	朱禽己 开 合 丙 坤 芮 死
地心庚 惊 勾 乙 震 冲 伤	符任壬 景 朱 己 五 禽 中	阴蓬丁 死 天 辛 兑 柱 惊
合芮丙 伤 勾 壬 艮 任 生	常辅戊 中 阴 丁 坎 蓬 休	蛇英癸 休 地 庚 乾 心 开

庚戌时

地心庚 惊 常 戊 巽 辅 杜	合芮丙 伤 蛇 癸 离 英 景	常辅戊 中 合 丙 坤 芮 死
朱禽己 开 勾 乙 震 冲 伤	天柱辛 生使 朱 己 五 禽 中	蛇英癸 休 天 辛 兑 柱 惊
阴蓬丁 死 符 壬 艮 任 生	勾冲乙 杜 阴 丁 坎 蓬 休	符任壬 景 地 庚 乾 心 开

辛亥时

朱禽己 开 常 戊 巽 辅 杜	阴蓬丁 死 蛇 癸 离 英 景	勾冲乙 杜 合 丙 坤 芮 死
常辅戊 中 勾 乙 震 冲 伤	地心庚 惊 朱 己 五 禽 中	符任壬 景 天 辛 兑 柱 惊
蛇英癸 休 符 壬 艮 任 生	合芮丙 伤 阴 丁 坎 蓬 休	天柱辛 生使 地 庚 乾 心 开

阳四局戊癸日

壬子时

常辅戊 中 常 戊 巽 辅 杜	蛇英癸 休 蛇 癸 离 英 景	合芮丙 伤 合 丙 坤 芮 死
勾冲乙 杜 勾 乙 震 冲 伤	朱禽己 开 朱 己 五 禽 中	天柱辛 生使 天 辛 兑 柱 惊
符任壬 景 符 壬 艮 任 生	阴蓬丁 死 阴 丁 坎 蓬 休	地心庚 惊 地 庚 乾 心 开

癸丑时

勾冲乙 杜 常 戊 巽 辅 杜	符任壬 景 蛇 癸 离 英 景	阴蓬丁 死 合 丙 坤 芮 死
合芮丙 伤 勾 乙 震 冲 伤	常辅戊 中 朱 己 五 禽 中	地心庚 惊 天 辛 兑 柱 惊
天柱辛 生使 符 壬 艮 任 生	蛇英癸 休 阴 丁 坎 蓬 休	朱禽己 开 地 庚 乾 心 开

甲寅时

勾辅戊 杜 勾 戊 巽 辅 杜	符英癸 景使 符 癸 离 英 景	阴芮丙 死 阴 丙 坤 芮 死
合冲乙 伤 合 乙 震 冲 伤	常禽己 中 常 己 五 禽 中	地柱辛 惊 地 辛 兑 柱 惊
天任壬 生 天 壬 艮 任 生	蛇蓬丁 休 蛇 丁 坎 蓬 休	朱心庚 开 朱 庚 乾 心 开

乙卯时

蛇蓬丁 伤 勾 戊 巽 辅 杜	朱心庚 生 蛇 癸 离 英 景	天任壬 休 合 丙 坤 芮 死
符英癸 死 合 乙 震 冲 伤	阴芮丙 杜 常 己 五 禽 中	勾辅戊 开 地 辛 兑 柱 惊
常禽己 惊 天 壬 艮 任 生	地柱辛 景使 蛇 丁 坎 蓬 休	合冲乙 中 朱 庚 乾 心 开

丙辰时

阴芮丙 死 勾 戊 巽 辅 杜	地柱辛 惊 符 癸 离 英 景	符英癸 景使 阴 丙 坤 芮 死
蛇蓬丁 休 合 乙 震 冲 伤	合冲乙 伤 常 己 五 禽 中	常禽己 中 蛇 辛 兑 柱 惊
朱心庚 开 天 壬 艮 任 生	天任壬 生 蛇 丁 坎 蓬 休	勾辅戊 杜 朱 庚 乾 心 开

丁巳时

合冲乙 休 勾 戊 巽 辅 杜	天任壬 开 符 癸 离 英 景	蛇蓬丁 生 阴 丙 坤 芮 死
阴芮丙 景使 合 乙 震 冲 伤	勾辅戊 死 常 己 五 禽 中	朱心庚 杜 蛇 辛 兑 柱 惊
地柱辛 中 天 壬 艮 任 生	符英癸 惊 蛇 丁 坎 蓬 休	常禽己 伤 朱 庚 乾 心 开

戊午时

符英癸 景使 勾 戊 巽 辅 杜	常禽己 中 符 癸 离 英 景	地柱辛 惊 阴 丙 坤 芮 死
天任壬 生 合 乙 震 冲 伤	蛇蓬丁 休 常 己 五 禽 中	合冲乙 伤 地 辛 兑 柱 惊
勾辅戊 杜 天 壬 艮 任 生	朱心庚 开 蛇 丁 坎 蓬 休	阴芮丙 死 朱 庚 乾 心 开

己未时

天任壬 生 勾 戊 巽 辅 杜	勾辅戊 杜 符 癸 离 英 景	朱心庚 开 阴 丙 坤 芮 死
地柱辛 惊 合 乙 震 冲 伤	蛇英癸 景使 常 己 五 禽 中	阴芮丙 死 地 辛 兑 柱 惊
合冲乙 伤 天 壬 艮 任 生	常禽己 中 蛇 丁 坎 蓬 休	蛇蓬丁 休 朱 庚 乾 心 开

庚申时

地柱辛 惊 勾 戊 巽 辅 杜	合冲乙 伤 符 癸 离 英 景	常禽己 中 阴 丙 坤 芮 死
地心庚 开 合 乙 震 冲 伤	天任壬 生 常 己 五 禽 中	蛇蓬丁 休 地 辛 兑 柱 惊
阴芮丙 死 天 壬 艮 任 生	勾辅戊 杜 蛇 丁 坎 蓬 休	符英癸 景使 朱 庚 乾 心 开

辛酉时

朱心庚 开 勾 戊 巽 辅 杜	阴芮丙 死 符 癸 离 英 景	勾辅戊 杜 阴 丙 坤 芮 死
常禽己 中 合 乙 震 冲 伤	地柱辛 惊 常 己 五 禽 中	符英癸 景使 地 辛 兑 柱 惊
蛇蓬丁 休 天 壬 艮 任 生	合冲乙 伤 蛇 丁 坎 蓬 休	天任壬 生 朱 庚 乾 心 开

壬戌时

常禽己 中 勾 戊 巽 辅 杜	蛇辅丁 休 符 癸 离 英 景	合冲乙 伤 阴 丙 坤 芮 死
勾辅戊 杜 合 乙 震 冲 伤	朱心庚 开 常 己 五 禽 中	天任壬 生 地 辛 兑 柱 惊
符英癸 景使 天 壬 艮 任 生	阴芮丙 死 蛇 丁 坎 蓬 休	地柱辛 惊 朱 庚 乾 心 开

癸亥时

勾辅戊 杜 勾 戊 巽 辅 杜	符英癸 景使 符 癸 离 英 景	阴芮丙 死 阴 丙 坤 芮 死
合冲乙 伤 合 乙 震 冲 伤	常禽己 中 常 己 五 禽 中	地柱辛 惊 地 辛 兑 柱 惊
天任壬 生 天 壬 艮 任 生	蛇蓬丁 休 蛇 丁 坎 蓬 休	朱心庚 开 朱 庚 乾 心 开

奇门旨归卷十八

阳遁五局

立春中　小寒下

谷雨上　小满上

甲己日十二时局

乙庚日十二时局

丙辛日十二时局

丁壬日十二时局

戊癸日十二时局

阳五局甲己日

甲子时

天辅乙 杜 天 乙 巽 辅 杜	勾英壬 景 勾 壬 离 英 景	朱芮丁 死 朱 丁 坤 芮 死
地冲丙 伤 地 丙 震 冲 伤	符禽戊 中 符 戊 五 禽 中	阴柱庚 惊 阴 庚 兑 柱 惊
合任辛 生 合 辛 艮 任 生	常蓬癸 休 常 癸 坎 蓬 休	蛇心己 开 蛇 己 乾 心 开

乙丑时

符禽戊 伤 天 乙 巽 辅 杜	常蓬癸 生 勾 壬 离 英 景	地冲丙 休 朱 丁 坤 芮 死
天辅乙 死 地 丙 震 冲 伤	蛇心己 杜 符 戊 五 禽 中	合任辛 开 阴 庚 兑 柱 惊
勾英壬 惊 合 辛 艮 任 生	朱芮丁 景 常 癸 坎 蓬 休	阴柱庚 中使 蛇 己 乾 心 开

丙寅时

蛇心己 死 天 乙 巽 辅 杜	朱芮丁 惊 勾 壬 离 英 景	天辅乙 景 朱 丁 坤 芮 死
符禽戊 休 地 丙 震 冲 伤	阴柱庚 伤 符 戊 五 禽 中	勾英壬 中使 阴 庚 兑 柱 惊
常蓬癸 开 合 辛 艮 任 生	地冲丙 生 常 癸 坎 蓬 休	合任辛 杜 蛇 己 乾 心 开

丁卯时

阴柱庚 休 天 乙 巽 辅 杜	地冲丙 开 勾 壬 离 英 景	符禽戊 生 朱 丁 坤 芮 死
蛇心己 景 地 丙 震 冲 伤	合任辛 死 符 戊 五 禽 中	常蓬癸 杜 阴 庚 兑 柱 惊
朱芮丁 中使 合 辛 艮 任 生	天辅乙 惊 常 癸 坎 蓬 休	勾英壬 伤 蛇 己 乾 心 开

戊辰时

天辅乙 景 天 乙 巽 辅 杜	勾英壬 中使 勾 壬 离 英 景	朱芮丁 惊 朱 丁 坤 芮 死
地冲丙 生 地 丙 震 冲 伤	符禽戊 休 符 戊 五 禽 中	阴柱庚 伤 阴 庚 兑 柱 惊
合任辛 杜 合 辛 艮 任 生	常蓬癸 开 常 癸 坎 蓬 休	蛇心己 死 蛇 己 乾 心 开

己巳时

地冲芮 生 天 乙 巽 辅 杜	合任辛 杜 勾 壬 离 英 景	常蓬癸 开 朱 丁 坤 芮 死
朱芮丁 惊 地 丙 震 冲 伤	天辅乙 景 符 戊 五 禽 中	蛇心己 死 阴 庚 兑 柱 惊
阴柱庚 伤 合 辛 艮 任 生	勾英壬 中使 常 癸 坎 蓬 休	符禽戊 休 蛇 己 乾 心 开

庚午时

朱芮丁 惊 天 乙 巽 辅 杜	阴柱庚 伤 勾 壬 离 英 景	勾英壬 中使 朱 丁 坤 芮 死
常蓬癸 开 地 丙 震 冲 伤	地冲丙 生 符 戊 五 禽 中	符禽戊 休 阴 庚 兑 柱 惊
蛇心己 死 合 辛 艮 任 生	合任辛 杜 常 癸 坎 蓬 休	天辅乙 景 蛇 己 乾 心 开

辛未时

常蓬癸 开 天 乙 巽 辅 杜	蛇心己 死 勾 壬 离 英 景	合任辛 杜 朱 丁 坤 芮 死
勾英壬 中使 地 丙 震 冲 伤	朱芮丁 惊 符 戊 五 禽 中	天辅乙 景 阴 庚 兑 柱 惊
符禽戊 休 合 辛 艮 任 生	阴柱庚 伤 常 癸 坎 蓬 休	地冲丙 生 蛇 己 乾 心 开

壬申时

勾英壬 中使 天 丁 巽 辅 杜	符禽戊 休 勾 壬 离 英 景	阴柱庚 伤 朱 乙 坤 芮 死
合任辛 杜 地 丙 震 冲 伤	常蓬癸 开 符 戊 五 禽 中	地冲丙 生 阴 庚 兑 柱 惊
天辅丁 景 合 辛 艮 任 生	蛇心己 死 常 癸 坎 蓬 休	朱芮乙 惊 蛇 己 乾 心 开

癸酉时

合任辛 杜 天 丁 巽 辅 杜	天辅乙 景 勾 壬 离 英 景	蛇心己 死 朱 乙 坤 芮 死
阴柱庚 伤 地 丙 震 冲 伤	勾英壬 中使 符 戊 五 禽 中	朱芮乙 惊 阴 庚 兑 柱 惊
地冲丙 生 合 辛 艮 任 生	符禽戊 休 常 癸 坎 蓬 休	常蓬癸 开 蛇 己 乾 心 开

甲戌时

地辅乙 杜 地 乙 巽 辅 杜	合英壬 景 合 壬 离 英 景	常芮丁 死 常 丁 坤 芮 死
朱冲丙 伤 朱 丙 震 冲 伤	天禽戊 中 天 戊 五 禽 中	蛇柱庚 惊 蛇 庚 兑 柱 惊
阴任辛 生 阴 辛 艮 任 生	勾蓬癸 休 勾 癸 坎 蓬 休	符心己 开使 符 己 乾 心 开

乙亥时

符心己 伤 地 乙 巽 辅 杜	常芮丁 生 合 壬 离 英 景	地辅乙 休 常 丁 坤 芮 死
天禽戊 死 朱 丙 震 冲 伤	蛇柱庚 杜 天 戊 五 禽 中	合英王 开使 蛇 庚 兑 柱 惊
勾蓬癸 惊 阴 辛 艮 任 生	朱冲丙 景 勾 癸 坎 蓬 休	阴任辛 中 符 己 乾 心 开

阳五局乙庚日

丙子时

蛇柱庚 死 地 乙 巽 辅 杜	朱冲丙 惊 合 壬 离 英 景	天禽戊 景 常 丁 坤 芮 死
符心己 休 朱 丙 震 冲 伤	阴任辛 伤 天 戊 五 禽 中	勾蓬癸 中 蛇 庚 兑 柱 惊
常芮丁 开使 阴 辛 艮 任 生	地辅乙 生 勾 癸 坎 蓬 休	合英壬 杜 符 己 乾 心 开

丁丑时

阴任辛 休 地 乙 巽 辅 杜	地辅乙 开使 合 壬 离 英 景	符心己 生 常 丁 坤 芮 死
蛇柱庚 景 朱 丙 震 冲 伤	合英壬 死 天 戊 五 禽 中	常芮丁 杜 蛇 庚 兑 柱 惊
朱冲丙 中 阴 辛 艮 任 生	天禽戊 惊 勾 癸 坎 蓬 休	勾蓬癸 伤 符 己 乾 心 开

戊寅时

天禽戊 景 地 乙 巽 辅 杜	勾蓬癸 中 合 壬 离 英 景	朱冲丙 惊 常 丁 坤 芮 死
地辅乙 生 朱 丙 震 冲 伤	符禽己 休 天 戊 五 禽 中	阴柱辛 伤 蛇 庚 兑 柱 惊
合英壬 杜 阴 辛 艮 任 生	常芮丁 开使 勾 癸 坎 蓬 休	蛇柱庚 死 符 己 乾 心 开

己卯时

地辅乙 生 地 乙 巽 辅 杜	合英壬 杜 合 壬 离 英 景	常芮丁 开使 常 丁 坤 芮 死
朱冲丙 惊 朱 丙 震 冲 伤	天禽戊 景 天 戊 五 禽 中	蛇柱庚 死 蛇 庚 兑 柱 惊
阴任辛 伤 阴 辛 艮 任 生	勾蓬癸 中 勾 癸 坎 蓬 休	符心己 休 符 己 乾 心 开

庚辰时

朱冲丙 惊 地 乙 巽 辅 杜	阴柱辛 伤 合 壬 离 英 景	勾蓬癸 中 常 丁 坤 芮 死
常芮丁 开使 朱 丙 震 冲 伤	地辅乙 生 天 戊 五 禽 中	符心己 休 蛇 庚 兑 柱 惊
蛇柱庚 死 阴 辛 艮 任 生	合英壬 杜 勾 癸 坎 蓬 休	天禽戊 景 符 己 乾 心 开

辛巳时

常芮丁 开使 地 乙 巽 辅 杜	蛇柱庚 死 合 壬 离 英 景	合英壬 杜 常 丁 坤 芮 死
勾蓬癸 中 朱 丙 震 冲 伤	朱冲丙 惊 天 戊 五 禽 中	天禽戊 景 蛇 庚 兑 柱 惊
符心己 休 阴 辛 艮 任 生	阴任辛 伤 勾 癸 坎 蓬 休	地辅乙 生 符 己 乾 心 开

壬午时

勾蓬癸 中 地 乙 巽 辅 杜	符心己 休 合 壬 离 英 景	阴任辛 伤 常 丁 坤 芮 死
合英壬 杜 朱 丙 震 冲 伤	常芮丁 开使 天 戊 五 禽 中	地辅乙 生 蛇 庚 兑 柱 惊
天禽戊 景 阴 辛 艮 任 生	蛇柱庚 死 勾 癸 坎 蓬 休	朱冲丙 惊 符 己 乾 心 开

癸未时

合英壬 杜 地 乙 巽 辅 杜	天禽戊 景 合 壬 离 英 景	蛇柱庚 死 常 丁 坤 芮 死
阴任辛 伤 朱 丙 震 冲 伤	勾蓬癸 中 天 戊 五 禽 中	朱冲丙 惊 蛇 庚 兑 柱 惊
地辅乙 任 阴 辛 艮 任 生	符心己 休 勾 癸 坎 蓬 休	常芮丁 开使 符 己 乾 心 开

甲申时

朱辅乙 杜 朱 乙 巽 辅 杜	阴英壬 景 阴 壬 离 英 景	勾芮丁 死 勾 丁 坤 芮 死
常冲丙 伤 常 丙 震 冲 伤	地禽戊 中 地 戊 五 禽 中	符柱庚 惊使 符 庚 兑 柱 惊
蛇柱辛 生 蛇 辛 艮 任 生	合蓬癸 休 合 癸 坎 蓬 休	天心己 开 天 己 乾 心 开

乙酉时

符柱庚 伤 朱 乙 巽 辅 杜	常冲丙 生 阴 壬 离 英 景	地禽戊 休 勾 丁 坤 芮 死
天心己 死 常 丙 震 冲 伤	蛇任辛 杜 地 戊 五 禽 中	合蓬癸 开 符 庚 兑 柱 惊
勾芮丁 惊使 蛇 辛 艮 任 生	朱辅乙 景 合 癸 坎 蓬 休	阴英壬 中 天 己 乾 心 开

丙戌时

蛇任辛 死 朱 乙 巽 辅 杜	朱辅乙 惊使 阴 壬 离 英 景	天心己 景 勾 丁 坤 芮 死
符柱庚 休 常 丙 震 冲 伤	阴任壬 伤 地 戊 五 禽 中	勾芮丁 中 符 庚 兑 柱 惊
常冲丙 开 蛇 辛 艮 任 生	地禽戊 生 合 癸 坎 蓬 休	合蓬癸 杜 天 己 乾 心 开

丁亥时

阴英壬 休 朱 乙 巽 辅 杜	地禽戊 开 阴 壬 离 英 景	符柱庚 生 勾 丁 坤 芮 死
地任辛 景 常 丙 震 冲 伤	合蓬癸 死 地 戊 五 禽 中	常冲丙 杜 符 庚 兑 柱 惊
朱辅乙 中 蛇 辛 艮 任 生	天禽己 惊使 合 癸 坎 蓬 休	勾芮丁 伤 天 己 乾 心 开

阳五局丙辛日

戊子时

天心己 **景** 朱 乙 巽 辅 杜	勾芮丁 **中** 阴 壬 离 英 景	朱辅乙 **惊**使 勾 丁 坤 芮 死
地禽戊 **生** 常 丙 震 冲 伤	符柱庚 **休** 地 戊 五 禽 中	阴英壬 **伤** 符 庚 兑 柱 惊
合蓬癸 **杜** 蛇 辛 艮 任 生	常冲丙 **开** 合 癸 坎 蓬 休	蛇任辛 **死** 天 己 乾 心 开

己丑时

地禽戊 **生** 朱 乙 巽 辅 杜	合蓬癸 **杜** 阴 壬 离 英 景	常冲丙 **开** 勾 丁 坤 芮 死
朱辅乙 **惊**使 常 丙 震 冲 伤	天心己 **景** 地 戊 五 禽 中	蛇任辛 **死** 符 庚 兑 柱 惊
阴英壬 **伤** 蛇 辛 艮 任 生	勾芮丁 **中** 合 癸 坎 蓬 休	符柱庚 **休** 天 己 乾 心 开

庚寅时

朱辅乙 **惊**使 朱 乙 巽 辅 杜	阴任壬 **伤** 阴 壬 离 英 景	勾芮丁 **中** 勾 丁 坤 芮 死
常冲丙 **开** 常 丙 震 冲 伤	地禽戊 **生** 地 戊 五 禽 中	符柱庚 **休** 符 庚 兑 柱 惊
蛇任辛 **死** 蛇 辛 艮 任 生	合蓬癸 **杜** 合 癸 坎 蓬 休	天心己 **景** 天 己 乾 心 开

辛卯时

常冲丙 **开** 朱 乙 巽 辅 杜	蛇任辛 **死** 阴 壬 离 英 景	合蓬癸 **杜** 勾 丁 坤 芮 死
勾芮丁 **中** 常 丙 震 冲 伤	朱辅乙 **惊**使 地 戊 五 禽 中	天心己 **景** 符 庚 兑 柱 惊
符柱庚 **休** 蛇 辛 艮 任 生	阴英壬 **伤** 合 癸 坎 蓬 休	地禽戊 **生** 天 己 乾 心 开

壬辰时

勾芮丁 **中** 朱 乙 巽 辅 杜	符柱庚 **休** 阴 壬 离 英 景	阴英壬 **伤** 勾 丁 坤 芮 死
合蓬癸 **杜** 常 丙 震 冲 伤	常冲丙 **开** 地 戊 五 禽 中	地禽戊 **生** 符 庚 兑 柱 惊
天心己 **景** 蛇 辛 艮 任 生	蛇任辛 **死** 合 癸 坎 蓬 休	朱辅乙 **惊**使 天 己 乾 心 开

癸巳时

合蓬癸 **杜** 朱 乙 巽 辅 杜	天心己 **景** 阴 壬 离 英 景	蛇任辛 **死** 勾 丁 坤 芮 死
阴英壬 **伤** 常 丙 震 冲 伤	勾芮丁 **中** 地 戊 五 禽 中	朱辅乙 **惊**使 符 庚 兑 柱 惊
地禽戊 **生** 蛇 辛 艮 任 生	符柱庚 **休** 合 癸 坎 蓬 休	常冲现 **开** 天 己 乾 心 开

甲午时

常辅乙 **杜** 常 乙 巽 辅 杜	蛇英壬 **景** 蛇 壬 离 英 景	合芮丁 **死** 合 丁 坤 芮 死
勾冲丙 **伤** 勾 丙 震 冲 伤	朱禽戊 **中** 朱 戊 五 禽 中	天柱庚 **惊** 天 庚 兑 柱 惊
符任辛 **生**使 符 辛 艮 任 生	阴蓬癸 **休** 阴 癸 坎 蓬 休	地心己 **开** 地 己 乾 心 开

乙未时

符任辛 **伤** 常 乙 巽 辅 杜	常辅乙 **生**使 蛇 壬 离 英 景	地心己 **休** 合 丁 坤 芮 死
天柱庚 **死** 勾 丙 震 冲 伤	蛇英壬 **杜** 朱 戊 五 禽 中	合芮丁 **开** 天 庚 兑 柱 惊
勾冲丙 **惊** 符 辛 艮 任 生	朱禽戊 **景** 阴 癸 坎 蓬 休	阴蓬癸 **中** 地 己 乾 心 开

丙申时

蛇英壬 **死** 常 乙 巽 辅 杜	朱禽戊 **惊** 蛇 壬 离 英 景	天柱庚 **景** 合 丁 坤 芮 死
符任辛 **休** 勾 丙 震 冲 伤	阴蓬癸 **伤** 朱 戊 五 禽 中	勾冲丙 **中** 天 庚 兑 柱 惊
常辅乙 **开** 符 辛 艮 任 生	地心己 **生**使 阴 庚 坎 蓬 休	合芮丁 **杜** 地 己 乾 心 开

丁酉时

阴蓬癸 **休** 常 乙 巽 辅 杜	地心己 **开** 蛇 壬 离 英 景	符任辛 **生**使 合 丁 坤 芮 死
蛇英壬 **景** 勾 丙 震 冲 伤	合芮丁 **死** 朱 戊 五 禽 中	常辅乙 **杜** 天 庚 兑 柱 惊
朱禽戊 **中** 符 辛 艮 任 生	天柱庚 **惊** 阴 庚 坎 蓬 休	勾冲丙 **伤** 地 己 乾 心 开

戊戌时

天柱庚 **景** 常 乙 巽 辅 杜	勾冲丙 **中** 蛇 壬 离 英 景	朱禽戊 **惊** 合 丁 坤 芮 死
地心己 **生**使 勾 丙 震 冲 伤	符任辛 **休** 朱 戊 五 禽 中	阴蓬癸 **伤** 天 庚 兑 柱 惊
合芮丁 **杜** 符 辛 艮 任 生	常辅乙 **开** 阴 癸 坎 蓬 休	蛇英壬 **死** 地 己 乾 心 开

己亥时

地心己 **生**使 常 乙 巽 辅 杜	合芮丁 **杜** 蛇 壬 离 英 景	常辅乙 **开** 合 丁 坤 芮 死
朱禽戊 **惊** 勾 丙 震 冲 伤	天柱庚 **景** 朱 戊 五 禽 中	蛇英壬 **死** 天 庚 兑 柱 惊
阴蓬癸 **伤** 符 辛 艮 任 生	勾冲丙 **中** 阴 癸 坎 蓬 休	符任辛 **休** 地 己 乾 心 开

阳五局丁壬日

庚子时

朱禽戊 惊 常 乙 巽 辅 杜	阴蓬癸 伤 蛇 壬 离 英 景	勾冲丙 中 合 丁 坤 芮 死
常辅乙 开 勾 丙 震 冲 伤	地心己 生使 朱 戊 五 禽 中	符任辛 休 天 庚 兑 柱 惊
蛇英壬 死 符 辛 艮 任 生	合芮丁 杜 阴 癸 坎 蓬 休	天柱庚 景 地 己 乾 心 开

辛丑时

常辅己 开 常 乙 巽 辅 杜	蛇英壬 死 蛇 壬 离 英 景	合芮丁 杜 合 丁 坤 芮 死
勾芮丙 中 勾 丙 震 冲 伤	朱禽戊 惊 朱 戊 五 禽 中	天柱庚 景 天 庚 兑 柱 惊
符任辛 休 符 辛 艮 任 生	阴蓬癸 伤 阴 癸 坎 蓬 休	地心己 生使 地 己 乾 心 开

壬寅时

冲芮丙 中 常 乙 巽 辅 杜	符任辛 休 蛇 壬 离 英 景	阴蓬癸 伤 合 丁 坤 芮 死
合芮丁 杜 勾 丙 震 冲 伤	常辅乙 开 朱 戊 五 禽 中	地心己 生使 天 庚 兑 柱 惊
天柱庚 景 符 辛 艮 任 生	蛇英壬 死 阴 癸 坎 蓬 休	朱禽戊 惊 地 己 乾 心 开

癸卯时

合芮丁 杜 常 乙 巽 辅 杜	天柱庚 景 蛇 壬 离 英 景	蛇英壬 死 合 丁 坤 芮 死
阴蓬癸 伤 勾 丙 震 冲 伤	勾冲丙 中 朱 戊 五 禽 中	朱禽戊 惊 天 庚 兑 柱 惊
地心己 生使 符 辛 艮 任 生	符任辛 休 阴 癸 坎 蓬 休	常辅乙 开 地 己 乾 心 开

甲辰时

勾辅乙 杜 勾 乙 巽 辅 杜	符英壬 景使 符 壬 离 英 景	阴芮丁 死 阴 丁 坤 芮 死
合冲丙 伤 合 丙 震 冲 伤	常禽戊 中 常 戊 五 禽 中	地柱庚 惊 地 庚 兑 柱 惊
天任辛 生 天 辛 艮 任 生	蛇蓬癸 休 蛇 癸 坎 蓬 休	朱心己 开 朱 己 乾 心 开

乙巳时

符英壬 伤 勾 乙 巽 辅 杜	常禽戊 生 符 壬 离 英 景	地柱庚 休 阴 丁 坤 芮 死
天任辛 死 合 丙 震 冲 伤	蛇蓬癸 杜 常 戊 五 禽 中	合冲丙 开 地 庚 兑 柱 惊
勾辅乙 惊 天 辛 艮 任 生	朱心己 景使 蛇 癸 坎 蓬 休	阴芮丁 中 朱 己 乾 心 开

丙午时

蛇蓬癸 死 勾 乙 巽 辅 杜	朱心己 惊 符 壬 离 英 景	天任辛 景使 阴 丁 坤 芮 死
符英壬 休 合 丙 震 冲 伤	阴芮丁 伤 常 戊 五 禽 中	勾辅乙 中 地 庚 兑 柱 惊
常禽戊 开 天 辛 艮 任 生	地柱庚 生 蛇 癸 坎 蓬 休	合冲丙 杜 朱 己 乾 心 开

丁未时

阴芮丁 休 勾 乙 巽 辅 杜	地柱庚 开 符 壬 离 英 景	符英壬 生 阴 丁 坤 芮 死
蛇蓬癸 景使 合 丙 震 冲 伤	合冲丙 死 常 戊 五 禽 中	常禽戊 杜 地 庚 兑 柱 惊
朱心己 中 天 辛 艮 任 生	天任辛 惊 蛇 癸 坎 蓬 休	勾辅乙 伤 朱 己 乾 心 开

戊申时

天柱辛 景使 勾 乙 巽 辅 杜	勾辅乙 中 符 壬 离 英 景	朱心己 惊 阴 丁 坤 芮 死
地柱庚 生 合 丙 震 冲 伤	符英壬 休 常 戊 五 禽 中	阴芮丁 伤 地 庚 兑 柱 惊
合冲丙 杜 天 辛 艮 任 生	常禽戊 开 蛇 癸 坎 蓬 休	蛇蓬癸 死 朱 己 乾 心 开

己酉时

地柱庚 生 勾 乙 巽 辅 杜	合冲丙 杜 符 壬 离 英 景	常禽戊 开 阴 丁 坤 芮 死
朱心己 惊 合 丙 震 冲 伤	天任辛 景使 常 戊 五 禽 中	蛇蓬癸 死 地 庚 兑 柱 惊
阴芮丁 伤 天 辛 艮 任 生	勾辅乙 中 蛇 癸 坎 蓬 休	符英壬 休 朱 己 乾 心 开

庚戌时

朱心己 惊 勾 乙 巽 辅 杜	阴芮丁 伤 符 壬 离 英 景	勾辅乙 中 阴 丁 坤 芮 死
常禽戊 开 合 丙 震 冲 伤	地柱庚 生 常 戊 五 禽 中	符英壬 休 地 庚 兑 柱 惊
蛇蓬癸 死 天 辛 艮 任 生	合冲丙 杜 蛇 癸 坎 蓬 休	天任辛 景使 朱 己 乾 心 开

辛亥时

常禽戊 开 勾 乙 巽 辅 杜	蛇蓬癸 死 符 壬 离 英 景	合冲丙 杜 阴 丁 坤 芮 死
勾辅乙 中 合 丙 震 冲 伤	朱心己 惊 常 戊 五 禽 中	天任辛 景使 地 庚 兑 柱 惊
符英壬 休 天 辛 艮 任 生	阴芮丁 伤 蛇 癸 坎 蓬 休	地柱庚 生 朱 己 乾 心 开

阳五局戊癸日

壬子时

勾辅乙 中 勾 乙 巽 辅 杜	符英壬 休 符 壬 离 英 景	阴芮丁 伤 阴 丁 坤 芮 死
合冲丙 杜 合 丙 震 冲 伤	常禽戊 开 常 戊 五 禽 中	地柱庚 生 地 庚 兑 柱 惊
天任辛 景使 天 辛 艮 任 生	蛇蓬癸 死 蛇 癸 坎 蓬 休	朱心己 惊 朱 己 乾 心 开

癸丑时

合冲丙 杜 勾 乙 巽 辅 杜	天任辛 景使 符 壬 离 英 景	蛇蓬癸 死 阴 丁 坤 芮 死
阴芮丁 伤 合 丙 震 冲 伤	勾辅乙 中 常 戊 五 禽 中	朱心己 惊 地 庚 兑 柱 惊
地柱庚 生 天 辛 艮 任 生	符英壬 休 蛇 癸 坎 蓬 休	常禽戊 开 朱 己 乾 心 开

甲寅时

合辅乙 杜 合 乙 巽 辅 杜	天英壬 景 天 壬 离 英 景	蛇芮丁 死 蛇 丁 坤 芮 死
阴冲丙 伤 阴 丙 震 冲 伤	勾禽戊 中 勾 戊 五 禽 中	朱柱庚 惊 朱 庚 兑 柱 惊
地任辛 生 地 辛 艮 任 生	符蓬癸 休使 符 癸 坎 蓬 休	常心己 开 常 己 乾 心 开

乙卯时

符蓬癸 伤 合 乙 巽 辅 杜	常心己 生 天 壬 离 英 景	地任辛 休使 蛇 丁 坤 芮 死
天英壬 死 阴 丙 震 冲 伤	蛇芮丁 杜 勾 戊 五 禽 中	合辅乙 开 朱 庚 兑 柱 惊
勾禽戊 惊 地 辛 艮 任 生	朱柱庚 景 符 癸 坎 蓬 休	阴冲丙 中 常 己 乾 心 开

丙辰时

蛇芮丁 死 合 乙 巽 辅 杜	朱柱庚 惊 天 壬 离 英 景	天英壬 景 蛇 丁 坤 芮 死
符蓬癸 休使 阴 丙 震 冲 伤	阴冲丙 伤 勾 戊 五 禽 中	勾禽戊 中 朱 庚 兑 柱 惊
常心己 开 地 辛 艮 任 生	地任辛 生 符 癸 坎 蓬 休	合辅乙 杜 常 己 乾 心 开

丁巳时

阴冲丙 休使 合 乙 巽 辅 杜	地任辛 开 天 壬 离 英 景	符蓬癸 生 蛇 丁 坤 芮 死
常芮丁 景 阴 丙 震 冲 伤	合辅乙 死 勾 戊 五 禽 中	常心己 杜 朱 庚 兑 柱 惊
朱柱庚 中 地 辛 艮 任 生	天英壬 惊 符 癸 坎 蓬 休	勾禽戊 伤 常 己 乾 心 开

戊午时

天英壬 景 合 乙 巽 辅 杜	勾禽戊 中 天 壬 离 英 景	朱柱庚 惊 蛇 丁 坤 芮 死
地任辛 生 阴 丙 震 冲 伤	符蓬癸 休使 勾 戊 五 禽 中	阴冲丙 伤 朱 庚 兑 柱 惊
合辅乙 杜 地 辛 艮 任 生	常心己 开 符 癸 坎 蓬 休	蛇芮丁 死 常 己 乾 心 开

己未时

地任辛 生 合 乙 巽 辅 杜	合辅乙 杜 天 壬 离 英 景	常心己 开 蛇 丁 坤 芮 死
朱柱庚 惊 阴 丙 震 冲 伤	天英壬 景 勾 戊 五 禽 中	蛇芮丁 死 朱 庚 兑 柱 惊
阴冲丙 伤 地 辛 艮 任 生	勾禽戊 中 符 癸 坎 蓬 休	符蓬癸 休使 常 己 乾 心 开

庚申时

朱柱庚 惊 合 乙 巽 辅 杜	阴冲丙 伤 天 壬 离 英 景	勾禽戊 中 蛇 丁 坤 芮 死
常心己 开 阴 丙 震 冲 伤	地任辛 生 勾 戊 五 禽 中	符蓬癸 休使 朱 庚 兑 柱 惊
蛇芮丁 死 地 辛 艮 任 生	合辅乙 杜 符 癸 坎 蓬 休	天英壬 景 常 己 乾 心 开

辛酉时

常心己 开 合 乙 巽 辅 杜	蛇芮丁 死 天 壬 离 英 景	合辅乙 杜 蛇 丁 坤 芮 死
勾禽戊 中 阴 丙 震 冲 伤	朱柱庚 惊 勾 戊 五 禽 中	天英壬 景 朱 庚 兑 柱 惊
符蓬癸 休使 地 辛 艮 任 生	阴冲丙 伤 符 癸 坎 蓬 休	地任辛 生 常 己 乾 心 开

壬戌时

勾禽戊 中 合 乙 巽 辅 杜	符蓬癸 休使 天 壬 离 英 景	阴冲丙 伤 蛇 丁 坤 芮 死
合辅乙 杜 阴 丙 震 冲 伤	常心己 开 勾 戊 五 禽 中	地任辛 生 朱 庚 兑 柱 惊
天英壬 景 地 辛 艮 任 生	蛇芮丁 死 符 癸 坎 蓬 休	朱柱庚 惊 常 己 乾 心 开

癸亥时

合辅乙 杜 合 乙 巽 辅 杜	天英壬 景 天 壬 离 英 景	蛇芮丁 死 蛇 丁 坤 芮 死
阴冲丙 伤 阴 丙 震 冲 伤	勾禽戊 中 勾 戊 五 禽 中	朱柱庚 惊 朱 庚 兑 柱 惊
地任辛 生 地 辛 艮 任 生	符蓬癸 休使 符 癸 坎 蓬 休	常心己 开 常 己 乾 心 开

奇门旨归卷十九

阳遁六局

大寒下　春分下

雨水中　芒种下

甲己日十二时局

乙庚日十二时局

丙辛日十二时局

丁壬日十二时局

戊癸日十二时局

阳六局甲子日

甲子时

地辅丙 **杜** 地 丙 巽 辅 杜	合英辛 **景** 合 辛 离 英 景	常芮癸 **死** 常 癸 坤 芮 死
朱冲丁 **伤** 朱 丁 震 冲 伤	天禽乙 **中** 天 乙 五 禽 中	蛇柱己 **惊** 蛇 己 兑 柱 惊
阴任庚 **生** 阴 庚 艮 任 生	勾蓬壬 **休** 勾 壬 坎 蓬 休	符心戊 **开**使 符 戊 乾 心 开

乙丑时

天禽乙 **伤** 地 丙 巽 辅 杜	勾蓬壬 **生** 合 辛 离 英 景	朱冲丁 **休** 常 癸 坤 芮 死
地辅丙 **死** 朱 丁 震 冲 伤	符心戊 **杜** 天 乙 五 禽 中	阴任庚 **开**使 蛇 己 兑 柱 惊
合英辛 **惊** 阴 庚 艮 任 生	常芮癸 **景** 勾 壬 坎 蓬 休	蛇柱己 **中** 符 戊 乾 心 开

丙寅时

符心戊 **死** 地 丙 巽 辅 杜	常芮癸 **惊** 合 辛 离 英 景	地辅丙 **生** 常 癸 坤 芮 死
天禽乙 **休** 朱 丁 震 冲 伤	蛇柱己 **伤** 天 乙 五 禽 中	合英辛 **中** 蛇 己 兑 柱 惊
勾蓬壬 **开**使 阴 庚 艮 任 生	朱冲丁 **生** 勾 壬 坎 蓬 休	阴任庚 **杜** 符 戊 乾 心 开

丁卯时

蛇柱己 **休** 地 丙 巽 辅 杜	朱冲丁 **开**使 合 辛 离 英 景	天禽乙 **生** 常 癸 坤 芮 死
符心戊 **景** 朱 丁 震 冲 伤	阴任庚 **死** 天 乙 五 禽 中	勾蓬壬 **杜** 蛇 己 兑 柱 惊
常芮癸 **中** 阴 庚 艮 任 生	地辅丙 **惊** 勾 壬 坎 蓬 休	合英辛 **伤** 符 戊 乾 心 开

戊辰时

地辅丙 **景** 地 丙 巽 辅 杜	合英辛 **中** 合 辛 离 英 景	常芮癸 **惊** 常 癸 坤 芮 死
朱冲丁 **生** 朱 丁 震 冲 伤	天禽乙 **休** 天 乙 五 禽 中	蛇柱己 **伤** 蛇 己 兑 柱 惊
阴任庚 **杜** 阴 庚 艮 任 生	勾蓬壬 **开**使 勾 壬 坎 蓬 休	符心戊 **死** 符 戊 乾 心 开

己巳时

朱冲丁 **生** 地 丙 巽 辅 杜	阴任庚 **杜** 合 辛 离 英 景	勾蓬壬 **开**使 常 癸 坤 芮 死
常芮癸 **惊** 朱 丁 震 冲 伤	地辅丙 **景** 天 乙 五 禽 中	符心戊 **死** 蛇 己 兑 柱 惊
蛇柱己 **伤** 阴 庚 艮 任 生	合英辛 **中** 勾 壬 坎 蓬 休	天禽乙 **休** 符 戊 乾 心 开

庚午时

常芮癸 **惊** 地 丙 巽 辅 杜	蛇柱己 **伤** 合 辛 离 英 景	合英辛 **中** 常 癸 坤 芮 死
勾蓬壬 **开**使 朱 丁 震 冲 伤	朱冲丁 **生** 天 乙 五 禽 中	天禽乙 **休** 蛇 己 兑 柱 惊
符心戊 **死** 阴 庚 艮 任 生	阴任庚 **杜** 勾 壬 坎 蓬 休	地辅丙 **景** 符 戊 乾 心 开

辛未时

勾蓬壬 **开**使 地 丙 巽 辅 杜	符心戊 **死** 合 辛 离 英 景	阴任庚 **杜** 常 癸 坤 芮 死
合英辛 **中** 朱 丁 震 冲 伤	常芮癸 **惊** 天 乙 五 禽 中	地辅丙 **景** 蛇 己 兑 柱 惊
天禽乙 **休** 阴 庚 艮 任 生	蛇柱己 **伤** 勾 壬 坎 蓬 休	朱冲丁 **生** 符 戊 乾 心 开

壬申时

合英辛 **中** 地 丙 巽 辅 杜	天禽乙 **休** 合 辛 离 英 景	蛇柱己 **伤** 常 癸 坤 芮 死
阴任庚 **杜** 朱 丁 震 冲 伤	勾蓬壬 **开**使 天 乙 五 禽 中	朱冲丁 **生** 蛇 己 兑 柱 惊
地辅丙 **景** 阴 庚 艮 任 生	符心戊 **死** 勾 壬 坎 蓬 休	常芮癸 **惊** 符 戊 乾 心 开

癸酉时

阴任庚 **惊** 地 丙 巽 辅 杜	地辅丙 **景** 合 辛 离 英 景	符心戊 **死** 常 癸 坤 芮 死
蛇柱己 **伤** 朱 丁 震 冲 伤	合英辛 **中** 天 乙 五 禽 中	常芮癸 **惊** 蛇 己 兑 柱 惊
朱冲丁 **生** 阴 庚 艮 任 生	天禽乙 **休** 勾 壬 坎 蓬 休	勾蓬壬 **开**使 符 戊 乾 心 开

甲戌时

朱辅丙 **杜** 朱 丙 巽 辅 杜	阴英辛 **景** 阴 辛 离 英 景	勾芮癸 **死** 勾 癸 坤 芮 死
常冲丁 **伤** 常 丁 震 冲 伤	地禽乙 **中** 地 乙 五 禽 中	符柱己 **惊**使 符 己 兑 柱 惊
蛇任庚 **生** 蛇 庚 艮 任 生	合蓬壬 **休** 合 壬 坎 蓬 休	天心戊 **开** 天 戊 乾 心 开

乙亥时

天心戊 **伤** 朱 丙 巽 辅 杜	勾芮癸 **生** 阴 辛 离 英 景	朱辅丙 **休** 勾 癸 坤 芮 死
地禽乙 **死** 常 丁 震 冲 伤	符柱己 **杜** 地 乙 五 禽 中	阴英辛 **开** 符 己 兑 柱 惊
合蓬壬 **惊**使 蛇 庚 艮 任 生	常冲丁 **景** 合 壬 坎 蓬 休	蛇任庚 **中** 天 戊 乾 心 开

阳六局乙庚日

丙子时

符柱己 死 朱 丙 巽 辅 杜	常冲丁 惊使 阴 辛 离 英 景	地禽乙 景 勾 癸 坤 芮 死
天心戊 休 常 丁 震 冲 伤	蛇任庚 伤 地 乙 五 禽 中	合蓬壬 中 符 己 兑 柱 惊
勾芮癸 开 蛇 庚 艮 任 生	朱辅丙 生 合 壬 坎 蓬 休	阴英辛 杜 天 戊 乾 心 开

丁丑时

蛇任庚 休 朱 丙 巽 辅 杜	朱辅丙 开 阴 辛 离 英 景	天心戊 生 勾 癸 坤 芮 死
符柱己 景 常 丁 震 冲 伤	阴英辛 死 地 乙 五 禽 中	勾芮癸 杜 符 己 兑 柱 惊
常冲丁 中 蛇 庚 艮 任 生	地禽乙 惊使 合 壬 坎 蓬 休	合蓬壬 伤 天 戊 乾 心 开

戊寅时

地禽乙 景 朱 丙 巽 辅 杜	合蓬壬 中 阴 辛 离 英 景	常冲丁 惊使 勾 癸 坤 芮 死
朱辅丙 生 常 丁 震 冲 伤	天心戊 休 地 乙 五 禽 中	蛇任庚 伤 符 己 兑 柱 惊
阴英辛 杜 蛇 庚 艮 任 生	勾芮癸 开 合 壬 坎 蓬 休	符柱己 死 天 戊 乾 心 开

己卯时

朱辅丙 生 朱 丙 巽 辅 杜	阴英辛 杜 阴 辛 离 英 景	勾芮癸 开 勾 癸 坤 芮 死
常冲丁 惊使 常 丁 震 冲 伤	地禽乙 景 地 乙 五 禽 中	符柱己 死 符 己 兑 柱 惊
蛇任庚 伤 蛇 庚 艮 任 生	合蓬壬 中 合 壬 坎 蓬 休	天心戊 休 天 戊 乾 心 开

庚辰时

常冲丁 惊使 朱 丙 巽 辅 杜	蛇任庚 伤 阴 辛 离 英 景	合蓬壬 中 勾 癸 坤 芮 死
勾芮癸 开 常 丁 震 冲 伤	朱辅丙 生 地 乙 五 禽 中	天心戊 休 符 己 兑 柱 惊
符柱己 死 蛇 庚 艮 任 生	阴英辛 杜 合 壬 坎 蓬 休	地禽乙 景 天 戊 乾 心 开

辛巳时

勾芮癸 开 朱 丙 巽 辅 杜	符柱己 死 阴 辛 离 英 景	阴英辛 杜 勾 癸 坤 芮 死
合蓬壬 中 常 丁 震 冲 伤	常冲丁 惊使 地 乙 五 禽 中	地禽乙 景 符 己 兑 柱 惊
天心戊 休 蛇 庚 艮 任 生	蛇任庚 伤 合 壬 坎 蓬 休	朱辅丙 生 天 戊 乾 心 开

壬午时

合蓬壬 中 朱 丙 巽 辅 杜	天心戊 休 阴 辛 离 英 景	蛇任庚 伤 勾 癸 坤 芮 死
阴英辛 杜 常 丁 震 冲 伤	勾芮癸 开 地 乙 五 禽 中	朱辅丙 生 符 己 兑 柱 惊
地禽乙 景 蛇 庚 艮 任 生	符柱己 死 合 壬 坎 蓬 休	常冲丁 惊使 天 戊 乾 心 开

癸未时

阴英辛 杜 朱 丙 巽 辅 杜	地禽乙 景 阴 辛 离 英 景	符柱己 死 勾 癸 坤 芮 死
蛇任庚 伤 常 丁 震 冲 伤	合蓬壬 中 地 乙 五 禽 中	常冲丁 惊使 符 己 兑 柱 惊
朱辅丙 生 蛇 庚 艮 任 生	天心戊 休 合 壬 坎 蓬 休	勾芮癸 开 天 戊 乾 心 开

甲申时

常辅丙 杜 常 丙 巽 辅 杜	蛇英辛 景 蛇 辛 离 英 景	合芮癸 死 合 癸 坤 芮 死
勾冲丁 伤 勾 丁 震 冲 伤	朱禽乙 中 朱 乙 五 禽 中	天柱己 惊 天 己 兑 柱 惊
符任庚 生使 符 庚 艮 任 生	阴蓬壬 休 阴 壬 坎 蓬 休	地心戊 开 地 戊 乾 心 开

乙酉时

天柱己 伤 常 丙 巽 辅 杜	勾冲丁 生使 蛇 辛 离 英 景	朱禽乙 休 合 癸 坤 芮 死
地心戊 死 勾 丁 震 冲 伤	符任庚 杜 朱 乙 五 禽 中	阴蓬壬 开 天 己 兑 柱 惊
合芮癸 惊 符 庚 艮 任 生	常辅丙 景 阴 壬 坎 蓬 休	蛇英辛 中 地 戊 乾 心 开

丙戌时

符任庚 死 常 丙 巽 辅 杜	常辅丙 惊 蛇 辛 离 英 景	地心戊 景 合 癸 坤 芮 死
天柱己 休 勾 丁 震 冲 伤	蛇英辛 伤 朱 乙 五 禽 中	合芮癸 中 天 己 兑 柱 惊
勾冲丁 开 符 庚 艮 任 生	朱禽乙 生使 阴 壬 坎 蓬 休	阴蓬壬 杜 地 戊 乾 心 开

丁亥时

地英辛 休 常 丙 巽 辅 杜	朱禽乙 开 蛇 辛 离 英 景	天柱己 生使 合 癸 坤 芮 死
符任庚 景 勾 丁 震 冲 伤	阴蓬壬 死 朱 乙 五 禽 中	勾冲丁 杜 天 己 兑 柱 惊
常辅丙 中 符 庚 艮 任 生	地心戊 惊 阴 壬 坎 蓬 休	合芮癸 伤 地 戊 乾 心 开

阳六局丙辛日

戊子时

地心戊 **景** 常 丙 巽 辅 杜	合芮癸 **中** 蛇 辛 离 英 景	常辅丙 **惊** 合 癸 坤 芮 死
朱禽乙 **生**使 勾 丁 震 冲 伤	天柱己 **休** 朱 乙 五 禽 中	蛇英辛 **伤** 天 己 兑 柱 惊
阴蓬壬 **杜** 符 庚 艮 任 生	勾冲丁 **开** 阴 壬 坎 蓬 休	符任庚 **死** 地 戊 乾 心 开

己丑时

朱禽乙 **生**使 常 丙 巽 辅 杜	阴蓬壬 **杜** 蛇 辛 离 英 景	勾冲丁 **开** 合 癸 坤 芮 死
常辅丙 **惊** 勾 丁 震 冲 伤	地心戊 **景** 朱 乙 五 禽 中	符任庚 **死** 天 己 兑 柱 惊
蛇英辛 **伤** 符 庚 艮 任 生	合芮癸 **中** 阴 壬 坎 蓬 休	天柱己 **休** 地 戊 乾 心 开

庚寅时

常辅丙 **惊** 常 丙 巽 辅 杜	蛇英辛 **伤** 蛇 辛 离 英 景	合芮癸 **中** 合 癸 坤 芮 死
勾冲丁 **开** 勾 丁 震 冲 伤	朱禽乙 **生**使 朱 乙 五 禽 中	天柱己 **休** 天 己 兑 柱 惊
符任庚 **死** 符 庚 艮 任 生	阴蓬壬 **杜** 阴 壬 坎 蓬 休	地心戊 **景** 地 戊 乾 心 开

辛卯时

勾冲丁 **开** 常 丙 巽 辅 杜	符任庚 **死** 蛇 辛 离 英 景	阴蓬壬 **杜** 合 癸 坤 芮 死
合芮癸 **中** 勾 丁 震 冲 伤	常辅丙 **惊** 朱 乙 五 禽 中	地心戊 **景** 天 己 兑 柱 惊
天柱己 **休** 符 庚 艮 任 生	蛇英辛 **伤** 阴 壬 坎 蓬 休	朱禽乙 **生**使 地 戊 乾 心 开

壬辰时

合芮癸 **中** 常 丙 巽 辅 杜	天柱己 **休** 蛇 辛 离 英 景	蛇英辛 **伤** 合 癸 坤 芮 死
阴蓬壬 **杜** 勾 丁 震 冲 伤	勾冲丁 **开** 朱 乙 五 禽 中	朱禽乙 **生**使 天 己 兑 柱 惊
地心戊 **景** 符 庚 艮 任 生	符任庚 **死** 阴 壬 坎 蓬 休	常辅丙 **惊** 地 戊 乾 心 开

癸巳时

阴蓬壬 **杜** 常 丙 巽 辅 杜	地心戊 **景** 蛇 辛 离 英 景	符任庚 **死** 合 癸 坤 芮 死
蛇英辛 **伤** 勾 丁 震 冲 伤	合芮癸 **中** 朱 乙 五 禽 中	常辅丙 **惊** 天 己 兑 柱 惊
朱禽乙 **生**使 符 庚 艮 任 生	天柱己 **休** 阴 壬 坎 蓬 休	勾冲丁 **开** 地 戊 乾 心 开

甲午时

勾辅丙 **杜** 勾 丙 巽 辅 杜	符英辛 **景**使 符 辛 离 英 景	阴芮癸 **死** 阴 癸 坤 芮 死
合冲丁 **伤** 合 丁 震 冲 伤	常禽乙 **中** 常 乙 五 禽 中	地柱己 **惊** 地 己 兑 柱 惊
天任庚 **生** 天 庚 艮 任 生	蛇蓬壬 **休** 蛇 壬 坎 蓬 休	朱心戊 **开** 朱 戊 乾 心 开

乙未时

天任庚 **伤** 勾 丙 巽 辅 杜	勾辅丙 **生** 符 辛 离 英 景	朱心戊 **休** 阴 癸 坤 芮 死
地柱己 **死** 合 丁 震 冲 伤	符英辛 **杜** 常 乙 五 禽 中	阴芮癸 **开** 地 己 兑 柱 惊
合冲丁 **惊** 天 庚 艮 任 生	常禽乙 **景**使 蛇 壬 坎 蓬 休	蛇蓬壬 **中** 朱 戊 乾 心 开

丙申时

符英辛 **死** 勾 丙 巽 辅 杜	常禽乙 **惊** 符 辛 离 英 景	地柱己 **景**使 阴 癸 坤 芮 死
天任庚 **休** 合 丁 震 冲 伤	蛇蓬壬 **伤** 常 乙 五 禽 中	合冲丁 **中** 地 己 兑 柱 惊
勾辅丙 **开** 天 庚 艮 任 生	朱心戊 **生** 蛇 壬 坎 蓬 休	阴芮癸 **杜** 朱 戊 乾 心 开

丁酉时

蛇蓬壬 **休** 勾 丙 巽 辅 杜	朱心戊 **开** 符 辛 离 英 景	天任庚 **生** 阴 癸 坤 芮 死
符英辛 **景**使 合 丁 震 冲 伤	阴芮癸 **死** 常 乙 五 禽 中	勾辅丙 **杜** 地 己 兑 柱 惊
常禽乙 **中** 天 庚 艮 任 生	地柱己 **惊** 蛇 壬 坎 蓬 休	合冲丁 **伤** 朱 戊 乾 心 开

戊戌时

地柱己 **景**使 勾 丙 巽 辅 杜	合冲丁 **中** 符 辛 离 英 景	常禽乙 **惊** 阴 癸 坤 芮 死
朱心戊 **生** 合 丁 震 冲 伤	天任庚 **休** 常 乙 五 禽 中	蛇蓬壬 **伤** 地 己 兑 柱 惊
阴芮癸 **杜** 天 庚 艮 任 生	勾辅丙 **开** 蛇 壬 坎 蓬 休	符英辛 **死** 朱 戊 乾 心 开

己亥时

朱心戊 **生** 勾 丙 巽 辅 杜	阴芮癸 **杜** 符 辛 离 英 景	勾辅丙 **开** 阴 癸 坤 芮 死
常禽乙 **惊** 合 丁 震 冲 伤	地柱己 **景**使 常 乙 五 禽 中	符英辛 **死** 地 己 兑 柱 惊
蛇蓬壬 **伤** 天 庚 艮 任 生	合冲丁 **中** 蛇 壬 坎 蓬 休	天任庚 **休** 朱 戊 乾 心 开

阳六局丁壬日

庚子时

常禽乙 **惊** 勾 丙 巽 辅 杜	蛇蓬壬 **伤** 符 辛 离 英 景	合冲丁 **中** 阴 癸 坤 芮 死
勾辅丙 **开** 合 丁 震 冲 伤	朱心戊 **生** 常 乙 五 禽 中	天任庚 **休** 地 己 兑 柱 惊
符英辛 **死** 天 庚 艮 任 生	阴芮癸 **杜** 蛇 壬 坎 蓬 休	地柱己 **景**使 朱 戊 乾 心 开

辛丑时

勾辅丙 **开** 勾 丙 巽 辅 杜	符英辛 **死** 符 辛 离 英 景	阴芮癸 **杜** 阴 癸 坤 芮 死
合冲丁 **中** 合 丁 震 冲 伤	常禽乙 **惊** 常 乙 五 禽 中	地柱己 **景**使 地 己 兑 柱 惊
天任庚 **休** 天 庚 艮 任 生	蛇蓬壬 **伤** 蛇 壬 坎 蓬 休	朱心戊 **生** 朱 戊 乾 心 开

壬寅时

合冲丁 **中** 勾 丙 巽 辅 杜	天任庚 **休** 符 辛 离 英 景	蛇蓬壬 **伤** 阴 癸 坤 芮 死
阴芮癸 **杜** 合 丁 震 冲 伤	勾辅丙 **开** 常 乙 五 禽 中	朱心戊 **生** 地 己 兑 柱 惊
地柱己 **景**使 天 庚 艮 任 生	符英辛 **死** 蛇 壬 坎 蓬 休	常禽乙 **惊** 朱 戊 乾 心 开

癸卯时

阴芮癸 **杜** 勾 丙 巽 辅 杜	地柱己 **景**使 符 辛 离 英 景	符英辛 **死** 阴 癸 坤 芮 死
蛇蓬壬 **伤** 合 丁 震 冲 伤	合冲丁 **中** 常 乙 五 禽 中	常禽乙 **惊** 地 己 兑 柱 惊
朱心戊 **生** 天 庚 艮 任 生	天任庚 **休** 蛇 壬 坎 蓬 休	勾辅丙 **开** 朱 戊 乾 心 开

甲辰时

合辅丙 **杜** 合 丙 巽 辅 杜	天英辛 **景** 天 辛 离 英 景	蛇芮癸 **死** 蛇 癸 坤 芮 死
阴冲丁 **伤** 阴 丁 震 冲 伤	勾禽乙 **中** 勾 乙 五 禽 中	朱柱己 **惊** 朱 己 兑 柱 惊
地任庚 **生** 地 庚 艮 任 生	符蓬壬 **休**使 符 壬 坎 蓬 休	常心戊 **开** 常 戊 乾 心 开

乙巳时

天英辛 **伤** 合 丙 巽 辅 杜	勾禽乙 **生** 天 辛 离 英 景	朱柱己 **休**使 蛇 癸 坤 芮 死
地任庚 **死** 阴 丁 震 冲 伤	符蓬壬 **杜** 勾 乙 五 禽 中	阴冲丁 **开** 朱 己 兑 柱 惊
合辅丙 **惊** 地 庚 艮 任 生	常心戊 **景** 符 壬 坎 蓬 休	蛇芮癸 **中** 常 戊 乾 心 开

丙午时

符蓬壬 **死** 合 丙 巽 辅 杜	常心戊 **惊** 天 辛 离 英 景	地任庚 **景** 蛇 癸 坤 芮 死
天英辛 **休**使 阴 丁 震 冲 伤	蛇芮癸 **伤** 勾 乙 五 禽 中	合辅丙 **中** 朱 己 兑 柱 惊
勾禽乙 **开** 地 庚 艮 任 生	朱柱己 **生** 符 壬 坎 蓬 休	阴冲丁 **杜** 常 戊 乾 心 开

丁未时

蛇芮癸 **休**使 合 丙 巽 辅 杜	朱柱己 **开** 天 辛 离 英 景	天英辛 **生** 蛇 癸 坤 芮 死
符蓬壬 **景** 阴 丁 震 冲 伤	阴冲丁 **死** 勾 乙 五 禽 中	勾禽乙 **杜** 朱 己 兑 柱 惊
常心戊 **中** 地 庚 艮 任 生	地任庚 **惊** 符 壬 坎 蓬 休	合辅丙 **伤** 常 戊 乾 心 开

戊申时

地任庚 **景** 合 丙 巽 辅 杜	合辅丙 **中** 天 辛 离 英 景	常心戊 **惊** 蛇 癸 坤 芮 死
朱柱己 **生** 阴 丁 震 冲 伤	天英辛 **休**使 勾 乙 五 禽 中	蛇芮癸 **伤** 朱 己 兑 柱 惊
阴冲丁 **杜** 地 庚 艮 任 生	勾禽乙 **开** 符 壬 坎 蓬 休	符蓬壬 **死** 常 戊 乾 心 开

己酉时

朱柱己 **生** 合 丙 巽 辅 杜	阴冲丁 **杜** 天 辛 离 英 景	勾禽乙 **开** 蛇 癸 坤 芮 死
常心戊 **惊** 阴 丁 震 冲 伤	地任庚 **景** 勾 乙 五 禽 中	符蓬壬 **死** 朱 己 兑 柱 惊
蛇芮癸 **伤** 地 庚 艮 任 生	合辅丙 **中** 符 壬 坎 蓬 休	天英辛 **休**使 常 戊 乾 心 开

庚戌时

常心戊 **惊** 合 丙 巽 辅 杜	蛇芮癸 **伤** 天 辛 离 英 景	合辅丙 **中** 蛇 癸 坤 芮 死
勾禽乙 **开** 阴 丁 震 冲 伤	朱柱己 **生** 勾 乙 五 禽 中	天英辛 **休**使 朱 己 兑 柱 惊
符蓬壬 **死** 地 庚 艮 任 生	阴冲丁 **杜** 符 壬 坎 蓬 休	地任庚 **景** 常 戊 乾 心 开

辛亥时

勾禽乙 **开** 合 丙 巽 辅 杜	符蓬壬 **死** 天 辛 离 英 景	阴冲丁 **杜** 蛇 癸 坤 芮 死
合辅丙 **中** 阴 丁 震 冲 伤	常心戊 **惊** 勾 乙 五 禽 中	地任庚 **景** 朱 己 兑 柱 惊
天英辛 **休**使 地 庚 艮 任 生	蛇芮癸 **伤** 符 壬 坎 蓬 休	朱柱己 **生** 常 戊 乾 心 开

阳六局戊癸日

壬子时

合辅丙 **中** 合 丙 巽 辅 杜	天英辛 **休**使 天 辛 离 英 景	蛇芮癸 **伤** 蛇 癸 坤 芮 死
阴冲丁 **杜** 阴 丁 震 冲 伤	勾禽乙 **开** 勾 乙 五 禽 中	朱柱己 **生** 朱 己 兑 柱 惊
地任庚 **景** 地 庚 艮 任 生	符蓬壬 **死** 符 壬 坎 蓬 休	朱心戊 **惊** 常 戊 乾 心 开

癸丑时

阴冲丁 **杜** 合 丙 巽 辅 杜	地任庚 **景** 天 辛 离 英 景	符蓬壬 **死** 蛇 癸 坤 芮 死
蛇芮癸 **伤** 阴 丁 震 冲 伤	合辅丙 **中** 勾 乙 五 禽 中	常心戊 **惊** 朱 己 兑 柱 惊
朱柱己 **生** 地 庚 艮 任 生	天英辛 **休**使 符 壬 坎 蓬 休	勾禽乙 **开** 常 戊 乾 心 开

甲寅时

阴辅丙 **杜** 阴 丙 巽 辅 杜	地英辛 **景** 地 辛 离 英 景	符芮癸 **死**使 符 癸 坤 芮 死
蛇冲丁 **伤** 蛇 丁 震 冲 伤	合禽乙 **中** 合 乙 五 禽 中	常柱己 **惊** 常 己 兑 柱 惊
朱任庚 **生** 朱 庚 艮 任 生	天蓬壬 **休** 天 壬 坎 蓬 休	勾心戊 **开** 勾 戊 乾 心 开

乙卯时

天蓬壬 **伤** 阴 丙 巽 辅 杜	勾心戊 **生** 地 辛 离 英 景	朱任庚 **休** 符 癸 坤 芮 死
地英辛 **死**使 蛇 丁 震 冲 伤	符芮癸 **杜** 合 乙 五 禽 中	阴辅丙 **开** 常 己 兑 柱 惊
合禽乙 **惊** 朱 庚 艮 任 生	常柱己 **景** 天 壬 坎 蓬 休	蛇冲丁 **中** 勾 戊 乾 心 开

丙辰时

符芮癸 **死**使 阴 丙 巽 辅 杜	常柱己 **惊** 地 辛 离 英 景	地英辛 **景** 符 癸 坤 芮 死
天蓬壬 **休** 蛇 丁 震 冲 伤	蛇冲丁 **伤** 合 乙 五 禽 中	合禽乙 **中** 常 己 兑 柱 惊
勾心戊 **开** 朱 庚 艮 任 生	朱任庚 **生** 天 壬 坎 蓬 休	阴辅丙 **杜** 勾 戊 乾 心 开

丁巳时

蛇冲丁 **休** 阴 丙 巽 辅 杜	朱任庚 **开** 地 辛 离 英 景	天蓬壬 **生** 符 癸 坤 芮 死
符芮癸 **景** 蛇 丁 震 冲 伤	阴辅丙 **死**使 合 乙 五 禽 中	勾心戊 **杜** 常 己 兑 柱 惊
常柱己 **中** 朱 庚 艮 任 生	地英辛 **惊** 天 壬 坎 蓬 休	合禽乙 **伤** 勾 戊 乾 心 开

戊午时

地英辛 **景** 阴 丙 巽 辅 杜	合禽乙 **中** 地 辛 离 英 景	常柱己 **惊** 符 癸 坤 芮 死
朱任庚 **生** 蛇 丁 震 冲 伤	天蓬壬 **休** 合 乙 五 禽 中	蛇冲丁 **伤** 常 己 兑 柱 惊
阴辅丙 **杜** 朱 庚 艮 任 生	勾心戊 **开** 天 壬 坎 蓬 休	符芮癸 **死**使 勾 戊 乾 心 开

己未时

朱任庚 **生** 阴 丙 巽 辅 杜	阴辅丙 **杜** 地 辛 离 英 景	勾心戊 **开** 符 癸 坤 芮 死
常柱己 **惊** 蛇 丁 震 冲 伤	地英辛 **景** 合 乙 五 禽 中	符芮癸 **死**使 常 己 兑 柱 惊
蛇冲丁 **伤** 朱 庚 艮 任 生	合禽乙 **中** 天 壬 坎 蓬 休	天蓬壬 **休** 勾 戊 乾 心 开

庚中时

常柱己 **惊** 阴 丙 巽 辅 杜	蛇冲丁 **伤** 地 辛 离 英 景	合禽乙 **中** 符 癸 坤 芮 死
勾心戊 **开** 蛇 丁 震 冲 伤	朱任庚 **生** 合 乙 五 禽 中	天蓬壬 **休** 常 己 兑 柱 惊
符芮癸 **死**使 朱 庚 艮 任 生	阴辅丙 **杜** 天 壬 坎 蓬 休	地英辛 **景** 勾 戊 乾 心 开

辛酉时

勾心戊 **开** 阴 丙 巽 辅 杜	符芮癸 **死**使 地 辛 离 英 景	阴辅丙 **杜** 符 癸 坤 芮 死
合禽乙 **中** 蛇 丁 震 冲 伤	常柱己 **惊** 合 乙 五 禽 中	地英辛 **景** 常 己 兑 柱 惊
天蓬壬 **休** 朱 庚 艮 任 生	蛇冲丁 **伤** 天 壬 坎 蓬 休	朱任庚 **生** 勾 戊 乾 心 开

壬戌时

合禽乙 **中** 阴 丙 巽 辅 杜	天蓬壬 **休** 地 辛 离 英 景	蛇冲丁 **伤** 符 癸 坤 芮 死
阴辅丙 **杜** 蛇 丁 震 冲 伤	勾心戊 **开** 合 乙 五 禽 中	朱任庚 **生** 常 己 兑 柱 惊
地英辛 **景** 朱 庚 艮 任 生	阴芮癸 **死**使 天 壬 坎 蓬 休	常柱己 **惊** 勾 戊 乾 心 开

癸亥时

阴辅丙 **杜** 阴 丙 巽 辅 杜	地英辛 **景** 地 辛 离 英 景	符芮癸 **死**使 符 癸 坤 芮 死
蛇冲丁 **伤** 蛇 丁 震 冲 伤	合禽乙 **中** 合 乙 五 禽 中	常柱己 **惊** 常 己 兑 柱 惊
朱任庚 **生** 朱 庚 艮 任 生	天蓬壬 **休** 天 壬 坎 蓬 休	勾心戊 **开** 勾 戊 乾 心 开

奇门旨归卷二十

阳遁七局

冬至中　惊蛰中
清明下　立夏下
甲己日十二时局
乙庚日十二时局
丙辛日十二时局
丁壬日十二时局
戊癸日十二时局

阳七局甲己日

甲子时

朱辅丁 **杜** 朱 丁 巽 辅 杜	阴英庚 **景** 阴 庚 离 英 景	勾芮壬 **死** 勾 壬 坤 芮 死
常冲癸 **伤** 常 癸 震 冲 伤	地禽丙 **中** 地 丙 五 禽 中	符柱戊 **惊**使 符 戊 兑 柱 惊
蛇任己 **生** 蛇 己 艮 任 生	合蓬辛 **休** 合 辛 坎 蓬 休	天心乙 **开** 天 乙 乾 心 开

乙丑时

地禽丙 **伤** 朱 丁 巽 辅 杜	合蓬辛 **生** 阴 庚 离 英 景	常冲癸 **休** 勾 壬 坤 芮 死
朱辅丁 **死** 常 癸 震 冲 伤	天心乙 **杜** 地 丙 五 禽 中	蛇任己 **开** 符 戊 兑 柱 惊
阴英庚 **惊**使 蛇 己 艮 任 生	勾芮壬 **景** 合 辛 坎 蓬 休	符柱戊 **中** 天 乙 乾 心 开

丙寅时

天心乙 **死** 朱 丁 巽 辅 杜	勾芮壬 **惊**使 阴 庚 离 英 景	朱辅丁 **景** 勾 壬 坤 芮 死
地禽丙 **休** 常 癸 震 冲 伤	符柱戊 **伤** 地 丙 五 禽 中	阴英庚 **中** 符 戊 兑 柱 惊
合蓬辛 **开** 蛇 己 艮 任 生	常冲癸 **生** 合 辛 坎 蓬 休	蛇任己 **杜** 天 乙 乾 心 开

丁卯时

地禽丙 **休** 朱 丁 巽 辅 杜	合蓬辛 **开** 阴 庚 离 英 景	常冲癸 **生** 勾 壬 坤 芮 死
朱辅丁 **景** 常 癸 震 冲 伤	天心乙 **死** 地 丙 五 禽 中	蛇任己 **杜** 符 戊 兑 柱 惊
阴英庚 **中** 蛇 己 艮 任 生	勾芮壬 **惊**使 合 辛 坎 蓬 休	符柱戊 **伤** 天 乙 乾 心 开

戊辰时

朱辅丁 **景** 朱 丁 巽 辅 杜	阴英庚 **中** 阴 庚 离 英 景	勾芮壬 **惊**使 勾 壬 坤 芮 死
常冲癸 **生** 常 癸 震 冲 伤	地禽丙 **休** 地 丙 五 禽 中	符柱戊 **伤** 符 戊 兑 柱 惊
蛇柱己 **杜** 蛇 己 艮 任 生	合蓬辛 **开** 合 辛 坎 蓬 休	天心乙 **死** 天 乙 乾 心 开

己巳时

常冲癸 **生** 朱 丁 巽 辅 杜	蛇任己 **杜** 阴 庚 离 英 景	合蓬辛 **开** 勾 壬 坤 芮 死
勾芮壬 **惊**使 常 癸 震 冲 伤	未辅丁 **景** 地 丙 五 禽 中	天心乙 **死** 符 戊 兑 柱 惊
符柱戊 **伤** 蛇 己 艮 任 生	阴英庚 **中** 合 辛 坎 蓬 休	地禽丙 **休** 天 乙 乾 心 开

庚午时

勾芮壬 **惊**使 朱 丁 巽 辅 杜	符柱戊 **伤** 阴 庚 离 英 景	阴英庚 **中** 勾 壬 坤 芮 死
合蓬辛 **开** 常 癸 震 冲 伤	常冲癸 **生** 地 丙 五 禽 中	地禽内 **休** 符 戊 兑 柱 惊
天心乙 **死** 蛇 己 艮 任 生	蛇任己 **杜** 合 辛 坎 蓬 休	朱辅丁 **景** 天 乙 乾 心 开

辛未时

合蓬辛 **开** 朱 丁 巽 辅 杜	天心乙 **死** 阴 庚 离 英 景	蛇任己 **杜** 勾 壬 坤 芮 死
阴英庚 **中** 常 癸 震 冲 伤	勾芮壬 **惊**使 地 丙 五 禽 中	朱辅丁 **景** 符 戊 兑 柱 惊
地禽丙 **休** 蛇 己 艮 任 生	符柱戊 **伤** 合 辛 坎 蓬 休	常冲癸 **生** 天 乙 乾 心 开

壬申时

阴英庚 **中** 朱 丁 巽 辅 杜	地禽丙 **休** 阴 庚 离 英 景	符柱戊 **伤** 勾 壬 坤 芮 死
蛇任己 **杜** 常 癸 震 冲 伤	合蓬辛 **开** 地 丙 五 禽 中	常冲癸 **生** 符 戊 兑 柱 惊
朱辅丁 **景** 蛇 己 艮 任 生	天心乙 **死** 合 辛 坎 蓬 休	勾芮壬 **惊**使 天 乙 乾 心 开

癸酉时

蛇任己 **杜** 朱 丁 巽 辅 杜	朱辅丁 **景** 阴 庚 离 英 景	天心乙 **死** 勾 壬 坤 芮 死
符柱戊 **伤** 常 癸 震 冲 伤	阴英庚 **中** 地 丙 五 禽 中	勾芮壬 **惊**使 符 戊 兑 柱 惊
常冲癸 **生** 蛇 己 艮 任 生	地禽丙 **休** 合 辛 坎 蓬 休	合蓬辛 **开** 天 乙 乾 心 开

甲戌时

常辅丁 **杜** 常 丁 巽 辅 杜	蛇英庚 **景** 蛇 庚 离 英 景	合芮壬 **死** 合 壬 坤 芮 死
勾庚癸 **伤** 勾 癸 震 冲 伤	朱禽丙 **中** 朱 丙 五 禽 中	天柱戊 **惊** 天 戊 兑 柱 惊
符任己 **生**使 符 己 艮 任 生	阴蓬辛 **休** 阴 辛 坎 蓬 休	地心乙 **开** 地 乙 乾 心 开

乙亥时

地心乙 **伤** 常 丁 巽 辅 杜	合芮壬 **生**使 蛇 庚 离 英 景	常辅丁 **休** 合 壬 坤 芮 死
朱禽丙 **死** 勾 癸 震 冲 伤	天柱戊 **杜** 朱 丙 五 禽 中	蛇英庚 **开** 天 戊 兑 柱 惊
阴蓬辛 **惊** 符 己 艮 任 生	勾冲癸 **景** 阴 辛 坎 蓬 休	符任己 **中** 地 乙 乾 心 开

阳七局乙庚日

丙子时

天柱戊 **死** 常　丁 巽 辅　杜	勾冲癸 **惊** 蛇　庚 离 英　景	朱禽丙 **景** 合　壬 坤 芮　死
地心乙 **休** 勾　癸 震 冲　伤	符任己 **伤** 朱　丙 五 禽　中	阴蓬辛 **中** 天　戊 兑 柱　惊
合芮壬 **开** 符　己 艮 任　生	常辅丁 **生**使 阴　辛 坎 蓬　休	蛇英庚 **杜** 地　乙 乾 心　开

丁丑时

符任己 **休** 常　丁 巽 辅　杜	常辅丁 **开** 蛇　庚 离 英　景	地心乙 **生**使 合　壬 坤 芮　死
天柱戊 **景** 勾　癸 震 冲　伤	蛇英庚 **死** 朱　丙 五 禽　中	合芮壬 **杜** 天　戊 兑 柱　惊
勾冲癸 **中** 符　己 艮 任　生	朱禽丙 **惊** 阴　辛 坎 蓬　休	阴蓬辛 **伤** 地　乙 乾 心　开

戊寅时

朱禽丙 **景** 常　丁 巽 辅　杜	阴蓬辛 **中** 蛇　庚 离 英　景	勾冲癸 **惊** 合　壬 坤 芮　死
常辅丁 **生**使 勾　癸 震 冲　伤	地心乙 **休** 朱　丙 五 禽　中	符任己 **伤** 天　戊 兑 柱　惊
蛇英庚 **杜** 符　己 艮 任　生	合芮壬 **开** 阴　辛 坎 蓬　休	天柱戊 **死** 地　乙 乾 心　开

己卯时

常辅丁 **生**使 常　丁 巽 辅　杜	蛇英庚 **杜** 蛇　庚 离 英　景	合芮壬 **开** 合　壬 坤 芮　死
勾冲癸 **惊** 勾　癸 震 冲　伤	朱合丙 **景** 朱　丙 五 禽　中	天柱戊 **死** 天　戊 兑 柱　惊
符任己 **伤** 符　己 艮 任　生	阴蓬辛 **中** 阴　辛 坎 蓬　休	地心乙 **休** 地　乙 乾 心　开

庚辰时

勾冲癸 **惊** 常　丁 巽 辅　杜	符任己 **伤** 蛇　庚 离 英　景	阴蓬辛 **中** 合　壬 坤 芮　死
合芮壬 **开** 勾　癸 震 冲　伤	常辅丁 **生**使 朱　丙 五 禽　中	地心乙 **休** 天　戊 兑 柱　惊
天柱戊 **死** 符　己 艮 任　生	蛇英庚 **杜** 阴　辛 坎 蓬　休	朱禽丙 **景** 地　乙 乾 心　开

辛巳时

合芮壬 **开** 常　丁 巽 辅　杜	天柱戊 **死** 蛇　庚 离 英　景	蛇英勾 **杜** 合　壬 坤 芮　死
阴蓬辛 **中** 勾　癸 震 冲　伤	勾冲癸 **惊** 朱　丙 五 禽　中	朱禽丙 **景** 天　戊 兑 柱　惊
地心乙 **休** 符　己 艮 任　生	符任己 **伤** 阴　辛 坎 蓬　休	常辅丁 **生**使 地　乙 乾 心　开

壬午时

阴蓬辛 **中** 常　丁 巽 辅　杜	地心乙 **休** 蛇　庚 离 英　景	符任己 **伤** 合　壬 坤 芮　死
蛇英庚 **杜** 勾　癸 震 冲　伤	合芮壬 **开** 朱　丙 五 禽　中	常辅丁 **生**使 天　戊 兑 柱　惊
朱禽丙 **景** 符　己 艮 任　生	天柱戊 **死** 阴　辛 坎 蓬　休	勾冲癸 **惊** 地　乙 乾 心　开

癸未时

蛇英庚 **杜** 常　丁 巽 辅　杜	朱禽丙 **景** 蛇　庚 离 英　景	天柱戊 **死** 合　壬 坤 芮　死
符任己 **伤** 勾　癸 震 冲　伤	阴蓬辛 **中** 朱　丙 五 禽　中	勾冲癸 **惊** 天　戊 兑 柱　惊
常辅丁 **生**使 符　己 艮 任　生	地心乙 **休** 阴　辛 坎 蓬　休	合芮壬 **开** 地　乙 乾 心　开

甲申时

勾辅丁 **杜** 勾　丁 巽 辅　杜	符英庚 **景**使 符　庚 离 英　景	阴芮壬 **死** 阴　壬 坤 芮　死
合冲癸 **伤** 合　癸 震 冲　伤	常禽丙 **中** 常　丙 五 禽　中	地柱戊 **惊** 地　戊 兑 柱　惊
天任己 **生** 天　己 艮 任　生	蛇蓬辛 **休** 蛇　辛 坎 蓬　休	朱心乙 **开** 朱　乙 乾 心　开

乙酉时

地柱戊 **伤** 勾　丁 巽 辅　杜	合冲癸 **生** 符　庚 离 英　景	常禽丙 **休** 阴　壬 坤 芮　死
朱心乙 **死** 合　癸 震 冲　伤	天任己 **杜** 常　丙 五 禽　中	蛇蓬辛 **开** 地　戊 兑 柱　惊
阴芮壬 **惊** 天　己 艮 任　生	勾辅丁 **景**使 蛇　辛 坎 蓬　休	符英庚 **中** 朱　乙 乾 心　开

丙戌时

天任己 **死** 勾　丁 巽 辅　杜	勾辅丁 **惊** 符　庚 离 英　景	朱心乙 **景**使 阴　壬 坤 芮　死
地柱戊 **休** 合　癸 震 冲　伤	符英庚 **伤** 常　丙 五 禽　中	阴芮壬 **中** 地　戊 兑 柱　惊
合冲癸 **开** 天　己 艮 任　生	常禽丙 **生** 蛇　辛 坎 蓬　休	蛇蓬辛 **杜** 朱　乙 乾 心　开

丁亥时

符英庚 **休** 勾　丁 巽 辅　杜	常禽丙 **开** 符　庚 离 英　景	地柱戊 **生** 阴　壬 坤 芮　死
天任己 **景**使 合　癸 震 冲　伤	蛇蓬辛 **死** 常　丙 五 禽　中	合冲癸 **杜** 地　戊 兑 柱　惊
勾辅丁 **中** 天　己 艮 任　生	朱心乙 **惊** 蛇　辛 坎 蓬　休	阴芮壬 **伤** 朱　乙 乾 心　开

阳七局丙辛日

戊子时

朱心乙 景使 勾 丁 巽 辅 杜	阴芮壬 中 符 庚 离 英 景	勾辅丁 惊 阴 壬 坤 芮 死
常禽丙 生 合 癸 震 冲 伤	地柱戊 休 常 丙 五 禽 中	符英庚 伤 地 戊 兑 柱 惊
蛇蓬辛 杜 天 己 艮 任 生	合冲癸 开 蛇 辛 坎 蓬 休	天任己 死 朱 乙 乾 心 开

己丑时

常禽丙 生 勾 丁 巽 辅 杜	蛇蓬辛 杜 符 庚 离 英 景	合冲癸 开 阴 壬 坤 芮 死
勾辅丁 惊 合 癸 震 冲 伤	朱心乙 景使 常 丙 五 禽 中	天任己 死 地 戊 兑 柱 惊
符英庚 伤 天 己 艮 任 生	阴芮壬 中 蛇 辛 坎 蓬 休	地柱戊 休 朱 乙 乾 心 开

庚寅时

勾辅丁 惊 勾 丁 巽 辅 杜	符英庚 伤 符 庚 离 英 景	阴芮壬 中 阴 壬 坤 芮 死
合冲癸 开 合 癸 震 冲 伤	常禽丙 生 常 丙 五 禽 中	地柱戊 休 地 戊 兑 柱 惊
天任己 死 天 己 艮 任 生	蛇蓬辛 杜 蛇 辛 坎 蓬 休	朱心乙 景使 朱 乙 乾 心 开

辛卯时

合冲癸 开 勾 丁 巽 辅 杜	天任己 死 符 庚 离 英 景	蛇蓬辛 杜 阴 壬 坤 芮 死
阴芮壬 中 合 癸 震 冲 伤	勾辅丁 惊 常 丙 五 禽 中	朱心乙 景使 地 戊 兑 柱 惊
地柱戊 休 天 己 艮 任 生	符英庚 伤 蛇 辛 坎 蓬 休	常禽丙 生 朱 乙 乾 心 开

壬辰时

阴芮壬 中 勾 丁 巽 辅 杜	地柱戊 休 符 庚 离 英 景	符英庚 伤 阴 壬 坤 芮 死
蛇蓬辛 杜 合 癸 震 冲 伤	合冲癸 开 常 丙 五 禽 中	常禽丙 生 地 戊 兑 柱 惊
朱心乙 景使 天 己 艮 任 生	天任己 死 蛇 辛 坎 蓬 休	勾辅丁 惊 朱 乙 乾 心 开

癸巳时

蛇蓬辛 杜 勾 丁 巽 辅 杜	朱心乙 景使 符 庚 离 英 景	天任己 死 阴 壬 坤 芮 死
符英庚 伤 合 癸 震 冲 伤	阴芮壬 中 常 丙 五 禽 中	勾辅丁 惊 地 戊 兑 柱 惊
常禽丙 生 天 己 艮 任 生	地柱戊 休 蛇 辛 坎 蓬 休	合冲癸 开 朱 乙 乾 心 开

甲午时

合辅丁 杜 合 丁 巽 辅 杜	天英庚 景 天 庚 离 英 景	蛇芮壬 死 蛇 壬 坤 芮 死
阴冲癸 伤 阴 癸 震 冲 伤	勾禽丙 中 勾 丙 五 禽 中	朱柱戊 惊 朱 戊 兑 柱 惊
地任己 生 地 己 艮 任 生	符蓬辛 休使 符 辛 坎 蓬 休	常心乙 开 常 乙 乾 心 开

乙未时

地任己 伤 合 丁 巽 辅 杜	合辅丁 生 天 庚 离 英 景	常心乙 休使 蛇 壬 坤 芮 死
朱柱戊 死 阴 癸 震 冲 伤	天英庚 杜 勾 丙 五 禽 中	蛇芮壬 开 朱 戊 兑 柱 惊
阴冲癸 惊 地 己 艮 任 生	勾禽丙 景 符 辛 坎 蓬 休	符蓬辛 中 常 乙 乾 心 开

丙申时

天英庚 死 合 丁 巽 辅 杜	勾离丙 惊 天 庚 离 英 景	朱柱戊 景 蛇 壬 坤 芮 死
地任己 休使 阴 癸 震 冲 伤	符蓬辛 伤 勾 丙 五 禽 中	阴冲癸 中 朱 戊 兑 柱 惊
合辅丁 开 地 己 艮 任 生	常心乙 生 符 辛 坎 蓬 休	蛇芮壬 杜 常 乙 乾 心 开

丁酉时

符蓬辛 休使 合 丁 巽 辅 杜	常心乙 开 天 庚 离 英 景	地任己 生 蛇 壬 坤 芮 死
天英庚 景 阴 癸 震 冲 伤	蛇芮壬 死 勾 丙 五 禽 中	合辅丁 杜 朱 戊 兑 柱 惊
勾禽丙 中 地 己 艮 任 生	朱柱戊 惊 符 辛 坎 蓬 休	阴冲癸 伤 常 乙 乾 心 开

戊戌时

朱柱戊 景 合 丁 巽 辅 杜	阴冲癸 中 天 庚 离 英 景	勾禽丙 惊 蛇 壬 坤 芮 死
常心乙 生 阴 癸 震 冲 伤	地任己 休使 勾 丙 五 禽 中	符蓬辛 伤 朱 戊 兑 柱 惊
蛇芮壬 杜 地 己 艮 任 生	合辅丁 开 符 辛 坎 蓬 休	天英庚 死 常 乙 乾 心 开

己亥时

常心乙 生 合 丁 巽 辅 杜	蛇芮壬 杜 天 庚 离 英 景	合辅丁 开 蛇 壬 坤 芮 死
勾禽丙 惊 勾 癸 震 冲 伤	朱柱戊 景 勾 丙 五 禽 中	天英庚 死 朱 戊 兑 柱 惊
符蓬辛 伤 地 己 艮 任 生	阴冲癸 中 符 辛 坎 蓬 休	地任己 休使 常 乙 乾 心 开

阳七局丁壬日

庚子时

勾禽丙 **惊** 合 丁 巽 辅 杜	符蓬辛 **伤** 天 庚 离 英 景	阴冲癸 **中** 蛇 壬 坤 芮 死
合辅丁 **开** 阴 癸 震 冲 伤	常心乙 **生** 勾 丙 五 禽 中	地任己 **休**使 朱 戊 兑 柱 惊
天英庚 **死** 地 己 艮 任 生	蛇芮壬 **杜** 符 辛 坎 蓬 休	朱柱戊 **景** 常 乙 乾 心 开

辛丑时

合辅丁 **开** 合 丁 巽 辅 杜	天英庚 **死** 天 庚 离 英 景	蛇芮壬 **杜** 蛇 壬 坤 芮 死
阴冲癸 **中** 阴 癸 震 冲 伤	勾禽丙 **惊** 勾 丙 五 禽 中	朱柱戊 **景** 朱 戊 兑 柱 惊
地任己 **休**使 地 己 艮 任 生	符蓬辛 **伤** 符 辛 坎 蓬 休	常心乙 **生** 常 乙 乾 心 开

壬寅时

阴冲癸 **中** 合 丁 巽 辅 杜	地任己 **休**使 天 庚 离 英 景	符蓬辛 **伤** 蛇 壬 坤 芮 死
蛇芮壬 **杜** 阴 癸 震 冲 伤	合辅丁 **开** 勾 丙 五 禽 中	常心乙 **生** 朱 戊 兑 柱 惊
朱柱戊 **景** 地 己 艮 任 生	天英庚 **死** 符 辛 坎 蓬 休	勾禽丙 **惊** 常 乙 乾 心 开

癸卯时

蛇芮壬 **杜** 合 丁 巽 辅 杜	朱柱戊 **景** 天 庚 离 英 景	天英庚 **死** 蛇 壬 坤 芮 死
符蓬辛 **伤** 阴 癸 震 冲 伤	阴冲癸 **中** 勾 丙 五 禽 中	勾禽丙 **惊** 朱 戊 兑 柱 惊
常心乙 **生** 地 己 艮 任 生	地任己 **休**使 符 辛 坎 蓬 休	合辅丁 **开** 常 乙 乾 心 开

甲辰时

阴辅丁 **杜** 阴 丁 巽 辅 杜	地英庚 **景** 地 庚 离 英 景	符芮壬 **死**使 符 壬 坤 芮 死
蛇冲癸 **伤** 蛇 癸 震 冲 伤	合禽丙 **中** 合 丙 五 禽 中	常柱戊 **惊** 常 戊 兑 柱 惊
朱任己 **生** 朱 己 艮 任 生	天蓬辛 **休** 天 辛 坎 蓬 休	勾心乙 **开** 勾 乙 乾 心 开

乙巳时

地英庚 **伤** 阴 丁 巽 辅 杜	合禽丙 **生** 地 庚 离 英 景	常柱戊 **休** 符 壬 坤 芮 死
地英庚 **死**使 蛇 癸 震 冲 伤	天蓬辛 **杜** 合 丙 五 禽 中	蛇冲癸 **开** 常 戊 兑 柱 惊
阴辅丁 **惊** 朱 己 艮 任 生	勾心乙 **景** 天 辛 坎 蓬 休	符芮壬 **中** 勾 乙 乾 心 开

丙午时

天蓬辛 **死**使 阴 丁 巽 辅 杜	勾心乙 **惊** 地 庚 离 英 景	朱任己 **景** 符 壬 坤 芮 死
地英庚 **休** 蛇 癸 震 冲 伤	符芮壬 **伤** 合 丙 五 禽 中	阴辅丁 **中** 常 戊 兑 柱 惊
合禽丙 **开** 朱 己 艮 任 生	常柱戊 **生** 天 辛 坎 蓬 休	蛇冲癸 **杜** 勾 乙 乾 心 开

丁未时

符芮壬 **休** 阴 丁 巽 辅 杜	常柱戊 **开** 地 庚 离 英 景	地英庚 **生** 符 壬 坤 芮 死
天蓬辛 **景** 蛇 癸 震 冲 伤	蛇冲癸 **死**使 合 丙 五 禽 中	合禽丙 **杜** 常 戊 兑 柱 惊
勾心乙 **中** 朱 己 艮 任 生	朱任己 **惊** 天 辛 坎 蓬 休	阴辅丁 **伤** 勾 乙 乾 心 开

戊申时

朱任己 **景** 阴 丁 巽 辅 杜	阴辅丁 **中** 地 庚 离 英 景	勾心乙 **惊** 符 壬 坤 芮 死
常柱戊 **生** 蛇 癸 震 冲 伤	地英庚 **休** 合 丙 五 禽 中	符芮壬 **伤** 常 戊 兑 柱 惊
蛇冲癸 **杜** 朱 己 艮 任 生	合禽丙 **开** 天 辛 坎 蓬 休	天蓬辛 **死**使 勾 乙 乾 心 开

己酉时

常柱戊 **生** 阴 丁 巽 辅 杜	蛇冲癸 **杜** 地 庚 离 英 景	合禽丙 **开** 符 壬 坤 芮 死
勾心乙 **惊** 蛇 癸 震 冲 伤	朱任己 **景** 合 丙 五 禽 中	天蓬辛 **死**使 常 戊 兑 柱 惊
符芮壬 **伤** 朱 己 艮 任 生	阴辅丁 **中** 天 辛 坎 蓬 休	地英庚 **休** 勾 乙 乾 心 开

庚戌时

勾心乙 **惊** 阴 丁 巽 辅 杜	符芮壬 **伤** 地 庚 离 英 景	阴辅丁 **中** 符 壬 坤 芮 死
合禽丙 **开** 蛇 癸 震 冲 伤	常柱戊 **生** 合 丙 五 禽 中	地英庚 **休** 常 戊 兑 柱 惊
天蓬辛 **死**使 朱 己 艮 任 生	蛇冲癸 **杜** 天 辛 坎 蓬 休	朱任己 **景** 勾 乙 乾 心 开

辛亥时

合禽丙 **开** 阴 丁 巽 辅 杜	天蓬辛 **死**使 地 庚 离 英 景	蛇冲癸 **杜** 符 壬 坤 芮 死
阴辅丁 **中** 蛇 癸 震 冲 伤	勾心乙 **惊** 合 丙 五 禽 中	朱任己 **景** 常 戊 兑 柱 惊
地英庚 **休** 朱 己 艮 任 生	符芮壬 **伤** 天 辛 坎 蓬 休	常柱戊 **生** 勾 乙 乾 心 开

阳七局戊癸日

壬子时

阴辅丁 **中** 阴　丁 巽 辅　杜	地英庚 **休** 地　庚 离 英　景	符芮壬 **伤** 符　壬 坤 芮　死
蛇冲癸 **杜** 蛇　癸 震 冲　伤	合禽丙 **开** 合　丙 五 禽　中	常柱戊 **生** 常　戊 兑 柱　惊
朱任己 **景** 朱　己 艮 任　生	天蓬辛 **死**使 天　辛 坎 蓬　休	勾心乙 **惊** 勾　乙 乾 心　开

癸丑时

蛇冲癸 **杜** 阴　丁 巽 辅　杜	朱任己 **景** 地　庚 离 英　景	天蓬辛 **死**使 符　壬 坤 芮　死
符芮壬 **伤** 蛇　癸 震 冲　伤	阴辅丁 **中** 合　丙 五 禽　中	勾心乙 **惊** 常　戊 兑 柱　惊
常柱戊 **生** 朱　己 艮 任　生	地英庚 **休** 天　辛 坎 蓬　休	合禽丙 **开** 勾　乙 乾 心　开

甲寅时

蛇辅丁 **杜** 蛇　丁 巽 辅　杜	朱英庚 **景** 朱　庚 离 英　景	天芮壬 **死** 天　壬 坤 芮　死
符冲癸 **伤**使 符　癸 震 冲　伤	阴禽丙 **中** 阴　丙 五 禽　中	勾柱戊 **惊** 勾　戊 兑 柱　惊
常任己 **生** 常　己 艮 任　生	地蓬辛 **休** 地　辛 坎 蓬　休	合心乙 **开** 合　乙 乾 心　开

乙卯时

地蓬辛 **伤**使 蛇　丁 巽 辅　杜	合心乙 **生** 朱　庚 离 英　景	常任己 **休** 天　壬 坤 芮　死
朱英庚 **死** 符　癸 震 冲　伤	天芮壬 **杜** 阴　丙 五 禽　中	蛇辅丁 **开** 勾　戊 兑 柱　惊
阴禽丙 **惊** 常　己 艮 任　生	勾柱戊 **景** 地　辛 坎 蓬　休	符冲癸 **中** 合　乙 乾 心　开

丙辰时

天芮壬 **死** 蛇　丁 巽 辅　杜	勾柱戊 **惊** 朱　庚 离 英　景	朱英庚 **景** 天　壬 坤 芮　死
地蓬辛 **休** 符　癸 震 冲　伤	符冲癸 **伤**使 阴　丙 五 禽　中	阴禽丙 **中** 勾　戊 兑 柱　惊
合心乙 **开** 常　己 艮 任　生	常任己 **生** 地　辛 坎 蓬　休	蛇辅丁 **杜** 合　乙 乾 心　开

丁巳时

符冲癸 **休** 蛇　丁 巽 辅　杜	常任己 **开** 朱　庚 离 英　景	地蓬辛 **生** 天　壬 坤 芮　死
天芮壬 **景** 符　癸 震 冲　伤	蛇辅丁 **死** 阴　丙 五 禽　中	合心乙 **杜** 勾　戊 兑 柱　惊
勾柱戊 **中** 常　己 艮 任　生	朱英庚 **惊** 地　辛 坎 蓬　休	阴禽丙 **伤**使 合　乙 乾 心　开

戊午时

朱英庚 **景** 蛇　丁 巽 辅　杜	阴禽丙 **中** 朱　庚 离 英　景	勾柱戊 **惊** 天　壬 坤 芮　死
常任己 **生** 符　癸 震 冲　伤	地蓬辛 **休** 阴　丙 五 禽　中	符冲癸 **伤**使 勾　戊 兑 柱　惊
蛇辅丁 **杜** 常　己 艮 任　生	合心乙 **开** 地　辛 坎 蓬　休	天芮壬 **死** 合　乙 乾 心　开

己未时

蛇任己 **生** 蛇　丁 巽 辅　杜	蛇辅丁 **杜** 朱　庚 离 英　景	合心乙 **开** 天　壬 坤 芮　死
勾柱戊 **惊** 符　癸 震 冲　伤	朱英庚 **景** 阴　丙 五 禽　中	天芮壬 **死** 勾　戊 兑 柱　惊
符冲癸 **伤**使 常　己 艮 任　生	阴禽丙 **中** 地　辛 坎 蓬　休	地蓬辛 **休** 合　乙 乾 心　开

庚申时

勾柱戊 **惊** 蛇　丁 巽 辅　杜	符冲癸 **伤**使 朱　庚 离 英　景	阴禽丙 **中** 天　壬 坤 芮　死
合心乙 **开** 符　癸 震 冲　伤	常任己 **生** 阴　丙 五 禽　中	地蓬辛 **休** 勾　戊 兑 柱　惊
天芮壬 **死** 常　己 艮 任　生	蛇辅丁 **杜** 地　辛 坎 蓬　休	朱英庚 **景** 合　乙 乾 心　开

辛酉时

合心乙 **开** 蛇　丁 巽 辅　杜	天芮壬 **死** 朱　庚 离 英　景	蛇辅丁 **杜** 天　壬 坤 芮　死
阴禽丙 **中** 符　癸 震 冲　伤	勾柱戊 **惊** 阴　丙 五 禽　中	朱英庚 **景** 勾　戊 兑 柱　惊
地蓬辛 **休** 常　己 艮 任　生	符冲癸 **伤**使 地　辛 坎 蓬　休	常任己 **生** 合　乙 乾 心　开

壬戌时

阴禽丙 **中** 蛇　丁 巽 辅　杜	地蓬辛 **休** 朱　庚 离 英　景	符冲癸 **伤**使 天　壬 坤 芮　死
蛇辅丁 **杜** 符　癸 震 冲　伤	合心乙 **开** 阴　丙 五 禽　中	常任己 **生** 勾　戊 兑 柱　惊
朱英庚 **景** 常　己 艮 任　生	天芮壬 **死** 地　辛 坎 蓬　休	勾柱戊 **惊** 合　乙 乾 心　开

癸亥时

蛇辅丁 **杜** 蛇　丁 巽 辅　杜	朱英庚 **景** 朱　庚 离 英　景	天芮壬 **死** 天　壬 坤 芮　死
符冲癸 **伤**使 符　癸 震 冲　伤	阴禽丙 **中** 阴　丙 五 禽　中	勾柱戊 **惊** 勾　戊 兑 柱　惊
常任己 **生** 常　己 艮 任　生	地蓬辛 **休** 地　辛 坎 蓬　休	合心乙 **开** 合　乙 乾 心　开

奇门旨归卷二十一

阳遁八局

阳八局甲己日

甲子时

常辅癸 **杜** 常 癸 巽 辅 杜	地英己 **景** 蛇 己 离 英 景	合芮辛 **死** 合 辛 坤 芮 死
勾冲壬 **伤** 勾 壬 震 冲 伤	朱禽丁 **中** 朱 丁 五 禽 中	天柱乙 **惊** 天 乙 兑 柱 惊
符任戊 **生**使 符 戊 艮 任 生	阴蓬庚 **休** 阴 庚 坎 蓬 休	地心丙 **开** 地 丙 乾 心 开

乙丑时

朱禽丁 **伤** 常 癸 巽 辅 杜	阴蓬庚 **生**使 蛇 己 离 英 景	勾冲壬 **休** 合 辛 坤 芮 死
常辅癸 **死** 勾 壬 震 冲 伤	地心丙 **杜** 朱 丁 五 禽 中	符任戊 **开** 天 乙 兑 柱 惊
蛇英己 **惊** 符 戊 艮 任 生	合芮辛 **景** 阴 庚 坎 蓬 休	天柱乙 **中** 地 丙 乾 心 开

丙寅时

地心丙 **死** 常 癸 巽 辅 杜	合芮辛 **惊** 蛇 己 离 英 景	常辅癸 **景** 合 辛 坤 芮 死
朱禽丁 **休** 勾 壬 震 冲 伤	天柱乙 **伤** 朱 丁 五 禽 中	蛇英己 **中** 天 乙 兑 柱 惊
阴蓬庚 **开** 符 戊 艮 任 生	勾冲壬 **生**使 阴 庚 坎 蓬 休	符任戊 **杜** 地 丙 乾 心 开

丁卯时

天柱乙 **休** 常 癸 巽 辅 杜	勾冲壬 **开** 蛇 己 离 英 景	朱禽丁 **生**使 合 辛 坤 芮 死
地心丙 **景** 勾 壬 震 冲 伤	符任我 **死** 朱 丁 五 禽 中	阴蓬庚 **杜** 天 乙 兑 柱 惊
合芮辛 **中** 符 戊 艮 任 生	常辅癸 **惊** 阴 庚 坎 蓬 休	蛇英己 **伤** 地 丙 乾 心 开

戊辰时

常辅癸 **景** 常 癸 巽 辅 杜	蛇英己 **中** 蛇 己 离 英 景	合芮辛 **惊** 合 辛 坤 芮 死
勾冲壬 **生**使 勾 壬 震 冲 伤	朱禽丁 **休** 朱 丁 五 禽 中	天柱乙 **伤** 天 乙 兑 柱 惊
符任戊 **杜** 符 戊 艮 任 生	阴蓬庚 **开** 阴 庚 坎 蓬 休	地心丙 **死** 地 丙 乾 心 开

己巳时

勾冲壬 **生**使 常 癸 巽 辅 杜	符任戊 **杜** 蛇 己 离 英 景	阴蓬庚 **开** 合 辛 坤 芮 死
合芮辛 **惊** 勾 壬 震 冲 伤	常辅癸 **景** 朱 丁 五 禽 中	地心丙 **死** 天 乙 兑 柱 惊
天柱乙 **伤** 符 戊 艮 任 生	蛇英己 **中** 阴 庚 坎 蓬 休	朱禽丁 **休** 地 丙 乾 心 开

庚午时

合芮辛 **惊** 常 癸 巽 辅 杜	天柱乙 **伤** 蛇 己 离 英 景	蛇英己 **中** 合 辛 坤 芮 死
阴蓬庚 **开** 勾 壬 震 冲 伤	勾冲壬 **生**使 朱 丁 五 禽 中	朱禽丁 **休** 天 乙 兑 柱 惊
地心丙 **死** 符 戊 艮 任 生	符任戊 **杜** 阴 庚 坎 蓬 休	常辅癸 **景** 地 丙 乾 心 开

辛未时

阴蓬庚 **开** 常 癸 巽 辅 杜	地心丙 **死** 蛇 己 离 英 景	符任戊 **杜** 合 辛 坤 芮 死
蛇英己 **中** 勾 壬 震 冲 伤	合芮辛 **惊** 朱 丁 五 禽 中	常辅癸 **景** 天 乙 兑 柱 惊
朱禽丁 **休** 符 戊 艮 任 生	天柱乙 **伤** 阴 庚 坎 蓬 休	勾冲壬 **生**使 地 丙 乾 心 开

壬申时

蛇英己 **中** 常 癸 巽 辅 杜	朱禽丁 **休** 蛇 己 离 英 景	天柱乙 **伤** 合 辛 坤 芮 死
符任戊 **杜** 勾 壬 震 冲 伤	阴蓬庚 **开** 朱 丁 五 禽 中	勾冲壬 **生**使 天 乙 兑 柱 惊
常辅癸 **景** 符 戊 艮 任 生	地心丙 **死** 阴 庚 坎 蓬 休	合芮辛 **惊** 地 丙 乾 心 开

癸酉时

符任戊 **杜** 常 癸 巽 辅 杜	常辅癸 **景** 蛇 己 离 英 景	地心丙 **死** 合 辛 坤 芮 死
天芮乙 **伤** 勾 壬 震 冲 伤	蛇英己 **中** 朱 丁 五 禽 中	合芮辛 **惊** 天 乙 兑 柱 惊
勾冲壬 **生**使 符 戊 艮 任 生	朱禽丁 **休** 阴 庚 坎 蓬 休	阴蓬庚 **开** 地 丙 乾 心 开

甲戌时

勾辅癸 **杜** 勾 癸 巽 辅 杜	符英己 **景**使 符 己 离 英 景	阴芮辛 **死** 阴 辛 坤 芮 死
合冲壬 **伤** 合 壬 震 冲 伤	常禽丁 **中** 常 丁 五 禽 中	地柱乙 **惊** 地 乙 兑 柱 惊
天任戊 **生** 天 戊 艮 任 生	蛇蓬庚 **休** 蛇 庚 坎 蓬 休	朱心丙 **开** 朱 丙 乾 心 开

乙亥时

朱心丙 **伤** 勾 癸 巽 辅 杜	阴芮辛 **生** 符 己 离 英 景	勾辅癸 **休** 阴 辛 坤 芮 死
朱禽丁 **死** 合 壬 震 冲 伤	地柱乙 **杜** 常 丁 五 禽 中	符英己 **开** 地 乙 兑 柱 惊
蛇蓬庚 **惊** 天 戊 艮 任 生	合冲壬 **景**使 蛇 庚 坎 蓬 休	天任戊 **中** 朱 丙 乾 心 开

阳八局乙庚日

丙子时

地柱乙 死 勾 癸 巽 辅 杜	合冲壬 惊 符 己 离 英 景	常禽丁 景使 阴 辛 坤 芮 死
朱心丙 休 合 壬 震 冲 伤	天任戊 伤 常 丁 五 禽 中	蛇蓬庚 中 地 乙 兑 柱 惊
阴芮辛 开 天 戊 艮 任 生	勾辅癸 生 蛇 庚 坎 蓬 休	符英己 杜 朱 丙 乾 心 开

丁丑时

天任戊 休 勾 癸 巽 辅 杜	勾辅癸 开 符 己 离 英 景	朱心丙 生 阴 辛 坤 芮 死
地柱乙 景使 合 壬 震 冲 伤	符英己 死 常 丁 五 禽 中	阴芮辛 杜 地 乙 兑 柱 惊
合冲壬 中 天 戊 艮 任 生	常禽丁 惊 蛇 庚 坎 蓬 休	蛇蓬庚 伤 朱 丙 乾 心 开

戊寅时

常禽丁 景使 勾 癸 巽 辅 杜	蛇蓬庚 中 符 己 离 英 景	合冲壬 惊 阴 辛 坤 芮 死
勾辅癸 生 合 壬 震 冲 伤	朱心丙 休 常 丁 五 禽 中	天任戊 伤 地 乙 兑 柱 惊
符英己 杜 天 戊 艮 任 生	阴芮辛 开 蛇 庚 坎 蓬 休	地柱乙 死 朱 丙 乾 心 开

己卯时

勾辅癸 生 勾 癸 巽 辅 杜	符英己 杜 符 己 离 英 景	阴芮辛 开 阴 辛 坤 芮 死
合冲壬 惊 合 壬 震 冲 伤	常禽丁 景使 常 丁 五 禽 中	地柱乙 死 地 乙 兑 柱 惊
天任戊 伤 天 戊 艮 任 生	蛇蓬庚 中 蛇 庚 坎 蓬 休	朱心丙 休 朱 丙 乾 心 开

庚辰时

天冲壬 惊 勾 癸 巽 辅 杜	天任戊 伤 符 己 离 英 景	蛇蓬庚 中 阴 辛 坤 芮 死
阴芮辛 开 合 壬 震 冲 伤	勾辅癸 生 常 丁 五 禽 中	朱心丙 休 地 乙 兑 柱 惊
地柱乙 死 天 戊 艮 任 生	符英己 杜 蛇 庚 坎 蓬 休	常禽丁 景使 朱 丙 乾 心 开

辛巳时

阴芮辛 开 勾 癸 巽 辅 杜	地柱乙 死 符 己 离 英 景	符英己 杜 阴 辛 坤 芮 死
蛇英庚 中 合 壬 震 冲 伤	合冲壬 惊 常 丁 五 禽 中	常禽丁 景使 地 乙 兑 柱 惊
朱心丙 休 天 戊 艮 任 生	天壬戊 伤 蛇 庚 坎 蓬 休	勾辅癸 生 朱 丙 乾 心 开

壬午时

蛇蓬庚 中 勾 癸 巽 辅 杜	朱心丙 休 符 己 离 英 景	天任戊 伤 阴 辛 坤 芮 死
符英己 杜 合 壬 震 冲 伤	阴芮辛 开 常 丁 五 禽 中	勾辅癸 生 地 乙 兑 柱 惊
常禽丁 景使 天 戊 艮 任 生	地柱乙 死 蛇 庚 坎 蓬 休	合冲壬 惊 朱 丙 乾 心 开

癸未时

符英己 杜 勾 癸 巽 辅 杜	常禽丁 景使 符 己 离 英 景	地柱乙 死 阴 辛 坤 芮 死
天任戊 伤 合 壬 震 冲 伤	蛇蓬庚 中 常 丁 五 禽 中	合冲壬 惊 地 乙 兑 柱 惊
勾辅癸 生 天 戊 艮 任 生	朱心丙 休 蛇 庚 坎 蓬 休	阴芮辛 开 朱 丙 乾 心 开

甲申时

合辅癸 杜 合 癸 巽 辅 杜	天英己 景 天 己 离 英 景	蛇芮辛 死 蛇 辛 坤 芮 死
阴冲壬 伤 阴 壬 震 冲 伤	勾禽丁 中 勾 丁 五 禽 中	朱柱乙 惊 朱 乙 兑 柱 惊
地任戊 生 地 戊 艮 任 生	符蓬庚 休使 符 庚 坎 蓬 休	常心丙 开 常 丙 乾 心 开

乙酉时

朱柱乙 伤 合 癸 巽 辅 杜	阴冲壬 生 天 己 离 英 景	勾禽丁 休使 蛇 辛 坤 芮 死
常心丙 死 阴 壬 震 冲 伤	地任戊 杜 勾 丁 五 禽 中	符蓬庚 开 朱 乙 兑 柱 惊
蛇芮辛 惊 地 戊 艮 任 生	合辅癸 景 符 庚 坎 蓬 休	天英己 中 常 丙 乾 心 开

丙戌时

地任戊 死 合 癸 巽 辅 杜	合辅癸 惊 天 己 离 英 景	常心丙 景 蛇 辛 坤 芮 死
朱柱乙 休使 阴 壬 震 冲 伤	天英己 伤 勾 丁 五 禽 中	蛇芮辛 中 朱 乙 兑 柱 惊
阴冲壬 开 地 戊 艮 任 生	勾禽丁 生 符 庚 坎 蓬 休	癸蓬庚 杜 常 丙 乾 心 开

丁亥时

天英己 休使 合 癸 巽 辅 杜	勾禽丁 开 天 己 离 英 景	朱柱乙 生 蛇 辛 坤 芮 死
地任戊 景 阴 壬 震 冲 伤	符蓬庚 死 勾 丁 五 禽 中	阴冲壬 杜 朱 乙 兑 柱 惊
合辅癸 中 地 戊 艮 任 生	常心丙 惊 符 庚 坎 蓬 休	蛇芮辛 伤 常 丙 乾 心 开

阳八局丙辛日

戊子时

常心丙 **景** 合 癸 巽 辅 杜	蛇芮辛 **中** 天 己 离 英 景	合辅癸 **惊** 蛇 辛 坤 芮 死
勾禽丁 **生** 阴 壬 震 冲 伤	朱柱乙 **休**使 勾 丁 五 禽 中	天英己 **伤** 朱 乙 兑 柱 惊
符蓬庚 **杜** 地 戊 艮 任 生	阴冲壬 **开** 符 庚 坎 蓬 休	地任戊 **死** 常 丙 乾 心 开

己丑时

勾禽丁 **生** 合 癸 巽 辅 杜	符蓬庚 **杜** 天 己 离 英 景	阴冲壬 **开** 蛇 辛 坤 芮 死
合辅癸 **惊** 阴 壬 震 冲 伤	常心丙 **景** 勾 丁 五 禽 中	地任戊 **死** 朱 乙 兑 柱 惊
天英己 **伤** 地 戊 艮 任 生	蛇芮辛 **中** 符 庚 坎 蓬 休	朱柱乙 **休**使 常 丙 乾 心 开

庚寅时

合辅癸 **惊** 合 癸 巽 辅 杜	天英己 **伤** 天 己 离 英 景	蛇芮辛 **中** 蛇 辛 坤 芮 死
阴冲壬 **开** 阴 壬 震 冲 伤	勾禽丁 **生** 勾 丁 五 禽 中	朱柱乙 **休**使 朱 乙 兑 柱 惊
地任戊 **死** 地 戊 艮 任 生	符蓬庚 **中** 符 庚 坎 蓬 休	常心丙 **景** 常 丙 乾 心 开

辛卯时

阴冲壬 **开** 合 癸 巽 辅 杜	地任戊 **死** 天 己 离 英 景	符蓬庚 **杜** 蛇 辛 坤 芮 死
蛇芮辛 **中** 阴 壬 震 冲 伤	合辅癸 **惊** 勾 丁 五 禽 中	常心丙 **景** 朱 乙 兑 柱 惊
朱柱乙 **休**使 地 戊 艮 任 生	天英己 **伤** 符 庚 坎 蓬 休	勾禽丁 **生** 常 丙 乾 心 开

壬辰时

蛇芮辛 **中** 合 癸 巽 辅 杜	朱柱乙 **休**使 天 己 离 英 景	天英己 **伤** 蛇 辛 坤 芮 死
符蓬庚 **杜** 阴 壬 震 冲 伤	阴冲壬 **开** 勾 丁 五 禽 中	勾禽丁 **生** 朱 乙 兑 柱 惊
常心丙 **景** 地 戊 艮 任 生	地任戊 **死** 符 庚 坎 蓬 休	合辅癸 **惊** 常 丙 乾 心 开

癸巳时

符蓬庚 **杜** 合 癸 巽 辅 杜	常心丙 **景** 天 己 离 英 景	地任戊 **死** 蛇 辛 坤 芮 死
天英己 **伤** 阴 壬 震 冲 伤	蛇芮辛 **中** 勾 丁 五 禽 中	合辅癸 **惊** 朱 乙 兑 柱 惊
勾禽丁 **生** 地 戊 艮 任 生	朱柱乙 **休**使 符 庚 坎 蓬 休	阴冲壬 **开** 常 丙 乾 心 开

甲午时

阴辅癸 **杜** 阴 癸 巽 辅 杜	地英己 **景** 地 己 离 英 景	符芮辛 **死**使 符 辛 坤 芮 死
蛇冲壬 **伤** 蛇 壬 震 冲 伤	合禽丁 **中** 合 丁 五 禽 中	常柱乙 **惊** 常 乙 兑 柱 惊
朱任戊 **生** 朱 戊 艮 任 生	天蓬庚 **休** 天 庚 坎 蓬 休	勾心丙 **开** 勾 丙 乾 心 开

乙未时

朱任戊 **伤** 阴 癸 巽 辅 杜	阴辅癸 **生** 地 己 离 英 景	勾心丙 **休** 符 辛 坤 芮 死
常柱乙 **死**使 蛇 壬 震 冲 伤	地英己 **杜** 合 丁 五 禽 中	符芮辛 **开** 常 乙 兑 柱 惊
蛇冲壬 **惊** 朱 戊 艮 任 生	合禽丁 **景** 天 庚 坎 蓬 休	天蓬庚 **中** 勾 丙 乾 心 开

丙申时

地英己 **死**使 阴 癸 巽 辅 杜	合禽丁 **惊** 地 己 离 英 景	常柱乙 **景** 符 辛 坤 芮 死
朱任戊 **休** 蛇 壬 震 冲 伤	天蓬庚 **伤** 合 丁 五 禽 中	蛇冲壬 **中** 常 乙 兑 柱 惊
阴辅癸 **开** 朱 戊 艮 任 生	勾心丙 **生** 天 庚 坎 蓬 休	符芮辛 **杜** 勾 丙 乾 心 开

丁酉时

天蓬庚 **休** 阴 癸 巽 辅 杜	勾心丙 **开** 地 己 离 英 景	朱任戊 **生** 符 辛 坤 芮 死
地英己 **景** 蛇 壬 震 冲 伤	符芮辛 **死**使 合 丁 五 禽 中	阴辅癸 **杜** 常 乙 兑 柱 惊
合禽丁 **中** 朱 戊 艮 任 生	常柱乙 **惊** 天 庚 坎 蓬 休	蛇冲壬 **伤** 勾 丙 乾 心 开

戊戌时

常柱乙 **景** 阴 癸 巽 辅 杜	蛇冲壬 **中** 地 己 离 英 景	合禽丁 **惊** 符 辛 坤 芮 死
勾心丙 **生** 蛇 壬 震 冲 伤	朱任戊 **休** 合 丁 五 禽 中	天蓬庚 **伤** 常 乙 兑 柱 惊
符芮辛 **杜** 朱 戊 艮 任 生	阴辅癸 **开** 天 庚 坎 蓬 休	地英己 **死**使 勾 丙 乾 心 开

己亥时

勾心丙 **生** 阴 癸 巽 辅 杜	符芮辛 **杜** 地 己 离 英 景	阴辅癸 **开** 符 辛 坤 芮 死
合禽丁 **惊** 蛇 壬 震 冲 伤	常己乙 **景** 合 丁 五 禽 中	地英己 **死**使 常 乙 兑 柱 惊
天蓬庚 **伤** 朱 戊 艮 任 生	蛇冲壬 **中** 天 庚 坎 蓬 休	朱任戊 **休** 勾 丙 乾 心 开

阳八局丁壬日

庚子时

合禽丁 **惊** 阴 癸 巽 辅 杜	天蓬庚 **伤** 地 己 离 英 景	蛇冲壬 **中** 符 辛 坤 芮 死
阴辅癸 **开** 蛇 壬 震 冲 伤	勾心丙 **生** 合 丁 五 禽 中	朱任戊 **休** 常 乙 兑 柱 惊
地英己 **死**使 朱 戊 艮 任 生	符芮辛 **杜** 天 庚 坎 蓬 休	常柱乙 **景** 勾 丙 乾 心 开

辛丑时

阴辅癸 **开** 阴 癸 巽 辅 杜	地英己 **死**使 地 己 离 英 景	符芮辛 **杜** 符 辛 坤 芮 死
蛇冲壬 **中** 蛇 壬 震 冲 伤	合禽丁 **惊** 合 丁 五 禽 中	常柱乙 **景** 常 乙 兑 柱 惊
朱任戊 **休** 朱 戊 艮 任 生	天蓬庚 **伤** 天 庚 坎 蓬 休	勾心丙 **生** 勾 丙 乾 心 开

壬寅时

蛇冲壬 **中** 阴 癸 巽 辅 杜	朱任戊 **休** 地 己 离 英 景	天蓬庚 **伤** 符 辛 坤 芮 死
符芮辛 **杜** 蛇 壬 震 冲 伤	阴辅癸 **开** 合 丁 五 禽 中	勾心丙 **生** 常 乙 兑 柱 惊
常柱乙 **景** 朱 戊 艮 任 生	地英己 **死**使 天 庚 坎 蓬 休	合禽丁 **惊** 勾 丙 乾 心 开

癸卯时

符芮辛 **杜** 阴 癸 巽 辅 杜	常柱乙 **景** 地 己 离 英 景	地英己 **死**使 符 辛 坤 芮 死
天蓬庚 **伤** 蛇 壬 震 冲 伤	蛇冲壬 **中** 合 丁 五 禽 中	合禽勾 **惊** 常 乙 兑 柱 惊
勾心丙 **生** 朱 戊 艮 任 生	朱任戊 **休** 天 庚 坎 蓬 休	阴辅癸 **开** 勾 丙 乾 心 开

甲辰时

蛇辅癸 **杜** 蛇 癸 巽 辅 杜	朱英己 **景** 朱 己 离 英 景	天芮辛 **死** 天 辛 坤 芮 死
符冲壬 **伤**使 符 壬 震 冲 伤	阴禽丁 **中** 阴 丁 五 禽 中	勾柱乙 **惊** 勾 乙 兑 柱 惊
常任戊 **生** 常 戊 艮 任 生	地蓬庚 **休** 地 庚 坎 蓬 休	合心内 **开** 合 丙 乾 心 开

乙巳时

朱英己 **伤**使 蛇 癸 巽 辅 杜	阴禽丁 **生** 朱 己 离 英 景	勾柱乙 **休** 天 辛 坤 芮 死
常任戊 **死** 符 壬 震 冲 伤	地蓬庚 **杜** 阴 丁 五 禽 中	符冲壬 **开** 勾 乙 兑 柱 惊
蛇辅癸 **惊** 常 戊 艮 任 生	合心丙 **景** 地 庚 坎 蓬 休	天芮辛 **中** 合 丙 乾 心 开

丙午时

地蓬庚 **死** 蛇 癸 巽 辅 杜	合心丙 **惊** 朱 己 离 英 景	常任戊 **景** 天 辛 坤 芮 死
朱英己 **休** 符 壬 震 冲 伤	天芮辛 **伤**使 阴 丁 五 禽 中	蛇辅癸 **中** 勾 乙 兑 柱 惊
阴禽丁 **开** 常 戊 艮 任 生	勾柱乙 **生** 地 庚 坎 蓬 休	符冲士 **杜** 合 丙 乾 心 开

丁未时

天芮辛 **休** 蛇 癸 巽 辅 杜	勾柱乙 **开** 朱 己 离 英 景	朱英己 **生** 天 辛 坤 芮 死
地蓬庚 **景** 符 壬 震 冲 伤	符冲壬 **死** 阴 丁 五 禽 中	阴禽丁 **杜** 勾 乙 兑 柱 惊
合心丙 **中** 常 戊 艮 任 生	常任戊 **惊** 地 庚 坎 蓬 休	蛇辅癸 **伤**使 合 丙 乾 心 开

戊申时

常任戊 **景** 蛇 癸 巽 辅 杜	蛇辅癸 **中** 朱 己 离 英 景	合心丙 **惊** 天 辛 坤 芮 死
勾柱乙 **生** 符 壬 震 冲 伤	朱英己 **休** 阴 丁 五 禽 中	天芮辛 **伤**使 勾 乙 兑 柱 惊
符冲壬 **杜** 常 戊 艮 任 生	阴禽丁 **开** 地 庚 坎 蓬 休	地蓬庚 **死** 合 丙 乾 心 开

己酉时

勾柱乙 **生** 蛇 癸 巽 辅 杜	符冲壬 **杜** 朱 己 离 英 景	阴禽丁 **开** 天 辛 坤 芮 死
合心丙 **惊** 符 壬 震 冲 伤	常任戊 **景** 阴 丁 五 禽 中	地蓬庚 **死** 勾 乙 兑 柱 惊
天芮辛 **伤**使 常 戊 艮 任 生	蛇辅癸 **中** 地 庚 坎 蓬 休	朱英己 **休** 合 丙 乾 心 开

庚戌时

合心丙 **惊** 蛇 癸 巽 辅 杜	天芮辛 **伤**使 朱 己 离 英 景	蛇辅癸 **中** 天 辛 坤 芮 死
阴禽丁 **开** 符 壬 震 冲 伤	勾柱乙 **生** 阴 丁 五 禽 中	朱英己 **休** 勾 乙 兑 柱 惊
地蓬庚 **死** 常 戊 艮 任 生	符冲壬 **杜** 地 庚 坎 蓬 休	常任戊 **景** 合 丙 乾 心 开

辛亥时

阴禽丁 **开** 蛇 癸 巽 辅 杜	地蓬庚 **死** 朱 己 离 英 景	符冲壬 **杜** 天 辛 坤 芮 死
蛇辅癸 **中** 符 壬 震 冲 伤	合心丙 **惊** 阴 丁 五 禽 中	常任戊 **景** 勾 乙 兑 柱 惊
朱英己 **休** 常 戊 艮 任 生	天芮辛 **伤**使 地 庚 坎 蓬 休	勾柱乙 **生** 合 丙 乾 心 开

阳八局戊癸日

壬子时

蛇辅癸 **中** 蛇 癸 巽 辅 杜	朱英己 **休** 朱 己 离 英 景	天芮辛 **伤**使 天 辛 坤 芮 死
符冲壬 **杜** 符 壬 震 冲 伤	阴禽丁 **开** 阴 丁 五 禽 中	勾柱乙 **生** 勾 乙 兑 柱 惊
常任戊 **景** 常 戊 艮 任 生	地蓬庚 **死** 地 庚 坎 蓬 休	合心丙 **惊** 合 丙 乾 心 开

癸丑时

符冲壬 **杜** 蛇 癸 巽 辅 杜	常任戊 **景** 朱 己 离 英 景	地蓬庚 **死** 天 辛 坤 芮 死
天芮辛 **伤**使 符 壬 震 冲 伤	蛇辅癸 **中** 阴 丁 五 禽 中	合心丙 **惊** 勾 乙 兑 柱 惊
勾柱乙 **生** 常 戊 艮 任 生	朱英己 **休** 地 庚 坎 蓬 休	癸禽丁 **开** 合 丙 乾 心 开

甲寅时

常辅癸 **杜**使 符 癸 巽 辅 杜	常英己 **景** 常 己 离 英 景	地芮辛 **死** 地 辛 坤 芮 死
天冲壬 **伤** 天 壬 震 冲 伤	蛇禽丁 **中** 蛇 丁 五 禽 中	合柱乙 **惊** 合 乙 兑 柱 惊
勾任戊 **生** 勾 戊 艮 任 生	朱蓬庚 **休** 朱 庚 坎 蓬 休	阴心丙 **开** 阴 丙 乾 心 开

乙卯时

朱蓬庚 **伤** 符 癸 巽 辅 杜	阴心丙 **生** 常 己 离 英 景	勾任戊 **休** 地 辛 坤 芮 死
常英己 **死** 天 壬 震 冲 伤	地芮辛 **杜**使 蛇 丁 五 禽 中	符辅癸 **开** 合 乙 兑 柱 惊
蛇禽丁 **惊** 勾 戊 艮 任 生	合柱乙 **景** 朱 庚 坎 蓬 休	天冲壬 **中** 阴 丙 乾 心 开

丙辰时

地芮辛 **死** 符 癸 巽 辅 杜	合柱乙 **惊** 常 己 离 英 景	常英己 **景** 地 辛 坤 芮 死
朱蓬庚 **休** 天 壬 震 冲 伤	天冲壬 **伤** 蛇 丁 五 禽 中	蛇禽丁 **中** 合 乙 兑 柱 惊
阴心丙 **开** 勾 戊 艮 任 生	勾任戊 **生** 朱 庚 坎 蓬 休	符辅癸 **杜**使 阴 丙 乾 心 开

丁巳时

天冲壬 **休** 符 癸 巽 辅 杜	勾任戊 **开** 常 己 离 英 景	朱蓬庚 **生** 地 辛 坤 芮 死
地芮辛 **景** 天 壬 震 冲 伤	符辅癸 **死** 蛇 丁 五 禽 中	阴心丙 **杜**使 合 乙 兑 柱 惊
合柱乙 **中** 勾 戊 艮 任 生	常英己 **惊** 朱 庚 坎 蓬 休	蛇禽丁 **伤** 阴 丙 乾 心 开

戊午时

常英己 **景** 符 癸 巽 辅 杜	蛇禽丁 **中** 常 己 离 英 景	合柱乙 **惊** 地 辛 坤 芮 死
勾任戊 **生** 天 壬 震 冲 伤	朱蓬庚 **休** 蛇 丁 五 禽 中	天冲壬 **伤** 合 乙 兑 柱 惊
符辅癸 **杜**使 勾 戊 艮 任 生	阴心丙 **开** 朱 庚 坎 蓬 休	地芮辛 **死** 阴 丙 乾 心 开

己未时

勾任戊 **生** 符 癸 巽 辅 杜	符辅癸 **杜**使 常 己 离 英 景	阴心丙 **开** 地 辛 坤 芮 死
合柱乙 **惊** 天 壬 震 冲 伤	常英己 **景** 蛇 丁 五 禽 中	地芮辛 **死** 合 乙 兑 柱 惊
天冲壬 **伤** 勾 戊 艮 任 生	蛇禽丁 **中** 朱 庚 坎 蓬 休	朱蓬庚 **休** 阴 丙 乾 心 开

庚申时

合柱乙 **惊** 符 癸 巽 辅 杜	天冲壬 **伤** 常 己 离 英 景	蛇禽丁 **中** 地 辛 坤 芮 死
阴心丙 **开** 天 壬 震 冲 伤	勾任戊 **生** 蛇 丁 五 禽 中	朱蓬庚 **休** 合 乙 兑 柱 惊
地芮辛 **死** 勾 戊 艮 任 生	符辅癸 **杜**使 朱 庚 坎 蓬 休	常英己 **景** 阴 丙 乾 心 开

辛酉时

阴心丙 **开** 符 癸 巽 辅 杜	地芮辛 **死** 常 己 离 英 景	符辅癸 **杜**使 地 辛 坤 芮 死
蛇禽丁 **中** 天 壬 震 冲 伤	合柱乙 **惊** 蛇 丁 五 禽 中	常英己 **景** 合 乙 兑 柱 惊
朱蓬庚 **休** 勾 戊 艮 任 生	天冲壬 **伤** 朱 庚 坎 蓬 休	勾任戊 **生** 阴 丙 乾 心 开

壬戌时

蛇禽丁 **中** 符 癸 巽 辅 杜	朱蓬庚 **休** 常 己 离 英 景	天冲壬 **伤** 地 辛 坤 芮 死
符辅癸 **杜**使 天 壬 震 冲 伤	阴心丙 **开** 蛇 丁 五 禽 中	勾任戊 **生** 合 乙 兑 柱 惊
常英己 **景** 勾 戊 艮 任 生	地芮辛 **死** 朱 庚 坎 蓬 休	合柱乙 **惊** 阴 丙 乾 心 开

癸亥时

符辅癸 **杜**使 符 癸 巽 辅 杜	常英己 **景** 常 己 离 英 景	地芮辛 **死** 地 辛 坤 芮 死
天冲壬 **伤** 天 壬 震 冲 伤	蛇禽丁 **中** 蛇 丁 五 禽 中	合柱乙 **惊** 合 乙 兑 柱 惊
勾任戊 **生** 勾 戊 艮 任 生	朱蓬庚 **休** 朱 庚 坎 蓬 休	阴心丙 **开** 阴 丙 乾 心 开

奇门旨归卷二十二

阳遁九局

大寒中　春分中

雨水上　芒种下

甲己日十二时局

乙庚日十二时局

丙辛日十二时局

丁壬日十二时局

戊癸日十二时局

阳九局甲己日

甲子时

勾辅壬 杜 勾 壬 巽 辅 杜	符英戊 景使 符 戊 离 英 景	阴芮庚 死 阴 庚 坤 芮 死
合冲辛 伤 合 辛 震 冲 伤	常禽癸 中 常 癸 五 禽 中	地柱丙 惊 地 丙 兑 柱 惊
天任乙 生 天 乙 艮 任 生	蛇蓬己 休 蛇 己 坎 蓬 休	朱心丁 开 朱 丁 乾 心 开

乙丑时

常禽癸 伤 勾 壬 巽 辅 杜	蛇蓬己 生 符 戊 离 英 景	合冲辛 休 阴 庚 坤 芮 死
勾辅壬 死 合 辛 震 冲 伤	朱心丁 杜 常 癸 五 禽 中	天任乙 开 地 丙 兑 柱 惊
符英戊 惊 天 乙 艮 任 生	阴芮庚 景使 蛇 己 坎 蓬 休	地柱丙 中 朱 丁 乾 心 开

丙寅时

朱心丁 死 勾 壬 巽 辅 杜	阴芮庚 惊 符 戊 离 英 景	勾辅壬 景使 阴 庚 坤 芮 死
常禽癸 休 合 辛 震 冲 伤	地柱丙 伤 常 癸 五 禽 中	符英戊 中 地 丙 兑 柱 惊
蛇蓬己 开 天 乙 艮 任 生	合冲辛 生 蛇 己 坎 蓬 休	天任乙 杜 朱 丁 乾 心 开

丁卯时

地柱丙 休 勾 壬 巽 辅 杜	合冲辛 开 符 戊 离 英 景	常禽癸 生 阴 庚 坤 芮 死
朱心丁 景使 合 辛 震 冲 伤	天任乙 死 常 癸 五 禽 中	蛇蓬己 杜 地 丙 兑 柱 惊
阴芮庚 中 天 乙 艮 任 生	勾辅壬 惊 蛇 己 坎 蓬 休	符英戊 伤 朱 丁 乾 心 开

戊辰时

勾辅壬 景使 勾 壬 巽 辅 杜	符英戊 中 符 戊 离 英 景	阴芮庚 惊 阴 庚 坤 芮 死
合冲辛 生 合 辛 震 冲 伤	常禽癸 休 常 癸 五 禽 中	地柱丙 伤 地 丙 兑 柱 惊
天任乙 杜 天 乙 艮 任 生	蛇蓬己 开 蛇 己 坎 蓬 休	朱心丁 死 朱 丁 乾 心 开

己巳时

合冲辛 生 勾 壬 巽 辅 杜	天任乙 杜 符 戊 离 英 景	蛇蓬己 开 阴 庚 坤 芮 死
阴芮庚 惊 合 辛 震 冲 伤	勾辅壬 景使 常 癸 五 禽 中	朱心丁 死 地 丙 兑 柱 惊
地柱丙 伤 天 乙 艮 任 生	符英戊 中 蛇 己 坎 蓬 休	常禽癸 休 朱 丁 乾 心 开

庚午时

阴芮庚 惊 勾 壬 巽 辅 杜	地柱丙 伤 符 戊 离 英 景	符英戊 中 阴 庚 坤 芮 死
蛇蓬己 开 合 辛 震 冲 伤	合冲辛 生 常 癸 五 禽 中	常禽癸 休 地 丙 兑 柱 惊
朱心丁 死 天 乙 艮 任 生	天任乙 杜 蛇 己 坎 蓬 休	勾辅壬 景使 朱 丁 乾 心 开

辛未时

蛇蓬巳 开 勾 壬 巽 辅 杜	朱心丁 死 符 戊 离 英 景	天任乙 杜 阴 庚 坤 芮 死
符英庚 中 合 辛 震 冲 伤	阴芮庚 惊 常 癸 五 禽 中	勾辅壬 景使 地 丙 兑 柱 惊
常禽癸 休 天 乙 艮 任 生	地柱丙 伤 蛇 己 坎 蓬 休	合冲辛 生 朱 丁 乾 心 开

壬申时

符英戊 中 勾 壬 巽 辅 杜	常禽癸 休 符 戊 离 英 景	地柱丙 伤 阴 庚 坤 芮 死
天任乙 杜 合 辛 震 冲 伤	蛇蓬己 开 常 癸 五 禽 中	合冲辛 生 地 丙 兑 柱 惊
勾辅壬 景使 天 乙 艮 任 生	朱心丁 死 蛇 己 坎 蓬 休	阴芮庚 惊 朱 丁 乾 心 开

癸酉时

天任乙 杜 勾 壬 巽 辅 杜	勾辅壬 景使 符 戊 离 英 景	朱心丁 死 阴 庚 坤 芮 死
地柱丙 伤 合 辛 震 冲 伤	符英戊 中 常 癸 五 禽 中	阴芮庚 惊 地 丙 兑 柱 惊
合冲辛 生 天 乙 艮 任 生	常禽癸 休 蛇 己 坎 蓬 休	蛇蓬己 开 朱 丁 乾 心 开

甲戌时

合辅壬 杜 合 壬 巽 辅 杜	天英戊 景 天 戊 离 英 景	蛇芮庚 死 蛇 庚 坤 芮 死
阴冲辛 伤 阴 辛 震 冲 伤	勾禽癸 中 勾 癸 五 禽 中	朱柱丙 惊 朱 丙 兑 柱 惊
地任乙 生 地 乙 艮 任 生	符蓬己 休使 符 己 坎 蓬 休	常心丁 开 常 丁 乾 心 开

乙亥时

常心丁 伤 合 壬 巽 辅 杜	蛇芮庚 生 天 戊 离 英 景	合辅壬 休使 蛇 庚 坤 芮 死
勾禽癸 死 阴 辛 震 冲 伤	朱柱丙 杜 勾 癸 五 禽 中	天英戊 开 朱 丙 兑 柱 惊
符蓬己 惊 地 乙 艮 任 生	阴冲辛 景 符 己 坎 蓬 休	地任乙 中 常 丁 乾 心 开

阳九局乙庚日

丙子时

朱柱丙 死 合 壬 巽 辅 杜	阴冲辛 惊 天 戊 离 英 景	勾禽癸 景 蛇 庚 坤 芮 死
常心丁 休使 阴 辛 震 冲 伤	地任乙 伤 勾 癸 五 禽 中	符蓬己 中 朱 丙 兑 柱 惊
蛇芮庚 开 地 乙 艮 任 生	合辅壬 生 符 己 坎 蓬 休	天英戊 杜 常 丁 乾 心 开

丁丑时

地任乙 休使 合 壬 巽 辅 杜	合辅壬 开 天 戊 离 英 景	常心丁 生 蛇 庚 坤 芮 死
朱柱丙 景 阴 辛 震 冲 伤	天英戊 死 勾 癸 五 禽 中	蛇芮庚 杜 朱 丙 兑 柱 惊
阴冲辛 中 地 乙 艮 任 生	勾禽癸 惊 符 己 坎 蓬 休	符蓬己 伤 常 丁 乾 心 开

戊寅时

勾禽癸 景 天 壬 巽 辅 杜	符蓬己 中 天 戊 离 英 景	阴冲辛 惊 蛇 庚 坤 芮 死
合辅壬 生 阴 辛 震 冲 伤	常心丁 休使 勾 癸 五 禽 中	地任乙 伤 朱 丙 兑 柱 惊
天英戊 杜 地 乙 艮 任 生	蛇芮庚 开 符 己 坎 蓬 休	朱柱丙 死 常 丁 乾 心 开

己卯时

合辅壬 生 合 壬 巽 辅 杜	天英戊 休 天 戊 离 英 景	蛇芮庚 开 蛇 庚 坤 芮 死
阴冲辛 惊 阴 辛 震 冲 伤	勾禽癸 景 勾 癸 五 禽 中	朱柱丙 死 朱 丙 兑 柱 惊
地任乙 伤 地 乙 艮 任 生	符蓬己 中 符 己 坎 蓬 休	常心丁 休使 常 丁 乾 心 开

庚辰时

阴冲辛 惊 合 壬 巽 辅 杜	地任乙 伤 天 戊 离 英 景	符蓬己 中 蛇 庚 坤 芮 死
蛇芮庚 开 阴 辛 震 冲 伤	合辅壬 生 勾 癸 五 禽 中	常心丁 休使 朱 丙 兑 柱 惊
朱柱丙 死 地 乙 艮 任 生	天英戊 杜 符 己 坎 蓬 休	勾禽癸 景 常 丁 乾 心 开

辛巳时

蛇芮庚 开 合 壬 巽 辅 杜	朱柱丙 死 天 戊 离 英 景	天英戊 杜 蛇 庚 坤 芮 死
符蓬己 中 阴 辛 震 冲 伤	阴冲辛 惊 勾 癸 五 禽 中	勾禽癸 景 朱 丙 兑 柱 惊
常心丁 休使 地 乙 艮 任 生	地任乙 伤 符 己 坎 蓬 休	合辅壬 生 常 丁 乾 心 开

壬午时

符蓬己 中 合 壬 巽 辅 杜	常心丁 休使 天 戊 离 英 景	地任乙 伤 蛇 庚 坤 芮 死
天英戊 杜 阴 辛 震 冲 伤	蛇芮庚 开 勾 癸 五 禽 中	合辅壬 生 朱 丙 兑 柱 惊
勾禽癸 景 地 乙 艮 任 生	朱柱丙 死 符 己 坎 蓬 休	阴冲辛 惊 常 丁 乾 心 开

癸未时

天英戊 杜 合 壬 巽 辅 杜	勾禽癸 景 天 戊 离 英 景	朱柱丙 死 蛇 庚 坤 芮 死
地任乙 伤 阴 辛 震 冲 伤	符蓬己 中 勾 癸 五 禽 中	阴冲辛 惊 朱 丙 兑 柱 惊
合辅壬 生 地 乙 艮 任 生	常心丁 休使 符 己 坎 蓬 休	蛇芮庚 开 常 丁 乾 心 开

甲申时

阴辅壬 杜 阴 壬 巽 辅 杜	地英戊 景 天 戊 离 英 景	符芮庚 死使 符 庚 坤 芮 死
蛇冲辛 伤 蛇 辛 震 冲 伤	合禽癸 中 合 癸 五 禽 中	常柱丙 惊 常 丙 兑 柱 惊
朱任乙 生 朱 乙 艮 任 生	天蓬己 杜 天 己 坎 蓬 休	勾心丁 开 勾 丁 乾 心 开

乙酉时

常柱丙 伤 阴 壬 巽 辅 杜	蛇冲辛 生 天 戊 离 英 景	合禽癸 休 符 庚 坤 芮 死
勾心丁 死使 蛇 辛 震 冲 伤	朱任乙 杜 合 癸 五 禽 中	天蓬己 开 常 丙 兑 柱 惊
符芮庚 惊 朱 乙 艮 任 生	阴辅壬 景 天 己 坎 蓬 休	地英戊 中 勾 丁 乾 心 开

丙戌时

朱任乙 死使 阴 壬 巽 辅 杜	阴辅壬 惊 天 戊 离 英 景	勾心丁 景 符 庚 坤 芮 死
常柱丙 休 蛇 辛 震 冲 伤	地英戊 伤 合 癸 五 禽 中	符芮庚 中 常 丙 兑 柱 惊
蛇冲辛 开 朱 乙 艮 任 生	合禽癸 生 天 己 坎 蓬 休	天蓬己 杜 勾 丁 乾 心 开

丁亥时

地英戊 休 阴 壬 巽 辅 杜	合禽癸 开 天 戊 离 英 景	常柱丙 生 符 庚 坤 芮 死
朱任乙 景 蛇 辛 震 冲 伤	天蓬己 死使 合 癸 五 禽 中	蛇冲辛 杜 常 丙 兑 柱 惊
阴辅壬 中 朱 乙 艮 任 生	勾心丁 惊 天 己 坎 蓬 休	符芮庚 伤 勾 丁 乾 心 开

阳九局丙辛日

戊子时

勾心丁 **景** 阴 壬 巽 辅 杜	符芮庚 **中** 地 戊 离 英 景	阴辅壬 **惊** 符 庚 坤 芮 死
合禽癸 **生** 蛇 辛 震 冲 伤	常柱丙 **休** 合 癸 五 禽 中	地英戊 **伤** 常 丙 兑 柱 惊
天蓬己 **杜** 朱 乙 艮 任 生	蛇冲辛 **开** 天 己 坎 蓬 休	朱任乙 **死**使 勾 丁 乾 心 开

己丑时

合禽癸 **生** 阴 壬 巽 辅 杜	天蓬己 **杜** 地 戊 离 英 景	蛇冲辛 **开** 符 庚 坤 芮 死
阴辅壬 **惊** 蛇 辛 震 冲 伤	勾心丁 **景** 合 癸 五 禽 中	朱任乙 **死**使 常 丙 兑 柱 惊
地英戊 **伤** 朱 乙 艮 任 生	符芮庚 **中** 天 己 坎 蓬 休	常柱丙 **休** 勾 丁 乾 心 开

庚寅时

阴辅壬 **惊** 阴 壬 巽 辅 杜	地英戊 **伤** 地 戊 离 英 景	符芮庚 **中** 符 庚 坤 芮 死
蛇冲辛 **开** 蛇 辛 震 冲 伤	合禽癸 **生** 合 癸 五 禽 中	常柱丙 **休** 常 丙 兑 柱 惊
朱任乙 **死**使 朱 乙 艮 任 生	天蓬己 **杜** 天 己 坎 蓬 休	勾心丁 **景** 勾 丁 乾 心 开

辛卯时

蛇冲辛 **开** 阴 壬 巽 辅 杜	朱任乙 **死**使 地 戊 离 英 景	天蓬己 **杜** 符 庚 坤 芮 死
符芮庚 **中** 蛇 辛 震 冲 伤	阴辅壬 **惊** 合 癸 五 禽 中	勾心丁 **景** 常 丙 兑 柱 惊
常柱丙 **休** 朱 乙 艮 任 生	地英戊 **伤** 天 己 坎 蓬 休	合禽癸 **生** 勾 丁 乾 心 开

壬辰时

符芮庚 **中** 阴 壬 巽 辅 杜	常柱丙 **休** 地 戊 离 英 景	地英戊 **伤** 符 庚 坤 芮 死
天蓬乙 **杜** 蛇 辛 震 冲 伤	蛇冲辛 **开** 合 癸 五 禽 中	合禽癸 **生** 常 丙 兑 柱 惊
勾心丁 **景** 朱 乙 艮 任 生	朱任乙 **死**使 天 己 坎 蓬 休	阴辅壬 **惊** 勾 丁 乾 心 开

癸巳时

天蓬己 **杜** 阴 壬 巽 辅 杜	勾心丁 **景** 地 戊 离 英 景	朱任乙 **死**使 符 庚 坤 芮 死
地英戊 **伤** 蛇 辛 震 冲 伤	符芮庚 **中** 合 癸 五 禽 中	阴辅壬 **惊** 常 丙 兑 柱 惊
合禽癸 **生** 朱 乙 艮 任 生	常柱丙 **休** 天 己 坎 蓬 休	蛇冲辛 **开** 勾 丁 乾 心 开

甲午时

蛇辅壬 **杜** 蛇 壬 巽 辅 杜	朱英戊 **景** 朱 戊 离 英 景	天芮辰 **死** 天 庚 坤 芮 死
符冲辛 **伤**使 符 辛 震 冲 伤	阴禽癸 **中** 阴 癸 五 禽 中	勾柱丙 **惊** 勾 丙 兑 柱 惊
常任乙 **生** 常 乙 艮 任 生	地蓬己 **休** 地 己 坎 蓬 休	合心丁 **开** 合 丁 乾 心 开

乙未时

常任乙 **伤**使 蛇 壬 巽 辅 杜	蛇辅壬 **生** 朱 戊 离 英 景	合心丁 **休** 天 庚 坤 芮 死
勾柱丙 **死** 符 辛 震 冲 伤	朱英戊 **杜** 阴 癸 五 禽 中	天芮庚 **开** 勾 丙 兑 柱 惊
符冲辛 **惊** 常 乙 艮 任 生	阴禽癸 **景** 地 己 坎 蓬 休	地蓬己 **中** 合 丁 乾 心 开

丙申时

朱英戊 **死** 蛇 壬 巽 辅 杜	阴禽癸 **惊** 朱 戊 离 英 景	勾柱丙 **景** 天 庚 坤 芮 死
常任乙 **休** 符 辛 震 冲 伤	地蓬己 **伤**使 阴 癸 五 禽 中	符冲辛 **中** 勾 丙 兑 柱 惊
蛇辅壬 **开** 常 乙 艮 任 生	合心丁 **生** 地 己 坎 蓬 休	天芮庚 **杜** 合 丁 乾 心 开

丁酉时

地蓬己 **休** 蛇 壬 巽 辅 杜	合心丁 **开** 朱 戊 离 英 景	常任乙 **生** 天 庚 坤 芮 死
朱英戊 **景** 符 辛 震 冲 伤	天芮庚 **死** 阴 癸 五 禽 中	蛇辅壬 **杜** 勾 丙 兑 柱 惊
阴禽癸 **中** 常 乙 艮 任 生	勾柱丙 **惊** 地 己 坎 蓬 休	符冲辛 **伤**使 合 丁 乾 心 开

戊戌时

勾柱丙 **景** 蛇 壬 巽 辅 杜	符冲辛 **中** 朱 戊 离 英 景	阴禽癸 **惊** 天 庚 坤 芮 死
合心丁 **生** 符 辛 震 冲 伤	常任乙 **休** 阴 癸 五 禽 中	地蓬己 **伤**使 勾 丙 兑 柱 惊
天芮庚 **杜** 常 乙 艮 任 生	蛇辅壬 **开** 地 己 坎 蓬 休	朱英戊 **死** 合 丁 乾 心 开

己亥时

合心丁 **生** 蛇 壬 巽 辅 杜	天芮庚 **杜** 朱 戊 离 英 景	蛇辅壬 **开** 天 庚 坤 芮 死
阴禽癸 **惊** 符 辛 震 冲 伤	勾柱丙 **景** 阴 癸 五 禽 中	朱英戊 **死** 勾 丙 兑 柱 惊
地蓬己 **伤**使 常 乙 艮 任 生	符冲辛 **中** 地 己 坎 蓬 休	常任乙 **休** 合 丁 乾 心 开

阳九局丁壬日

庚子时

阴禽癸 **惊** 蛇 壬 巽 辅 杜	地蓬己 **伤**使 朱 戊 离 英 景	符冲辛 **中** 天 庚 坤 芮 死
蛇辅壬 **开** 符 辛 震 冲 伤	合心丁 **生** 阴 癸 五 禽 中	常任乙 **休** 勾 丙 兑 柱 惊
朱英戊 **死** 常 乙 艮 任 生	天芮庚 **杜** 地 己 坎 蓬 休	勾柱丙 **景** 合 丁 乾 心 开

辛丑时

蛇辅壬 **开** 蛇 壬 巽 辅 杜	朱英戊 **死** 朱 戊 离 英 景	天芮庚 **杜** 天 庚 坤 芮 死
符冲辛 **中** 符 辛 震 冲 伤	阴禽癸 **惊** 阴 癸 五 禽 中	勾柱丙 **景** 勾 丙 兑 柱 惊
常任乙 **休** 常 乙 艮 任 生	地蓬己 **伤**使 地 己 坎 蓬 休	合心丁 **生** 合 丁 乾 心 开

壬寅时

符冲辛 **中** 蛇 壬 巽 辅 杜	常任乙 **休** 朱 戊 离 英 景	地蓬己 **伤**使 天 庚 坤 芮 死
天芮庚 **杜** 符 辛 震 冲 伤	蛇辅壬 **开** 阴 癸 五 禽 中	合心丁 **生** 勾 丙 兑 柱 惊
勾柱丙 **景** 常 乙 艮 任 生	朱英戊 **死** 地 己 坎 蓬 休	阴禽癸 **惊** 合 丁 乾 心 开

癸卯时

天芮庚 **杜** 蛇 壬 巽 辅 杜	勾柱丙 **景** 朱 戊 离 英 景	朱英戊 **死** 天 庚 坤 芮 死
地蓬己 **伤**使 符 辛 震 冲 伤	符冲辛 **中** 阴 癸 五 禽 中	阴禽癸 **惊** 勾 丙 兑 柱 惊
合心丁 **生** 常 乙 艮 任 生	常任乙 **休** 地 己 坎 蓬 休	蛇辅壬 **开** 合 丁 乾 心 开

甲辰时

符辅壬 **杜**使 符 壬 巽 辅 杜	常英戊 **景** 常 戊 离 英 景	地芮庚 **死** 地 庚 坤 芮 死
天冲辛 **伤** 天 辛 震 冲 伤	蛇禽癸 **中** 蛇 癸 五 禽 中	合柱丙 **惊** 合 丙 兑 柱 惊
勾任乙 **生** 勾 乙 艮 任 生	朱蓬己 **休** 朱 己 坎 蓬 休	阴心丁 **开** 阴 丁 乾 心 开

乙巳时

常英戊 **伤** 符 壬 巽 辅 杜	蛇禽癸 **生** 常 戊 离 英 景	合柱丙 **休** 地 庚 坤 芮 死
勾任乙 **死** 天 辛 震 冲 伤	朱蓬己 **杜**使 蛇 癸 五 禽 中	天冲辛 **开** 合 丙 兑 柱 惊
符辅壬 **惊** 勾 乙 艮 任 生	阴心丁 **景** 朱 己 坎 蓬 休	地芮庚 **中** 阴 丁 乾 心 开

丙午时

朱蓬己 **死** 符 壬 巽 辅 杜	阴心丁 **惊** 常 戊 离 英 景	勾任乙 **景** 地 庚 坤 芮 死
常英戊 **休** 天 辛 震 冲 伤	地芮庚 **伤** 蛇 癸 五 禽 中	符辅壬 **中** 合 丙 兑 柱 惊
蛇禽癸 **开** 勾 乙 艮 任 生	合柱丙 **生** 朱 己 坎 蓬 休	天冲辛 **杜**使 阴 丁 乾 心 开

丁未时

地芮庚 **休** 符 壬 巽 辅 杜	合柱丙 **开** 常 戊 离 英 景	常英戊 **生** 地 庚 坤 芮 死
朱蓬己 **景** 天 辛 震 冲 伤	天冲辛 **死** 蛇 癸 五 禽 中	蛇禽癸 **杜**使 合 丙 兑 柱 惊
阴心丁 **中** 勾 乙 艮 任 生	勾任乙 **惊** 朱 己 坎 蓬 休	符辅壬 **伤** 阴 丁 乾 心 开

戊申时

勾任乙 **景** 符 壬 巽 辅 杜	符辅壬 **中** 常 戊 离 英 景	阴心丁 **惊** 地 庚 坤 芮 死
合柱丙 **生** 天 辛 震 冲 伤	常英戊 **休** 蛇 癸 五 禽 中	地芮庚 **伤** 合 丙 兑 柱 惊
天冲辛 **杜**使 勾 乙 艮 任 生	蛇禽癸 **开** 朱 己 坎 蓬 休	朱蓬己 **死** 阴 丁 乾 心 开

己酉时

合柱丙 **生** 符 壬 巽 辅 杜	天冲辛 **杜**使 常 戊 离 英 景	蛇禽癸 **开** 地 庚 坤 芮 死
阴心丁 **惊** 天 辛 震 冲 伤	勾任乙 **景** 蛇 癸 五 禽 中	朱蓬己 **死** 合 丙 兑 柱 惊
地芮庚 **伤** 勾 乙 艮 任 生	符辅壬 **中** 朱 己 坎 蓬 休	常英戊 **休** 阴 丁 乾 心 开

庚戌时

阴心丁 **惊** 符 壬 巽 辅 杜	地芮庚 **伤** 常 戊 离 英 景	符辅壬 **中** 地 庚 坤 芮 死
蛇禽癸 **开** 天 辛 震 冲 伤	合柱丙 **生** 蛇 癸 五 禽 中	常英戊 **休** 合 丙 兑 柱 惊
朱蓬己 **死** 勾 乙 艮 任 生	天冲辛 **杜**使 朱 己 坎 蓬 休	勾任乙 **景** 阴 丁 乾 心 开

辛亥时

蛇禽癸 **开** 符 壬 巽 辅 杜	朱蓬己 **死** 常 戊 离 英 景	天冲辛 **杜**使 地 庚 坤 芮 死
符辅壬 **中** 天 辛 震 冲 伤	阴心丁 **惊** 蛇 癸 五 禽 中	勾任乙 **景** 合 丙 兑 柱 惊
常英戊 **休** 勾 乙 艮 任 生	地芮庚 **伤** 朱 己 坎 蓬 休	合柱丙 **生** 阴 丁 乾 心 开

阳九局戊癸日

壬子时

符辅壬 中 符 壬 巽 辅 杜	常英戊 休 常 戊 离 英 景	地芮庚 伤 地 庚 坤 芮 死
天冲辛 杜使 天 辛 震 冲 伤	蛇禽癸 开 蛇 癸 五 禽 中	合柱丙 生 合 丙 兑 柱 惊
勾任乙 景 勾 乙 艮 任 生	朱蓬己 死 朱 己 坎 蓬 休	阴心丁 惊 阴 丁 乾 心 开

癸丑时

天冲辛 杜使 符 壬 巽 辅 杜	勾任乙 景 常 戊 离 英 景	朱蓬己 死 地 庚 坤 芮 死
地芮庚 伤 天 辛 震 冲 伤	符辅壬 中 蛇 癸 五 禽 中	阴心丁 惊 合 丙 兑 柱 惊
合柱丙 生 勾 乙 艮 任 生	常英戊 休 朱 己 坎 蓬 休	蛇禽癸 开 阴 丁 乾 心 开

甲寅时

天辅壬 杜 天 壬 巽 辅 杜	勾英戊 景 勾 戊 离 英 景	朱芮庚 死 朱 庚 坤 芮 死
地冲辛 伤 地 辛 震 冲 伤	符禽癸 中使 符 癸 五 禽 中	阴柱丙 惊 阴 丙 兑 柱 惊
合任乙 生 合 乙 艮 任 生	常蓬己 休 常 己 坎 蓬 休	蛇心丁 开 蛇 丁 乾 心 开

乙卯时

常蓬己 伤 天 壬 巽 辅 杜	蛇心丁 生 勾 戊 离 英 景	合任乙 休 朱 庚 坤 芮 死
勾英戊 死 地 辛 震 冲 伤	朱芮庚 杜 符 癸 五 禽 中	天辅壬 开 阴 丙 兑 柱 惊
符禽癸 惊 合 乙 艮 任 生	阴柱丙 景 常 己 坎 蓬 休	地冲辛 中使 蛇 丁 乾 心 开

丙辰时

朱芮庚 死 天 壬 巽 辅 杜	阴柱丙 惊 勾 戊 离 英 景	勾英戊 景 朱 庚 坤 芮 死
常蓬己 休 地 辛 震 冲 伤	地冲辛 伤 符 癸 五 禽 中	符禽癸 中使 阴 丙 兑 柱 惊
蛇心丁 开 合 乙 艮 任 生	合任乙 生 常 己 坎 蓬 休	天辅壬 杜 蛇 丁 乾 心 开

丁巳时

地冲辛 休 天 壬 巽 辅 杜	合任乙 开 勾 戊 离 英 景	常蓬己 生 朱 庚 坤 芮 死
朱芮庚 景 地 辛 震 冲 伤	天辅壬 死 符 癸 五 禽 中	蛇心丁 杜 阴 丙 兑 柱 惊
阴柱丙 中使 合 乙 艮 任 生	勾英戊 惊 常 己 坎 蓬 休	符禽癸 伤 蛇 丁 乾 心 开

戊午时

勾英戊 景 天 壬 巽 辅 杜	符禽癸 中使 勾 戊 离 英 景	阴柱丙 惊 朱 庚 坤 芮 死
合任乙 生 地 辛 震 冲 伤	常蓬己 休 符 癸 五 禽 中	地冲辛 伤 阴 丙 兑 柱 惊
天辅壬 杜 合 乙 艮 任 生	蛇心丁 开 常 己 坎 蓬 休	朱芮庚 死 蛇 丁 乾 心 开

己未时

合任乙 生 天 壬 巽 辅 杜	天辅壬 杜 勾 戊 离 英 景	蛇心丁 开 朱 庚 坤 芮 死
阴柱丙 惊 地 辛 震 冲 伤	勾英戊 景 符 癸 五 禽 中	朱芮庚 死 阴 丙 兑 柱 惊
地冲辛 伤 合 乙 艮 任 生	符禽癸 中使 常 己 坎 蓬 休	常蓬己 休 蛇 丁 乾 心 开

庚申时

阴柱丙 惊 天 壬 巽 辅 杜	地冲辛 伤 勾 戊 离 英 景	符禽癸 中使 朱 庚 坤 芮 死
蛇心丁 开 地 辛 震 冲 伤	合任乙 生 符 癸 五 禽 中	常蓬己 休 阴 丙 兑 柱 惊
朱芮庚 死 合 乙 艮 任 生	天辅壬 杜 常 己 坎 蓬 休	勾英戊 景 蛇 丁 乾 心 开

辛酉时

蛇心丁 开 天 壬 巽 辅 杜	朱芮庚 死 勾 戊 离 英 景	天辅壬 杜 朱 庚 坤 芮 死
符禽癸 中使 地 辛 震 冲 伤	阴柱丙 惊 符 癸 五 禽 中	勾英戊 景 阴 丙 兑 柱 惊
常蓬己 休 合 乙 艮 任 生	地冲辛 伤 常 己 坎 蓬 休	合任乙 生 蛇 丁 乾 心 开

壬戌时

符禽癸 中使 天 壬 巽 辅 杜	常蓬己 休 勾 戊 离 英 景	地冲辛 伤 朱 庚 坤 芮 死
天辅壬 杜 地 辛 震 冲 伤	蛇心丁 开 符 癸 五 禽 中	合任乙 生 阴 丙 兑 柱 惊
勾英戊 景 合 乙 艮 任 生	朱芮庚 死 常 己 坎 蓬 休	阴柱丙 惊 蛇 丁 乾 心 开

癸亥时

天辅壬 杜 天 壬 巽 辅 杜	勾英戊 景 勾 戊 离 英 景	朱芮庚 死 朱 庚 坤 芮 死
符冲辛 伤 地 辛 震 冲 伤	符禽癸 中使 符 癸 五 禽 中	阴柱丙 惊 阴 丙 兑 柱 惊
合任乙 生 合 乙 艮 任 生	常蓬己 休 常 己 坎 蓬 休	蛇心丁 开 蛇 丁 乾 心 开

奇门旨归卷二十三

阴遁九局

夏至上　白露上
寒露中　立冬中
甲己日十二时局
乙庚日十二时局
丙辛日十二时局
丁壬日十二时局
戊癸日十二时局

阴九局甲己日

甲子时

癸辅常 杜 癸 常 巽 辅 杜	戊英符 景使 戊 符 离 英 景	丙芮地 死 丙 地 坤 芮 死
丁冲元 伤 丁 元 震 冲 伤	壬禽白 中 壬 白 五 禽 中	庚柱阴 惊 庚 阴 兑 柱 惊
己任蛇 生 己 蛇 艮 任 生	乙蓬天 休 乙 天 坎 蓬 休	辛心合 开 辛 合 乾 心 开

乙丑时

丁冲元 中 癸 常 巽 辅 杜	己有蛇 休 戊 符 离 英 景	乙蓬天 伤 丙 地 坤 芮 死
丙芮地 杜 丁 元 震 冲 伤	癸辅常 开 壬 白 五 禽 中	辛心合 生 庚 阴 兑 柱 惊
庚柱阴 景使 己 蛇 艮 任 生	戊英符 死 乙 天 坎 蓬 休	壬禽白 惊 辛 合 乾 心 开

丙寅时

丙芮地 开 癸 常 巽 辅 杜	庚柱阴 死 戊 符 离 英 景	戊英符 杜 丙 地 坤 芮 死
乙蓬天 中 丁 元 震 冲 伤	丁冲元 惊 壬 白 五 禽 中	壬禽白 景使 庚 阴 兑 柱 惊
辛心合 休 己 蛇 艮 任 生	己任蛇 伤 乙 天 坎 蓬 休	癸辅常 生 辛 合 乾 心 开

丁卯时

乙蓬天 惊 癸 常 巽 辅 杜	辛心合 伤 戊 符 离 英 景	己任蛇 中 丙 地 坤 芮 死
戊英符 开 丁 元 震 冲 伤	丙芮地 生 壬 白 五 禽 中	癸辅常 休 庚 阴 兑 柱 惊
壬禽白 死 己 蛇 艮 任 生	庚柱阴 杜 乙 天 坎 蓬 休	丁冲元 景使 辛 合 乾 心 开

戊辰时

癸英常 生 癸 常 巽 辅 杜	戊禽符 杜 戊 符 离 英 景	丙柱地 开 丙 地 坤 芮 死
丁任元 惊 丁 元 震 冲 伤	壬蓬白 景使 壬 白 五 禽 中	庚冲阴 死 庚 阴 兑 柱 惊
己辅蛇 伤 己 蛇 艮 任 生	乙心天 中 乙 天 坎 蓬 休	辛芮合 休 辛 合 乾 心 开

己巳时

壬禽白 景使 癸 常 巽 辅 杜	乙蓬天 中 戊 符 离 英 景	丁冲元 惊 丙 地 坤 芮 死
癸辅常 生 丁 元 震 冲 伤	辛心合 休 壬 白 五 禽 中	己任蛇 伤 庚 阴 兑 柱 惊
戊英符 杜 己 蛇 艮 任 生	丙芮地 开 乙 天 坎 蓬 休	庚柱阴 死 辛 合 乾 心 开

庚午时

辛心合 休 癸 常 巽 辅 杜	丙芮地 开 戊 符 离 英 景	癸辅常 生 丙 地 坤 芮 死
壬禽白 景使 丁 元 震 冲 伤	庚柱阴 死 壬 白 五 禽 中	戊英符 杜 庚 阴 兑 柱 惊
乙蓬天 中 己 蛇 艮 任 生	丁冲元 惊 乙 天 坎 蓬 休	己任蛇 伤 辛 合 乾 心 开

辛未时

庚柱阴 死 癸 常 巽 辅 杜	丁冲元 惊 戊 符 离 英 景	壬禽白 景使 丙 地 坤 芮 死
辛心合 休 丁 元 震 冲 伤	己任蛇 伤 壬 白 五 禽 中	乙蓬天 中 庚 阴 兑 柱 惊
丙芮地 开 己 蛇 艮 任 生	癸辅常 生 乙 天 坎 蓬 休	戊英符 杜 辛 合 乾 心 开

壬申时

己任蛇 伤 癸 常 巽 辅 杜	癸辅常 生 戊 符 离 英 景	辛心合 休 丙 地 坤 芮 死
庚柱阴 死 丁 元 震 冲 伤	戊英符 杜 壬 白 五 禽 中	丙芮地 开 庚 阴 兑 柱 惊
丁冲元 惊 己 蛇 艮 任 生	壬禽白 景使 乙 天 坎 蓬 休	乙蓬天 中 辛 合 乾 心 开

癸酉时

戊英符 杜 癸 常 巽 辅 杜	壬禽白 景使 戊 符 离 英 景	庚柱阴 死 丙 地 坤 芮 死
己任蛇 伤 丁 元 震 冲 伤	乙蓬天 中 壬 白 五 禽 中	丁冲元 惊 庚 阴 兑 柱 惊
癸辅常 生 己 蛇 艮 任 生	辛心合 休 乙 天 坎 蓬 休	丙芮地 开 辛 合 乾 心 开

甲戌时

癸辅白 杜 癸 常 巽 辅 杜	戊英天 景 戊 符 离 英 景	丙芮元 死 丙 地 坤 芮 死
丁冲常 伤 丁 常 震 冲 伤	壬禽合 中 壬 合 五 禽 中	庚柱蛇 惊 庚 蛇 兑 柱 惊
己任符 生使 己 符 艮 任 生	乙蓬地 休 乙 地 坎 蓬 休	辛心阴 开 辛 阴 乾 心 开

乙亥时

丙芮元 中 癸 常 巽 辅 杜	庚柱蛇 休 戊 符 离 英 景	戊英天 伤 丙 地 坤 芮 死
乙蓬地 杜 丁 常 震 冲 伤	丁冲常 开 壬 合 五 禽 中	壬禽合 生使 庚 蛇 兑 柱 惊
辛心阴 景 己 符 艮 任 生	己任符 死 乙 地 坎 蓬 休	癸辅白 惊 辛 阴 乾 心 开

阴九局乙庚日

丙子时

乙蓬地 **开** 癸　白 巽 辅　杜	辛心阴 **死** 戊　天 离 英　景	己任符 **杜** 丙　元 坤 芮　死
戊英天 **中** 丁　常 震 冲　伤	丙芮元 **惊** 壬　合 五 禽　中	癸辅白 **景** 庚　蛇 兑 柱　惊
壬禽合 **休** 己　符 艮 任　生	庚柱蛇 **伤** 乙　地 坎 蓬　休	丁冲常 **生**使 辛　阴 乾 心　开

丁丑时

戊英天 **惊** 癸　白 巽 辅　杜	壬禽合 **伤** 戊　天 离 英　景	庚柱蛇 **中** 丙　元 坤 芮　死
己任符 **开** 丁　常 震 冲　伤	乙蓬地 **生**使 壬　合 五 禽　中	丁冲常 **休** 庚　蛇 兑 柱　惊
癸辅白 **死** 己　符 艮 任　生	辛心阴 **杜** 乙　地 坎 蓬　休	丙芮元 **景** 辛　阴 乾 心　开

戊寅时

丁冲常 **生**使 癸　白 巽 辅　杜	己任符 **杜** 戊　天 离 英　景	乙蓬地 **中** 丙　元 坤 芮　死
丙芮元 **惊** 丁　常 震 冲　伤	癸辅白 **景** 壬　合 五 禽　中	辛心阴 **死** 庚　蛇 兑 柱　惊
庚柱蛇 **伤** 己　符 艮 任　生	戊英天 **中** 乙　地 坎 蓬　休	壬禽合 **休** 辛　阴 乾 心　开

己卯时

癸辅白 **景** 癸　白 巽 辅　杜	戊英天 **中** 戊　天 离 英　景	丙芮元 **惊** 丙　元 坤 芮　死
丁冲常 **生**使 丁　常 震 冲　伤	壬禽合 **休** 壬　合 五 禽　中	庚柱蛇 **伤** 庚　蛇 兑 柱　惊
己任符 **杜** 己　符 艮 任　生	乙蓬地 **开** 乙　地 坎 蓬　休	辛心阴 **死** 辛　阴 乾 心　开

庚辰时

壬禽合 **休** 癸　白 巽 辅　杜	乙蓬地 **开** 戊　天 离 英　景	丁冲常 **生**使 丙　元 坤 芮　死
癸辅白 **景** 丁　常 震 冲　伤	辛心阴 **死** 壬　合 五 禽　中	己任符 **杜** 庚　蛇 兑 柱　惊
戊英天 **中** 己　符 艮 任　生	丙芮元 **惊** 乙　地 坎 蓬　休	庚柱蛇 **伤** 辛　阴 乾 心　开

辛巳时

辛心阴 **死** 癸　白 巽 辅　杜	丙芮元 **惊** 戊　天 离 英　景	癸辅白 **景** 丙　元 坤 芮　死
壬禽合 **休** 丁　常 震 冲　伤	庚柱蛇 **伤** 壬　合 五 禽　中	戊英天 **中** 庚　蛇 兑 柱　惊
乙蓬地 **开** 己　符 艮 任　生	丁冲常 **生**使 乙　地 坎 蓬　休	己任符 **杜** 辛　阴 乾 心　开

壬午时

庚柱蛇 **伤** 癸　白 巽 辅　杜	丁冲常 **生**使 戊　天 离 英　景	壬禽合 **休** 丙　元 坤 芮　死
辛心阴 **死** 丁　常 震 冲　伤	己任符 **杜** 壬　合 五 禽　中	乙蓬地 **开** 庚　蛇 兑 柱　惊
丙芮元 **惊** 己　符 艮 任　生	癸辅白 **景** 乙　地 坎 蓬　休	戊英天 **中** 辛　阴 乾 心　开

癸未时

己任符 **杜** 癸　白 巽 辅　杜	癸辅白 **景** 戊　天 离 英　景	辛心阴 **死** 丙　元 坤 芮　死
庚柱蛇 **伤** 丁　常 震 冲　伤	戊英天 **中** 壬　合 五 禽　中	丙芮元 **惊** 庚　蛇 兑 柱　惊
丁冲常 **生**使 己　符 艮 任　生	壬禽合 **休** 乙　地 坎 蓬　休	乙蓬地 **开** 辛　阴 乾 心　开

甲申时

癸辅合 **杜** 癸　合 巽 辅　杜	戊英地 **景** 戊　地 离 英　景	丙芮常 **死** 丙　常 坤 芮　死
丁冲白 **伤** 丁　白 震 冲　伤	壬禽阴 **中** 壬　阴 五 禽　中	庚柱符 **惊**使 庚　符 兑 柱　惊
己任天 **生** 己　天 艮 任　生	乙蓬元 **休** 乙　元 坎 蓬　休	辛心蛇 **开** 辛　蛇 乾 心　开

乙酉时

乙蓬元 **中** 癸　合 巽 辅　杜	辛心蛇 **休** 戊　地 离 英　景	己任天 **伤** 丙　常 坤 芮　死
戊英地 **杜** 丁　白 震 冲　伤	丙芮常 **开** 壬　阴 五 禽　中	癸辅合 **生** 庚　符 兑 柱　惊
壬禽阴 **景** 己　天 艮 任　生	庚柱符 **死** 乙　元 坎 蓬　休	丁冲白 **惊**使 辛　蛇 乾 心　开

丙戌时

戊英地 **开** 癸　合 巽 辅　杜	壬禽阴 **死** 戊　地 离 英　景	庚柱符 **杜** 丙　常 坤 芮　死
己任天 **中** 丁　白 震 冲　伤	乙蓬元 **惊**使 壬　阴 五 禽　中	丁冲白 **景** 庚　符 兑 柱　惊
癸辅合 **休** 己　天 艮 任　生	辛心蛇 **伤** 乙　元 坎 蓬　休	丙芮常 **生** 辛　蛇 乾 心　开

丁亥时

己任天 **惊**使 癸　合 巽 辅　杜	癸辅合 **伤** 戊　地 离 英　景	辛心蛇 **中** 丙　常 坤 芮　死
庚柱符 **开** 丁　白 震 冲　伤	戊英地 **生** 壬　阴 五 禽　中	丙芮常 **休** 庚　符 兑 柱　惊
丁冲白 **死** 己　天 艮 任　生	壬禽阴 **杜** 乙　元 坎 蓬　休	乙蓬元 **景** 辛　蛇 乾 心　开

阴九局丙辛日

戊子时

丙芮常 生 癸 合 巽 辅 杜	庚柱符 杜 戊 地 离 英 景	戊英地 开 丙 常 坤 芮 死
乙蓬元 惊使 丁 白 震 冲 伤	丁冲白 景 壬 阴 五 禽 中	壬禽阴 死 庚 符 兑 柱 惊
辛心蛇 伤 己 天 艮 任 生	己任天 中 乙 元 坎 蓬 休	癸辅合 休 辛 蛇 乾 心 开

己丑时

丁冲白 景 癸 合 巽 辅 杜	己任天 元 戊 地 离 英 景	乙蓬元 惊使 丙 常 坤 芮 死
丙芮常 生 丁 白 震 冲 伤	癸辅合 休 壬 阴 五 禽 中	辛心蛇 伤 庚 符 兑 柱 惊
庚柱符 杜 己 天 艮 任 生	戊英地 开 乙 元 坎 蓬 休	壬禽阴 死 辛 蛇 乾 心 开

庚寅时

癸辅合 休 癸 合 巽 辅 杜	戊英地 开 戊 地 离 英 景	丙芮常 生 丙 常 坤 芮 死
丁冲白 景 丁 白 震 冲 伤	壬禽阴 死 壬 阴 五 禽 中	庚柱符 杜 庚 符 兑 柱 惊
己任天 中 己 天 艮 任 生	乙蓬元 惊使 乙 元 坎 蓬 休	辛心蛇 伤 辛 蛇 乾 心 开

辛卯时

壬禽阴 死 癸 合 巽 辅 杜	乙蓬元 惊使 戊 地 离 英 景	丁冲白 景 丙 常 坤 芮 死
癸辅合 休 丁 白 震 冲 伤	辛心蛇 伤 壬 阴 五 禽 中	己任天 中 庚 符 兑 柱 惊
戊英地 开 己 天 艮 任 生	丙芮常 生 乙 元 坎 蓬 休	庚柱符 杜 辛 蛇 乾 心 开

壬辰时

辛心蛇 伤 癸 合 巽 辅 杜	丙芮常 生 戊 地 离 英 景	癸辅合 休 丙 常 坤 芮 死
壬禽阴 死 丁 白 震 冲 伤	庚柱符 杜 壬 阴 五 禽 中	戊英地 开 庚 符 兑 柱 惊
乙蓬元 惊使 己 天 艮 任 生	丁冲白 景 乙 元 坎 蓬 休	己任天 中 辛 蛇 乾 心 开

癸巳时

庚柱符 杜 癸 合 巽 辅 杜	丁冲白 景 戊 地 离 英 景	壬禽阴 死 丙 常 坤 芮 死
辛心蛇 伤 丁 白 震 冲 伤	己任天 中 壬 阴 五 禽 中	乙蓬元 惊使 庚 符 兑 柱 惊
丙芮常 生 己 天 艮 任 生	癸辅合 休 乙 元 坎 蓬 休	戊英地 开 辛 蛇 乾 心 开

甲午时

癸辅阴 杜 癸 阴 巽 辅 杜	戊英元 景 戊 元 离 英 景	丙芮白 死 丙 白 坤 芮 死
丁冲合 伤 丁 合 震 冲 伤	壬禽蛇 中 壬 阴 五 禽 中	庚柱天 惊 庚 天 兑 柱 惊
己任地 生 己 地 艮 任 生	乙蓬常 休 乙 常 坎 蓬 休	辛心符 开使 辛 符 乾 心 开

乙未时

戊英元 中 癸 阴 巽 辅 杜	壬禽蛇 休 戊 元 离 英 景	庚柱天 伤 丙 白 坤 芮 死
己任地 杜 丁 合 震 冲 伤	乙蓬常 开使 壬 阴 五 禽 中	丁冲合 生 庚 天 兑 柱 惊
癸辅阴 景 己 地 艮 任 生	辛心符 死 乙 常 坎 蓬 休	丙芮白 惊 辛 符 乾 心 开

丙申时

己任地 开使 癸 阴 巽 辅 杜	癸辅阴 死 戊 元 离 英 景	辛心符 杜 丙 白 坤 芮 死
庚柱天 中 丁 合 震 冲 伤	戊英元 惊 壬 阴 五 禽 中	丙芮白 景 庚 天 兑 柱 惊
丁冲合 休 己 地 艮 任 生	壬禽蛇 伤 乙 常 坎 蓬 休	乙蓬常 生 辛 符 乾 心 开

丁酉时

庚柱天 惊 癸 阴 巽 辅 杜	丁冲合 伤 戊 元 离 英 景	己禽蛇 中 丙 白 坤 芮 死
辛心符 开使 丁 合 震 冲 伤	己任地 生 壬 阴 五 禽 中	乙蓬元 休 庚 天 兑 柱 惊
丙芮白 死 己 地 艮 任 生	癸辅阴 杜 乙 常 坎 蓬 休	戊英元 景 辛 符 乾 心 开

戊戌时

乙蓬常 生 癸 阴 巽 辅 杜	辛心符 杜 戊 元 离 英 景	己任地 开使 丙 白 坤 芮 死
戊英元 惊 丁 合 震 冲 伤	丙芮白 景 壬 阴 五 禽 中	癸辅阴 死 庚 天 兑 柱 惊
壬禽蛇 伤 己 地 艮 任 生	庚柱天 中 乙 常 坎 蓬 休	丁冲合 休 辛 符 乾 心 开

己亥时

丙芮白 景 癸 阴 巽 辅 杜	庚柱天 中 戊 元 离 英 景	戊英元 惊 丙 白 坤 芮 死
乙蓬常 生 丁 合 震 冲 伤	丁冲合 休 壬 阴 五 禽 中	壬禽蛇 伤 庚 天 兑 柱 惊
辛心符 杜 己 地 艮 任 生	己任地 开使 乙 常 坎 蓬 休	癸辅阴 死 辛 符 乾 心 开

阴九局丁壬日

庚子时

丁冲合 **休** 癸 阴 巽 辅 杜	己任地 **开**使 戊 元 离 英 景	乙蓬常 **生** 丙 白 坤 芮 死
丙芮白 **景** 丁 合 震 冲 伤	癸辅阴 **死** 壬 阴 五 禽 中	辛心符 **杜** 庚 天 兑 柱 惊
庚柱天 **中** 己 地 艮 任 生	戊英元 **惊** 乙 常 坎 蓬 休	壬禽蛇 **伤** 辛 符 乾 心 开

辛丑时

癸辅阴 **死** 癸 阴 巽 辅 杜	戊英元 **惊** 戊 元 离 英 景	丙芮白 **景** 丙 白 坤 芮 死
丁冲合 **休** 丁 合 震 冲 伤	壬禽蛇 **伤** 壬 阴 五 禽 中	庚柱天 **中** 庚 天 兑 柱 惊
己任地 **开**使 己 地 艮 任 生	乙蓬常 **生** 乙 常 坎 蓬 休	辛心符 **杜** 辛 符 乾 心 开

壬寅时

壬禽蛇 **伤** 癸 阴 巽 辅 杜	乙蓬常 **生** 戊 元 离 英 景	丁冲合 **休** 丙 白 坤 芮 死
癸辅阴 **死** 丁 合 震 冲 伤	辛心符 **杜** 壬 阴 五 禽 中	己任地 **开**使 庚 天 兑 柱 惊
戊英元 **惊**使 己 地 艮 任 生	丙芮白 **景** 乙 常 坎 蓬 休	庚柱天 **中** 辛 符 乾 心 开

癸卯时

辛心符 **杜** 癸 阴 巽 辅 杜	丙芮白 **景** 戊 元 离 英 景	癸辅阴 **死** 丙 白 坤 芮 死
壬禽蛇 **伤** 丁 合 震 冲 伤	庚柱天 **中** 壬 阴 五 禽 中	戊英元 **惊** 庚 天 兑 柱 惊
乙蓬常 **生** 己 地 艮 任 生	丁冲合 **休** 乙 常 坎 蓬 休	己任地 **开**使 辛 符 乾 心 开

甲辰时

癸辅蛇 **杜** 癸 蛇 巽 辅 杜	戊英常 **景** 戊 常 离 英 景	丙芮合 **死** 丙 合 坤 芮 死
丁冲阴 **伤** 丁 阴 震 冲 伤	壬禽符 **中**使 壬 符 五 禽 中	庚柱地 **惊** 庚 地 兑 柱 惊
己任元 **生** 己 元 艮 任 生	乙蓬白 **休** 乙 白 坎 蓬 休	辛心天 **开** 辛 天 乾 心 开

乙巳时

己任元 **中**使 癸 蛇 巽 辅 杜	癸辅蛇 **休** 戊 常 离 英 景	辛心天 **伤** 丙 合 坤 芮 死
庚柱地 **杜** 丁 阴 震 冲 伤	戊英常 **开** 壬 符 五 禽 中	丙芮合 **生** 庚 地 兑 柱 惊
丁冲阴 **景** 己 元 艮 任 生	壬禽符 **死** 乙 白 坎 蓬 休	乙蓬白 **惊** 辛 天 乾 心 开

丙午时

庚柱地 **开** 癸 蛇 巽 辅 杜	丁冲阴 **死** 戊 常 离 英 景	壬禽符 **杜** 丙 合 坤 芮 死
辛心天 **中**使 丁 阴 震 冲 伤	己任元 **惊** 壬 符 五 禽 中	乙蓬白 **景** 庚 地 兑 柱 惊
丙芮合 **休** 己 元 艮 任 生	癸辅蛇 **伤** 乙 白 坎 蓬 休	戊英常 **生** 辛 天 乾 心 开

丁未时

辛心天 **惊** 癸 蛇 巽 辅 杜	丙芮合 **伤** 戊 常 离 英 景	癸辅蛇 **中**使 丙 合 坤 芮 死
壬禽符 **开** 丁 阴 震 冲 伤	庚任地 **生** 壬 符 五 禽 中	戊英常 **休** 庚 地 兑 柱 惊
乙蓬白 **死** 己 元 艮 任 生	丁冲阴 **杜** 乙 白 坎 蓬 休	己任元 **景** 辛 天 乾 心 开

戊申时

戊英常 **生** 癸 蛇 巽 辅 杜	壬禽符 **杜** 戊 常 离 英 景	庚柱地 **开** 丙 合 坤 芮 死
己任元 **惊** 丁 阴 震 冲 伤	乙蓬白 **景** 壬 符 五 禽 中	丁冲阴 **死** 庚 地 兑 柱 惊
癸辅蛇 **伤** 己 元 艮 任 生	辛心天 **中**使 乙 白 坎 蓬 休	丙芮合 **休** 辛 天 乾 心 开

己酉时

乙蓬白 **景** 癸 蛇 巽 辅 杜	辛心天 **中**使 戊 常 离 英 景	己任元 **惊** 丙 合 坤 芮 死
戊英常 **生** 丁 阴 震 冲 伤	丙芮合 **休** 壬 符 五 禽 中	癸辅蛇 **伤** 庚 地 兑 柱 惊
壬禽符 **杜** 己 元 艮 任 生	庚柱地 **开** 乙 白 坎 蓬 休	丁冲阴 **死** 辛 天 乾 心 开

庚戌时

丙芮合 **休** 癸 蛇 巽 辅 杜	庚柱地 **开** 戊 常 离 英 景	戊英常 **生** 丙 合 坤 芮 死
乙蓬白 **景** 丁 阴 震 冲 伤	丁冲阴 **死** 壬 符 五 禽 中	壬禽符 **杜** 庚 地 兑 柱 惊
辛心天 **中**使 己 元 艮 任 生	己任元 **惊** 乙 白 坎 蓬 休	癸辅蛇 **伤** 辛 天 乾 心 开

辛亥时

丁冲阴 **死** 癸 蛇 巽 辅 杜	己任元 **惊** 戊 常 离 英 景	乙蓬白 **景** 丙 合 坤 芮 死
丙芮合 **休** 丁 阴 震 冲 伤	癸辅蛇 **伤** 壬 符 五 禽 中	辛心天 **中**使 庚 地 兑 柱 惊
庚柱地 **开** 己 元 艮 任 生	戊英常 **生** 乙 白 坎 蓬 休	壬禽符 **杜** 辛 天 乾 心 开

阴九局戊癸日

壬子时

癸辅蛇 伤 癸 蛇 巽 辅 杜	戊英常 生 戊 常 离 英 景	丙芮合 休 丙 合 坤 芮 死
丁冲阴 死 丁 阴 震 冲 伤	壬禽符 杜 壬 符 五 禽 中	庚柱地 开 庚 地 兑 柱 惊
己任元 惊 己 元 艮 任 生	乙蓬白 景 乙 白 坎 蓬 休	辛心天 中使 辛 天 乾 心 开

癸丑时

壬禽符 杜 癸 蛇 巽 辅 杜	乙蓬白 景 戊 常 离 英 景	丁冲阴 死 丙 合 坤 芮 死
癸辅蛇 伤 丁 阴 震 冲 伤	辛心天 中使 壬 符 五 禽 中	己任元 惊 庚 地 兑 柱 惊
戊英常 生 己 元 艮 任 生	丙芮合 休 乙 白 坎 蓬 休	庚柱地 开 辛 天 乾 心 开

甲寅时

癸辅符 杜使 癸 符 巽 辅 杜	戊英白 景 戊 白 离 英 景	丙芮阴 死 丙 阴 坤 芮 死
丁冲蛇 伤 丁 蛇 震 冲 伤	壬禽天 中 壬 天 五 禽 中	庚柱元 惊 庚 元 兑 柱 惊
己任常 生 己 常 艮 任 生	乙蓬合 休 乙 合 坎 蓬 休	辛心地 开 辛 地 乾 心 开

乙卯时

庚柱元 中 癸 符 巽 辅 杜	丁冲蛇 休 戊 白 离 英 景	壬禽天 伤 丙 阴 坤 芮 死
辛心地 杜使 丁 蛇 震 冲 伤	己任常 开 壬 天 五 禽 中	乙蓬合 生 庚 元 兑 柱 惊
丙芮阴 景 己 常 艮 任 生	癸辅符 死 乙 合 坎 蓬 休	戊英白 惊 辛 地 乾 心 开

丙辰时

辛心地 开 癸 符 巽 辅 杜	丙芮阴 死 戊 白 离 英 景	癸辅符 杜使 丙 阴 坤 芮 死
壬禽天 中 丁 蛇 震 冲 伤	庚柱元 惊 壬 天 五 禽 中	戊英白 景 庚 元 兑 柱 惊
己蓬合 休 己 常 艮 任 生	丁冲蛇 伤 乙 合 坎 蓬 休	己任常 生 辛 地 乾 心 开

丁巳时

壬禽天 惊 癸 符 巽 辅 杜	己蓬合 伤 戊 白 离 英 景	丁冲蛇 中 丙 阴 坤 芮 死
癸辅符 开 丁 蛇 震 冲 伤	辛心地 生 壬 天 五 禽 中	己任常 休 庚 元 兑 柱 惊
戊英白 死 己 常 艮 任 生	丙芮阴 杜使 乙 合 坎 蓬 休	庚柱元 景 辛 地 乾 心 开

戊午时

己任常 生 癸 符 巽 辅 杜	癸辅符 杜使 戊 白 离 英 景	辛心地 开 丙 阴 坤 芮 死
庚柱元 惊 丁 蛇 震 冲 伤	戊英白 景 壬 天 五 禽 中	丙芮阴 死 庚 元 兑 柱 惊
丁冲蛇 伤 己 常 艮 任 生	壬禽天 中 乙 合 坎 蓬 休	乙蓬合 休 辛 地 乾 心 开

己未时

戊英白 景 癸 符 巽 辅 杜	上禽天 中 戊 白 离 英 景	庚柱元 惊 丙 阴 坤 芮 死
己任常 生 丁 蛇 震 冲 伤	乙蓬合 休 壬 天 五 禽 中	丁冲蛇 伤 庚 元 兑 柱 惊
癸辅符 杜使 己 常 艮 任 生	辛心地 开 乙 合 坎 蓬 休	丙芮阴 死 辛 地 乾 心 开

庚申时

乙蓬合 休 癸 符 巽 辅 杜	辛心地 开 戊 白 离 英 景	己任常 生 丙 阴 坤 芮 死
戊英白 景 丁 蛇 震 冲 伤	丙芮阴 死 壬 天 五 禽 中	癸辅符 杜使 庚 元 兑 柱 惊
壬禽天 中 己 常 艮 任 生	庚柱元 惊 乙 合 坎 蓬 休	丁冲蛇 伤 辛 地 乾 心 开

辛酉时

丙芮阴 死 癸 符 巽 辅 杜	庚柱元 惊 戊 白 离 英 景	戊英白 景 丙 阴 坤 芮 死
己蓬合 休 丁 蛇 震 冲 伤	丁冲蛇 伤 壬 天 五 禽 中	壬禽天 中 庚 元 兑 柱 惊
辛心地 开 己 常 艮 任 生	己任常 生 乙 合 坎 蓬 休	癸辅符 杜使 辛 地 乾 心 开

壬戌时

丁冲蛇 伤 癸 符 巽 辅 杜	己任常 生 戊 白 离 英 景	乙蓬合 休 丙 阴 坤 芮 死
丙芮阴 死 丁 蛇 震 冲 伤	癸辅符 杜使 壬 天 五 禽 中	辛心地 开 庚 元 兑 柱 惊
庚柱元 惊 己 常 艮 任 生	戊英白 景 乙 合 坎 蓬 休	壬禽天 中 辛 地 乾 心 开

癸亥时

癸辅符 杜使 癸 符 巽 辅 杜	戊英白 景 戊 白 离 英 景	丙芮阴 死 丙 阴 坤 芮 死
丁冲蛇 伤 丁 蛇 震 冲 伤	壬禽天 中 壬 天 五 禽 中	庚柱元 惊 庚 元 兑 柱 惊
己任常 生 己 常 艮 任 生	乙蓬合 休 乙 合 坎 蓬 休	辛心地 开 辛 地 乾 心 开

奇门旨归卷二十四

阴遁八局

立秋下　小暑上
霜降中　小雪中
甲己日十二时局
乙庚日十二时局
丙辛日十二时局
丁壬日十二时局
戊癸日十二时局

阴八局甲己日

甲子时

白辅壬 **杜** 白 壬 巽 辅 杜	天英乙 **景** 天 乙 离 英 景	元芮丁 **死** 元 丁 坤 芮 死
常冲癸 **伤** 常 癸 震 冲 伤	合禽辛 **中** 合 辛 五 禽 中	蛇柱己 **惊** 蛇 己 兑 柱 惊
符任戊 **生**使 符 戊 艮 任 生	地蓬丙 **休** 地 丙 坎 蓬 休	阴心庚 **开** 阴 庚 乾 心 开

乙丑时

常冲癸 **中** 白 壬 巽 辅 杜	符任戊 **休** 天 乙 离 英 景	地蓬丙 **伤** 元 丁 坤 芮 死
元芮丁 **杜** 常 癸 震 冲 伤	白辅壬 **开** 合 辛 五 禽 中	阴心庚 **生**使 蛇 己 兑 柱 惊
蛇柱己 **景** 符 戊 艮 任 生	天英乙 **死** 地 丙 坎 蓬 休	合禽辛 **惊** 阴 庚 乾 心 开

丙寅时

元芮丁 **开** 白 壬 巽 辅 杜	蛇柱己 **死** 天 乙 离 英 景	天英乙 **杜** 元 丁 坤 芮 死
地蓬丙 **中** 常 癸 震 冲 伤	常冲癸 **惊** 合 辛 五 禽 中	合禽辛 **景** 蛇 己 兑 柱 惊
阴心庚 **休** 符 戊 艮 任 生	符任戊 **伤** 地 丙 坎 蓬 休	白辅壬 **生**使 阴 庚 乾 心 开

丁卯时

地蓬丙 **惊** 白 壬 巽 辅 杜	阴心庚 **伤** 天 乙 离 英 景	符任戊 **中** 元 丁 坤 芮 死
天英乙 **开** 常 癸 震 冲 伤	元芮丁 **生**使 合 辛 五 禽 中	白辅壬 **休** 蛇 己 兑 柱 惊
合禽辛 **死** 符 戊 艮 任 生	蛇柱己 **杜** 地 丙 坎 蓬 休	常冲癸 **景** 阴 庚 乾 心 开

戊辰时

白辅壬 **生**使 白 壬 巽 辅 杜	天英乙 **杜** 天 乙 离 英 景	元芮丁 **开** 元 丁 坤 芮 死
常冲癸 **惊** 常 癸 震 冲 伤	合禽辛 **景** 合 辛 五 禽 中	蛇柱己 **死** 蛇 己 兑 柱 惊
符任戊 **伤** 符 戊 艮 任 生	地蓬丙 **中** 地 丙 坎 蓬 休	阴心庚 **休** 阴 庚 乾 心 开

己巳时

合禽辛 **景** 白 壬 巽 辅 杜	地蓬丙 **中** 天 乙 离 英 景	常冲癸 **惊** 元 丁 坤 芮 死
白辅壬 **生**使 常 癸 震 冲 伤	阴心庚 **休** 合 辛 五 禽 中	符任戊 **伤** 蛇 己 兑 柱 惊
天英乙 **杜** 符 戊 艮 任 生	元芮丁 **开** 地 丙 坎 蓬 休	蛇柱己 **死** 阴 庚 乾 心 开

庚午时

阴心庚 **休** 白 壬 巽 辅 杜	元芮丁 **开** 天 乙 离 英 景	白辅壬 **生**使 元 丁 坤 芮 死
合禽辛 **景** 常 癸 震 冲 伤	蛇柱己 **死** 合 辛 五 禽 中	天英乙 **杜** 蛇 己 兑 柱 惊
地蓬丙 **中** 符 戊 艮 任 生	常冲癸 **惊** 地 丙 坎 蓬 休	符任戊 **伤** 阴 庚 乾 心 开

辛未时

蛇柱己 **死** 白 壬 巽 辅 杜	常冲癸 **惊** 天 乙 离 英 景	合禽辛 **景** 元 丁 坤 芮 死
阴心庚 **休** 常 癸 震 冲 伤	符任戊 **伤** 合 辛 五 禽 中	地蓬丙 **中** 蛇 己 兑 柱 惊
元芮丁 **开** 符 戊 艮 任 生	白辅壬 **生**使 地 丙 坎 蓬 休	天英乙 **杜** 阴 庚 乾 心 开

壬申时

符任戊 **伤** 白 壬 巽 辅 杜	白辅壬 **生**使 天 乙 离 英 景	阴心庚 **休** 元 丁 坤 芮 死
蛇柱己 **死** 常 癸 震 冲 伤	天英乙 **杜** 合 辛 五 禽 中	元芮丁 **开** 蛇 己 兑 柱 惊
常冲癸 **惊** 符 戊 艮 任 生	合禽辛 **景** 地 丙 坎 蓬 休	地蓬丙 **中** 阴 庚 乾 心 开

癸酉时

天英乙 **杜** 白 壬 巽 辅 杜	合禽辛 **景** 天 乙 离 英 景	蛇柱己 **死** 元 丁 坤 芮 死
符任戊 **伤** 常 癸 震 冲 伤	地蓬丙 **中** 合 辛 五 禽 中	常冲癸 **惊** 蛇 己 兑 柱 惊
白辅壬 **生**使 符 戊 艮 任 生	阴心庚 **休** 地 丙 坎 蓬 休	元芮丁 **开** 阴 庚 乾 心 开

甲戌时

合辅壬 **杜** 合 壬 巽 辅 杜	地英乙 **景** 地 乙 离 英 景	常芮丁 **死** 常 丁 坤 芮 死
白冲癸 **伤** 白 癸 震 冲 伤	阴禽辛 **中** 阴 辛 五 禽 中	符柱己 **惊**使 符 己 兑 柱 惊
天任戊 **生** 天 戊 艮 任 生	元蓬丙 **休** 元 丙 坎 蓬 休	蛇心庚 **开** 蛇 庚 乾 心 开

乙亥时

常芮丁 **中** 合 壬 巽 辅 杜	符柱己 **休** 地 乙 离 英 景	地英乙 **伤** 常 丁 坤 芮 死
元蓬丙 **杜** 白 癸 震 冲 伤	白冲癸 **开** 阴 辛 五 禽 中	阴禽辛 **生** 符 己 兑 柱 惊
蛇心庚 **景** 天 戊 艮 任 生	天任戊 **死** 元 丙 坎 蓬 休	合辅壬 **惊**使 蛇 庚 乾 心 开

阴八局乙庚日

丙子时

元蓬丙 开 合 壬 巽 辅 杜	蛇心庚 死 地 乙 离 英 景	天任戊 杜 常 丁 坤 芮 死
地英乙 中 白 癸 震 冲 伤	常芮丁 惊使 阴 辛 五 禽 中	合辅壬 景 符 己 兑 柱 惊
阴禽辛 休 天 戊 艮 任 生	符柱己 伤 元 丙 坎 蓬 休	白冲癸 生 蛇 庚 乾 心 开

丁丑时

地英乙 惊使 合 壬 巽 辅 杜	阴禽辛 伤 地 乙 离 英 景	符柱己 中 常 丁 坤 芮 死
天任戊 开 白 癸 震 冲 伤	元蓬丙 生 阴 辛 五 禽 中	白冲癸 休 符 己 兑 柱 惊
合辅壬 死 天 戊 艮 任 生	蛇心庚 杜 元 丙 坎 蓬 休	常芮丁 景 蛇 庚 乾 心 开

戊寅时

白冲癸 生 合 壬 巽 辅 杜	天任戊 杜 地 乙 离 英 景	元蓬丙 开 常 丁 坤 芮 死
常芮丁 惊使 白 癸 震 冲 伤	合辅壬 景 阴 辛 五 禽 中	蛇心庚 死 符 己 兑 柱 惊
符柱己 伤 天 戊 艮 任 生	地英乙 中 元 丙 坎 蓬 休	阴禽辛 休 蛇 庚 乾 心 开

己卯时

合辅壬 景 合 壬 巽 辅 杜	地英乙 中 地 乙 离 英 景	常芮丁 惊使 常 丁 坤 芮 死
白冲癸 生 白 癸 震 冲 伤	阴禽辛 休 阴 辛 五 禽 中	符柱己 伤 符 己 兑 柱 惊
天任戊 杜 天 戊 艮 任 生	元蓬丙 开 元 丙 坎 蓬 休	蛇心庚 死 蛇 庚 乾 心 开

庚辰时

阴禽辛 休 合 壬 巽 辅 杜	元蓬丙 开 地 乙 离 英 景	白冲癸 生 常 丁 坤 芮 死
合辅壬 景 白 癸 震 冲 伤	蛇心庚 死 阴 辛 五 禽 中	天任戊 杜 符 己 兑 柱 惊
地英乙 中 天 戊 艮 任 生	常芮丁 惊使 元 丙 坎 蓬 休	符柱己 伤 蛇 庚 乾 心 开

辛巳时

蛇心庚 死 合 壬 巽 辅 杜	常芮丁 惊使 地 乙 离 英 景	合辅壬 景 常 丁 坤 芮 死
阴禽辛 休 白 癸 震 冲 伤	符柱己 伤 阴 辛 五 禽 中	地英乙 中 符 己 兑 柱 惊
元蓬丙 开 天 戊 艮 任 生	白冲癸 生 元 丙 坎 蓬 休	天任戊 杜 蛇 庚 乾 心 开

壬午时

符柱己 伤 合 壬 巽 辅 杜	白冲癸 生 地 乙 离 英 景	阴禽辛 休 常 丁 坤 芮 死
蛇心庚 死 白 癸 震 冲 伤	天任戊 杜 阴 辛 五 禽 中	元蓬丙 开 符 己 兑 柱 惊
常芮丁 惊使 天 戊 艮 任 生	合辅壬 景 元 丙 坎 蓬 休	地英乙 中 蛇 庚 乾 心 开

癸未时

天任戊 杜 合 壬 巽 辅 杜	合辅壬 景 地 乙 离 英 景	蛇心庚 死 常 丁 坤 芮 死
符柱己 伤 白 癸 震 冲 伤	地英乙 中 阴 辛 五 禽 中	常芮丁 惊使 符 己 兑 柱 惊
白冲癸 生 天 戊 艮 任 生	阴禽辛 休 元 丙 坎 蓬 休	元蓬丙 开 蛇 庚 乾 心 开

甲申时

阴辅壬 杜 阴 壬 巽 辅 杜	元英乙 景 元 乙 离 英 景	白芮丁 死 白 丁 坤 芮 死
合冲癸 伤 合 癸 震 冲 伤	蛇禽辛 中 蛇 辛 五 禽 中	天柱己 惊 天 己 兑 柱 惊
地任戊 生 地 戊 艮 任 生	常蓬丙 休 常 丙 坎 蓬 休	符心庚 开使 符 庚 乾 心 开

乙酉时

常蓬丙 中 阴 壬 巽 辅 杜	符心庚 休 元 乙 离 英 景	地任戊 伤 白 丁 坤 芮 死
元英乙 杜 合 癸 震 冲 伤	白芮丁 开使 蛇 辛 五 禽 中	阴辅壬 生 天 己 兑 柱 惊
蛇禽辛 景 地 戊 艮 任 生	天柱己 死 常 丙 坎 蓬 休	合冲癸 惊 符 庚 乾 心 开

丙戌时

元英乙 开使 阴 壬 巽 辅 杜	蛇禽辛 死 元 乙 离 英 景	天柱己 杜 白 丁 坤 芮 死
地任戊 中 合 癸 震 冲 伤	常蓬丙 惊 蛇 辛 五 禽 中	合冲癸 景 天 己 兑 柱 惊
阴辅壬 休 地 戊 艮 任 生	符心庚 伤 常 丙 坎 蓬 休	白芮丁 生 符 庚 乾 心 开

丁亥时

地任戊 惊 阴 壬 巽 辅 杜	阴辅壬 伤 元 乙 离 英 景	符心庚 中 白 丁 坤 芮 死
天柱己 开使 合 癸 震 冲 伤	元英乙 生 蛇 辛 五 禽 中	白芮丁 休 天 己 兑 柱 惊
合冲癸 死 地 戊 艮 任 生	蛇禽辛 杜 常 丙 坎 蓬 休	常蓬丙 景 符 庚 乾 心 开

阴八局丙辛日

戊子时

白芮丁 生 阴 壬 巽 辅 杜	天柱己 杜 元 乙 离 英 景	元英乙 开使 白 丁 坤 芮 死
常蓬丙 惊 合 癸 震 冲 伤	合冲癸 景 蛇 辛 五 禽 中	蛇禽辛 死 天 己 兑 柱 惊
符心庚 伤 地 戊 艮 任 生	地任戊 中 常 丙 坎 蓬 休	阴辅壬 休 符 庚 乾 心 开

己丑时

合冲癸 景 阴 壬 巽 辅 杜	地任戊 中 元 乙 离 英 景	常蓬丙 惊使 白 丁 坤 芮 死
白芮丁 生 合 癸 震 冲 伤	阴辅壬 休 蛇 辛 五 禽 中	符心庚 伤 天 己 兑 柱 惊
天柱己 杜 地 戊 艮 任 生	元英乙 开使 常 丙 坎 蓬 休	蛇禽辛 死 符 庚 乾 心 开

庚寅时

阴辅壬 休 阴 壬 巽 辅 杜	元英乙 开使 元 乙 离 英 景	白芮丁 生 白 丁 坤 芮 死
合冲癸 景 合 癸 震 冲 伤	蛇禽辛 死 蛇 辛 五 禽 中	天柱己 杜 天 己 兑 柱 惊
地任戊 中 地 戊 艮 任 生	常蓬丙 惊 常 丙 坎 蓬 休	符心庚 伤 符 庚 乾 心 开

辛卯时

蛇禽辛 死 阴 壬 巽 辅 杜	常蓬丙 惊 元 乙 离 英 景	合冲癸 景 白 丁 坤 芮 死
阴辅壬 休 合 癸 震 冲 伤	符心庚 伤 蛇 辛 五 禽 中	地任戊 中 天 己 兑 柱 惊
元英乙 开使 地 戊 艮 任 生	白芮丁 生 常 丙 坎 蓬 休	天柱己 杜 符 庚 乾 心 开

壬辰时

符心庚 伤 阴 壬 巽 辅 杜	白芮丁 生 元 乙 离 英 景	阴辅壬 休 白 丁 坤 芮 死
蛇禽辛 死 合 癸 震 冲 伤	天柱己 杜 蛇 辛 五 禽 中	元英乙 开使 天 己 兑 柱 惊
常蓬丙 惊 地 戊 艮 任 生	合冲癸 景 常 丙 坎 蓬 休	地任戊 中 符 庚 乾 心 开

癸巳时

天柱己 杜 阴 壬 巽 辅 杜	合冲癸 景 元 乙 离 英 景	蛇禽辛 死 白 丁 坤 芮 死
符心庚 伤 合 癸 震 冲 伤	地任戊 中 蛇 辛 五 禽 中	常蓬丙 惊 天 己 兑 柱 惊
白芮丁 生 地 戊 艮 任 生	阴辅壬 休 常 丙 坎 蓬 休	元英乙 开使 符 庚 乾 心 开

甲午时

蛇辅壬 杜 蛇 壬 巽 辅 杜	常英乙 景 常 乙 离 英 景	合芮丁 死 合 丁 坤 芮 死
阴冲癸 伤 阴 癸 震 冲 伤	符禽辛 中使 符 辛 五 禽 中	地柱己 惊 地 己 兑 柱 惊
元任戊 生 元 戊 艮 任 生	白蓬丙 休 白 丙 坎 蓬 休	天心庚 开 天 庚 乾 心 开

乙未时

常英乙 中使 蛇 壬 巽 辅 杜	符禽辛 休 常 乙 离 英 景	地柱己 伤 合 丁 坤 芮 死
元任戊 杜 阴 癸 震 冲 伤	白蓬丙 开 符 辛 五 禽 中	阴冲癸 生 地 己 兑 柱 惊
蛇辅壬 景 元 戊 艮 任 生	天心庚 死 白 丙 坎 蓬 休	合芮丁 惊 天 庚 乾 心 开

丙申时

元任戊 开 蛇 壬 巽 辅 杜	蛇辅壬 死 常 乙 离 英 景	天心庚 杜 合 丁 坤 芮 死
地柱己 中使 阴 癸 震 冲 伤	常英乙 惊 符 辛 五 禽 中	合芮丁 景 地 己 兑 柱 惊
阴冲癸 休 元 戊 艮 任 生	符禽辛 伤 白 丙 坎 蓬 休	白蓬丙 生 天 庚 乾 心 开

丁酉时

地柱己 惊 蛇 壬 巽 辅 杜	阴冲癸 伤 常 乙 离 英 景	符禽辛 中使 合 丁 坤 芮 死
天心庚 开 阴 癸 震 冲 伤	元任戊 生 符 辛 五 禽 中	白蓬丙 休 地 己 兑 柱 惊
合芮丁 死 元 戊 艮 任 生	蛇辅壬 杜 白 丙 坎 蓬 休	常英乙 景 天 庚 乾 心 开

戊戌时

白蓬丙 生 蛇 壬 巽 辅 杜	天心庚 杜 常 乙 离 英 景	元任戊 开 合 丁 坤 芮 死
常英乙 惊 阴 癸 震 冲 伤	合芮丁 景 符 辛 五 禽 中	蛇辅壬 死 地 己 兑 柱 惊
符禽辛 伤 元 戊 艮 任 生	地柱己 中使 白 丙 坎 蓬 休	阴冲癸 休 天 庚 乾 心 开

己亥时

合芮丁 景 蛇 壬 巽 辅 杜	地柱己 中使 常 乙 离 英 景	常英乙 惊 合 丁 坤 芮 死
白蓬丙 生 阴 癸 震 冲 伤	阴冲癸 休 符 辛 五 禽 中	符禽辛 伤 地 己 兑 柱 惊
天心庚 杜 元 戊 艮 任 生	元任戊 开 白 丙 坎 蓬 休	蛇辅壬 死 天 庚 乾 心 开

阴八局丁壬日

庚子时

阴冲癸 休 蛇 壬 巽 辅 杜	元任戊 开 常 乙 离 英 景	白蓬丙 生 合 丁 坤 芮 死
合芮丁 景 阴 癸 震 冲 伤	蛇辅壬 死 符 辛 五 禽 中	天心庚 杜 地 己 兑 柱 惊
地柱己 中使 元 戊 艮 任 生	常英乙 惊 白 丙 坎 蓬 休	符禽辛 伤 天 庚 乾 心 开

辛丑时

蛇辅壬 死 蛇 壬 巽 辅 杜	常英乙 惊 常 乙 离 英 景	合芮丁 景 合 丁 坤 芮 死
阴冲癸 休 阴 癸 震 冲 伤	符禽辛 伤 符 辛 五 禽 中	地柱己 中使 地 己 兑 柱 惊
元任戊 开 元 戊 艮 任 生	白蓬丙 生 白 丙 坎 蓬 休	天心庚 杜 天 庚 乾 心 开

壬寅时

符禽辛 伤 蛇 壬 巽 辅 杜	白蓬丙 生 常 乙 离 英 景	阴冲癸 休 合 丁 坤 芮 死
蛇辅壬 死 阴 癸 震 冲 伤	天心庚 杜 符 辛 五 禽 中	元任戊 开 地 己 兑 柱 惊
常英乙 惊 元 戊 艮 任 生	合芮丁 景 白 丙 坎 蓬 休	地柱己 中使 天 庚 乾 心 开

癸卯时

天心庚 杜 蛇 壬 巽 辅 杜	合芮丁 景 常 乙 离 英 景	蛇辅壬 死 合 丁 坤 芮 死
符禽辛 伤 阴 癸 震 冲 伤	地柱己 中使 符 辛 五 禽 中	常英乙 惊 地 己 兑 柱 惊
白蓬丙 生 元 戊 艮 任 生	阴冲癸 休 白 丙 坎 蓬 休	元任戊 开 天 庚 乾 心 开

甲辰时

符辅壬 杜使 符 壬 巽 辅 杜	白英乙 景 白 乙 离 英 景	阴芮丁 死 阴 丁 坤 芮 死
蛇冲癸 伤 蛇 癸 震 冲 伤	天禽辛 中 天 辛 五 禽 中	元柱己 惊 元 己 兑 柱 惊
常任戊 生 常 戊 艮 任 生	合蓬丙 休 合 丙 坎 蓬 休	地心庚 开 地 庚 乾 心 开

乙巳时

常任戊 中 符 壬 巽 辅 杜	符辅壬 休 白 乙 离 英 景	地心庚 伤 阴 丁 坤 芮 死
元柱己 杜使 蛇 癸 震 冲 伤	白英乙 开 天 辛 五 禽 中	阴芮丁 生 元 己 兑 柱 惊
蛇冲癸 景 常 戊 艮 任 生	天禽辛 死 合 丙 坎 蓬 休	合蓬丙 惊 地 庚 乾 心 开

丙午时

元柱己 开 符 壬 巽 辅 杜	蛇冲癸 死 白 乙 离 英 景	天禽辛 杜使 阴 丁 坤 芮 死
地心庚 中 蛇 癸 震 冲 伤	常任戊 惊 天 辛 五 禽 中	合蓬丙 景 元 己 兑 柱 惊
阴芮丁 休 常 戊 艮 任 生	符辅壬 伤 合 丙 坎 蓬 休	白英乙 生 地 庚 乾 心 开

丁未时

地心庚 惊 符 壬 巽 辅 杜	阴芮丁 伤 白 乙 离 英 景	符辅壬 中 阴 丁 坤 芮 死
天禽辛 开 蛇 癸 震 冲 伤	元柱己 生 天 辛 五 禽 中	白英乙 休 元 己 兑 柱 惊
合蓬丙 死 常 戊 艮 任 生	蛇冲癸 杜使 合 丙 坎 蓬 休	常任戊 景 地 庚 乾 心 开

戊申时

白英乙 生 符 壬 巽 辅 杜	天禽辛 杜使 白 乙 离 英 景	元柱己 开 阴 丁 坤 芮 死
常任戊 惊 蛇 癸 震 冲 伤	合蓬丙 景 天 辛 五 禽 中	蛇冲癸 死 元 己 兑 柱 惊
符辅壬 伤 常 戊 艮 任 生	地心庚 中 合 丙 坎 蓬 休	阴芮丁 休 地 庚 乾 心 开

己酉时

合蓬丙 景 符 壬 巽 辅 杜	地心庚 中 白 乙 离 英 景	常任戊 惊 阴 丁 坤 芮 死
白英乙 生 蛇 癸 震 冲 伤	阴芮丁 休 天 辛 五 禽 中	符辅壬 伤 元 己 兑 柱 惊
天禽辛 杜使 常 戊 艮 任 生	元柱己 开 合 丙 坎 蓬 休	蛇冲癸 死 地 庚 乾 心 开

庚戌时

阴芮丁 休 符 壬 巽 辅 杜	元柱己 开 白 乙 离 英 景	白英乙 生 阴 丁 坤 芮 死
合蓬丙 景 蛇 癸 震 冲 伤	蛇冲癸 死 天 辛 五 禽 中	天禽辛 杜使 元 己 兑 柱 惊
地心庚 中 常 戊 艮 任 生	常任戊 惊 合 丙 坎 蓬 休	符辅壬 伤 地 庚 乾 心 开

辛亥时

蛇冲癸 死 符 壬 巽 辅 杜	常任戊 惊 白 乙 离 英 景	白蓬丙 景 阴 丁 坤 芮 死
阴芮丁 休 蛇 癸 震 冲 伤	符辅壬 伤 天 辛 五 禽 中	地心戊 中 元 己 兑 柱 惊
元柱己 开 常 戊 艮 任 生	白英乙 生 合 丙 坎 蓬 休	天禽辛 杜使 地 庚 乾 心 开

阴八局戊癸日

壬子时

符辅壬 **伤** 符　壬 巽 辅　杜	白英乙 **生** 白　乙 离 英　景	阴芮丁 **休** 阴　丁 坤 芮　死
蛇冲癸 **死** 蛇　癸 震 冲　伤	天禽辛 **杜**使 天　辛 五 禽　中	元柱己 **开** 元　己 兑 柱　惊
常任戊 **惊** 常　戊 艮 任　生	合蓬丙 **景** 合　丙 坎 蓬　休	地心庚 **中** 地　庚 乾 心　开

癸丑时

天禽辛 **杜**使 符　壬 巽 辅　杜	合蓬丙 **景** 白　乙 离 英　景	蛇冲癸 **死** 阴　丁 坤 芮　死
符辅壬 **伤** 蛇　癸 震 冲　伤	地心庚 **中** 天　辛 五 禽　中	常任戊 **惊** 元　己 兑 柱　惊
白英乙 **生** 常　戊 艮 任　生	阴芮丁 **休** 合　丙 坎 蓬　休	元柱己 **开** 地　庚 乾 心　开

甲寅时

天辅壬 **杜** 天　壬 巽 辅　杜	合英乙 **景** 合　乙 离 英　景	蛇芮丁 **死** 蛇　丁 坤 芮　死
符冲癸 **伤**使 符　癸 震 冲　伤	地禽辛 **中** 地　辛 五 禽　中	蛇柱己 **惊** 常　己 兑 柱　惊
白任戊 **生** 白　戊 艮 任　生	阴蓬丙 **休** 阴　丙 坎 蓬　休	元心庚 **开** 元　庚 乾 心　开

乙卯时

常柱己 **中** 天　壬 巽 辅　杜	符冲癸 **休** 合　乙 离 英　景	地禽辛 **伤**使 蛇　丁 坤 芮　死
元心庚 **杜** 符　癸 震 冲　伤	白任戊 **开** 地　辛 五 禽　中	阴蓬丙 **生** 常　己 兑 柱　惊
蛇芮丁 **景** 白　戊 艮 任　生	天辅壬 **死** 阴　丙 坎 蓬　休	合英乙 **惊** 元　庚 乾 心　开

丙辰时

元心庚 **开** 天　壬 巽 辅　杜	蛇芮丁 **杜** 合　乙 离 英　景	天辅壬 **柱** 蛇　丁 坤 芮　死
地禽辛 **中** 符　癸 震 冲　伤	常柱己 **惊** 地　辛 五 禽　中	合英乙 **景** 常　己 兑 柱　惊
阴蓬丙 **休** 白　戊 艮 任　生	符冲癸 **伤**使 阴　丙 坎 蓬　休	白任戊 **生** 元　庚 乾 心　开

丁巳时

地禽辛 **惊** 天　壬 巽 辅　杜	阴蓬丙 **伤**使 合　乙 离 英　景	符冲癸 **中** 蛇　丁 坤 芮　死
天辅壬 **开** 符　癸 震 冲　伤	元心庚 **生** 地　辛 五 禽　中	白任戊 **休** 常　己 兑 柱　惊
合英乙 **死** 白　戊 艮 任　生	蛇芮丁 **杜** 阴　丙 坎 蓬　休	常柱己 **景** 元　庚 乾 心　开

戊午时

白任戊 **生** 天　壬 巽 辅　杜	天辅壬 **杜** 合　乙 离 英　景	元心庚 **开** 蛇　丁 坤 芮　死
常柱己 **惊** 符　癸 震 冲　伤	合英乙 **景** 地　辛 五 禽　中	蛇芮丁 **死** 常　己 兑 柱　惊
符冲癸 **伤**使 白　戊 艮 任　生	地禽辛 **中** 阴　丙 坎 蓬　休	阴蓬丙 **休** 元　庚 乾 心　开

己未时

合英乙 **景** 天　壬 巽 辅　杜	地禽辛 **中** 合　乙 离 英　景	常柱己 **惊** 蛇　丁 坤 芮　死
白任戊 **生** 符　癸 震 冲　伤	阴蓬丙 **休** 地　辛 五 禽　中	符冲癸 **伤**使 常　己 兑 柱　惊
天辅壬 **杜** 白　戊 艮 任　生	元心庚 **开** 阴　丙 坎 蓬　休	蛇芮丁 **死** 元　庚 乾 心　开

庚申时

阴蓬丙 **休** 天　壬 巽 辅　杜	元心庚 **开** 合　乙 离 英　景	白任戊 **生** 蛇　丁 坤 芮　死
合英乙 **景** 符　癸 震 冲　伤	蛇芮丁 **死** 地　辛 五 禽　中	天辅壬 **杜** 常　己 兑 柱　惊
地禽辛 **中** 白　戊 艮 任　生	常柱己 **惊** 阴　丙 坎 蓬　休	符冲癸 **伤**使 元　庚 乾 心　开

辛酉时

蛇芮丁 **死** 天　壬 巽 辅　杜	常柱己 **惊** 合　乙 离 英　景	合英乙 **景** 蛇　丁 坤 芮　死
阴蓬丙 **休** 符　癸 震 冲　伤	符冲癸 **伤**使 地　辛 五 禽　中	地禽辛 **中** 常　己 兑 柱　惊
元心庚 **开** 白　戊 艮 任　生	白任戊 **生** 阴　丙 坎 蓬　休	天辅壬 **杜** 元　庚 乾 心　开

壬戌时

符冲癸 **伤**使 天　壬 巽 辅　杜	白任戊 **生** 合　乙 离 英　景	阴蓬丙 **休** 蛇　丁 坤 芮　死
蛇芮丁 **死** 符　癸 震 冲　伤	天辅壬 **杜** 地　辛 五 禽　中	元心庚 **开** 常　己 兑 柱　惊
常柱己 **惊** 白　戊 艮 任　生	合英乙 **景** 阴　丙 坎 蓬　休	地禽辛 **中** 元　庚 乾 心　开

癸亥时

天辅壬 **杜** 天　壬 巽 辅　杜	合英乙 **景** 合　乙 离 英　景	蛇芮丁 **死** 蛇　丁 坤 芮　死
符冲癸 **伤**使 符　癸 震 冲　伤	地禽辛 **中** 地　辛 五 禽　中	常柱己 **惊** 常　己 兑 柱　惊
白任戊 **生** 白　戊 艮 任　生	阴蓬丙 **休** 阴　丙 坎 蓬　休	元心庚 **开** 元　庚 乾 心　开

奇门旨归卷二十五

阴遁七局

大暑上　秋分上

处暑下　大雪中

甲己日十二时局

乙庚日十二时局

丙辛日十二时局

丁壬日十二时局

戊癸日十二时局

阴七局甲己日

甲子时

合辅辛 **杜** 合 辛 巽 辅 杜	地英丙 **景** 地 丙 离 英 景	常芮癸 **死** 常 癸 坤 芮 死
白冲壬 **伤** 白 壬 震 冲 伤	阴禽庚 **中** 阴 庚 五 禽 中	符柱戊 **惊**使 符 戊 兑 柱 惊
天任乙 **生** 天 乙 艮 任 生	元蓬丁 **休** 元 丁 坎 蓬 休	蛇心己 **开** 蛇 己 乾 心 开

乙丑时

白冲壬 **中** 合 辛 巽 辅 杜	天任乙 **休** 地 丙 离 英 景	元蓬丁 **伤** 常 癸 坤 芮 死
常芮癸 **杜** 白 壬 震 冲 伤	合辅辛 **开** 阴 庚 五 禽 中	蛇心己 **生** 符 戊 兑 柱 惊
符柱戊 **景** 天 乙 艮 任 生	地英丙 **死** 元 丁 坎 蓬 休	阴禽庚 **惊**使 蛇 己 乾 心 开

丙寅时

常芮癸 **开** 合 辛 巽 辅 杜	符柱戊 **死** 地 丙 离 英 景	地英丙 **杜** 常 癸 坤 芮 死
元蓬丁 **中** 白 壬 震 冲 伤	白冲壬 **惊**使 阴 庚 五 禽 中	阴禽庚 **景** 符 戊 兑 柱 惊
蛇心己 **休** 天 乙 艮 任 生	天任乙 **伤** 元 丁 坎 蓬 休	合辅辛 **生** 蛇 己 乾 心 开

丁卯时

元蓬丁 **惊**使 合 辛 巽 辅 杜	蛇心己 **伤** 地 丙 离 英 景	天任乙 **中** 常 癸 坤 芮 死
地英丙 **开** 白 壬 震 冲 伤	常芮癸 **生** 阴 庚 五 禽 中	合辅辛 **休** 符 戊 兑 柱 惊
阴禽庚 **死** 天 乙 艮 任 生	符柱戊 **杜** 元 丁 坎 蓬 休	白冲壬 **景** 蛇 己 乾 心 开

戊辰时

合辅辛 **生** 合 辛 巽 辅 杜	地英丙 **杜** 地 丙 离 英 景	常芮癸 **开** 常 癸 坤 芮 死
白冲壬 **惊** 白 壬 震 冲 伤	阴禽庚 **景** 阴 庚 五 禽 中	符柱戊 **死** 符 戊 兑 柱 惊
天任乙 **伤** 天 乙 艮 任 生	元蓬丁 **中** 元 丁 坎 蓬 休	蛇心己 **休** 蛇 己 乾 心 开

己巳时

阴禽庚 **景** 合 辛 巽 辅 杜	元蓬丁 **中** 地 丙 离 英 景	白冲任 **惊**使 常 癸 坤 芮 死
合辅辛 **生** 白 壬 震 冲 伤	蛇心己 **休** 阴 庚 五 禽 中	天任乙 **伤** 符 戊 兑 柱 惊
地英丙 **杜** 天 乙 艮 任 生	常芮癸 **开** 元 丁 坎 蓬 休	符柱戊 **死** 蛇 己 乾 心 开

庚午时

蛇心己 **休** 合 辛 巽 辅 杜	常芮癸 **开** 地 丙 离 英 景	合辅辛 **生** 常 癸 坤 芮 死
阴禽庚 **景** 白 壬 震 冲 伤	符柱戊 **死** 阴 庚 五 禽 中	地英丙 **杜** 符 戊 兑 柱 惊
元蓬丁 **中** 天 乙 艮 任 生	白冲壬 **惊**使 元 丁 坎 蓬 休	天任乙 **伤** 蛇 己 乾 心 开

辛未时

符柱戊 **死** 合 辛 巽 辅 杜	白冲壬 **惊**使 地 丙 离 英 景	阴禽庚 **景** 常 癸 坤 芮 死
蛇心己 **休** 白 壬 震 冲 伤	天任乙 **伤** 阴 庚 五 禽 中	元蓬丁 **中** 符 戊 兑 柱 惊
常芮癸 **开** 天 乙 艮 任 生	合辅辛 **生** 元 丁 坎 蓬 休	地英丙 **杜** 蛇 己 乾 心 开

壬申时

天任乙 **伤** 合 辛 巽 辅 杜	合辅辛 **生** 地 丙 离 英 景	蛇心己 **休** 常 癸 坤 芮 死
符柱戊 **死** 白 壬 震 冲 伤	地英丙 **杜** 阴 庚 五 禽 中	常芮癸 **开** 符 戊 兑 柱 惊
白冲壬 **惊**使 天 乙 艮 任 生	阴禽庚 **景** 元 丁 坎 蓬 休	元蓬丁 **中** 蛇 己 乾 心 开

癸酉时

地英丙 **杜** 合 辛 巽 辅 杜	阴禽庚 **景** 地 丙 离 英 景	符柱戊 **死** 常 癸 坤 芮 死
天任乙 **伤** 白 壬 震 冲 伤	元蓬丁 **中** 阴 庚 五 禽 中	白冲壬 **惊**使 符 戊 兑 柱 惊
合辅辛 **生** 天 乙 艮 任 生	蛇心己 **休** 元 丁 坎 蓬 休	常芮癸 **开** 蛇 己 乾 心 开

甲戌时

阴辅辛 **杜** 阴 辛 巽 辅 杜	元英丙 **景** 元 丙 离 英 景	白芮癸 **死** 白 癸 坤 芮 死
合冲壬 **伤** 合 壬 震 冲 伤	蛇禽庚 **中** 蛇 庚 五 禽 中	天柱戊 **惊** 天 戊 兑 柱 惊
地任乙 **生** 地 乙 艮 任 生	常蓬丁 **休** 常 丁 坎 蓬 休	符心己 **开**使 符 己 乾 心 开

乙亥时

白芮癸 **中** 阴 辛 巽 辅 杜	天柱戊 **休** 元 丙 离 英 景	元英丙 **伤** 白 癸 坤 芮 死
常蓬丁 **杜** 合 壬 震 冲 伤	合冲壬 **开**使 蛇 庚 五 禽 中	蛇禽庚 **生** 天 戊 兑 柱 惊
符心己 **景** 地 乙 艮 任 生	地任乙 **死** 常 丁 坎 蓬 休	阴辅辛 **惊** 符 己 乾 心 开

阴七局乙庚日

丙子时

常蓬丁 开使 阴 辛 巽 辅 杜	符心己 死 元 丙 离 英 景	地任乙 杜 白 癸 坤 芮 死
元英丙 中 合 壬 震 冲 伤	白芮癸 惊 蛇 庚 五 禽 中	阴辅辛 景 天 戊 兑 柱 惊
蛇禽庚 休 地 乙 艮 任 生	天柱戊 伤 常 丁 坎 蓬 休	合冲壬 生 符 己 乾 心 开

丁丑时

元英丙 惊 阴 辛 巽 辅 杜	蛇禽庚 伤 元 丙 离 英 景	天柱戊 中 白 癸 坤 芮 死
地任乙 开 合 壬 震 冲 伤	常蓬丁 生 蛇 庚 五 禽 中	合冲壬 休 天 戊 兑 柱 惊
阴辅辛 死 地 乙 艮 任 生	符心己 杜 常 丁 坎 蓬 休	白芮癸 景 符 己 乾 心 开

戊寅时

合冲壬 生 阴 辛 巽 辅 杜	地任乙 杜 元 丙 离 英 景	常蓬丁 开使 白 癸 坤 芮 死
白芮癸 惊 合 壬 震 冲 伤	阴辅辛 景 蛇 庚 五 禽 中	芮心己 死 天 戊 兑 柱 惊
天柱戊 伤 地 乙 艮 任 生	元英丙 中 常 丁 坎 蓬 休	蛇禽庚 休 符 己 乾 心 开

己卯时

阴辅辛 景 阴 辛 巽 辅 杜	元英丙 中 元 丙 离 英 景	白芮癸 惊 白 癸 坤 芮 死
合冲壬 生 合 壬 震 冲 伤	蛇禽庚 休 蛇 庚 五 禽 中	天柱戊 伤 天 戊 兑 柱 惊
地任乙 杜 地 乙 艮 任 生	常蓬丁 开使 常 丁 坎 蓬 休	地心己 死 符 己 乾 心 开

庚辰时

蛇禽庚 休 阴 辛 巽 辅 杜	常蓬丁 开使 元 丙 离 英 景	合冲壬 生 白 癸 坤 芮 死
阴辅辛 景 合 壬 震 冲 伤	符心己 死 蛇 庚 五 禽 中	地任乙 杜 天 戊 兑 柱 惊
元英丙 中 地 乙 艮 任 生	白芮癸 惊 常 丁 坎 蓬 休	天柱戊 伤 符 己 乾 心 开

辛巳时

符心己 死 阴 辛 巽 辅 杜	白芮癸 惊 元 丙 离 英 景	阴辅辛 景 白 癸 坤 芮 死
蛇禽庚 休 合 壬 震 冲 伤	天柱戊 伤 蛇 庚 五 禽 中	元英丙 中 天 戊 兑 柱 惊
常蓬丁 开使 地 乙 艮 任 生	合冲壬 生 常 丁 坎 蓬 休	地任乙 杜 符 己 乾 心 开

壬午时

天柱戊 伤 阴 辛 巽 辅 杜	合冲壬 生 元 丙 离 英 景	蛇禽庚 休 白 癸 坤 芮 死
符心己 死 合 壬 震 冲 伤	地任乙 杜 蛇 庚 五 禽 中	常蓬丁 开使 天 戊 兑 柱 惊
白芮癸 惊 地 乙 艮 任 生	阴辅辛 景 常 丁 坎 蓬 休	元英丙 中 符 己 乾 心 开

癸未时

地任乙 杜 阴 辛 巽 辅 杜	阴辅辛 景 元 丙 离 英 景	符心己 死 白 癸 坤 芮 死
天柱戊 伤 合 壬 震 冲 伤	元英丙 中 蛇 庚 五 禽 中	白芮癸 惊 天 戊 兑 柱 惊
合冲壬 生 地 乙 艮 任 生	蛇禽庚 休 常 丁 坎 蓬 休	常蓬丁 开使 符 己 乾 心 开

甲申时

蛇辅辛 杜 蛇 辛 巽 辅 杜	常英丙 景 常 丙 离 英 景	合芮癸 死 合 癸 坤 芮 死
阴冲壬 伤 阴 壬 震 冲 伤	符禽庚 中使 符 庚 五 禽 中	地柱戊 惊 地 戊 兑 柱 惊
元任乙 生 元 乙 艮 任 生	白蓬丁 休 白 丁 坎 蓬 休	天心己 开 天 己 乾 心 开

乙酉时

白蓬丁 中使 蛇 辛 巽 辅 杜	天心己 休 常 丙 离 英 景	元任乙 伤 合 癸 坤 芮 死
常英丙 杜 阴 壬 震 冲 伤	合芮癸 开 符 庚 五 禽 中	蛇辅辛 生 地 戊 兑 柱 惊
符禽庚 景 元 乙 艮 任 生	地柱戊 死 白 丁 坎 蓬 休	阴冲壬 惊 天 己 乾 心 开

丙戌时

常英丙 开 蛇 辛 巽 辅 杜	符禽庚 死 常 丙 离 英 景	地柱戊 杜 合 癸 坤 芮 死
元任乙 中使 阴 壬 震 冲 伤	白蓬丁 惊 符 庚 五 禽 中	阴冲壬 景 地 戊 兑 柱 惊
蛇辅辛 休 元 乙 艮 任 生	天心己 伤 白 丁 坎 蓬 休	合芮癸 生 天 己 乾 心 开

丁亥时

元任乙 惊 蛇 辛 巽 辅 杜	蛇辅辛 伤 常 丙 离 英 景	天心己 中使 合 癸 坤 芮 死
地柱戊 开 阴 壬 震 冲 伤	常英丙 生 符 庚 五 禽 中	合芮癸 休 地 戊 兑 柱 惊
阴冲壬 死 元 乙 艮 任 生	符禽庚 杜 白 丁 坎 蓬 休	白蓬丁 景 天 己 乾 心 开

阴七局丙辛日

戊子时

合芮癸 **生** 蛇 辛 巽 辅 杜	地柱戊 **杜** 常 丙 离 英 景	常英丙 **开** 合 癸 坤 芮 死
白蓬丁 **惊** 阴 壬 震 冲 伤	阴冲壬 **景** 符 庚 五 禽 中	符禽庚 **死** 地 戊 兑 柱 惊
天心己 **伤** 元 乙 艮 任 生	元任乙 **中**使 白 丁 坎 蓬 休	蛇辅辛 **休** 天 己 乾 心 开

己丑时

阴冲壬 **景** 蛇 辛 巽 辅 杜	元任乙 **中**使 常 丙 离 英 景	白蓬丁 **惊** 合 癸 坤 芮 死
合芮癸 **生** 阴 壬 震 冲 伤	蛇辅辛 **休** 符 庚 五 禽 中	天心己 **伤** 地 戊 兑 柱 惊
地柱戊 **杜** 元 乙 艮 任 生	常英丙 **开** 白 丁 坎 蓬 休	符禽庚 **死** 天 己 乾 心 开

庚寅时

蛇辅辛 **休** 蛇 辛 巽 辅 杜	常英丙 **开** 常 丙 离 英 景	合芮癸 **生** 合 癸 坤 芮 死
阴冲壬 **景** 阴 壬 震 冲 伤	符禽庚 **死** 符 庚 五 禽 中	地柱戊 **杜** 地 戊 兑 柱 惊
元任乙 **中**使 元 乙 艮 任 生	白蓬丁 **惊** 白 丁 坎 蓬 休	天心己 **伤** 天 己 乾 心 开

辛卯时

符禽庚 **死** 蛇 辛 巽 辅 杜	白蓬丁 **惊** 常 丙 离 英 景	阴冲壬 **景** 合 癸 坤 芮 死
蛇辅辛 **休** 阴 壬 震 冲 伤	天心己 **伤** 符 庚 五 禽 中	元任乙 **中**使 地 戊 兑 柱 惊
常英丙 **开** 元 乙 艮 任 生	合芮癸 **生** 白 丁 坎 蓬 休	地柱戊 **柱** 天 己 乾 心 开

壬辰时

天心己 **伤** 蛇 辛 巽 辅 杜	合芮癸 **生** 常 丙 离 英 景	蛇辅辛 **休** 合 癸 坤 芮 死
符禽庚 **死** 阴 壬 震 冲 伤	地柱戊 **杜** 符 庚 五 禽 中	常英丙 **开** 地 戊 兑 柱 惊
白蓬丁 **惊** 元 乙 艮 任 生	阴冲壬 **景** 白 丁 坎 蓬 休	元任乙 **中**使 天 己 乾 心 开

癸巳时

地柱戊 **杜** 蛇 辛 巽 辅 杜	阴冲壬 **景** 常 丙 离 英 景	符禽庚 **死** 合 癸 坤 芮 死
天心己 **伤** 阴 壬 震 冲 伤	元任乙 **中**使 符 庚 五 禽 中	白蓬丁 **惊** 地 戊 兑 柱 惊
合芮癸 **生** 元 乙 艮 任 生	蛇辅辛 **休** 白 丁 坎 蓬 休	常英丙 **开** 天 己 乾 心 开

甲午时

符辅辛 **杜**使 符 辛 巽 辅 杜	白英丙 **景** 白 丙 离 英 景	阴芮癸 **死** 阴 癸 坤 芮 死
蛇冲壬 **伤** 蛇 壬 震 冲 伤	天禽庚 **中** 天 庚 五 禽 中	元柱戊 **惊** 元 戊 兑 柱 惊
常任乙 **生** 常 乙 艮 任 生	合蓬丁 **休** 合 丁 坎 蓬 休	地心己 **开** 地 己 乾 心 开

乙未时

白英丙 **中** 符 辛 巽 辅 杜	天禽庚 **休** 白 丙 离 英 景	元柱戊 **伤** 阴 癸 坤 芮 死
常任乙 **杜**使 蛇 壬 震 冲 伤	合蓬丁 **开** 天 庚 五 禽 中	蛇冲壬 **生** 元 戊 兑 柱 惊
符辅辛 **景** 常 乙 艮 任 生	地心己 **死** 合 丁 坎 蓬 休	阴芮癸 **惊** 地 己 乾 心 开

丙申时

常任乙 **开** 符 辛 巽 辅 杜	符辅辛 **死** 白 丙 离 英 景	地心己 **杜**使 阴 癸 坤 芮 死
元柱戊 **中** 蛇 壬 震 冲 伤	白英丙 **惊** 天 庚 五 禽 中	阴芮癸 **景** 元 戊 兑 柱 惊
蛇冲壬 **休** 常 乙 艮 任 生	天禽庚 **伤** 合 丁 坎 蓬 休	合蓬丁 **生** 地 己 乾 心 开

丁酉时

元柱戊 **惊** 符 辛 巽 辅 杜	蛇冲壬 **伤** 白 丙 离 英 景	天禽庚 **中** 阴 癸 坤 芮 死
地心己 **开** 蛇 壬 震 冲 伤	常任乙 **生** 天 庚 五 禽 中	合蓬丁 **休** 元 戊 兑 柱 惊
阴芮癸 **死** 常 乙 艮 任 生	符辅辛 **杜**使 合 丁 坎 蓬 休	白英丙 **景** 地 己 乾 心 开

戊戌时

合蓬丁 **生** 符 辛 巽 辅 杜	地心己 **杜**使 白 丙 离 英 景	常任乙 **开** 阴 癸 坤 芮 死
白英丙 **惊** 蛇 壬 震 冲 伤	阴芮癸 **景** 天 庚 五 禽 中	符辅辛 **死** 元 戊 兑 柱 惊
天禽庚 **伤** 常 乙 艮 任 生	元柱戊 **中** 合 丁 坎 蓬 休	蛇冲壬 **休** 地 己 乾 心 开

己亥时

阴芮癸 **景** 符 辛 巽 辅 杜	元柱戊 **中** 白 丙 离 英 景	白英丙 **惊** 阴 癸 坤 芮 死
合蓬丁 **生** 蛇 壬 震 冲 伤	蛇冲壬 **休** 天 庚 五 禽 中	天禽庚 **伤** 元 戊 兑 柱 惊
地心己 **杜**使 常 乙 艮 任 生	常任乙 **开** 合 丁 坎 蓬 休	符辅辛 **死** 地 己 乾 心 开

阴七局丁壬日

庚子时

蛇冲壬 **休** 符 辛 巽 辅 杜	常任乙 **开** 白 丙 离 英 景	合蓬丁 **生** 阴 癸 坤 芮 死
阴芮癸 **景** 蛇 壬 震 冲 伤	符辅辛 **死** 天 庚 五 禽 中	地心己 **杜**使 元 戊 兑 柱 惊
元柱戊 **中** 常 乙 艮 任 生	白英丙 **惊** 合 丁 坎 蓬 休	天禽庚 **伤** 地 己 乾 心 开

辛丑时

符辅辛 **死** 符 辛 巽 辅 杜	白英丙 **惊** 白 丙 离 英 景	阴芮癸 **景** 阴 癸 坤 芮 死
蛇冲壬 **休** 蛇 壬 震 冲 伤	天禽庚 **伤** 天 庚 五 禽 中	元柱戊 **中** 元 戊 兑 柱 惊
常任乙 **开** 常 乙 艮 任 生	合蓬丁 **生** 合 丁 坎 蓬 休	地心己 **杜**使 地 己 乾 心 开

壬寅时

天禽庚 **伤** 符 辛 巽 辅 杜	合蓬丁 **生** 白 丙 离 英 景	蛇冲壬 **休** 阴 癸 坤 芮 死
符辅辛 **死** 蛇 壬 震 冲 伤	地心己 **杜**使 天 庚 五 禽 中	常任乙 **开** 元 戊 兑 柱 惊
白英丙 **惊** 常 乙 艮 任 生	阴芮癸 **景** 合 丁 坎 蓬 休	元柱戊 **中** 地 己 乾 心 开

癸卯时

地心己 **杜**使 符 辛 巽 辅 杜	阴芮癸 **景** 白 丙 离 英 景	符辅辛 **死** 阴 癸 坤 芮 死
天禽庚 **伤** 蛇 壬 震 冲 伤	元柱戊 **中** 天 庚 五 禽 中	白英丙 **惊** 元 戊 兑 柱 惊
合蓬丁 **生** 常 乙 艮 任 生	蛇冲壬 **休** 合 丁 坎 蓬 休	常任乙 **开** 地 己 乾 心 开

甲辰时

天辅辛 **杜** 天 辛 巽 辅 杜	合英丙 **景** 合 丙 离 英 景	蛇芮癸 **死** 蛇 癸 坤 芮 死
符冲壬 **伤**使 符 壬 震 冲 伤	地禽庚 **中** 地 庚 五 禽 中	常柱戊 **惊** 常 戊 兑 柱 惊
白任乙 **生** 白 乙 艮 任 生	阴蓬丁 **休** 阴 丁 坎 蓬 休	元心己 **开** 元 己 乾 心 开

乙巳时

白任乙 **中** 天 辛 巽 辅 杜	天辅辛 **休** 合 丙 离 英 景	元心己 **伤**使 蛇 癸 坤 芮 死
常柱戊 **杜** 符 壬 震 冲 伤	合英丙 **开** 地 庚 五 禽 中	蛇芮癸 **生** 常 戊 兑 柱 惊
符冲壬 **景** 白 乙 艮 任 生	地禽庚 **死** 阴 丁 坎 蓬 休	阴蓬丁 **惊** 元 己 乾 心 开

丙午时

常柱戊 **开** 天 辛 巽 辅 杜	符冲壬 **死** 合 丙 离 英 景	地禽庚 **杜** 蛇 癸 坤 芮 死
元心己 **中** 符 壬 震 冲 伤	白任乙 **惊** 地 庚 五 禽 中	阴蓬丁 **景** 常 戊 兑 柱 惊
蛇芮癸 **休** 白 乙 艮 任 生	天辅辛 **伤**使 阴 丁 坎 蓬 休	合英丙 **生** 元 己 乾 心 开

丁未时

元心己 **惊** 天 辛 巽 辅 杜	蛇芮癸 **伤**使 合 丙 离 英 景	天辅辛 **中** 蛇 癸 坤 芮 死
地禽庚 **开** 符 壬 震 冲 伤	常柱戊 **生** 地 庚 五 禽 中	合英丙 **休** 常 戊 兑 柱 惊
阴蓬丁 **死** 白 乙 艮 任 生	符冲壬 **杜** 阴 丁 坎 蓬 休	白任乙 **景** 元 己 乾 心 开

戊申时

合英丙 **生** 天 辛 巽 辅 杜	地禽庚 **杜** 合 丙 离 英 景	常柱戊 **开** 蛇 癸 坤 芮 死
白任乙 **惊** 符 壬 震 冲 伤	阴蓬丁 **景** 地 庚 五 禽 中	符冲壬 **死** 常 戊 兑 柱 惊
天辅辛 **伤**使 白 乙 艮 任 生	元心己 **中** 阴 丁 坎 蓬 休	蛇芮癸 **休** 元 己 乾 心 开

己酉时

阴蓬丁 **景** 天 辛 巽 辅 杜	元心己 **中** 合 丙 离 英 景	白任乙 **惊** 蛇 癸 坤 芮 死
合英丙 **休** 符 壬 震 冲 伤	蛇芮癸 **生** 地 庚 五 禽 中	天辅辛 **伤**使 常 戊 兑 柱 惊
地禽庚 **杜** 白 乙 艮 任 生	常柱戊 **开** 阴 丁 坎 蓬 休	符冲壬 **死** 元 己 乾 心 开

庚戌时

蛇芮癸 **休** 天 辛 巽 辅 杜	常柱戊 **开** 合 丙 离 英 景	合英丙 **生** 蛇 癸 坤 芮 死
阴蓬丁 **景** 符 壬 震 冲 伤	符冲壬 **死** 地 庚 五 禽 中	地禽庚 **杜** 常 戊 兑 柱 惊
元心己 **中** 白 乙 艮 任 生	白任乙 **惊** 阴 丁 坎 蓬 休	天辅辛 **伤**使 元 己 乾 心 开

辛亥时

符冲壬 **死** 天 辛 巽 辅 杜	白任乙 **惊** 合 丙 离 英 景	阴蓬丁 **景** 蛇 癸 坤 芮 死
蛇芮癸 **休** 符 壬 震 冲 伤	天辅辛 **伤**使 地 庚 五 禽 中	元心己 **中** 常 戊 兑 柱 惊
常柱戊 **开** 白 乙 艮 任 生	合英丙 **生** 阴 丁 坎 蓬 休	地禽庚 **杜** 元 己 乾 心 开

阴七局戊癸日

壬子时

天辅辛 **伤**使 天 辛 巽 辅 杜	合英丙 **生** 合 丙 离 英 景	蛇芮癸 **休** 蛇 癸 坤 芮 死
符冲壬 **死** 符 壬 震 冲 伤	地禽庚 **杜** 地 庚 五 禽 中	常柱戊 **开** 常 戊 兑 柱 惊
白任乙 **惊** 白 乙 艮 任 生	阴蓬丁 **景** 阴 丁 坎 蓬 休	元心己 **中** 元 己 乾 心 开

癸丑时

地禽庚 **杜** 天 辛 巽 辅 杜	阴蓬丁 **景** 合 丙 离 英 景	符冲壬 **死** 蛇 癸 坤 芮 死
天辅辛 **伤**使 符 壬 震 冲 伤	元心己 **中** 地 庚 五 禽 中	白任乙 **惊** 常 戊 兑 柱 惊
合英丙 **生** 白 乙 艮 任 生	蛇芮癸 **休** 阴 丁 坎 蓬 休	常柱戊 **开** 元 己 乾 心 开

甲寅时

地辅辛 **杜** 地 辛 巽 辅 杜	阴英丙 **景** 阴 丙 离 英 景	符芮癸 **死**使 符 癸 坤 芮 死
天冲壬 **伤** 天 壬 震 冲 伤	元禽庚 **中** 元 庚 五 禽 中	白柱戊 **惊** 白 戊 兑 柱 惊
合任乙 **生** 合 乙 艮 任 生	蛇蓬丁 **休** 蛇 丁 坎 蓬 休	常心己 **开** 常 己 乾 心 开

乙卯时

白柱戊 **中** 地 辛 巽 辅 杜	天冲壬 **休** 阴 丙 离 英 景	元禽庚 **伤** 符 癸 坤 芮 死
常心己 **杜** 天 壬 震 冲 伤	合任乙 **开** 元 庚 五 禽 中	蛇蓬丁 **生** 白 戊 兑 柱 惊
符芮癸 **景** 合 乙 艮 任 生	地辅辛 **死**使 蛇 丁 坎 蓬 休	阴英丙 **惊** 常 己 乾 心 开

丙辰时

常心己 **开** 地 辛 巽 辅 杜	符芮癸 **死**使 阴 丙 离 英 景	地辅辛 **杜** 符 癸 坤 芮 死
元禽庚 **中** 天 壬 震 冲 伤	白柱戊 **惊** 元 庚 五 禽 中	阴英丙 **景** 白 戊 兑 柱 惊
蛇蓬丁 **休** 合 乙 艮 任 生	天冲壬 **伤** 蛇 丁 坎 蓬 休	合任乙 **生** 常 己 乾 心 开

丁巳时

元禽庚 **惊** 地 辛 巽 辅 杜	蛇蓬丁 **伤** 阴 丙 离 英 景	天冲壬 **中** 符 癸 坤 芮 死
地辅辛 **开** 天 壬 震 冲 伤	常心己 **生** 元 庚 五 禽 中	合任乙 **休** 白 戊 兑 柱 惊
阴英丙 **死**使 合 乙 艮 任 生	符芮癸 **杜** 蛇 丁 坎 蓬 休	白柱戊 **景** 常 己 乾 心 开

戊午时

地任乙 **生** 地 辛 巽 辅 杜	地辅辛 **杜** 阴 丙 离 英 景	常心己 **开** 符 癸 坤 芮 死
白柱戊 **惊** 天 壬 震 冲 伤	阴英丙 **景** 元 庚 五 禽 中	符芮癸 **死**使 白 戊 兑 柱 惊
天冲壬 **伤** 合 乙 艮 任 生	元禽庚 **中** 蛇 丁 坎 蓬 休	蛇蓬丁 **休** 常 己 乾 心 开

己未时

阴英丙 **景** 地 辛 巽 辅 杜	元禽庚 **中** 阴 丙 离 英 景	白柱戊 **惊** 符 癸 坤 芮 死
合任乙 **生** 天 壬 震 冲 伤	蛇蓬丁 **休** 元 庚 五 禽 中	天冲壬 **伤** 白 戊 兑 柱 惊
地辅辛 **杜** 合 乙 艮 任 生	常心己 **开** 蛇 丁 坎 蓬 休	符芮癸 **死**使 常 己 乾 心 开

庚申时

蛇蓬丁 **休** 地 辛 巽 辅 杜	常心己 **开** 阴 丙 离 英 景	合任乙 **生** 符 癸 坤 芮 死
阴英丙 **景** 天 壬 震 冲 伤	符芮癸 **死**使 元 庚 五 禽 中	地辅辛 **杜** 白 戊 兑 柱 惊
元禽庚 **中** 合 乙 艮 任 生	白柱戊 **惊** 蛇 丁 坎 蓬 休	天冲壬 **伤** 常 己 乾 心 开

辛酉时

符芮癸 **死**使 地 辛 巽 辅 杜	白柱戊 **惊** 阴 丙 离 英 景	阴英丙 **景** 符 癸 坤 芮 死
蛇蓬丁 **休** 天 壬 震 冲 伤	天冲壬 **伤** 元 庚 五 禽 中	元禽庚 **中** 白 戊 兑 柱 惊
常心己 **开** 合 乙 艮 任 生	合任乙 **生** 蛇 丁 坎 蓬 休	地辅辛 **杜** 常 己 乾 心 开

壬戌时

天冲壬 **伤** 地 辛 巽 辅 杜	合任乙 **生** 阴 丙 离 英 景	蛇蓬丁 **休** 符 癸 坤 芮 死
符芮癸 **死**使 天 壬 震 冲 伤	地辅辛 **杜** 元 庚 五 禽 中	常心己 **开** 白 戊 兑 柱 惊
白柱戊 **惊** 合 乙 艮 任 生	阴英丙 **景** 蛇 丁 坎 蓬 休	元禽庚 **中** 常 己 乾 心 开

癸亥时

地辅辛 **杜** 地 辛 巽 辅 杜	阴英丙 **景** 阴 丙 离 英 景	符芮癸 **死**使 符 癸 坤 芮 死
天冲壬 **伤** 天 壬 震 冲 伤	元禽庚 **中** 元 庚 五 禽 中	白柱戊 **惊** 白 戊 兑 柱 惊
合任乙 **生** 合 乙 艮 任 生	蛇蓬丁 **休** 蛇 丁 坎 蓬 休	常心己 **开** 常 己 乾 心 开

奇门旨归卷二十六

阴遁六局

夏至下　白露下
寒露上　立冬上
甲己日十二时局
乙庚日十二时局
丙辛日十二时局
丁壬日十二时局
戊癸日十二时局

阴六局甲己日

甲子时

阴辅庚 **杜** 阴 庚 巽 辅 杜	元英丁 **景** 元 丁 离 英 景	白芮壬 **死** 白 壬 坤 芮 死
合冲辛 **伤** 合 辛 震 冲 伤	蛇禽己 **中** 蛇 己 五 禽 中	天柱乙 **惊** 天 乙 兑 柱 惊
地任丙 **生** 地 丙 艮 任 生	常蓬癸 **休** 常 癸 坎 蓬 休	符心戊 **开**使 符 戊 乾 心 开

乙丑时

合冲辛 **中** 阴 庚 巽 辅 杜	地任丙 **休** 元 丁 离 英 景	常蓬癸 **伤** 白 壬 坤 芮 死
白芮壬 **杜** 合 辛 震 冲 伤	阴辅庚 **开**使 蛇 己 五 禽 中	符心戊 **生** 天 乙 兑 柱 惊
天柱乙 **景** 地 丙 艮 任 生	元英丁 **死** 常 癸 坎 蓬 休	蛇禽己 **惊** 符 戊 乾 心 开

丙寅时

白芮壬 **开**使 阴 庚 巽 辅 杜	天柱乙 **死** 元 丁 离 英 景	元英丁 **杜** 白 壬 坤 芮 死
常蓬癸 **中** 合 辛 震 冲 伤	合冲辛 **惊** 蛇 己 五 禽 中	蛇禽己 **景** 天 乙 兑 柱 惊
符心戊 **休** 地 丙 艮 任 生	地任丙 **伤** 常 癸 坎 蓬 休	阴辅庚 **生** 符 戊 乾 心 开

丁卯时

常蓬癸 **惊** 阴 庚 巽 辅 杜	符心戊 **伤** 元 丁 离 英 景	地任丙 **中** 白 壬 坤 芮 死
元英丁 **开**使 合 辛 震 冲 伤	白芮壬 **生** 蛇 己 五 禽 中	阴辅庚 **休** 天 乙 兑 柱 惊
蛇禽己 **死** 地 丙 艮 任 生	天柱乙 **杜** 常 癸 坎 蓬 休	合冲辛 **景** 符 戊 乾 心 开

戊辰时

阴辅庚 **生** 阴 庚 巽 辅 杜	元英丁 **杜** 元 丁 离 英 景	白芮壬 **开**使 白 壬 坤 芮 死
合冲辛 **惊** 合 辛 震 冲 伤	蛇禽己 **景** 蛇 己 五 禽 中	天柱乙 **死** 天 乙 兑 柱 惊
地任丙 **伤** 地 丙 艮 任 生	常蓬癸 **中** 常 癸 坎 蓬 休	符心戊 **休** 符 戊 乾 心 开

己巳时

蛇禽己 **景** 阴 庚 巽 辅 杜	常蓬癸 **中** 元 丁 离 英 景	合冲辛 **惊** 白 壬 坤 芮 死
阴辅庚 **生** 合 辛 震 冲 伤	符心戊 **休** 蛇 己 五 禽 中	地任丙 **伤** 天 乙 兑 柱 惊
元英丁 **杜** 地 丙 艮 任 生	白芮壬 **开**使 常 癸 坎 蓬 休	天柱乙 **死** 符 戊 乾 心 开

庚午时

符心戊 **休** 阴 庚 巽 辅 杜	白芮壬 **开**使 元 丁 离 英 景	阴辅庚 **生** 白 壬 坤 芮 死
蛇禽己 **景** 合 辛 震 冲 伤	天柱乙 **死** 蛇 己 五 禽 中	元英丁 **杜** 天 乙 兑 柱 惊
常蓬癸 **中** 地 丙 艮 任 生	合冲辛 **惊** 常 癸 坎 蓬 休	地任芮 **伤** 符 戊 乾 心 开

辛未时

天柱乙 **死** 阴 庚 巽 辅 杜	合冲辛 **惊** 元 丁 离 英 景	蛇禽己 **景** 白 壬 坤 芮 死
符心戊 **休** 合 辛 震 冲 伤	地任丙 **伤** 蛇 己 五 禽 中	常蓬癸 **中** 天 乙 兑 柱 惊
白芮壬 **开**使 地 丙 艮 任 生	阴辅庚 **生** 常 癸 坎 蓬 休	元英丁 **杜** 符 戊 乾 心 开

壬申时

地任丙 **伤** 阴 庚 巽 辅 杜	阴辅庚 **生** 元 丁 离 英 景	符心戊 **休** 白 壬 坤 芮 死
天柱乙 **死** 合 辛 震 冲 伤	元英丁 **杜** 蛇 己 五 禽 中	白芮壬 **开**使 天 乙 兑 柱 惊
合冲辛 **惊** 地 丙 艮 任 生	蛇禽己 **景** 常 癸 坎 蓬 休	常蓬癸 **中** 符 戊 乾 心 开

癸酉时

元英丁 **杜** 阴 庚 巽 辅 杜	蛇合己 **景** 元 丁 离 英 景	天柱乙 **死** 白 壬 坤 芮 死
地任丙 **伤** 合 辛 震 冲 伤	常蓬癸 **中** 蛇 己 五 禽 中	合冲辛 **惊** 天 乙 兑 柱 惊
阴辅庚 **生** 地 丙 艮 任 生	符心戊 **休** 常 癸 坎 蓬 休	白芮壬 **开**使 符 戊 乾 心 开

甲戌时

蛇辅庚 **杜** 蛇 庚 巽 辅 杜	常英丁 **景** 常 丁 离 英 景	合芮壬 **死** 合 壬 坤 芮 死
阴冲辛 **伤** 阴 辛 震 冲 伤	符禽己 **中**使 符 己 五 禽 中	地柱乙 **惊** 地 乙 兑 柱 惊
元任丙 **生** 元 丙 艮 任 生	白蓬癸 **休** 白 癸 坎 蓬 休	天心戊 **开** 天 戊 乾 心 开

乙亥时

合芮丙 **中**使 蛇 庚 巽 辅 杜	地柱乙 **休** 常 丁 离 英 景	常英丁 **伤** 合 壬 坤 芮 死
白蓬癸 **杜** 阴 辛 震 冲 伤	阴冲辛 **开** 符 己 五 禽 中	符禽己 **生** 地 乙 兑 柱 惊
天心戊 **景** 元 丙 艮 任 生	元任丙 **死** 白 癸 坎 蓬 休	蛇辅庚 **惊** 天 戊 乾 心 开

阴六局乙庚日

丙子时

白蓬癸 开 蛇　庚 巽 辅　杜	天心戊 死 常　丁 离 英　景	元任丙 杜 合　壬 坤 芮　死
常英丁 中使 阴　辛 震 冲　伤	合芮壬 惊 符　己 五 禽　中	蛇辅庚 景 地　乙 兑 柱　惊
符禽乙 休 元　丙 艮 任　生	地柱乙 伤 白　癸 坎 蓬　休	阴冲辛 生 天　戊 乾 心　开

丁丑时

常英丁 惊 蛇　庚 巽 辅　杜	符禽己 伤 常　丁 离 英　景	地柱乙 中使 合　壬 坤 芮　死
元任丙 开 阴　辛 震 冲　伤	白蓬癸 生 符　己 五 禽　中	阴冲辛 休 地　乙 兑 柱　惊
蛇辅庚 死 元　丙 艮 任　生	天心戊 杜 白　癸 坎 蓬　休	合芮壬 景 天　戊 乾 心　开

戊寅时

阴冲辛 生 蛇　庚 巽 辅　杜	元任丙 杜 常　丁 离 英　景	白蓬癸 开 合　壬 坤 芮　死
合芮壬 惊 阴　辛 震 冲　伤	蛇辅庚 景 符　己 五 禽　中	天心戊 死 地　乙 兑 柱　惊
地柱乙 伤 元　丙 艮 任　生	常英丁 中使 白　癸 坎 蓬　休	符禽己 休 天　戊 乾 心　开

己卯时

蛇辅庚 景 蛇　庚 巽 辅　杜	常英丁 中使 常　丁 离 英　景	合芮壬 惊 合　壬 坤 芮　死
阴冲辛 生 阴　辛 震 冲　伤	符禽己 休 符　己 五 禽　中	地柱乙 伤 地　乙 兑 柱　惊
元任丙 杜 元　丙 艮 任　生	白蓬癸 开 白　癸 坎 蓬　休	天心戊 死 天　戊 乾 心　开

庚辰时

符禽己 休 蛇　庚 巽 辅　杜	白蓬癸 开 常　丁 离 英　景	阴冲辛 生 合　壬 坤 芮　死
蛇辅庚 景 阴　辛 震 冲　伤	天心戊 死 符　己 五 禽　中	元任丙 杜 地　乙 兑 柱　惊
常英丁 中使 元　丙 艮 任　生	合芮壬 惊 白　癸 坎 蓬　休	地柱乙 伤 天　戊 乾 心　开

辛巳时

天心戊 死 蛇　庚 巽 辅　杜	合芮壬 惊 常　丁 离 英　景	蛇辅庚 景 合　壬 坤 芮　死
符禽己 休 阴　辛 震 冲　伤	地柱乙 伤 符　己 五 禽　中	常英丁 中使 地　乙 兑 柱　惊
白蓬癸 开 元　丙 艮 任　生	阴冲辛 生 白　癸 坎 蓬　休	元任丙 杜 天　戊 乾 心　开

壬午时

地柱乙 伤 蛇　庚 巽 辅　杜	阴冲辛 生 常　丁 离 英　景	符禽己 休 合　壬 坤 芮　死
天心戊 死 阴　辛 震 冲　伤	元任丙 杜 符　己 五 禽　中	白蓬癸 开 地　乙 兑 柱　惊
合芮壬 惊 元　丙 艮 任　生	蛇辅庚 景 白　癸 坎 蓬　休	常英丁 中 天　戊 乾 心　开

癸未时

元任丙 杜 蛇　庚 巽 辅　杜	蛇辅庚 景 常　丁 离 英　景	天心戊 死 合　壬 坤 芮　死
地柱乙 伤 阴　辛 震 冲　伤	常英丁 中使 符　己 五 禽　中	合芮壬 惊 地　乙 兑 柱　惊
阴冲辛 生 元　丙 艮 任　生	符禽己 休 白　癸 坎 蓬　休	白蓬癸 开 天　戊 乾 心　开

甲申时

符辅庚 杜使 符　庚 巽 辅　杜	白英丁 景 白　丁 离 英　景	阴芮壬 死 阴　壬 坤 芮　死
蛇冲辛 伤 符　辛 震 冲　伤	天禽己 中 天　己 五 禽　中	元柱乙 惊 元　乙 兑 柱　惊
常任丙 生 常　丙 艮 任　生	合蓬癸 休 合　癸 坎 蓬　休	地心戊 开 地　戊 乾 心　开

乙酉时

合蓬癸 中 符　庚 巽 辅　杜	地心戊 休 白　丁 离 英　景	常任丙 伤 阴　壬 坤 芮　死
白英丁 杜使 符　辛 震 冲　伤	阴芮壬 开 天　己 五 禽　中	符辅庚 生 元　乙 兑 柱　惊
天禽己 景 常　丙 艮 任　生	元柱乙 死 合　癸 坎 蓬　休	蛇冲辛 惊 地　戊 乾 心　开

丙戌时

白英丁 开 符　庚 巽 辅　杜	天禽己 死 白　丁 离 英　景	元柱乙 杜使 阴　壬 坤 芮　死
常任丙 中 蛇　辛 震 冲　伤	合蓬癸 惊 天　己 五 禽　中	蛇冲辛 景 元　乙 兑 柱　惊
符辅庚 休 常　丙 艮 任　生	地心戊 伤 合　癸 坎 蓬　休	阴芮壬 生 地　戊 乾 心　开

丁亥时

常任丙 惊 常　庚 巽 辅　杜	符辅庚 伤 白　丁 离 英　景	地心戊 中 阴　壬 坤 芮　死
元柱乙 开 蛇　辛 震 冲　伤	白英丁 生 天　己 五 禽　中	阴芮壬 休 元　乙 兑 柱　惊
蛇冲辛 死 常　丙 艮 任　生	天禽己 杜使 合　癸 坎 蓬　休	合蓬癸 景 地　戊 乾 心　开

阴六局丙辛日

戊子时

阴芮壬 **生** 符 庚 巽 辅 杜	元柱乙 **杜**使 白 丁 离 英 景	白英丁 **开** 阴 壬 坤 芮 死
合蓬癸 **惊** 蛇 辛 震 冲 伤	蛇冲辛 **景** 天 己 五 禽 中	天禽己 **死** 元 乙 兑 柱 惊
地心戊 **伤** 常 丙 艮 任 生	常任丙 **中** 合 癸 坎 蓬 休	符辅庚 **休** 地 戊 乾 心 开

己丑时

蛇冲辛 **景** 符 庚 巽 辅 杜	常任丙 **中** 白 丁 离 英 景	合蓬癸 **惊** 阴 壬 坤 芮 死
阴芮壬 **生** 蛇 辛 震 冲 伤	符辅庚 **休** 天 己 五 禽 中	地心戊 **伤** 元 乙 兑 柱 惊
元柱乙 **杜**使 常 丙 艮 任 生	白英丁 **开** 合 癸 坎 蓬 休	天禽己 **死** 地 戊 乾 心 开

庚寅时

符辅庚 **休** 符 庚 巽 辅 杜	白英丁 **开** 白 丁 离 英 景	阴芮壬 **生** 阴 壬 坤 芮 死
蛇冲辛 **景** 蛇 辛 震 冲 伤	天禽己 **死** 天 己 五 禽 中	元柱乙 **杜**使 元 乙 兑 柱 惊
常任丙 **中** 常 丙 艮 任 生	合蓬癸 **惊** 合 癸 坎 蓬 休	地心戊 **伤** 地 戊 乾 心 开

辛卯时

天禽己 **死** 符 庚 巽 辅 杜	合蓬癸 **惊** 白 丁 离 英 景	蛇冲辛 **景** 阴 壬 坤 芮 死
符辅庚 **休** 蛇 辛 震 冲 伤	地心戊 **伤** 天 己 五 禽 中	常任丙 **中** 元 乙 兑 柱 惊
白英丁 **开** 常 丙 艮 任 生	阴芮壬 **生** 合 癸 坎 蓬 休	元柱乙 **杜**使 地 戊 乾 心 开

壬辰时

地心戊 **伤** 符 庚 巽 辅 杜	阴芮壬 **生** 白 丁 离 英 景	符辅庚 **休** 阴 壬 坤 芮 死
天禽己 **死** 蛇 辛 震 冲 伤	元柱乙 **杜**使 天 己 五 禽 中	白英丁 **开** 元 乙 兑 柱 惊
合蓬癸 **惊** 常 丙 艮 任 生	蛇冲辛 **景** 合 癸 坎 蓬 休	常任丙 **中** 地 戊 乾 心 开

癸巳时

元柱乙 **杜**使 符 庚 巽 辅 杜	蛇冲辛 **景** 白 丁 离 英 景	天禽己 **死** 阴 壬 坤 芮 死
地心戊 **伤** 蛇 辛 震 冲 伤	常任丙 **中** 天 己 五 禽 中	合蓬癸 **惊** 元 乙 兑 柱 惊
阴芮壬 **生** 常 丙 艮 任 生	符辅庚 **休** 合 癸 坎 蓬 休	白英丁 **开** 地 戊 乾 心 开

甲午时

天辅庚 **杜** 天 庚 巽 辅 杜	合英丁 **景** 合 丁 离 英 景	蛇芮壬 **死** 蛇 壬 坤 芮 死
符冲辛 **伤**使 符 辛 震 冲 伤	地禽己 **中** 地 己 五 禽 中	常柱乙 **惊** 常 乙 兑 柱 惊
白任丙 **生** 白 丙 艮 任 生	阴蓬癸 **休** 阴 癸 坎 蓬 休	元心戊 **开** 元 戊 乾 心 开

乙未时

合英丁 **中** 天 庚 巽 辅 杜	地禽己 **休** 合 丁 离 英 景	常柱乙 **伤**使 蛇 壬 坤 芮 死
白任丙 **杜** 符 辛 震 冲 伤	阴蓬癸 **开** 地 己 五 禽 中	符冲辛 **生** 常 乙 兑 柱 惊
天辅庚 **景** 白 丙 艮 任 生	元心戊 **死** 阴 癸 坎 蓬 休	蛇芮壬 **惊** 元 戊 乾 心 开

丙申时

白任丙 **开** 天 庚 巽 辅 杜	天辅庚 **死** 合 丁 离 英 景	元心戊 **杜** 蛇 壬 坤 芮 死
常柱乙 **中** 符 辛 震 冲 伤	合英丁 **惊** 地 己 五 禽 中	蛇芮壬 **景** 常 乙 兑 柱 惊
符冲辛 **休** 白 丙 艮 任 生	地禽己 **伤**使 阴 癸 坎 蓬 休	阴蓬癸 **生** 元 戊 乾 心 开

丁酉时

常柱乙 **惊** 天 庚 巽 辅 杜	符冲辛 **伤**使 合 丁 离 英 景	地禽己 **中** 蛇 壬 坤 芮 死
元心戊 **开** 符 辛 震 冲 伤	白任丙 **生** 地 己 五 禽 中	阴蓬癸 **休** 常 乙 兑 柱 惊
蛇芮壬 **死** 白 丙 艮 任 生	天辅庚 **杜** 阴 癸 坎 蓬 休	合英丁 **景** 元 戊 乾 心 开

戊戌时

阴蓬癸 **生** 天 庚 巽 辅 杜	元心戊 **杜** 合 丁 离 英 景	白任丙 **开** 蛇 壬 坤 芮 死
合英丁 **惊** 符 辛 震 冲 伤	蛇芮壬 **景** 地 己 五 禽 中	天辅庚 **死** 常 乙 兑 柱 惊
地禽己 **伤**使 白 丙 艮 任 生	常柱乙 **中** 阴 癸 坎 蓬 休	符冲辛 **休** 元 戊 乾 心 开

己亥时

蛇芮壬 **景** 天 庚 巽 辅 杜	常柱乙 **中** 合 丁 离 英 景	合英丁 **惊** 蛇 壬 坤 芮 死
阴蓬癸 **生** 符 辛 震 冲 伤	符冲辛 **休** 地 己 五 禽 中	地禽己 **伤**使 常 乙 兑 柱 惊
元心戊 **杜** 白 丙 艮 任 生	白任丙 **开** 阴 癸 坎 蓬 休	天辅庚 **死** 元 戊 乾 心 开

阴六局丁壬日

庚子时

符冲辛 **休** 天 庚 巽 辅 杜	白任丙 **开** 合 丁 离 英 景	阴蓬癸 **生** 蛇 壬 坤 芮 死
蛇芮壬 **景** 符 辛 震 冲 伤	天辅庚 **死** 地 己 五 禽 中	元心戊 **杜** 常 乙 兑 柱 惊
常柱乙 **中** 白 丙 艮 任 生	合英丁 **惊** 阴 癸 坎 蓬 休	地禽己 **伤**使 元 戊 乾 心 开

辛丑时

天辅庚 **死** 天 庚 巽 辅 杜	合英丁 **惊** 合 丁 离 英 景	蛇芮壬 **景** 蛇 壬 坤 芮 死
符冲辛 **休** 符 辛 震 冲 伤	地禽己 **伤**使 地 己 五 禽 中	常柱乙 **中** 常 乙 兑 柱 惊
白任丙 **开** 白 丙 艮 任 生	阴蓬癸 **生** 阴 癸 坎 蓬 休	元心戊 **杜** 元 戊 乾 心 开

壬寅时

地禽己 **伤**使 天 庚 巽 辅 杜	阴蓬癸 **生** 合 丁 离 英 景	符冲辛 **休** 蛇 壬 坤 芮 死
天辅庚 **死** 符 辛 震 冲 伤	元心戊 **杜** 地 己 五 禽 中	白任丙 **开** 常 乙 兑 柱 惊
合英丁 **惊** 白 丙 艮 任 生	蛇芮壬 **景** 阴 癸 坎 蓬 休	常柱乙 **中** 元 戊 乾 心 开

癸卯时

元心戊 **杜** 天 庚 巽 辅 杜	蛇芮壬 **景** 合 丁 离 英 景	天辅庚 **死** 蛇 壬 坤 芮 死
地禽己 **伤**使 符 辛 震 冲 伤	常柱乙 **中** 地 己 五 禽 中	合英丁 **惊** 常 乙 兑 柱 惊
阴蓬癸 **生** 白 丙 艮 任 生	符冲辛 **休** 阴 癸 坎 蓬 休	白任丙 **开** 元 戊 乾 心 开

甲辰时

地辅庚 **杜** 地 庚 巽 辅 杜	阴英丁 **景** 阴 丁 离 英 景	符芮壬 **死**使 符 壬 坤 芮 死
天冲辛 **伤** 天 辛 震 冲 伤	元禽己 **中** 元 己 五 禽 中	白柱乙 **惊** 白 乙 兑 柱 惊
合任丙 **生** 合 丙 艮 任 生	蛇蓬癸 **休** 蛇 癸 坎 蓬 休	常心戊 **开** 常 戊 乾 心 开

乙巳时

合任丙 **中** 地 庚 巽 辅 杜	地辅庚 **休** 阴 丁 离 英 景	常心戊 **伤** 符 壬 坤 芮 死
白柱乙 **杜** 天 辛 震 冲 伤	阴英丁 **开** 元 己 五 禽 中	符芮壬 **生** 白 乙 兑 柱 惊
天冲辛 **景** 合 丙 艮 任 生	元禽己 **死**使 蛇 癸 坎 蓬 休	蛇蓬癸 **惊** 常 戊 乾 心 开

丙午时

白柱乙 **开** 地 庚 巽 辅 杜	天冲辛 **死**使 阴 丁 离 英 景	元禽己 **杜** 符 壬 坤 芮 死
常心戊 **中** 天 辛 震 冲 伤	合任丙 **惊** 元 己 五 禽 中	蛇蓬癸 **景** 白 乙 兑 柱 惊
符芮壬 **休** 合 丙 艮 任 生	地辅庚 **伤** 蛇 癸 坎 蓬 休	阴英丁 **生** 常 戊 乾 心 开

丁未时

常心戊 **惊** 地 庚 巽 辅 杜	符芮壬 **伤** 阴 丁 离 英 景	地辅庚 **中** 符 壬 坤 芮 死
元禽己 **开** 天 辛 震 冲 伤	白柱乙 **生** 元 己 五 禽 中	阴英丁 **休** 白 乙 兑 柱 惊
蛇蓬癸 **死**使 合 丙 艮 任 生	天冲辛 **杜** 蛇 癸 坎 蓬 休	合任芮 **景** 常 戊 乾 心 开

戊申时

阴英丁 **生** 地 庚 巽 辅 杜	元禽己 **杜** 阴 丁 离 英 景	白柱乙 **开** 符 壬 坤 芮 死
合任丙 **惊** 天 辛 震 冲 伤	蛇蓬癸 **景** 元 己 五 禽 中	天冲辛 **死**使 白 乙 兑 柱 惊
地辅庚 **伤** 合 丙 艮 任 生	常心戊 **中** 蛇 癸 坎 蓬 休	符芮壬 **休** 常 戊 乾 心 开

己酉时

蛇蓬癸 **景** 地 庚 巽 辅 杜	常心戊 **中** 阴 丁 离 英 景	合任丙 **惊** 符 壬 坤 芮 死
阴英丁 **生** 天 辛 震 冲 伤	符芮壬 **休** 元 己 五 禽 中	地辅庚 **伤** 白 乙 兑 柱 惊
元禽己 **杜** 合 丙 艮 任 生	白柱乙 **开** 蛇 癸 坎 蓬 休	天冲辛 **死**使 常 戊 乾 心 开

庚戌时

符芮壬 **休** 地 庚 巽 辅 杜	白柱乙 **开** 阴 丁 离 英 景	阴英丁 **生** 符 壬 坤 芮 死
蛇蓬癸 **景** 天 辛 震 冲 伤	天冲辛 **死**使 元 己 五 禽 中	元禽己 **杜** 白 乙 兑 柱 惊
常心戊 **中** 合 丙 艮 任 生	合任丙 **惊** 蛇 癸 坎 蓬 休	地辅庚 **伤** 常 戊 乾 心 开

辛亥时

天冲辛 **死**使 地 庚 巽 辅 杜	合任内 **惊** 阴 丁 离 英 景	蛇蓬癸 **景** 符 壬 坤 芮 死
符芮壬 **休** 天 辛 震 冲 伤	地辅庚 **伤** 元 己 五 禽 中	常心戊 **中** 白 乙 兑 柱 惊
白柱乙 **开** 合 丙 艮 任 生	阴英丁 **生** 蛇 癸 坎 蓬 休	元禽己 **杜** 常 戊 乾 心 开

阴六局戊癸日

壬子时

地辅庚 **伤** 地 庚 巽 辅 杜	阴英丁 **生** 阴 丁 离 英 景	符芮壬 **休** 符 壬 坤 芮 死
天冲辛 **死**使 天 辛 震 冲 伤	元禽己 **杜** 元 己 五 禽 中	白柱乙 **开** 白 乙 兑 柱 惊
合任丙 **惊** 合 丙 艮 任 生	蛇蓬癸 **景** 蛇 癸 坎 蓬 休	常心戊 **中** 常 戊 乾 心 开

癸丑时

元禽己 **杜** 地 庚 巽 辅 杜	蛇蓬癸 **景** 阴 丁 离 英 景	天冲辛 **死**使 符 壬 坤 芮 死
地辅庚 **伤** 天 辛 震 冲 伤	常心戊 **中** 元 己 五 禽 中	合任丙 **惊** 白 乙 兑 柱 惊
阴英丁 **生** 合 丙 艮 任 生	符芮壬 **休** 蛇 癸 坎 蓬 休	白柱乙 **开** 常 戊 乾 心 开

甲寅时

元辅庚 **杜** 元 庚 巽 辅 杜	蛇英丁 **景** 蛇 丁 离 英 景	天芮壬 **死** 天 壬 坤 芮 死
地冲辛 **伤** 地 辛 震 冲 伤	常禽己 **中** 常 己 五 禽 中	合柱乙 **惊** 合 乙 兑 柱 惊
阴任丙 **生** 阴 丙 艮 任 生	符蓬癸 **休**使 符 癸 坎 蓬 休	白心戊 **开** 白 戊 乾 心 开

乙卯时

合柱乙 **中** 元 庚 巽 辅 杜	地冲辛 **休**使 蛇 丁 离 英 景	常禽己 **伤** 天 壬 坤 芮 死
白心戊 **杜** 地 辛 震 冲 伤	阴任丙 **开** 常 己 五 禽 中	符蓬癸 **生** 合 乙 兑 柱 惊
天芮壬 **景** 阴 丙 艮 任 生	元辅庚 **死** 符 癸 坎 蓬 休	蛇英丁 **惊** 白 戊 乾 心 开

丙辰时

白心戊 **开** 元 庚 巽 辅 杜	天芮壬 **死** 蛇 丁 离 英 景	元辅庚 **杜** 天 壬 坤 芮 死
常禽己 **中** 地 辛 震 冲 伤	合柱乙 **惊** 常 己 五 禽 中	蛇英丁 **景** 合 乙 兑 柱 惊
符蓬癸 **休**使 阴 丙 艮 任 生	地冲辛 **伤** 符 癸 坎 蓬 休	阴任丙 **生** 白 戊 乾 心 开

丁巳时

常禽己 **惊** 元 庚 巽 辅 杜	符蓬癸 **伤** 蛇 丁 离 英 景	地冲辛 **中** 天 壬 坤 芮 死
元辅庚 **开** 地 辛 震 冲 伤	白心戊 **生** 常 己 五 禽 中	阴任丙 **休**使 合 乙 兑 柱 惊
蛇英丁 **死** 阴 丙 艮 任 生	天芮壬 **杜** 符 癸 坎 蓬 休	合柱乙 **景** 白 戊 乾 心 开

戊午时

阴任丙 **生** 元 庚 巽 辅 杜	元辅庚 **杜** 蛇 丁 离 英 景	白心戊 **开** 天 壬 坤 芮 死
合柱乙 **惊** 地 辛 震 冲 伤	蛇英丁 **景** 常 己 五 禽 中	天芮壬 **死** 合 乙 兑 柱 惊
地冲辛 **伤** 阴 丙 艮 任 生	常禽己 **中** 符 癸 坎 蓬 休	符蓬癸 **休**使 白 戊 乾 心 开

己未时

蛇英丁 **景** 元 庚 巽 辅 杜	常禽己 **中** 蛇 丁 离 英 景	合柱乙 **惊** 天 壬 坤 芮 死
阴任丙 **生** 地 辛 震 冲 伤	符蓬癸 **休**使 常 己 五 禽 中	地冲辛 **伤** 合 乙 兑 柱 惊
元辅庚 **杜** 阴 丙 艮 任 生	白心戊 **开** 符 癸 坎 蓬 休	天芮壬 **死** 白 戊 乾 心 开

庚申时

符蓬癸 **休**使 元 庚 巽 辅 杜	白心戊 **开** 蛇 丁 离 英 景	阴任丙 **生** 天 壬 坤 芮 死
蛇英丁 **景** 地 辛 震 冲 伤	天芮任 **死** 常 己 五 禽 中	元辅庚 **杜** 合 乙 兑 柱 惊
常禽己 **中** 阴 丙 艮 任 生	合柱乙 **惊** 符 癸 坎 蓬 休	地冲辛 **伤** 白 戊 乾 心 开

辛酉时

天芮壬 **死** 元 庚 巽 辅 杜	合柱乙 **惊** 蛇 丁 离 英 景	蛇英丁 **景** 天 壬 坤 芮 死
符蓬癸 **休**使 地 辛 震 冲 伤	地冲辛 **伤** 常 己 五 禽 中	常禽己 **中** 合 乙 兑 柱 惊
白心戊 **开** 阴 丙 艮 任 生	阴任丙 **生** 符 癸 坎 蓬 休	元辅庚 **杜** 白 戊 乾 心 开

壬戌时

地冲辛 **伤** 元 庚 巽 辅 杜	阴任丙 **生** 蛇 丁 离 英 景	符蓬癸 **休**使 天 壬 坤 芮 死
天芮壬 **死** 地 辛 震 冲 伤	元辅庚 **杜** 常 己 五 禽 中	白心戊 **开** 合 乙 兑 柱 惊
合柱乙 **惊** 阴 丙 艮 任 生	蛇英丁 **景** 符 癸 坎 蓬 休	常禽己 **中** 白 戊 乾 心 开

癸亥时

元辅庚 **杜** 元 庚 巽 辅 杜	蛇英丁 **景** 蛇 丁 离 英 景	天芮壬 **死** 天 壬 坤 芮 死
地冲辛 **伤** 地 辛 震 冲 伤	常禽己 **中** 常 己 五 禽 中	合柱乙 **惊** 合 乙 兑 柱 惊
阴任丙 **生** 阴 丙 艮 任 生	符蓬癸 **休**使 符 癸 坎 蓬 休	白心戊 **开** 白 戊 乾 心 开

奇门旨归卷二十七

阴遁五局

立秋中　小暑下

霜降上　小雪上

甲己日十二时局

乙庚日十二时局

丙辛日十二时局

丁壬日十二时局

戊癸日十二时局

阴五局甲己日

甲子时

蛇辅己 **杜** 蛇 己 巽 辅 杜	常英癸 **景** 常 癸 离 英 景	合芮辛 **死** 合 辛 坤 芮 死
阴冲庚 **伤** 阴 庚 震 冲 伤	符禽戊 **中**使 符 戊 五 禽 中	地柱丙 **惊** 地 丙 兑 柱 惊
元任丁 **生** 元 丁 良 任 生	白篷壬 **休** 白 壬 坎 蓬 休	天心乙 **开** 天 乙 乾 心 开

乙丑时

阴冲庚 **中**使 蛇 己 巽 辅 杜	元任丁 **休** 常 癸 离 英 景	白蓬壬 **伤** 合 辛 坤 芮 死
合芮辛 **杜** 阴 庚 震 冲 伤	蛇辅己 **开** 符 戊 五 禽 中	天心乙 **生** 地 丙 兑 柱 惊
地柱丙 **景** 元 丁 良 任 生	常英癸 **死** 白 壬 坎 蓬 休	符禽戊 **惊** 天 乙 乾 心 开

丙寅时

合芮辛 **开** 蛇 己 巽 辅 杜	地柱丙 **死** 常 癸 离 英 景	常英癸 **杜** 合 辛 坤 芮 死
白蓬壬 **中**使 阴 庚 震 冲 伤	阴冲庚 **惊** 符 戊 五 禽 中	符禽戊 **景** 地 丙 兑 柱 惊
天心乙 **休** 元 丁 良 任 生	元任丁 **伤** 白 壬 坎 蓬 休	蛇辅己 **生** 天 乙 乾 心 开

丁卯时

白蓬壬 **惊** 蛇 己 巽 辅 杜	天心乙 **伤** 常 癸 离 英 景	元任丁 **中**使 合 辛 坤 芮 死
常英癸 **开** 阴 庚 震 冲 伤	合芮辛 **生** 符 戊 五 禽 中	蛇辅己 **休** 地 丙 兑 柱 惊
符禽戊 **死** 元 丁 良 任 生	地柱丙 **杜** 白 壬 坎 蓬 休	阴冲庚 **景** 天 乙 乾 心 开

戊辰时

蛇辅己 **生** 蛇 己 巽 辅 杜	常英癸 **杜** 常 癸 离 英 景	合芮辛 **开** 合 辛 坤 芮 死
阴冲庚 **惊** 阴 庚 震 冲 伤	符禽戊 **景** 符 戊 五 禽 中	地柱丙 **死** 地 丙 兑 柱 惊
元任丁 **伤** 元 丁 良 任 生	白蓬壬 **中**使 白 壬 坎 蓬 休	天心乙 **休** 天 乙 乾 心 开

己巳时

符禽戊 **景** 蛇 己 巽 辅 杜	白蓬壬 **中**使 常 癸 离 英 景	阴冲庚 **惊** 合 辛 坤 芮 死
蛇辅己 **生** 阴 庚 震 冲 伤	天心乙 **休** 符 戊 五 禽 中	元任丁 **伤** 地 丙 兑 柱 惊
常英癸 **杜** 元 丁 良 任 生	合芮辛 **开** 白 壬 坎 蓬 休	地柱丙 **死** 天 乙 乾 心 开

庚午时

天心乙 **休** 蛇 己 巽 辅 杜	合芮辛 **开** 常 癸 离 英 景	蛇辅己 **生** 合 辛 坤 芮 死
符禽戊 **景** 阴 庚 震 冲 伤	地任丙 **死** 符 戊 五 禽 中	常英癸 **杜** 地 丙 兑 柱 惊
白蓬行 **中**使 元 丁 良 任 生	阴冲庚 **惊** 白 壬 坎 蓬 休	元任丁 **伤** 天 乙 乾 心 开

辛未时

地柱两 **死** 蛇 己 巽 辅 杜	阴冲庚 **惊** 常 癸 离 英 景	符禽戊 **景** 合 辛 坤 芮 死
天心乙 **休** 阴 庚 震 冲 伤	元任丁 **伤** 符 戊 五 禽 中	白蓬壬 **中**使 地 丙 兑 柱 惊
合芮辛 **开** 元 丁 良 任 生	蛇辅己 **生** 白 壬 坎 蓬 休	常英癸 **杜** 天 乙 乾 心 开

壬申时

元任丁 **伤** 蛇 己 巽 辅 杜	蛇辅己 **生** 常 癸 离 英 景	人心乙 **休** 合 辛 坤 芮 死
地柱丙 **死** 阴 庚 震 冲 伤	常英癸 **杜** 符 戊 五 禽 中	合芮辛 **开** 地 丙 兑 柱 惊
阴冲庚 **惊** 元 丁 良 任 生	符禽戊 **景** 白 壬 坎 蓬 休	白蓬壬 **中**使 天 乙 乾 心 开

癸酉时

常英癸 **杜** 蛇 己 巽 辅 杜	符禽戊 **景** 常 癸 离 英 景	地柱丙 **死** 合 辛 坤 芮 死
元任丁 **伤** 阴 庚 震 冲 伤	白蓬壬 **中**使 符 戊 五 禽 中	阴冲庚 **惊** 地 丙 兑 柱 惊
蛇辅己 **生** 元 丁 良 任 生	天心乙 **休** 白 壬 坎 蓬 休	合芮辛 **开** 天 乙 乾 心 开

甲戌时

符辅己 **杜**使 符 己 巽 辅 杜	白英癸 **景** 白 癸 离 英 景	阴芮辛 **死** 阴 辛 坤 芮 死
蛇冲庚 **伤** 蛇 庚 震 冲 伤	天禽戊 **中** 天 戊 五 禽 中	元柱丙 **惊** 元 丙 兑 柱 惊
常任丁 **生** 常 丁 良 任 生	合蓬壬 **休** 合 壬 坎 蓬 休	地心乙 **开** 地 乙 乾 心 开

乙亥时

阴芮辛 **中** 符 己 巽 辅 杜	元柱丙 **休** 白 癸 离 英 景	白英癸 **伤** 阴 辛 坤 芮 死
合蓬壬 **杜**使 蛇 庚 震 冲 伤	蛇冲庚 **开** 天 戊 五 禽 中	天禽戊 **生** 元 丙 兑 柱 惊
地心乙 **景** 常 丁 良 任 生	常任丁 **死** 合 壬 坎 蓬 休	符辅己 **惊** 地 乙 乾 心 开

阴五局乙庚日

丙子时

合蓬壬 **开** 符 己 巽 辅 杜	地心乙 **死** 白 癸 离 英 景	常任丁 **杜**使 阴 辛 坤 芮 死
白英癸 **中** 蛇 庚 震 冲 伤	阴芮辛 **惊** 天 戊 五 禽 中	符辅己 **景** 元 丙 兑 柱 惊
天禽戊 **休** 常 丁 艮 任 生	元柱丙 **伤** 合 壬 坎 蓬 休	蛇冲庚 **生** 地 乙 乾 心 开

丁丑时

白英癸 **惊** 符 己 巽 辅 杜	天禽戊 **伤** 白 癸 离 英 景	元柱丙 **中** 阴 辛 坤 芮 死
常任丁 **开** 蛇 庚 震 冲 伤	合蓬壬 **生** 天 戊 五 禽 中	蛇冲庚 **休** 元 丙 兑 柱 惊
符辅己 **死** 常 丁 艮 任 生	地心乙 **杜**使 合 壬 坎 蓬 休	阴芮辛 **景** 地 乙 乾 心 开

戊寅时

蛇冲庚 **生** 符 己 巽 辅 杜	常任癸 **杜**使 白 癸 离 英 景	合蓬壬 **开** 阴 辛 坤 芮 死
阴芮辛 **惊** 蛇 庚 震 冲 伤	符辅己 **景** 天 戊 五 禽 中	地心乙 **死** 元 丙 兑 柱 惊
元柱丙 **伤** 常 丁 艮 任 生	白英癸 **中** 合 壬 坎 蓬 休	天禽戊 **休** 地 乙 乾 心 开

己卯时

符辅己 **景** 常 己 巽 辅 杜	白英癸 **中** 白 癸 离 英 景	阴芮辛 **惊** 阴 辛 坤 芮 死
蛇冲庚 **生** 蛇 庚 震 冲 伤	天禽戊 **休** 天 戊 五 禽 中	元柱丙 **伤** 元 丙 兑 柱 惊
常任丁 **杜**使 常 丁 艮 任 生	合蓬壬 **开** 合 壬 坎 蓬 休	地心乙 **死** 地 乙 乾 心 开

庚辰时

天禽戊 **休** 符 己 巽 辅 杜	合蓬壬 **开** 白 癸 离 英 景	蛇冲庚 **生** 阴 辛 坤 芮 死
符辅己 **景** 蛇 庚 震 冲 伤	地心乙 **死** 天 戊 五 禽 中	常任丁 **杜**使 元 丙 兑 柱 惊
白英癸 **中** 常 丁 艮 任 生	阴芮辛 **惊** 合 壬 坎 蓬 休	元柱丙 **伤** 地 乙 乾 心 开

辛巳时

地心乙 **死** 符 己 巽 辅 杜	阴芮辛 **惊** 白 癸 离 英 景	符辅己 **景** 阴 辛 坤 芮 死
天禽戊 **休** 蛇 庚 震 冲 伤	元柱丙 **伤** 天 戊 五 禽 中	白英癸 **中** 元 丙 兑 柱 惊
合蓬壬 **开** 常 丁 艮 任 生	蛇冲庚 **生** 合 壬 坎 蓬 休	常任丁 **杜**使 地 乙 乾 心 开

壬午时

元柱丙 **伤** 符 己 巽 辅 杜	蛇冲庚 **生** 白 癸 离 英 景	天禽戊 **休** 阴 辛 坤 芮 死
地心乙 **死** 蛇 庚 震 冲 伤	常任丁 **杜**使 天 戊 五 禽 中	合蓬壬 **开** 元 丙 兑 柱 惊
阴芮辛 **惊** 常 丁 艮 任 生	符辅己 **景** 合 壬 坎 蓬 休	白英癸 **中** 地 乙 乾 心 开

癸未时

常任丁 **杜**使 符 己 巽 辅 杜	符辅己 **景** 白 癸 离 英 景	地心之 **死** 阴 辛 坤 芮 死
元柱丙 **伤** 蛇 庚 震 冲 伤	白英癸 **中** 天 戊 五 禽 中	阴芮辛 **惊** 元 丙 兑 柱 惊
蛇冲庚 **生** 常 丁 艮 任 生	天禽戊 **休** 合 壬 坎 蓬 休	合蓬壬 **开** 地 乙 乾 心 开

甲申时

天辅己 **杜** 天 己 巽 辅 杜	合英癸 **景** 合 癸 离 英 景	蛇芮辛 **死** 蛇 辛 坤 芮 死
符冲庚 **伤**使 符 庚 震 冲 伤	地禽戊 **中** 地 戊 五 禽 中	常柱丙 **惊** 常 丙 兑 柱 惊
白任丁 **生** 白 丁 艮 任 生	阴蓬壬 **休** 阴 壬 坎 蓬 休	元心乙 **开** 元 乙 乾 心 开

乙酉时

阴蓬壬 **中** 天 己 巽 辅 杜	元心乙 **休** 合 癸 离 英 景	白任丁 **伤**使 蛇 辛 坤 芮 死
合英癸 **杜** 符 庚 震 冲 伤	蛇芮辛 **开** 地 戊 五 禽 中	天辅己 **生** 常 丙 兑 柱 惊
地禽戊 **景** 白 丁 艮 任 生	常柱丙 **死** 阴 壬 坎 蓬 休	符冲庚 **惊** 元 乙 乾 心 开

丙戌时

合英癸 **开** 天 己 巽 辅 杜	地禽戊 **死** 合 癸 离 英 景	常柱丙 **杜** 蛇 辛 坤 芮 死
白英丁 **中** 符 庚 震 冲 伤	阴蓬王 **惊** 地 戊 五 禽 中	符冲庚 **景** 常 丙 兑 柱 惊
天辅己 **休** 白 丁 艮 任 生	元心乙 **伤**使 阴 壬 坎 蓬 休	蛇芮辛 **生** 元 乙 乾 心 开

丁亥时

白任丁 **惊** 天 己 巽 辅 杜	天辅己 **伤**使 合 癸 离 英 景	元心乙 **中** 蛇 辛 坤 芮 死
常柱丙 **开** 符 庚 震 冲 伤	合英癸 **生** 地 戊 五 禽 中	蛇芮辛 **休** 常 丙 兑 柱 惊
符冲庚 **死** 白 丁 艮 任 生	地白戊 **杜** 阴 壬 坎 蓬 休	阴蓬壬 **景** 元 乙 乾 心 开

阴五局丙辛日

戊子时

蛇芮辛 生 天 己 巽 辅 杜	常柱丙 杜 合 癸 离 英 景	合英癸 开 蛇 辛 坤 芮 死
阴蓬壬 惊 符 庚 震 冲 伤	符冲庚 景 地 戊 五 禽 中	地禽戊 死 常 丙 兑 柱 惊
元心乙 伤使 白 丁 艮 任 生	白任丁 中 阴 壬 坎 蓬 休	天辅己 休 元 乙 乾 心 开

己丑时

符冲庚 景 天 己 巽 辅 杜	白任丁 中 合 癸 离 英 景	阴蓬壬 惊 蛇 辛 坤 芮 死
蛇芮辛 生 符 庚 震 冲 伤	天辅己 休 地 戊 五 禽 中	元心乙 伤使 常 丙 兑 柱 惊
常柱丙 杜 白 丁 艮 任 生	合蓬癸 开 阴 壬 坎 蓬 休	地禽戊 死 元 乙 乾 心 开

庚寅时

天辅己 休 天 己 巽 辅 杜	合英癸 开 合 癸 离 英 景	蛇芮辛 生 蛇 辛 坤 芮 死
符冲庚 景 符 庚 震 冲 伤	地禽戊 死 地 戊 五 禽 中	常柱丙 杜 常 丙 兑 柱 惊
白任丁 中 白 丁 艮 任 生	阴蓬壬 惊 阴 壬 坎 蓬 休	元心乙 伤使 元 乙 乾 心 开

辛卯时

地禽戊 死 天 己 巽 辅 杜	阴蓬壬 惊 合 癸 离 英 景	符冲庚 景 蛇 辛 坤 芮 死
天辅己 休 符 庚 震 冲 伤	元心乙 伤使 地 戊 五 禽 中	白任丁 中 常 丙 兑 柱 惊
合英癸 开 白 丁 艮 任 生	蛇芮辛 生 阴 壬 坎 蓬 休	常柱丙 杜 元 乙 乾 心 开

壬辰时

元心乙 伤使 天 己 巽 辅 杜	蛇芮辛 生 合 癸 离 英 景	天辅己 休 蛇 辛 坤 芮 死
地禽戊 死 符 庚 震 冲 伤	常柱丙 杜 地 戊 五 禽 中	合英癸 开 常 丙 兑 柱 惊
阴蓬壬 惊 白 丁 艮 任 生	符冲庚 景 阴 壬 坎 蓬 休	白任丁 中 元 乙 乾 心 开

癸巳时

常柱丙 杜 天 己 巽 辅 杜	符冲庚 景 合 癸 离 英 景	地禽戊 死 蛇 辛 坤 芮 死
元心乙 伤使 符 庚 震 冲 伤	白任丁 中 地 戊 五 禽 中	阴蓬壬 惊 常 丙 兑 柱 惊
蛇芮辛 生 白 丁 艮 任 生	大辅己 休 阴 壬 坎 蓬 休	合英癸 开 元 乙 乾 心 开

甲午时

地辅己 杜 地 己 巽 辅 杜	阴英癸 景 阴 癸 离 英 景	符芮辛 死使 符 辛 坤 芮 死
天冲庚 伤 天 庚 震 冲 伤	元禽戊 中 元 戊 五 禽 中	白柱丙 惊 白 丙 兑 柱 惊
合任丁 生 合 丁 艮 任 生	蛇蓬壬 休 蛇 壬 坎 蓬 休	常心乙 开 常 乙 乾 心 开

乙未时

阴英癸 中 地 己 巽 辅 杜	元禽戊 休 阴 癸 离 英 景	白柱丙 伤 符 辛 坤 芮 死
合任丁 杜 天 庚 震 冲 伤	蛇蓬壬 开 元 戊 五 禽 中	天冲庚 生 白 丙 兑 柱 惊
地辅己 景 合 丁 艮 任 生	常心乙 死使 蛇 壬 坎 蓬 休	符芮辛 惊 常 乙 乾 心 开

丙申时

合任丁 开 地 己 巽 辅 杜	地辅己 死使 阴 癸 离 英 景	常心乙 杜 符 辛 坤 芮 死
白柱丙 中 天 庚 震 冲 伤	阴英癸 惊 元 戊 五 禽 中	符芮辛 景 白 丙 兑 柱 惊
天冲庚 休 合 丁 艮 任 生	元禽戊 伤 蛇 壬 坎 蓬 休	蛇蓬壬 生 常 乙 乾 心 开

丁酉时

白柱丙 惊 地 己 巽 辅 杜	天冲庚 伤 阴 癸 离 英 景	元禽戊 中 符 辛 坤 芮 死
常心乙 开 天 庚 震 冲 伤	合任丁 生 元 戊 五 禽 中	蛇蓬壬 休 白 丙 兑 柱 惊
符芮辛 死使 合 丁 艮 任 生	地辅己 杜 蛇 壬 坎 蓬 休	阴英癸 景 常 乙 乾 心 开

戊戌时

蛇蓬壬 生 地 己 巽 辅 杜	常心乙 杜 阴 癸 离 英 景	合任丁 开 符 辛 坤 芮 死
阴英癸 惊 天 庚 震 冲 伤	符英辛 景 元 戊 五 禽 中	地辅己 死使 白 丙 兑 柱 惊
元禽戊 伤 合 丁 艮 任 生	白柱丙 中 蛇 壬 坎 蓬 休	天冲庚 休 常 乙 乾 心 开

己亥时

符芮辛 景 地 己 巽 辅 杜	白柱丙 中 阴 癸 离 英 景	阴英癸 惊 符 辛 坤 芮 死
蛇蓬壬 生 天 庚 震 冲 伤	天冲庚 休 元 戊 五 禽 中	元禽戊 伤 白 丙 兑 柱 惊
常心乙 杜 合 丁 艮 任 生	合任丁 开 蛇 壬 坎 蓬 休	地辅己 死使 常 乙 乾 心 开

阴五局丁壬日

庚子时

天冲庚 休 地 己 巽 辅 杜	合任丁 开 阴 癸 离 英 景	蛇蓬壬 生 符 辛 坤 芮 死
符芮辛 景 天 庚 震 冲 伤	地辅己 死使 元 戊 五 禽 中	常心乙 杜 白 丙 兑 柱 惊
白柱丙 中 合 丁 艮 任 生	阴英癸 惊 蛇 壬 坎 蓬 休	元禽戊 伤 常 乙 乾 心 开

辛丑时

地辅己 死使 地 己 巽 辅 杜	阴英癸 惊 阴 癸 离 英 景	符芮辛 景 符 辛 坤 芮 死
天冲庚 休 天 庚 震 冲 伤	元禽戊 伤 元 戊 五 禽 中	白柱丙 中 白 丙 兑 柱 惊
合任丁 开 合 丁 艮 任 生	蛇蓬壬 生 蛇 壬 坎 蓬 休	常心乙 杜 常 乙 乾 心 开

壬寅时

元禽戊 伤 地 己 巽 辅 杜	蛇蓬壬 生 阴 癸 离 英 景	天冲庚 休 符 辛 坤 芮 死
地辅己 死使 天 庚 震 冲 伤	常心乙 杜 元 戊 五 禽 中	合任丁 开 白 丙 兑 柱 惊
阴英癸 惊 合 丁 艮 任 生	符芮辛 景 蛇 壬 坎 蓬 休	白柱丙 中 常 乙 乾 心 开

癸卯时

常心乙 杜 地 己 巽 辅 杜	符芮辛 景 阴 癸 离 英 景	地辅己 死使 符 辛 坤 芮 死
元禽戊 伤 天 庚 震 冲 伤	白柱丙 中 元 戊 五 禽 中	阴英癸 惊 白 丙 兑 柱 惊
蛇蓬壬 生 合 丁 艮 任 生	天冲庚 休 蛇 壬 坎 蓬 休	合任丁 开 常 乙 乾 心 开

甲辰时

元辅己 杜 元 己 巽 辅 杜	蛇英癸 景 蛇 癸 离 英 景	天芮辛 死 天 辛 坤 芮 死
地冲庚 伤 地 庚 震 冲 伤	常禽戊 中 常 戊 五 禽 中	合柱丙 惊 合 丙 兑 柱 惊
阴任丁 生 阴 丁 艮 任 生	符蓬壬 休使 符 壬 坎 蓬 休	白心乙 开 白 乙 乾 心 开

乙巳时

阴任丁 中 元 己 巽 辅 杜	元辅己 休使 蛇 癸 离 英 景	白心乙 伤 天 辛 坤 芮 死
合柱丙 杜 地 庚 震 冲 伤	蛇英癸 开 常 戊 五 禽 中	天芮辛 生 合 丙 兑 柱 惊
地冲庚 景 阴 丁 艮 任 生	常禽戊 死 符 壬 坎 蓬 休	符蓬壬 惊 白 乙 乾 心 开

丙午时

合柱丙 开 元 己 巽 辅 杜	地冲庚 死 蛇 癸 离 英 景	常禽戊 杜 天 辛 坤 芮 死
白心乙 中 地 庚 震 冲 伤	阴任丁 惊 常 戊 五 禽 中	符蓬壬 景 合 丙 兑 柱 惊
天芮辛 休使 阴 丁 艮 任 生	元辅己 伤 符 壬 坎 蓬 休	蛇英癸 生 白 乙 乾 心 开

丁未时

白心乙 惊 元 己 巽 辅 杜	天芮辛 伤 蛇 癸 离 英 景	元辅己 中 天 辛 坤 芮 死
常禽戊 开 地 庚 震 冲 伤	合柱丙 生 常 戊 五 禽 中	蛇英癸 休使 合 丙 兑 柱 惊
符蓬壬 死 阴 丁 艮 任 生	地冲庚 杜 符 壬 坎 蓬 休	阴任丁 景 白 乙 乾 心 开

戊申时

蛇英癸 生 元 己 巽 辅 杜	常禽戊 杜 蛇 癸 离 英 景	合柱丙 开 天 辛 坤 芮 死
阴任丁 惊 地 庚 震 冲 伤	符蓬壬 景 常 戊 五 禽 中	地冲庚 死 合 丙 兑 柱 惊
元辅己 伤 阴 丁 艮 任 生	白心乙 中 符 壬 坎 蓬 休	天芮辛 休使 白 乙 乾 心 开

己酉时

符蓬壬 景 元 己 巽 辅 杜	白心乙 中 蛇 癸 离 英 景	阴任丁 惊 天 辛 坤 芮 死
蛇英癸 生 地 庚 震 冲 伤	天芮辛 休使 常 戊 五 禽 中	元辅己 伤 合 丙 兑 柱 惊
常禽戊 杜 阴 丁 艮 任 生	合柱丙 开 符 壬 坎 蓬 休	地冲庚 死 白 乙 乾 心 开

庚戌时

天芮辛 休使 元 己 巽 辅 杜	合柱丙 开 蛇 癸 离 英 景	蛇英癸 生 天 辛 坤 芮 死
符蓬壬 景 地 庚 震 冲 伤	地冲庚 死 常 戊 五 禽 中	常禽戊 杜 合 丙 兑 柱 惊
白心乙 中 阴 丁 艮 任 生	阴任丁 惊 符 壬 坎 蓬 休	元辅己 伤 白 乙 乾 心 开

辛亥时

地冲庚 死 元 己 巽 辅 杜	阴任丁 惊 蛇 癸 离 英 景	符蓬壬 景 天 辛 坤 芮 死
天芮辛 休使 地 庚 震 冲 伤	元辅己 伤 常 戊 五 禽 中	白心乙 中 合 丙 兑 柱 惊
合柱芮 开 阴 丁 艮 任 生	蛇英癸 生 符 壬 坎 蓬 休	常禽戊 杜 白 乙 乾 心 开

阴五局戊癸日

壬子时

元辅己 **伤** 元 己 巽 辅 杜	蛇英癸 **生** 蛇 癸 离 英 景	天芮辛 **休**使 天 辛 坤 芮 死
地冲庚 **死** 地 庚 震 冲 伤	常禽戊 **杜** 常 戊 五 禽 中	合柱丙 **开** 合 丙 兑 柱 惊
阴任丁 **惊** 阴 丁 艮 任 生	符蓬壬 **景** 符 壬 坎 蓬 休	白心乙 **中** 白 乙 乾 心 开

癸丑时

常禽戊 **杜** 元 己 巽 辅 杜	符蓬壬 **景** 蛇 癸 离 英 景	地冲庚 **死** 天 辛 坤 芮 死
元辅己 **伤** 地 庚 震 冲 伤	白心乙 **中** 常 戊 五 禽 中	阴任丁 **惊** 合 丙 兑 柱 惊
蛇英癸 **生** 阴 丁 艮 任 生	天芮辛 **休**使 符 壬 坎 蓬 休	合柱丙 **开** 白 乙 乾 心 开

甲寅时

常辅己 **杜** 常 己 巽 辅 杜	符英癸 **景**使 符 癸 离 英 景	地芮辛 **死** 地 辛 坤 芮 死
元冲庚 **伤** 元 庚 震 冲 伤	白禽戊 **中** 白 戊 五 禽 中	阴柱丙 **惊** 阴 丙 兑 柱 惊
蛇任丁 **生** 蛇 丁 艮 任 生	天蓬壬 **休** 天 壬 坎 蓬 休	合心乙 **开** 合 乙 乾 心 开

乙卯时

阴柱丙 **中** 常 己 巽 辅 杜	元冲庚 **休** 符 癸 离 英 景	白禽戊 **伤** 地 辛 坤 芮 死
合心乙 **杜** 元 庚 震 冲 伤	蛇任丁 **开** 白 戊 五 禽 中	天蓬壬 **生** 阴 丙 兑 柱 惊
地芮辛 **景**使 蛇 丁 艮 任 生	常辅己 **死** 天 壬 坎 蓬 休	符英癸 **惊** 合 乙 乾 心 开

丙辰时

合心乙 **开** 常 己 巽 辅 杜	地芮辛 **死** 符 癸 离 英 景	常辅己 **杜** 地 辛 坤 芮 死
白禽戊 **中** 元 庚 震 冲 伤	阴柱丙 **惊** 白 戊 五 禽 中	符英癸 **景**使 阴 丙 兑 柱 惊
天蓬壬 **休** 蛇 丁 艮 任 生	元冲庚 **伤** 天 壬 坎 蓬 休	蛇任丁 **生** 合 乙 乾 心 开

丁巳时

白禽戊 **惊** 常 己 巽 辅 杜	天蓬壬 **伤** 符 癸 离 英 景	元冲庚 **中** 地 辛 坤 芮 死
常辅己 **开** 元 庚 震 冲 伤	合心乙 **生** 白 戊 五 禽 中	蛇任丁 **休** 阴 丙 兑 柱 惊
符英癸 **死** 蛇 丁 艮 任 生	地芮辛 **杜** 天 壬 坎 蓬 休	阴柱丙 **景**使 合 乙 乾 心 开

戊午时

蛇任丁 **生** 常 己 巽 辅 杜	常辅己 **杜** 符 癸 离 英 景	合心乙 **开** 地 辛 坤 芮 死
阴柱丙 **惊** 元 庚 震 冲 伤	符英癸 **景**使 白 戊 五 禽 中	地芮辛 **死** 阴 丙 兑 柱 惊
元冲庚 **伤** 蛇 丁 艮 任 生	白禽戊 **中** 天 壬 坎 蓬 休	天蓬壬 **休** 合 乙 乾 心 开

己未时

符英癸 **景**使 常 己 巽 辅 杜	白禽戊 **中** 符 癸 离 英 景	阴柱丙 **惊** 地 辛 坤 芮 死
蛇任丁 **生** 元 庚 震 冲 伤	天蓬壬 **休** 白 戊 五 禽 中	元冲庚 **伤** 阴 丙 兑 柱 惊
常辅己 **杜** 蛇 丁 艮 任 生	合心乙 **开** 天 壬 坎 蓬 休	地芮辛 **死** 合 乙 乾 心 开

庚申时

天蓬壬 **休** 常 己 巽 辅 杜	合心乙 **开** 符 癸 离 英 景	蛇任丁 **生** 地 辛 坤 芮 死
符英癸 **景**使 元 庚 震 冲 伤	地芮辛 **死** 白 戊 五 禽 中	常辅己 **杜** 阴 丙 兑 柱 惊
白禽戊 **中** 蛇 丁 艮 任 生	阴柱丙 **惊** 天 壬 坎 蓬 休	元冲庚 **伤** 合 乙 乾 心 开

辛酉时

地芮辛 **死** 常 己 巽 辅 杜	阴柱丙 **惊** 符 癸 离 英 景	符英癸 **景**使 地 辛 坤 芮 死
天蓬壬 **休** 元 庚 震 冲 伤	元冲庚 **伤** 白 戊 五 禽 中	白禽戊 **中** 阴 丙 兑 柱 惊
合心乙 **开** 蛇 丁 艮 任 生	蛇任丁 **生** 天 壬 坎 蓬 休	常辅己 **杜** 合 乙 乾 心 开

壬戌时

元冲庚 **伤** 常 己 巽 辅 杜	蛇任丁 **生** 符 癸 离 英 景	天蓬任 **休** 地 辛 坤 芮 死
地芮辛 **死** 元 庚 震 冲 伤	常辅己 **杜** 白 戊 五 禽 中	合心乙 **开** 阴 丙 兑 柱 惊
阴柱丙 **惊** 蛇 丁 艮 任 生	符英癸 **景**使 天 壬 坎 蓬 休	白禽戊 **中** 合 乙 乾 心 开

癸亥时

常辅己 **杜** 常 己 巽 辅 杜	符英癸 **景**使 符 癸 离 英 景	地芮辛 **死** 地 辛 坤 芮 死
元冲庚 **伤** 元 庚 震 冲 伤	白禽戊 **中** 白 戊 五 禽 中	阴柱丙 **惊** 阴 丙 兑 柱 惊
蛇任丁 **生** 蛇 丁 艮 任 生	天蓬壬 **休** 天 壬 坎 蓬 休	合心乙 **开** 合 乙 乾 心 开

奇门旨归卷二十八

阴遁四局

大暑下　秋分下
处暑中　大雪上
甲己日十二时局
乙庚日十二时局
丙辛日十二时局
丁壬日十二时局
戊癸日十二时局

阴四局甲己日

甲子时

符辅戊 **杜使** 符 戊 巽 辅 杜	白英壬 **景** 白 壬 离 英 景	阴芮庚 **死** 阴 庚 坤 芮 死
蛇冲己 **伤** 蛇 己 震 冲 伤	天禽乙 **中** 天 乙 五 禽 中	元柱丁 **惊** 元 丁 兑 柱 惊
常任癸 **生** 常 癸 艮 任 生	合蓬辛 **休** 合 辛 坎 蓬 休	地心丙 **开** 地 丙 乾 心 开

乙丑时

蛇冲己 **中** 符 戊 巽 辅 杜	常任癸 **休** 白 壬 离 英 景	合蓬辛 **伤** 阴 庚 坤 芮 死
辅芮庚 **杜使** 蛇 己 震 冲 伤	符辅戊 **开** 天 乙 五 禽 中	地心丙 **生** 元 丁 兑 柱 惊
元柱丁 **景** 常 癸 艮 任 生	白英壬 **死** 合 辛 坎 蓬 休	天禽乙 **惊** 地 丙 乾 心 开

丙寅时

阴芮庚 **开** 符 戊 巽 辅 杜	元柱丁 **死** 白 壬 离 英 景	白英壬 **杜使** 阴 庚 坤 芮 死
合蓬辛 **中** 蛇 己 震 冲 伤	蛇冲己 **惊** 天 乙 五 禽 中	天禽乙 **景** 元 丁 兑 柱 惊
地心丙 **休** 常 癸 艮 任 生	常任癸 **伤** 合 辛 坎 蓬 休	符辅戊 **生** 地 丙 乾 心 开

丁卯时

合蓬辛 **惊** 符 戊 巽 辅 杜	地心丙 **伤** 白 壬 离 英 景	常任癸 **中** 阴 庚 坤 芮 死
白英壬 **开** 蛇 己 震 冲 伤	阴芮庚 **生** 天 乙 五 禽 中	符禽戊 **休** 元 丁 兑 柱 惊
天禽乙 **死** 常 癸 艮 任 生	元柱丁 **杜使** 合 辛 坎 蓬 休	蛇冲己 **景** 地 丙 乾 心 开

戊辰时

符辅戊 **生** 符 戊 巽 辅 杜	白英壬 **杜使** 白 壬 离 英 景	阴芮庚 **开** 阴 庚 坤 芮 死
蛇冲己 **惊** 蛇 己 震 冲 伤	天禽乙 **景** 天 乙 五 禽 中	元柱丁 **死** 元 丁 兑 柱 惊
常任癸 **伤** 常 癸 艮 任 生	合蓬辛 **中** 合 辛 坎 蓬 休	地心丙 **休** 地 丙 乾 心 开

己巳时

天禽己 **景** 符 戊 巽 辅 杜	合蓬辛 **中** 白 壬 离 英 景	蛇冲己 **惊** 阴 庚 坤 芮 死
符辅戊 **生** 蛇 己 震 冲 伤	地心丙 **休** 天 乙 五 禽 中	常任癸 **伤** 元 丁 兑 柱 惊
白英壬 **杜使** 常 癸 艮 任 生	阴芮庚 **开** 合 辛 坎 蓬 休	元柱丁 **死** 地 丙 乾 心 开

庚午时

地心丙 **休** 符 戊 巽 辅 杜	阴芮庚 **开** 白 壬 离 英 景	符辅戊 **生** 阴 庚 坤 芮 死
天禽乙 **景** 蛇 己 震 冲 伤	元柱丁 **死** 天 乙 五 禽 中	白英壬 **杜使** 元 丁 兑 柱 惊
合蓬辛 **中** 常 癸 艮 任 生	蛇冲己 **惊** 合 辛 坎 蓬 休	常任癸 **伤** 地 丙 乾 心 开

辛未时

元柱丁 **死** 符 戊 巽 辅 杜	蛇冲己 **惊** 白 壬 离 英 景	天禽乙 **景** 阴 庚 坤 芮 死
地心丙 **休** 蛇 己 震 冲 伤	常任癸 **伤** 天 乙 五 禽 中	合蓬辛 **中** 元 丁 兑 柱 惊
阴芮庚 **开** 常 癸 艮 任 生	符辅戊 **生** 合 辛 坎 蓬 休	白英壬 **杜使** 地 丙 乾 心 开

壬申时

常任癸 **伤** 符 戊 巽 辅 杜	符辅戊 **生** 白 壬 离 英 景	地心丙 **休** 阴 庚 坤 芮 死
元柱丁 **死** 蛇 己 震 冲 伤	白英壬 **杜使** 天 乙 五 禽 中	阴芮庚 **开** 元 丁 兑 柱 惊
蛇冲己 **惊** 常 癸 艮 任 生	天禽乙 **景** 合 辛 坎 蓬 休	合蓬辛 **中** 地 丙 乾 心 开

癸酉时

白英壬 **杜使** 符 戊 巽 辅 杜	天禽乙 **景** 白 壬 离 英 景	元柱丁 **死** 阴 庚 坤 芮 死
常任癸 **伤** 蛇 己 震 冲 伤	合蓬辛 **中** 天 乙 五 禽 中	蛇冲己 **惊** 元 丁 兑 柱 惊
符辅戊 **生** 常 癸 艮 任 生	地心丙 **休** 合 辛 坎 蓬 休	阴芮庚 **开** 地 丙 乾 心 开

甲戌时

天辅戊 **杜** 天 戊 巽 辅 杜	合英壬 **景** 合 壬 离 英 景	蛇芮庚 **死** 蛇 庚 坤 芮 死
符冲己 **伤使** 符 己 震 冲 伤	地禽乙 **中** 地 乙 五 禽 中	常柱丁 **惊** 常 丁 兑 柱 惊
白任癸 **生** 白 癸 艮 任 生	阴蓬辛 **休** 阴 辛 坎 蓬 休	元心丙 **开** 元 丙 乾 心 开

乙亥时

蛇芮庚 **中** 天 戊 巽 辅 杜	常柱丁 **休** 合 壬 离 英 景	合英壬 **伤使** 蛇 庚 坤 芮 死
阴蓬辛 **杜** 符 己 震 冲 伤	符冲己 **开** 地 乙 五 禽 中	地禽乙 **生** 常 丁 兑 柱 惊
元心丙 **景** 白 癸 艮 任 生	白任癸 **死** 阴 辛 坎 蓬 休	天辅戊 **惊** 元 丙 乾 心 开

阴四局乙庚日

丙子时

阴蓬辛 **开** 天 戊 巽 辅 杜	元心丙 **死** 合 壬 离 英 景	白任癸 **杜** 蛇 庚 坤 芮 死
合英壬 **中** 符 己 震 冲 伤	蛇芮庚 **惊** 地 乙 五 禽 中	天辅戊 **景** 常 丁 兑 柱 惊
地禽乙 **休** 白 癸 艮 任 生	常柱丁 **伤**使 阴 辛 坎 蓬 休	符冲己 **生** 元 丙 乾 心 开

丁丑时

合英壬 **惊** 天 戊 巽 辅 杜	地禽乙 **伤**使 合 壬 离 英 景	常柱丁 **中** 蛇 庚 坤 芮 死
白任癸 **开** 符 己 震 冲 伤	阴蓬辛 **生** 地 乙 五 禽 中	符冲己 **休** 常 丁 兑 柱 惊
天辅戊 **死** 白 癸 艮 任 生	元心丙 **杜** 阴 辛 坎 蓬 休	蛇芮庚 **景** 元 丙 乾 心 开

戊寅时

符冲己 **生** 天 戊 巽 辅 杜	白任癸 **杜** 合 壬 离 英 景	阴蓬辛 **开** 蛇 庚 坤 芮 死
蛇芮庚 **惊** 符 己 震 冲 伤	天辅戊 **景** 地 乙 五 禽 中	元心丙 **死** 常 丁 兑 柱 惊
常柱丁 **伤**使 白 癸 艮 任 生	合英壬 **中** 阴 辛 坎 蓬 休	地禽乙 **休** 元 丙 乾 心 开

己卯时

天辅戊 **景** 天 戊 巽 辅 杜	合英壬 **中** 合 壬 离 英 景	蛇芮庚 **惊** 蛇 庚 坤 芮 死
符冲己 **生** 符 己 震 冲 伤	地禽乙 **休** 地 乙 五 禽 中	常柱丁 **伤**使 常 丁 兑 柱 惊
白任癸 **杜** 白 癸 艮 任 生	阴蓬辛 **开** 阴 辛 坎 蓬 休	元心丙 **死** 元 丙 乾 心 开

庚辰时

地禽乙 **休** 天 戊 巽 辅 杜	阴地辛 **开** 合 壬 离 英 景	符冲己 **生** 蛇 庚 坤 芮 死
天辅戊 **景** 符 己 震 冲 伤	元心丙 **死** 地 乙 五 禽 中	日任戊 **杜** 常 丁 兑 柱 惊
合英壬 **中** 白 癸 艮 任 生	蛇符庚 **惊** 阴 辛 坎 蓬 休	常柱丁 **伤**使 元 丙 乾 心 开

辛巳时

元心丙 **死** 天 戊 巽 辅 杜	蛇芮庚 **惊** 合 壬 离 英 景	天辅戊 **景** 蛇 庚 坤 芮 死
地禽乙 **休** 符 己 震 冲 伤	常柱丁 **伤**使 地 乙 五 禽 中	合英壬 **中** 常 丁 兑 柱 惊
阴蓬辛 **开** 白 癸 艮 任 生	蛇冲己 **生** 阴 辛 坎 蓬 休	白任癸 **杜** 元 丙 乾 心 开

壬午时

常柱丁 **伤**使 天 戊 巽 辅 杜	符冲巳 **生** 合 壬 离 英 景	地禽乙 **休** 蛇 庚 坤 芮 死
元心丙 **死** 符 己 震 冲 伤	白任癸 **杜** 地 乙 五 禽 中	阴蓬辛 **开** 常 丁 兑 柱 惊
蛇芮庚 **惊** 白 癸 艮 任 生	天辅戊 **景** 阴 辛 坎 蓬 休	合英壬 **中** 元 丙 乾 心 开

癸未时

白任癸 **杜** 天 戊 巽 辅 杜	天辅戊 **景** 合 壬 离 英 景	元心丙 **死** 蛇 庚 坤 芮 死
常柱癸 **伤**使 符 己 震 冲 伤	合英壬 **中** 地 乙 五 禽 中	蛇芮庚 **惊** 常 丁 兑 柱 惊
符冲己 **生** 白 癸 艮 任 生	地禽乙 **休** 阴 辛 坎 蓬 休	阴蓬辛 **开** 元 丙 乾 心 开

甲申时

地辅戊 **杜** 地 戊 巽 辅 杜	阴英壬 **景** 阴 壬 离 英 景	符芮庚 **死**使 符 庚 坤 芮 死
天冲己 **伤** 天 己 震 冲 伤	元禽乙 **中** 元 乙 五 禽 中	白柱丁 **惊** 白 丁 兑 柱 惊
合任癸 **生** 合 癸 艮 任 生	蛇蓬辛 **休** 蛇 辛 坎 蓬 休	常心丙 **开** 常 丙 乾 心 开

乙酉时

蛇蓬辛 **中** 地 戊 巽 辅 杜	常心丙 **休** 阴 壬 离 英 景	合任癸 **伤** 符 庚 坤 芮 死
阴英壬 **杜** 天 己 震 冲 伤	符芮庚 **开** 元 乙 五 禽 中	地辅戊 **生** 白 丁 兑 柱 惊
元禽乙 **景** 合 癸 艮 任 生	白柱丁 **死**使 蛇 辛 坎 蓬 休	天冲己 **惊** 常 丙 乾 心 开

丙戌时

阴英壬 **开** 地 戊 巽 辅 杜	元禽乙 **死**使 阴 壬 离 英 景	白柱丁 **杜** 符 庚 坤 芮 死
合任癸 **中** 天 己 震 冲 伤	蛇蓬辛 **惊** 元 乙 五 禽 中	天冲己 **景** 白 丁 兑 柱 惊
地辅戊 **休** 合 癸 艮 任 生	常心丙 **伤** 蛇 辛 坎 蓬 休	符芮庚 **生** 常 丙 乾 心 开

丁亥时

合任癸 **惊** 地 戊 巽 辅 杜	地辅戊 **伤** 阴 壬 离 英 景	常心丙 **中** 符 庚 坤 芮 死
白柱丁 **开** 天 己 震 冲 伤	阴英壬 **生** 元 乙 五 禽 中	符芮庚 **休** 白 丁 兑 柱 惊
天冲己 **死**使 合 癸 艮 任 生	元禽乙 **杜** 蛇 辛 坎 蓬 休	蛇蓬辛 **景** 常 丙 乾 心 开

阴四局丙辛日

戊子时

符芮庚 生 地 戊 巽 辅 杜	白柱丁 杜 阴 壬 离 英 景	阴英壬 开 符 庚 坤 芮 死
蛇蓬辛 惊 天 己 震 冲 伤	天冲己 景 元 乙 五 禽 中	元禽乙 死使 白 丁 兑 柱 惊
常心丙 伤 合 癸 艮 任 生	合任癸 中 蛇 辛 坎 蓬 休	地辅戊 休 常 丙 乾 心 开

己丑时

天冲己 景 地 戊 巽 辅 杜	合任癸 中 阴 壬 离 英 景	蛇蓬辛 惊 符 庚 坤 芮 死
符芮庚 生 天 己 震 冲 伤	地辅戊 休 元 乙 五 禽 中	常心丙 伤 白 丁 兑 柱 惊
白柱丁 杜 合 癸 艮 任 生	阴英壬 开 蛇 辛 坎 蓬 休	元禽乙 死使 常 丙 乾 心 开

庚寅时

地辅戊 休 地 戊 巽 辅 杜	阴英壬 开 阴 壬 离 英 景	符芮庚 生 符 庚 坤 芮 死
天冲己 景 天 己 震 冲 伤	元禽乙 死使 元 乙 五 禽 中	白柱丁 杜 白 丁 兑 柱 惊
合任癸 中 合 癸 艮 任 生	蛇蓬辛 惊 蛇 辛 坎 蓬 休	常心丙 伤 常 丙 乾 心 开

辛卯时

元禽乙 死使 地 戊 巽 辅 杜	蛇蓬辛 惊 阴 壬 离 英 景	天冲己 景 符 庚 坤 芮 死
地辅戊 休 天 己 震 冲 伤	常心丙 伤 元 乙 五 禽 中	合任癸 中 白 丁 兑 柱 惊
阴英壬 开 合 癸 艮 任 生	符芮庚 生 蛇 辛 坎 蓬 休	白柱丁 杜 常 丙 乾 心 开

壬辰时

常心丙 伤 地 戊 巽 辅 杜	符芮庚 生 阴 壬 离 英 景	地辅戊 休 符 庚 坤 芮 死
元禽乙 死使 天 己 震 冲 伤	白柱丁 杜 元 乙 五 禽 中	阴英壬 开 白 丁 兑 柱 惊
蛇蓬辛 惊 合 癸 艮 任 生	天冲己 景 蛇 辛 坎 蓬 休	合任癸 中 常 丙 乾 心 开

癸己时

白柱丁 杜 地 戊 巽 辅 杜	天冲己 景 阴 壬 离 英 景	元禽乙 死使 符 庚 坤 芮 死
常心丙 伤 天 己 震 冲 伤	合任癸 中 元 乙 五 禽 中	蛇蓬幸 惊 白 丁 兑 柱 惊
符芮庚 生 合 癸 艮 任 生	地辅戊 休 蛇 辛 坎 蓬 休	阴英壬 开 常 丙 乾 心 开

甲午时

元辅戊 杜 元 戊 巽 辅 杜	蛇英壬 景 蛇 壬 离 英 景	天芮庚 死 天 庚 坤 芮 死
地冲己 伤 地 己 震 冲 伤	常常乙 中 常 乙 五 禽 中	合柱丁 惊 合 丁 兑 柱 惊
阴任癸 生 阴 癸 艮 任 生	符蓬辛 休使 符 辛 坎 蓬 休	白心丙 开 白 丙 乾 心 开

乙未时

蛇英壬 中 元 戊 巽 辅 杜	常禽乙 休使 蛇 壬 离 英 景	合柱丁 伤 天 庚 坤 芮 死
阴任癸 杜 地 己 震 冲 伤	符蓬幸 开 常 乙 五 禽 中	地冲己 生 合 丁 兑 柱 惊
元辅戊 景 阴 癸 艮 任 生	白心丙 死 符 辛 坎 蓬 休	天芮庚 惊 白 丙 乾 心 开

丙申时

阴壬癸 开 元 戊 巽 辅 杜	元辅戊 死 蛇 壬 离 英 景	白心丙 杜 天 庚 坤 芮 死
合柱丁 中 地 己 震 冲 伤	蛇癸壬 惊 常 乙 五 禽 中	天芮庚 景 合 丁 兑 柱 惊
地冲己 休使 阴 癸 艮 任 生	常禽乙 伤 符 辛 坎 蓬 休	符蓬辛 生 白 丙 乾 心 开

丁酉时

合柱丁 惊 元 戊 巽 辅 杜	地冲己 伤 蛇 壬 离 英 景	常禽乙 中 天 庚 坤 芮 死
白心丙 开 地 己 震 冲 伤	阴任癸 生 常 乙 五 禽 中	符蓬辛 休使 合 丁 兑 柱 惊
天芮庚 死 阴 癸 艮 任 生	元辅戊 杜 符 辛 坎 蓬 休	蛇英壬 景 白 丙 乾 心 开

戊戌时

符蓬辛 生 元 戊 巽 辅 杜	白心丙 杜 蛇 壬 离 英 景	阴任癸 开 天 庚 坤 芮 死
蛇英壬 惊 地 己 震 冲 伤	天芮庚 景 常 乙 五 禽 中	元辅戊 死 合 丁 兑 柱 惊
常禽乙 伤 阴 癸 艮 任 生	合柱丁 中 符 辛 坎 蓬 休	地冲己 休使 白 丙 乾 心 开

己亥时

天芮庚 景 元 戊 巽 辅 杜	合柱丁 中 蛇 壬 离 英 景	蛇英壬 惊 天 庚 坤 芮 死
符蓬辛 生 地 己 震 冲 伤	地冲己 休使 常 乙 五 禽 中	常禽乙 伤 合 丁 兑 柱 惊
白心丙 杜 阴 癸 艮 任 生	阴任癸 开 符 辛 坎 蓬 休	地冲己 死 白 丙 乾 心 开

阴四局丁壬日

庚子时

地冲己 休使 元 戊 巽 辅 杜	阴任癸 开 蛇 壬 离 英 景	符蓬辛 生 天 庚 坤 芮 死
天芮庚 景 地 己 震 冲 伤	元辅戊 死 常 乙 五 禽 中	白心丙 杜 合 丁 兑 柱 惊
合柱丁 中 阴 癸 艮 任 生	蛇英壬 惊 符 辛 坎 蓬 休	常禽乙 伤 白 丙 乾 心 开

辛丑时

元辅戊 死 元 戊 巽 辅 杜	蛇英壬 惊 蛇 壬 离 英 景	天芮庚 景 天 庚 坤 芮 死
地冲己 休使 地 己 震 冲 伤	常禽乙 伤 常 乙 五 禽 中	合柱丁 中 合 丁 兑 柱 惊
阴任癸 开 阴 癸 艮 任 生	符蓬辛 生 符 辛 坎 蓬 休	白心丙 杜 白 丙 乾 心 开

壬寅时

常禽乙 伤 元 戊 巽 辅 杜	符蓬辛 生 蛇 壬 离 英 景	地冲己 休使 天 庚 坤 芮 死
元辅戊 死 地 己 震 冲 伤	白心丙 杜 常 乙 五 禽 中	阴任癸 开 合 丁 兑 柱 惊
蛇英壬 惊 阴 癸 艮 任 生	天芮庚 景 符 辛 坎 蓬 休	合柱丁 中 白 丙 乾 心 开

癸卯时

白心丙 杜 元 戊 巽 辅 杜	天芮庚 景 蛇 壬 离 英 景	元辅戊 死 天 庚 坤 芮 死
常禽己 伤 地 己 震 冲 伤	合柱丁 中 常 乙 五 禽 中	蛇英壬 惊 合 丁 兑 柱 惊
符蓬辛 生 阴 癸 艮 任 生	地冲己 休使 符 辛 坎 蓬 休	阴任癸 开 白 丙 乾 心 开

甲辰时

常辅戊 杜 常 戊 巽 辅 杜	符英壬 景使 符 壬 离 英 景	地芮庚 死 地 庚 坤 芮 死
元冲己 伤 元 己 震 冲 伤	白禽乙 中 白 乙 五 禽 中	阴柱丁 惊 阴 丁 兑 柱 惊
蛇任癸 生 蛇 癸 艮 任 生	天蓬辛 休 天 辛 坎 蓬 休	合心丙 开 合 丙 乾 心 开

乙巳时

蛇任癸 中 常 戊 巽 辅 杜	常辅戊 休 符 壬 离 英 景	合心丙 伤 地 庚 坤 芮 死
阴柱丁 杜 元 己 震 冲 伤	符英壬 开 白 乙 五 禽 中	地芮庚 生 阴 丁 兑 柱 惊
元冲己 景使 蛇 癸 艮 任 生	白禽乙 死 天 辛 坎 蓬 休	天蓬辛 惊 合 丙 乾 心 开

丙午时

阴柱丁 开 常 戊 巽 辅 杜	元冲己 死 符 壬 离 英 景	白禽乙 杜 地 庚 坤 芮 死
合心丙 中 元 己 震 冲 伤	蛇任癸 惊 白 乙 五 禽 中	天蓬辛 景使 阴 丁 兑 柱 惊
地芮庚 休 蛇 癸 艮 任 生	常辅戊 伤 天 辛 坎 蓬 休	符英壬 生 合 丙 乾 心 开

丁未时

合心丙 惊 常 戊 巽 辅 杜	地芮庚 伤 符 壬 离 英 景	常辅戊 中 地 庚 坤 芮 死
白禽乙 开 元 己 震 冲 伤	阴柱丁 生 白 乙 五 禽 中	符英壬 休 阴 丁 兑 柱 惊
天蓬辛 死 蛇 癸 艮 任 生	元冲己 杜 天 辛 坎 蓬 休	蛇任癸 景使 合 丙 乾 心 开

戊申时

符英壬 生 常 戊 巽 辅 杜	白禽乙 杜 符 壬 离 英 景	阴柱丁 开 地 庚 坤 芮 死
蛇任癸 惊 元 己 震 冲 伤	天蓬辛 景使 白 乙 五 禽 中	元冲己 死 阴 丁 兑 柱 惊
常辅戊 伤 蛇 癸 艮 任 生	合心丙 中 天 辛 坎 蓬 休	阴芮庚 休 合 丙 乾 心 开

己酉时

天蓬辛 景使 常 戊 巽 辅 杜	合心丙 中 符 壬 离 英 景	蛇任癸 惊 地 庚 坤 芮 死
符英壬 生 元 己 震 冲 伤	地芮庚 休 白 乙 五 禽 中	常辅戊 伤 阴 丁 兑 柱 惊
白禽乙 杜 蛇 癸 艮 任 生	阴柱丁 开 天 辛 坎 蓬 休	元冲己 死 合 丙 乾 心 开

庚戌时

地芮庚 休 常 戊 巽 辅 杜	阴柱丁 开 符 壬 离 英 景	符英壬 生 地 庚 坤 芮 死
天蓬辛 景使 元 己 震 冲 伤	元冲己 死 白 乙 五 禽 中	白禽乙 杜 阴 丁 兑 柱 惊
合心丙 中 蛇 癸 艮 任 生	蛇芮癸 惊 天 辛 坎 蓬 休	常辅戊 伤 合 丙 乾 心 开

辛亥时

元冲己 死 常 戊 巽 辅 杜	蛇任癸 惊 符 壬 离 英 景	天蓬辛 景使 地 庚 坤 芮 死
地芮庚 休 元 己 震 冲 伤	常辅戊 伤 白 乙 五 禽 中	合心丙 中 阴 丁 兑 柱 惊
阴柱丁 开 蛇 癸 艮 任 生	符英壬 生 天 辛 坎 蓬 休	白禽乙 杜 合 丙 乾 心 开

阴四局戊癸日

壬子时

常辅戊 **伤** 常 戊 巽 辅 杜	符英壬 **生** 符 壬 离 英 景	地芮庚 **休** 地 庚 坤 芮 死
元冲己 **死** 元 己 震 冲 伤	白禽乙 **杜** 白 乙 五 禽 中	阴柱丁 **开** 阴 丁 兑 柱 惊
蛇任癸 **惊** 蛇 癸 艮 任 生	天蓬辛 **景**使 天 辛 坎 蓬 休	合心丙 **中** 合 丙 乾 心 开

癸丑时

白禽乙 **杜** 常 戊 巽 辅 杜	天蓬辛 **景**使 符 壬 离 英 景	元冲己 **死** 地 庚 坤 芮 死
常辅戊 **伤** 元 己 震 冲 伤	合心丙 **中** 白 乙 五 禽 中	蛇任癸 **惊** 阴 丁 兑 柱 惊
符英壬 **生** 蛇 癸 艮 任 生	地芮庚 **休** 天 辛 坎 蓬 休	阴柱丁 **开** 合 丙 乾 心 开

甲寅时

白辅戊 **杜** 白 戊 巽 辅 杜	天英壬 **景** 天 壬 离 英 景	元芮庚 **死** 元 庚 坤 芮 死
常冲己 **伤** 常 己 震 冲 伤	合禽乙 **中** 合 乙 五 禽 中	蛇柱丁 **惊** 蛇 丁 兑 柱 惊
符任癸 **生**使 符 癸 艮 任 生	地蓬辛 **休** 地 辛 坎 蓬 休	阴心丙 **开** 阴 丙 乾 心 开

乙卯时

蛇柱丁 **中** 白 戊 巽 辅 杜	常冲己 **休** 天 壬 离 英 景	合禽乙 **伤** 元 庚 坤 芮 死
阴心丙 **杜** 常 己 震 冲 伤	符任癸 **开** 合 乙 五 禽 中	地蓬辛 **生**使 蛇 丁 兑 柱 惊
元芮庚 **景** 符 癸 艮 任 生	常辅戊 **死** 地 辛 坎 蓬 休	天英壬 **惊** 阴 丙 乾 心 开

丙辰时

阴心丙 **开** 白 戊 巽 辅 杜	元芮庚 **死** 天 壬 离 英 景	白辅戊 **杜** 元 庚 坤 芮 死
合禽乙 **中** 常 己 震 冲 伤	蛇柱丁 **惊** 合 乙 五 禽 中	天英壬 **景** 蛇 丁 兑 柱 惊
地蓬辛 **休** 符 癸 艮 任 生	常冲己 **伤** 地 辛 坎 蓬 休	符任癸 **生**使 阴 丙 乾 心 开

丁巳时

合禽乙 **休** 白 戊 巽 辅 杜	地蓬辛 **伤** 天 壬 离 英 景	常冲己 **中** 元 庚 坤 芮 死
白辅戊 **开** 常 己 震 冲 伤	阴心丙 **生**使 合 乙 五 禽 中	符任癸 **休** 蛇 丁 兑 柱 惊
天英壬 **死** 符 癸 艮 任 生	元芮庚 **杜** 地 辛 坎 蓬 休	蛇柱丁 **景** 阴 丙 乾 心 开

戊午时

符任癸 **生**使 白 戊 巽 辅 杜	白辅戊 **杜** 天 壬 离 英 景	阴心丙 **开** 元 庚 坤 芮 死
蛇柱丁 **惊** 常 己 震 冲 伤	天英壬 **景** 合 乙 五 禽 中	元芮庚 **死** 蛇 丁 兑 柱 惊
常冲己 **伤** 符 癸 艮 任 生	合禽乙 **中** 地 辛 坎 蓬 休	地蓬辛 **休** 阴 丙 乾 心 开

己未时

天英壬 **景** 白 戊 巽 辅 杜	合禽乙 **中** 天 壬 离 英 景	蛇柱丁 **惊** 元 庚 坤 芮 死
符任癸 **生**使 常 己 震 冲 伤	地蓬辛 **休** 合 乙 五 禽 中	常冲己 **伤** 蛇 丁 兑 柱 惊
白辅戊 **杜** 符 癸 艮 任 生	阴心丙 **开** 地 辛 坎 蓬 休	元芮庚 **死** 阴 丙 乾 心 开

庚申时

地蓬辛 **休** 白 戊 巽 辅 杜	阴心丙 **开** 天 壬 离 英 景	符任癸 **生**使 元 庚 坤 芮 死
天英壬 **景** 常 己 震 冲 伤	元芮庚 **死** 合 乙 五 禽 中	白辅戊 **杜** 蛇 丁 兑 柱 惊
合禽乙 **中** 符 癸 艮 任 生	蛇柱丁 **惊** 地 辛 坎 蓬 休	常冲己 **伤** 阴 丙 乾 心 开

辛酉时

元芮庚 **死** 白 戊 巽 辅 杜	蛇柱丁 **惊** 天 壬 离 英 景	天英壬 **景** 元 庚 坤 芮 死
地蓬辛 **休** 常 己 震 冲 伤	常冲己 **伤** 合 乙 五 禽 中	合禽乙 **中** 蛇 丁 兑 柱 惊
阴心丙 **开** 符 癸 艮 任 生	符任癸 **生**使 地 辛 坎 蓬 休	白辅戊 **杜** 阴 丙 乾 心 开

壬戌时

常冲己 **伤** 白 戊 巽 辅 杜	符任癸 **生**使 天 壬 离 英 景	地蓬辛 **休** 元 庚 坤 芮 死
天芮庚 **死** 常 己 震 冲 伤	白辅戊 **杜** 合 乙 五 禽 中	阴心丙 **开** 蛇 丁 兑 柱 惊
蛇柱丁 **惊** 符 癸 艮 任 生	天英于 **景** 地 辛 坎 蓬 休	合禽乙 **中** 阴 丙 乾 心 开

癸亥时

白辅戊 **杜** 白 戊 巽 辅 杜	天英壬 **景** 天 壬 离 英 景	元芮庚 **死** 元 庚 坤 芮 死
常冲己 **伤** 常 己 震 冲 伤	合禽乙 **中** 合 乙 五 禽 中	蛇柱丁 **惊** 蛇 丁 兑 柱 惊
符任癸 **生**使 符 癸 艮 任 生	地蓬辛 **休** 地 辛 坎 蓬 休	阴心丙 **开** 阴 丙 乾 心 开

奇门旨归卷二十九

阴遁三局

夏至中　白露中
立冬下　寒露下
甲己日十二时局
乙庚日十二时局
丙辛日十二时局
丁壬日十二时局
戊癸日十二时局

阴三局甲己日

甲子时

天辅乙 **杜** 天 乙 巽 辅 杜	合英辛 **景** 合 辛 离 英 景	蛇芮己 **死** 蛇 己 坤 芮 死
符冲戊 **伤**使 符 戊 震 冲 伤	地禽丙 **中** 地 丙 五 禽 中	常柱癸 **惊** 常 癸 兑 柱 惊
白任壬 **生** 白 壬 艮 任 生	阴蓬庚 **休** 阴 庚 坎 蓬 休	元心丁 **开** 元 丁 乾 心 开

乙丑时

符冲戊 **中** 天 乙 巽 辅 杜	白任壬 **休** 合 辛 离 英 景	阴蓬庚 **伤**使 蛇 己 坤 芮 死
蛇芮己 **杜** 符 戊 震 冲 伤	天辅乙 **开** 地 丙 五 禽 中	元心丁 **生** 常 癸 兑 柱 惊
常柱癸 **景** 白 壬 艮 任 生	合英辛 **死** 阴 庚 坎 蓬 休	地禽丙 **惊** 元 丁 乾 心 开

丙寅时

蛇芮己 **开** 天 乙 巽 辅 杜	常柱癸 **死** 合 辛 离 英 景	合英辛 **杜** 蛇 己 坤 芮 死
阴蓬庚 **中** 符 戊 震 冲 伤	符冲戊 **惊** 地 丙 五 禽 中	地禽丙 **景** 常 癸 兑 柱 惊
元心丁 **休** 白 壬 艮 任 生	白任壬 **伤**使 阴 庚 坎 蓬 休	天辅乙 **生** 元 丁 乾 心 开

丁卯时

阴蓬庚 **惊** 天 乙 巽 辅 杜	元心丁 **伤**使 合 辛 离 英 景	白任壬 **中** 蛇 己 坤 芮 死
合英辛 **开** 符 戊 震 冲 伤	蛇芮己 **生** 地 丙 五 禽 中	天辅乙 **休** 常 癸 兑 柱 惊
地禽丙 **死** 白 壬 艮 任 生	常柱癸 **杜** 阴 庚 坎 蓬 休	符冲戊 **景** 元 丁 乾 心 开

戊辰时

天辅乙 **休** 天 乙 巽 辅 杜	合英辛 **杜** 合 辛 离 英 景	蛇芮己 **开** 蛇 己 坤 芮 死
符冲戊 **惊** 符 戊 震 冲 伤	地禽丙 **景** 地 丙 五 禽 中	常柱癸 **死** 常 癸 兑 柱 惊
白任壬 **伤**使 白 壬 艮 任 生	阴蓬庚 **中** 阴 庚 坎 蓬 休	元心丁 **休** 元 丁 乾 心 开

己巳时

地禽丙 **景** 天 乙 巽 辅 杜	阴蓬庚 **中** 合 辛 离 英 景	符冲戊 **惊** 蛇 己 坤 芮 死
天辅乙 **生** 符 戊 震 冲 伤	元心丁 **休** 地 丙 五 禽 中	白任壬 **伤**使 常 癸 兑 柱 惊
合英辛 **杜** 白 壬 艮 任 生	蛇芮己 **开** 阴 庚 坎 蓬 休	常柱癸 **死** 元 丁 乾 心 开

庚午时

元心丁 **休** 天 乙 巽 辅 杜	蛇芮己 **开** 合 辛 离 英 景	天辅乙 **生** 蛇 己 坤 芮 死
地禽丙 **景** 符 戊 震 冲 伤	常柱癸 **死** 地 丙 五 禽 中	合英辛 **杜** 常 癸 兑 柱 惊
阴蓬庚 **中** 白 壬 艮 任 生	符冲戊 **惊** 阴 庚 坎 蓬 休	白任壬 **伤**使 元 丁 乾 心 开

辛未时

常柱癸 **死** 天 乙 巽 辅 杜	符冲戊 **惊** 合 辛 离 英 景	地禽丙 **景** 蛇 己 坤 芮 死
元心丁 **休** 符 戊 震 冲 伤	白任壬 **伤**使 地 丙 五 禽 中	阴蓬庚 **中** 常 癸 兑 柱 惊
蛇芮己 **开** 白 壬 艮 任 生	天辅乙 **生** 阴 庚 坎 蓬 休	合英辛 **杜** 元 丁 乾 心 开

壬申时

白任壬 **伤**使 天 乙 巽 辅 杜	天辅乙 **生** 合 辛 离 英 景	元心丁 **休** 蛇 己 坤 芮 死
常柱癸 **死** 符 戊 震 冲 伤	合英辛 **杜** 地 丙 五 禽 中	蛇芮己 **开** 常 癸 兑 柱 惊
符冲戊 **惊** 白 壬 艮 任 生	地禽丙 **景** 阴 庚 坎 蓬 休	阴蓬庚 **中** 元 丁 乾 心 开

癸酉时

合英辛 **杜** 天 乙 巽 辅 杜	地禽丙 **景** 合 辛 离 英 景	常柱癸 **死** 蛇 己 坤 芮 死
白任壬 **伤**使 符 戊 震 冲 伤	阴蓬庚 **中** 地 丙 五 禽 中	符冲戊 **惊** 常 癸 兑 柱 惊
天辅乙 **生** 白 壬 艮 任 生	元心丁 **休** 阴 庚 坎 蓬 休	蛇芮己 **开** 元 丁 乾 心 开

甲戌时

地辅乙 **杜** 地 乙 巽 辅 杜	阴英辛 **景** 阴 辛 离 英 景	符芮己 **死**使 符 己 坤 芮 死
天冲戊 **伤** 天 戊 震 冲 伤	元禽丙 **中** 元 丙 五 禽 中	白柱癸 **惊** 白 癸 兑 柱 惊
合任壬 **生** 合 壬 艮 任 生	蛇蓬庚 **休** 蛇 庚 坎 蓬 休	常心丁 **开** 常 丁 乾 心 开

乙亥时

符芮己 **中** 地 乙 巽 辅 杜	日柱癸 **休** 阴 辛 离 英 景	阴英辛 **伤** 符 己 坤 芮 死
蛇蓬庚 **杜** 天 戊 震 冲 伤	天冲戊 **开** 元 丙 五 禽 中	元禽丙 **生** 白 癸 兑 柱 惊
常心丁 **景** 合 壬 艮 任 生	合任丁 **死**使 蛇 庚 坎 蓬 休	地辅乙 **惊** 常 丁 乾 心 开

阴三局乙庚日

丙子时

蛇蓬庚 开 地 乙 巽 辅 杜	常心丁 死使 阴 辛 离 英 景	合任壬 杜 符 己 坤 芮 死
阴英辛 中 天 戊 震 冲 伤	符芮己 惊 元 丙 五 禽 中	地辅乙 景 白 癸 兑 柱 惊
元禽丙 休 合 壬 艮 任 生	白柱癸 伤 蛇 庚 坎 蓬 休	天冲戊 生 常 丁 乾 心 开

丁丑时

阴英辛 惊 地 乙 巽 辅 杜	元禽丙 伤 阴 辛 离 英 景	白柱癸 中 符 己 坤 芮 死
合任壬 开 天 戊 震 冲 伤	蛇蓬庚 生 元 丙 五 禽 中	天冲戊 休 白 癸 兑 柱 惊
地辅乙 死使 合 壬 艮 任 生	常心丁 杜 蛇 庚 坎 蓬 休	符芮己 景 常 丁 乾 心 开

戊寅时

天冲戊 生 地 乙 巽 辅 杜	合任壬 杜 阴 辛 离 英 景	蛇蓬庚 开 符 己 坤 芮 死
符芮己 惊 天 戊 震 冲 伤	地辅乙 景 元 丙 五 禽 中	常心丁 死使 白 癸 兑 柱 惊
白柱癸 伤 合 壬 艮 任 生	阴英辛 中 蛇 庚 坎 蓬 休	元禽丙 休 常 丁 乾 心 开

己卯时

地辅乙 景 地 乙 巽 辅 杜	阴英辛 中 阴 辛 离 英 景	符芮己 惊 符 己 坤 芮 死
天冲戊 生 天 戊 震 冲 伤	元禽丙 休 元 丙 五 禽 中	白柱癸 伤 白 癸 兑 柱 惊
合任壬 杜 合 壬 艮 任 生	蛇蓬庚 开 蛇 庚 坎 蓬 休	常心丁 死使 常 丁 乾 心 开

庚辰时

元禽丙 休 地 乙 巽 辅 杜	蛇蓬庚 开 阴 辛 离 英 景	天冲戊 生 符 己 坤 芮 死
地辅乙 景 天 戊 震 冲 伤	元心丁 死使 元 丙 五 禽 中	合任壬 杜 白 癸 兑 柱 惊
阴英辛 中 合 壬 艮 任 生	符芮己 惊 蛇 庚 坎 蓬 休	白柱癸 伤 常 丁 乾 心 开

辛巳时

常心丁 死使 地 乙 巽 辅 杜	符芮己 惊 阴 辛 离 英 景	地辅乙 景 符 己 坤 芮 死
元禽丙 休 天 戊 震 冲 伤	白柱癸 伤 元 丙 五 禽 中	阴英辛 中 白 癸 兑 柱 惊
蛇蓬庚 开 合 壬 艮 任 生	天冲戊 生 蛇 庚 坎 蓬 休	合任壬 杜 常 丁 乾 心 开

壬午时

白柱癸 伤 地 乙 巽 辅 杜	天冲戊 生 阴 辛 离 英 景	元禽丙 休 符 己 坤 芮 死
常心丁 死使 天 戊 震 冲 伤	合任壬 杜 元 丙 五 禽 中	蛇蓬庚 开 白 癸 兑 柱 惊
符芮己 惊 合 壬 艮 任 生	地辅乙 景 蛇 庚 坎 蓬 休	阴英辛 中 常 丁 乾 心 开

癸未时

合任壬 杜 地 乙 巽 辅 杜	地辅乙 景 阴 辛 离 英 景	常心丁 死使 符 己 坤 芮 死
白柱癸 伤 天 戊 震 冲 伤	阴英辛 中 元 丙 五 禽 中	符芮己 惊 白 癸 兑 柱 惊
天冲戊 生 合 壬 艮 任 生	元禽丙 休 蛇 庚 坎 蓬 休	蛇蓬庚 开 常 丁 乾 心 开

甲申时

元辅乙 杜 元 乙 巽 辅 杜	蛇英辛 景 蛇 辛 离 英 景	天芮己 死 天 己 坤 芮 死
地冲戊 伤 地 戊 震 冲 伤	常禽丙 中 常 丙 五 禽 中	合柱癸 惊 合 癸 兑 柱 惊
阴任壬 生 阴 壬 艮 任 生	符蓬庚 休使 符 庚 坎 蓬 休	白心丁 开 白 丁 乾 心 开

乙酉时

符蓬庚 中 元 乙 巽 辅 杜	白心丁 休使 蛇 辛 离 英 景	阴任壬 伤 天 己 坤 芮 死
蛇英辛 杜 地 戊 震 冲 伤	天芮己 开 常 丙 五 禽 中	元辅乙 生 合 癸 兑 柱 惊
常禽丙 景 阴 壬 艮 任 生	合柱癸 死 符 庚 坎 蓬 休	地冲庚 惊 白 丁 乾 心 开

丙戌时

蛇英辛 开 元 乙 巽 辅 杜	常禽丙 死 蛇 辛 离 英 景	合柱癸 杜 天 己 坤 芮 死
阴任壬 中 地 戊 震 冲 伤	符蓬庚 惊 常 丙 五 禽 中	地芮戊 景 合 癸 兑 柱 惊
元辅乙 休使 阴 壬 艮 任 生	白心丁 伤 符 庚 坎 蓬 休	天芮己 生 白 丁 乾 心 开

丁亥时

阴任壬 惊 元 乙 巽 辅 杜	元辅乙 伤 蛇 辛 离 英 景	白心丁 中 天 己 坤 芮 死
合柱癸 开 地 戊 震 冲 伤	蛇英辛 生 常 丙 五 禽 中	天芮己 休使 合 癸 兑 柱 惊
地冲戊 死 阴 壬 艮 任 生	常禽内 杜 符 庚 坎 蓬 休	符蓬庚 景 白 丁 乾 心 开

阴三局丙辛日

戊子时

天芮己 **生** 元 乙 巽 辅 杜	合柱癸 **杜** 蛇 辛 离 英 景	蛇英辛 **开** 天 己 坤 芮 死
符蓬庚 **惊** 地 戊 震 冲 伤	地冲戊 **景** 常 丙 五 禽 中	常禽丙 **死** 合 癸 兑 柱 惊
白心丁 **伤** 阴 壬 艮 任 生	阴任壬 **中** 符 庚 坎 蓬 休	元辅乙 **休**使 白 丁 乾 心 开

己丑时

地冲戊 **景** 元 乙 巽 辅 杜	阴任壬 **中** 蛇 辛 离 英 景	符蓬庚 **惊** 天 己 坤 芮 死
天芮己 **生** 地 戊 震 冲 伤	元辅乙 **休**使 常 丙 五 禽 中	白心丁 **伤** 合 癸 兑 柱 惊
合柱癸 **杜** 阴 壬 艮 任 生	蛇英辛 **开** 符 庚 坎 蓬 休	常禽丙 **死** 白 丁 乾 心 开

庚寅时

元辅乙 **休**使 元 乙 巽 辅 杜	蛇英辛 **开** 蛇 辛 离 英 景	天芮己 **生** 天 己 坤 芮 死
地冲戊 **景** 地 戊 震 冲 伤	常禽白 **死** 常 丙 五 禽 中	合柱癸 **杜** 合 癸 兑 柱 惊
阴任壬 **中** 阴 壬 艮 任 生	符蓬庚 **惊** 符 庚 坎 蓬 休	白心丁 **伤** 白 丁 乾 心 开

辛卯时

常禽丙 **死** 元 乙 巽 辅 杜	符蓬庚 **惊** 蛇 辛 离 英 景	地冲戊 **景** 天 己 坤 芮 死
元辅乙 **休**使 地 戊 震 冲 伤	白心丁 **伤** 常 丙 五 禽 中	阴任壬 **中** 合 癸 兑 柱 惊
蛇英辛 **开** 阴 壬 艮 任 生	天芮己 **生** 符 庚 坎 蓬 休	合柱合 **杜** 白 丁 乾 心 开

壬辰时

白心丁 **伤** 元 乙 巽 辅 杜	天芮己 **生** 蛇 辛 离 英 景	元辅乙 **休**使 天 己 坤 芮 死
常禽丙 **死** 地 戊 震 冲 伤	合柱癸 **杜** 常 丙 五 禽 中	蛇英辛 **开** 合 癸 兑 柱 惊
符蓬庚 **惊** 阴 壬 艮 任 生	地冲戊 **景** 符 庚 坎 蓬 休	阴任壬 **中** 白 丁 乾 心 开

癸巳时

合柱癸 **杜** 元 乙 巽 辅 杜	地冲戊 **景** 蛇 辛 离 英 景	常禽丙 **死** 天 己 坤 芮 死
白心丁 **伤** 地 戊 震 冲 伤	阴任壬 **中** 常 丙 五 禽 中	符蓬庚 **惊** 合 癸 兑 柱 惊
天芮己 **生** 阴 壬 艮 任 生	元辅乙 **休**使 符 庚 坎 蓬 休	蛇英辛 **开** 白 丁 乾 心 开

甲午时

常辅乙 **杜** 常 乙 巽 辅 杜	符英辛 **景**使 符 辛 离 英 景	地芮己 **死** 地 己 坤 芮 死
元冲戊 **伤** 元 戊 震 冲 伤	白禽丙 **中** 白 丙 五 禽 中	阴柱癸 **惊** 阴 癸 兑 柱 惊
蛇任壬 **生** 蛇 壬 艮 任 生	天蓬庚 **休** 天 庚 坎 蓬 休	合心丁 **开** 合 丁 乾 心 开

乙未时

符英辛 **中** 常 乙 巽 辅 杜	白禽丙 **休** 符 辛 离 英 景	阴柱癸 **伤** 地 己 坤 芮 死
蛇任壬 **杜** 元 戊 震 冲 伤	天蓬庚 **开** 白 丙 五 禽 中	元冲戊 **生** 阴 癸 兑 柱 惊
常辅乙 **景**使 蛇 壬 艮 任 生	合心丁 **死** 天 庚 坎 蓬 休	地芮己 **惊** 合 丁 乾 心 开

丙申时

蛇任壬 **开** 常 乙 巽 辅 杜	常辅乙 **死** 符 辛 离 英 景	合心丁 **杜** 地 己 坤 芮 死
阴柱癸 **中** 元 戊 震 冲 伤	符英辛 **惊** 白 丙 五 禽 中	地芮己 **景**使 阴 癸 兑 柱 惊
元冲戊 **休** 蛇 壬 艮 任 生	地禽丙 **伤** 天 庚 坎 蓬 休	天蓬庚 **生** 合 丁 乾 心 开

丁酉时

阴柱癸 **惊** 常 乙 巽 辅 杜	元冲戊 **伤** 符 辛 离 英 景	白禽丙 **中** 地 己 坤 芮 死
合心丁 **开** 元 戊 震 冲 伤	蛇任壬 **生** 白 丙 五 禽 中	天蓬庚 **休** 阴 癸 兑 柱 惊
地芮己 **死** 蛇 壬 艮 任 生	常辅乙 **杜** 天 庚 坎 蓬 休	符英辛 **景**使 合 丁 乾 心 开

戊戌时

天蓬庚 **生** 常 乙 巽 辅 杜	合心丁 **杜** 符 辛 离 英 景	蛇任壬 **开** 地 己 坤 芮 死
符英辛 **惊** 元 戊 震 冲 伤	地芮己 **景**使 白 丙 五 禽 中	常辅乙 **死** 阴 癸 兑 柱 惊
白禽丙 **伤** 蛇 壬 艮 任 生	阴柱癸 **中** 天 庚 坎 蓬 休	元冲戊 **休** 合 丁 乾 心 开

己亥时

地芮己 **景**使 常 乙 巽 辅 杜	阴柱癸 **中** 符 辛 离 英 景	符英辛 **惊** 地 己 坤 芮 死
天蓬庚 **生** 元 戊 震 冲 伤	元冲戊 **休** 白 丙 五 禽 中	白禽丙 **伤** 阴 癸 兑 柱 惊
合心丁 **杜** 蛇 壬 艮 任 生	蛇任壬 **开** 天 庚 坎 蓬 休	常辅乙 **死** 合 丁 乾 心 开

阴三局丁壬日

庚子时

元冲戊 休 常 乙 巽 辅 杜	蛇任壬 开 符 辛 离 英 景	天蓬庚 生 地 己 坤 芮 死
地芮己 景使 元 戊 震 冲 伤	常辅乙 死 白 丙 五 禽 中	合心丁 杜 阴 癸 兑 柱 惊
阴柱癸 中 蛇 壬 艮 任 生	符英辛 惊 天 庚 坎 蓬 休	白禽丙 伤 合 丁 乾 心 开

辛丑时

常辅乙 死 常 乙 巽 辅 杜	符英辛 惊 符 辛 离 英 景	地芮乙 景使 地 己 坤 芮 死
元冲戊 休 元 戊 震 冲 伤	白禽丙 伤 白 丙 五 禽 中	阴柱癸 中 阴 癸 兑 柱 惊
蛇任壬 开 蛇 壬 艮 任 生	天蓬庚 生 天 庚 坎 蓬 休	合心丁 杜 合 丁 乾 心 开

壬寅时

白禽丙 伤 常 乙 巽 辅 杜	天蓬庚 生 符 辛 离 英 景	元冲戊 休 地 己 坤 芮 死
常辅乙 死 元 戊 震 冲 伤	合心丁 杜 白 丙 五 禽 中	蛇任壬 开 阴 癸 兑 柱 惊
符英辛 惊 蛇 壬 艮 任 生	地芮己 景使 天 庚 坎 蓬 休	阴柱癸 中 合 丁 乾 心 开

癸卯时

合心丁 杜 常 乙 巽 辅 杜	地芮己 景使 符 辛 离 英 景	常辅乙 死 地 己 坤 芮 死
白禽丙 伤 元 戊 震 冲 伤	阴柱癸 中 白 丙 五 禽 中	符英辛 惊 阴 癸 兑 柱 惊
天蓬庚 生 蛇 壬 艮 任 生	元冲戊 休 天 庚 坎 蓬 休	蛇任壬 开 合 丁 乾 心 开

甲辰时

白辅乙 杜 白 乙 巽 辅 杜	天英辛 景 天 辛 离 英 景	元芮己 死 元 己 坤 芮 死
常冲戊 伤 常 戊 震 冲 伤	合禽丙 中 合 丙 五 禽 中	蛇柱癸 惊 蛇 癸 兑 柱 惊
符任壬 生使 符 壬 艮 任 生	蛇蓬庚 休 地 庚 坎 蓬 休	阴心丁 开 阴 丁 乾 心 开

乙巳时

符任壬 中 白 乙 巽 辅 杜	白辅乙 休 天 辛 离 英 景	阴心丁 伤 元 己 坤 芮 死
蛇柱癸 杜 常 戊 震 冲 伤	天英辛 开 合 丙 五 禽 中	元芮己 生使 蛇 癸 兑 柱 惊
常冲戊 景 符 壬 艮 任 生	合禽丙 死 地 庚 坎 蓬 休	地蓬庚 惊 阴 丁 乾 心 开

丙午时

蛇柱癸 开 白 乙 巽 辅 杜	常冲戊 死 天 辛 离 英 景	合禽丙 杜 元 己 坤 芮 死
阴心丁 中 常 戊 震 冲 伤	符任壬 惊 合 丙 五 禽 中	地蓬庚 景 蛇 癸 兑 柱 惊
元芮己 休 符 壬 艮 任 生	白辅乙 伤 地 庚 坎 蓬 休	天英辛 生使 阴 丁 乾 心 开

丁未时

阴心丁 惊 白 乙 巽 辅 杜	元芮己 伤 天 辛 离 英 景	白辅乙 中 元 己 坤 芮 死
合禽丙 开 常 戊 震 冲 伤	蛇柱癸 生使 合 丙 五 禽 中	天英辛 休 蛇 癸 兑 柱 惊
地蓬庚 死 符 壬 艮 任 生	常冲戊 杜 地 庚 坎 蓬 休	符任壬 景 阴 丁 乾 心 开

戊申时

天英辛 生使 白 乙 巽 辅 杜	合禽丙 杜 天 辛 离 英 景	蛇柱癸 开 元 己 坤 芮 死
符任壬 惊 常 戊 震 冲 伤	地蓬庚 景 合 丙 五 禽 中	常冲戊 死 蛇 癸 兑 柱 惊
白辅乙 伤 符 壬 艮 任 生	阴心丁 中 地 庚 坎 蓬 休	元芮己 休 阴 丁 乾 心 开

已酉时

地蓬庚 景 白 乙 巽 辅 杜	阴心丁 中 天 辛 离 英 景	符任壬 惊 元 己 坤 芮 死
天英辛 生使 常 戊 震 冲 伤	元芮己 休 合 丙 五 禽 中	白辅乙 伤 蛇 癸 兑 柱 惊
合禽丙 杜 符 壬 艮 任 生	蛇柱癸 开 地 庚 坎 蓬 休	常冲戊 死 阴 丁 乾 心 开

庚戌时

元芮己 休 白 乙 巽 辅 杜	蛇柱癸 开 天 辛 离 英 景	天英辛 生使 元 己 坤 芮 死
地蓬庚 景 常 戊 震 冲 伤	常冲戊 死 合 丙 五 禽 中	合禽丙 杜 蛇 癸 兑 柱 惊
阴心丁 中 符 壬 艮 任 生	符任壬 惊 地 庚 坎 蓬 休	白辅乙 伤 阴 丁 乾 心 开

辛亥时

常冲戊 死 白 乙 巽 辅 杜	符任壬 惊 天 辛 离 英 景	地蓬庚 景 元 己 坤 芮 死
元芮己 休 常 戊 震 冲 伤	白辅乙 伤 合 丙 五 禽 中	阴心丁 中 蛇 癸 兑 柱 惊
蛇柱癸 开 符 壬 艮 任 生	天英辛 生使 地 庚 坎 蓬 休	合禽丙 杜 阴 丁 乾 心 开

阴三局戊癸日

壬子时

白辅乙 **伤** 白 乙 巽 辅 杜	天英辛 **生**使 天 辛 离 英 景	元芮己 **休** 元 己 坤 芮 死
常冲戊 **死** 常 戊 震 冲 伤	合禽丙 **杜** 合 丙 五 禽 中	蛇柱癸 **开** 蛇 癸 兑 柱 惊
符任壬 **惊** 符 壬 艮 任 生	地蓬庚 **景** 地 庚 坎 蓬 休	阴心丁 **中** 阴 丁 乾 心 开

癸丑时

合禽丙 **杜** 白 乙 巽 辅 杜	地蓬庚 **景** 天 辛 离 英 景	常冲戊 **死** 元 己 坤 芮 死
白辅乙 **伤** 常 戊 震 冲 伤	阴心丁 **中** 合 丙 五 禽 中	符任壬 **惊** 蛇 癸 兑 柱 惊
天英辛 **生**使 符 壬 艮 任 生	元芮己 **休** 地 庚 坎 蓬 休	蛇柱癸 **开** 阴 丁 乾 心 开

甲寅时

合辅乙 **杜** 合 乙 巽 辅 杜	地英辛 **景** 地 辛 离 英 景	常芮己 **死** 常 己 坤 芮 死
白冲戊 **伤** 白 戊 震 冲 伤	阴禽丙 **中** 阴 丙 五 禽 中	符柱癸 **惊**使 符 癸 兑 柱 惊
天任壬 **生** 天 壬 艮 任 生	元蓬庚 **休** 元 庚 坎 蓬 休	蛇心丁 **开** 蛇 丁 乾 心 开

乙卯时

符柱癸 **中** 合 乙 巽 辅 杜	白冲戊 **休** 地 辛 离 英 景	阴禽丙 **伤** 常 己 坤 芮 死
蛇心丁 **杜** 白 戊 震 冲 伤	天任壬 **开** 阴 丙 五 禽 中	元蓬庚 **生** 符 癸 兑 柱 惊
常芮己 **景** 天 壬 艮 任 生	合辅乙 **死** 元 庚 坎 蓬 休	地英辛 **惊**使 蛇 丁 乾 心 开

丙辰时

蛇心丁 **开** 合 乙 巽 辅 杜	常芮己 **死** 地 辛 离 英 景	合辅乙 **杜** 常 己 坤 芮 死
阴禽丙 **中** 白 戊 震 冲 伤	符柱癸 **惊**使 阴 丙 五 禽 中	地英辛 **景** 符 癸 兑 柱 惊
元蓬庚 **休** 天 壬 艮 任 生	白冲戊 **伤** 元 庚 坎 蓬 休	天任壬 **生** 蛇 丁 乾 心 开

丁巳时

阴禽丙 **惊**使 合 乙 巽 辅 杜	元蓬庚 **伤** 地 辛 离 英 景	白冲戊 **中** 常 己 坤 芮 死
合辅乙 **开** 白 戊 震 冲 伤	蛇心丁 **生** 阴 丙 五 禽 中	天任壬 **休** 符 癸 兑 柱 惊
地英辛 **死** 天 壬 艮 任 生	常芮己 **杜** 元 庚 坎 蓬 休	符柱癸 **景** 蛇 丁 乾 心 开

戊午时

合任壬 **生** 合 乙 巽 辅 杜	合辅乙 **杜** 地 辛 离 英 景	蛇心丁 **开** 常 己 坤 芮 死
符柱癸 **惊**使 白 戊 震 冲 伤	地英辛 **景** 阴 丙 五 禽 中	常芮己 **死** 符 癸 兑 柱 惊
白冲戊 **伤** 天 壬 艮 任 生	阴禽丙 **中** 元 庚 坎 蓬 休	元蓬庚 **休** 蛇 丁 乾 心 开

己未时

地庚辛 **景** 合 乙 巽 辅 杜	阴禽丙 **中** 地 辛 离 英 景	符柱癸 **惊**使 常 己 坤 芮 死
天任壬 **生** 白 戊 震 冲 伤	元蓬庚 **休** 阴 丙 五 禽 中	白冲戊 **伤** 符 癸 兑 柱 惊
合辅乙 **杜** 天 壬 艮 任 生	常心丁 **开** 元 庚 坎 蓬 休	常芮己 **死** 蛇 丁 乾 心 开

庚申时

元蓬庚 **休** 合 乙 巽 辅 杜	蛇心丁 **开** 地 辛 离 英 景	天任壬 **生** 常 己 坤 芮 死
地英辛 **景** 白 戊 震 冲 伤	常芮己 **死** 阴 丙 五 禽 中	合辅乙 **杜** 符 癸 兑 柱 惊
阴禽丙 **中** 天 壬 艮 任 生	符柱癸 **惊**使 元 庚 坎 蓬 休	白冲戊 **使** 蛇 丁 乾 心 开

辛酉时

常芮己 **死** 合 乙 巽 辅 杜	符柱癸 **惊**使 地 辛 离 英 景	地英辛 **景** 常 己 坤 芮 死
元蓬庚 **休** 白 戊 震 冲 伤	白冲戊 **伤** 阴 丙 五 禽 中	阴禽丙 **中** 符 癸 兑 柱 惊
蛇心丁 **开** 天 壬 艮 任 生	天任壬 **生** 元 庚 坎 蓬 休	合辅乙 **杜** 蛇 丁 乾 心 开

壬戌时

白冲戊 **伤** 合 乙 巽 辅 杜	天任壬 **生** 地 辛 离 英 景	元蓬庚 **休** 常 己 坤 芮 死
常芮己 **死** 白 戊 震 冲 伤	合辅乙 **杜** 阴 丙 五 禽 中	蛇心丁 **开** 符 癸 兑 柱 惊
符柱癸 **惊**使 天 壬 艮 任 生	地英辛 **景** 元 庚 坎 蓬 休	阴禽丙 **中** 蛇 丁 乾 心 开

癸亥时

合辅乙 **杜** 合 乙 巽 辅 杜	地英辛 **景** 地 辛 离 英 景	常芮己 **死** 常 己 坤 芮 死
白冲戊 **伤** 白 戊 震 冲 伤	阴禽丙 **中** 阴 丙 五 禽 中	符柱癸 **惊**使 符 癸 兑 柱 惊
天任壬 **生** 天 壬 艮 任 生	元蓬庚 **休** 元 庚 坎 蓬 休	蛇心丁 **开** 蛇 丁 乾 心 开

奇门旨归卷三十

阴遁二局

立秋上　小暑中
霜降下　小雪下
甲己日十二时局
乙庚日十二时局
丙辛日十二时局
丁壬日十二时局
戊癸日十二时局

阴二局甲己日

甲子时

地辅丙 杜 地　丙 巽 辅　杜	阴英庚 景 阴　庚 离 英　景	符芮戊 死使 符　戊 坤 芮　死
天冲乙 伤 天　乙 震 冲　伤	元禽丁 中 元　丁 五 禽　中	白柱壬 惊 白　壬 兑 柱　惊
合任辛 生 合　辛 艮 任　生	蛇蓬己 休 蛇　己 坎 蓬　休	常心癸 开 常　癸 乾 心　开

乙丑时

天冲乙 中 地　丙 巽 辅　杜	合任辛 休 阴　庚 离 英　景	蛇蓬己 伤 符　戊 坤 芮　死
符芮戊 杜 天　乙 震 冲　伤	地辅丙 开 元　丁 五 禽　中	常心癸 生 白　壬 兑 柱　惊
白柱壬 景 合　辛 艮 任　生	阴英庚 死使 蛇　己 坎 蓬　休	元禽丁 惊 常　癸 乾 心　开

丙寅时

符芮戊 开 地　丙 巽 辅　杜	白柱壬 死使 阴　庚 离 英　景	阴英庚 杜 符　戊 坤 芮　死
蛇蓬己 中 天　乙 震 冲　伤	天冲乙 惊 元　丁 五 禽　中	元禽丁 景 白　壬 兑 柱　惊
常心癸 休 合　辛 艮 任　生	合任辛 伤 蛇　己 坎 蓬　休	地辅丙 生 常　癸 乾 心　开

丁卯时

蛇蓬己 惊 地　丙 巽 辅　杜	常心癸 伤 阴　庚 离 英　景	合任辛 中 符　戊 坤 芮　死
阴英庚 开 天　乙 震 冲　伤	符芮戊 生 元　丁 五 禽　中	地辅丙 休 白　壬 兑 柱　惊
元禽丁 死使 合　辛 艮 任　生	白柱壬 杜 蛇　己 坎 蓬　休	天冲乙 景 常　癸 乾 心　开

戊辰时

地辅丙 生 地　丙 巽 辅　杜	阴英庚 杜 阴　庚 离 英　景	符芮戊 开 符　戊 坤 芮　死
天冲乙 惊 天　乙 震 冲　伤	元禽丁 景 元　丁 五 禽　中	白柱壬 死使 白　壬 兑 柱　惊
合任辛 伤 合　辛 艮 任　生	蛇蓬己 中 蛇　己 坎 蓬　休	常心癸 休 常　癸 乾 心　开

己巳时

元禽丁 景 地　丙 巽 辅　杜	蛇蓬己 中 阴　庚 离 英　景	天冲乙 惊 符　戊 坤 芮　死
地辅丙 生 天　乙 震 冲　伤	常心癸 休 元　丁 五 禽　中	合任辛 伤 白　壬 兑 柱　惊
阴英庚 杜 合　辛 艮 任　生	符芮戊 开 蛇　己 坎 蓬　休	白柱壬 死使 常　癸 乾 心　开

庚午时

常心癸 休 地　丙 巽 辅　杜	符芮戊 开 阴　庚 离 英　景	地辅丙 生 符　戊 坤 芮　死
元禽丁 景 天　乙 震 冲　伤	白柱壬 死使 元　丁 五 禽　中	阴英庚 杜 白　壬 兑 柱　惊
蛇蓬己 中 合　辛 艮 任　生	天冲乙 惊 蛇　己 坎 蓬　休	合任辛 伤 常　癸 乾 心　开

辛未时

白柱壬 死使 地　丙 巽 辅　杜	天冲乙 惊 阴　庚 离 英　景	元禽丁 景 符　戊 坤 芮　死
常心癸 休 天　乙 震 冲　伤	合任辛 伤 元　丁 五 禽　中	蛇蓬己 中 白　壬 兑 柱　惊
符芮戊 开 合　辛 艮 任　生	地辅丙 生 蛇　己 坎 蓬　休	阴英庚 杜 常　癸 乾 心　开

壬申时

合任辛 伤 地　丙 巽 辅　杜	地辅丙 生 阴　庚 离 英　景	常心癸 休 符　戊 坤 芮　死
白柱壬 死使 天　乙 震 冲　伤	阴英庚 杜 元　丁 五 禽　中	符芮戊 开 白　壬 兑 柱　惊
天冲乙 惊 合　辛 艮 任　生	元禽丁 景 蛇　己 坎 蓬　休	蛇蓬己 中 常　癸 乾 心　开

癸酉时

阴英庚 杜 地　丙 巽 辅　杜	元禽丁 景 阴　庚 离 英　景	白柱壬 死使 符　戊 坤 芮　死
合任辛 伤 天　乙 震 冲　伤	蛇蓬己 中 元　丁 五 禽　中	天冲乙 惊 白　壬 兑 柱　惊
地辅丙 生 合　辛 艮 任　生	常心癸 休 蛇　己 坎 蓬　休	符芮戊 开 常　癸 乾 心　开

甲戌时

元辅丙 杜 元　丙 巽 辅　杜	蛇英庚 景 蛇　庚 离 英　景	天芮戊 死 天　戊 坤 芮　死
地冲乙 伤 地　乙 震 冲　伤	常禽丁 中 常　丁 五 禽　中	合柱壬 惊 合　壬 兑 柱　惊
阴任辛 生 阴　辛 艮 任　生	符蓬己 休使 符　己 坎 蓬　休	白心癸 开 白　癸 乾 心　开

乙亥时

天芮戊 中 元　丙 巽 辅　杜	合柱壬 休使 蛇　庚 离 英　景	蛇英庚 伤 天　戊 坤 芮　死
符蓬己 杜 地　乙 震 冲　伤	地冲乙 开 常　丁 五 禽　中	常禽丁 生 合　壬 兑 柱　惊
白心癸 景 阴　辛 艮 任　生	阴任辛 死 符　己 坎 蓬　休	元辅丙 惊 白　癸 乾 心　开

阴二局乙庚日

丙子时

符蓬己 **开** 元 丙 巽 辅 杜	白心癸 **死** 蛇 庚 离 英 景	阴任辛 **杜** 天 戊 坤 芮 死
蛇英庚 **中** 地 乙 震 冲 伤	天芮戊 **惊** 常 丁 五 禽 中	元辅丙 **景** 合 壬 兑 柱 惊
常禽丁 **休**使 阴 辛 艮 任 生	合柱壬 **伤** 符 己 坎 蓬 休	地冲乙 **生** 白 癸 乾 心 开

丁丑时

蛇英庚 **惊** 元 丙 巽 辅 杜	常禽丁 **伤** 蛇 庚 离 英 景	合柱壬 **中** 天 戊 坤 芮 死
阴任辛 **开** 地 乙 震 冲 伤	符蓬己 **生** 常 丁 五 禽 中	地冲乙 **休**使 合 壬 兑 柱 惊
元辅丙 **死** 阴 辛 艮 任 生	白心癸 **杜** 符 己 坎 蓬 休	天芮戊 **景** 白 癸 乾 心 开

戊寅时

地冲乙 **生** 元 丙 巽 辅 杜	阴任辛 **杜** 蛇 庚 离 英 景	符蓬己 **开** 天 戊 坤 芮 死
天芮戊 **惊** 地 乙 震 冲 伤	元辅芮 **景** 常 丁 五 禽 中	白心癸 **死** 合 壬 兑 柱 惊
合柱壬 **伤** 阴 辛 艮 任 生	蛇英庚 **中** 符 己 坎 蓬 休	常禽丁 **休**使 白 癸 乾 心 开

己卯时

元辅丙 **景** 元 丙 巽 辅 杜	蛇英庚 **中** 蛇 庚 离 英 景	天芮戊 **惊** 天 戊 坤 芮 死
地冲乙 **生** 地 乙 震 冲 伤	常禽丁 **休**使 常 丁 五 禽 中	合柱壬 **伤** 合 壬 兑 柱 惊
阴任辛 **杜** 阴 辛 艮 任 生	符蓬己 **开** 符 己 坎 蓬 休	白心癸 **死** 白 癸 乾 心 开

庚辰时

常禽丁 **休**使 元 丙 巽 辅 杜	符蓬己 **开** 蛇 庚 离 英 景	地冲乙 **生** 天 戊 坤 芮 死
元辅丙 **景** 地 乙 震 冲 伤	白心癸 **死** 常 丁 五 禽 中	阴任辛 **杜** 合 壬 兑 柱 惊
蛇英庚 **中** 阴 辛 艮 任 生	天芮戊 **惊** 符 己 坎 蓬 休	合柱壬 **伤** 白 癸 乾 心 开

辛巳时

白心癸 **死** 元 丙 巽 辅 杜	天芮戊 **惊** 蛇 庚 离 英 景	元辅丙 **景** 天 戊 坤 芮 死
常禽丁 **休**使 地 乙 震 冲 伤	合柱壬 **伤** 常 丁 五 禽 中	蛇英庚 **中** 合 壬 兑 柱 惊
符蓬己 **开** 阴 辛 艮 任 生	地冲乙 **生** 符 己 坎 蓬 休	阴任辛 **杜** 白 癸 乾 心 开

壬午时

合柱壬 **伤** 元 丙 巽 辅 杜	地冲乙 **生** 蛇 庚 离 英 景	常禽丁 **休**使 天 戊 坤 芮 死
白心癸 **死** 地 乙 震 冲 伤	阴任辛 **杜** 常 丁 五 禽 中	符蓬己 **开** 合 壬 兑 柱 惊
天芮戊 **惊** 阴 辛 艮 任 生	元辅丙 **景** 符 己 坎 蓬 休	蛇英庚 **中** 白 癸 乾 心 开

癸未时

阴任辛 **杜** 元 丙 巽 辅 杜	元辅丙 **景** 蛇 庚 离 英 景	白心癸 **死** 天 戊 坤 芮 死
合柱壬 **伤** 地 乙 震 冲 伤	蛇英庚 **中** 常 丁 五 禽 中	大芮戊 **惊** 合 壬 兑 柱 惊
地冲乙 **生** 阴 辛 艮 任 生	常禽丁 **休**使 符 己 坎 蓬 休	符蓬己 **开** 白 癸 乾 心 开

甲申时

常辅丙 **杜** 常 丙 巽 辅 杜	符英庚 **景**使 符 庚 离 英 景	地芮戊 **死** 地 戊 坤 芮 死
元冲乙 **伤** 元 乙 震 冲 伤	白禽丁 **中** 白 丁 五 禽 中	阴柱壬 **惊** 阴 壬 兑 柱 惊
蛇任辛 **生** 蛇 辛 艮 任 生	天蓬己 **休** 天 己 坎 蓬 休	合心癸 **开** 合 癸 乾 心 开

乙酉时

天蓬己 **中** 常 丙 巽 辅 杜	合心癸 **休** 符 庚 离 英 景	蛇任辛 **伤** 地 戊 坤 芮 死
符英庚 **杜** 元 乙 震 冲 伤	地芮戊 **开** 白 丁 五 禽 中	常辅丙 **生** 阴 壬 兑 柱 惊
白禽丁 **景**使 蛇 辛 艮 任 生	阴柱壬 **死** 天 己 坎 蓬 休	元冲乙 **惊** 合 癸 乾 心 开

丙戌时

符英庚 **开** 常 丙 巽 辅 杜	白禽丁 **死** 符 庚 离 英 景	阴柱壬 **杜** 地 戊 坤 芮 死
蛇任辛 **中** 元 乙 震 冲 伤	天蓬己 **惊** 白 丁 五 禽 中	元冲乙 **景**使 阴 壬 兑 柱 惊
常辅丙 **休** 蛇 辛 艮 任 生	合心癸 **伤** 天 己 坎 蓬 休	地芮戊 **生** 合 癸 乾 心 开

丁亥时

蛇柱辛 **惊** 常 丙 巽 辅 杜	常辅丙 **伤** 符 庚 离 英 景	合心癸 **中** 地 戊 坤 芮 死
阴柱壬 **开** 元 乙 震 冲 伤	符英庚 **生** 白 丁 五 禽 中	地芮戊 **休** 阴 壬 兑 柱 惊
元冲乙 **死** 蛇 辛 艮 任 生	白禽丁 **杜** 天 己 坎 蓬 休	天蓬己 **景**使 合 癸 乾 心 开

阴二局丙辛日

戊子时

地芮戊 **生** 常 丙 巽 辅 杜	阴柱壬 **杜** 符 庚 离 英 景	符英庚 **开** 地 戊 坤 芮 死
天蓬己 **惊** 元 乙 震 冲 伤	元冲乙 **景**使 白 丁 五 禽 中	白禽丁 **死** 阴 壬 兑 柱 惊
合心癸 **伤** 蛇 辛 艮 任 生	蛇任辛 **中** 天 己 坎 蓬 休	常辅丙 **休** 合 癸 乾 心 开

己丑时

元冲乙 **景**使 常 丙 巽 辅 杜	蛇任辛 **中** 符 庚 离 英 景	天蓬己 **惊** 地 戊 坤 芮 死
地芮戊 **生** 元 乙 震 冲 伤	常辅丙 **休** 白 丁 五 禽 中	合心癸 **伤** 阴 壬 兑 柱 惊
阴柱壬 **杜** 蛇 辛 艮 任 生	符英庚 **开** 天 己 坎 蓬 休	白禽丁 **死** 合 癸 乾 心 开

庚寅时

常辅丙 **休** 常 丙 巽 辅 杜	符英庚 **开** 符 庚 离 英 景	地芮戊 **生** 地 戊 坤 芮 死
元冲乙 **景**使 元 乙 震 冲 伤	白禽丁 **死** 白 丁 五 禽 中	阴柱壬 **杜** 阴 壬 兑 柱 惊
蛇任辛 **中** 蛇 辛 艮 任 生	天蓬己 **惊** 天 己 坎 蓬 休	合心癸 **伤** 合 癸 乾 心 开

辛卯时

白禽丁 **死** 常 丙 巽 辅 杜	天蓬己 **惊** 符 庚 离 英 景	元冲乙 **景**使 地 戊 坤 芮 死
常辅丙 **休** 元 乙 震 冲 伤	合心癸 **伤** 白 丁 五 禽 中	蛇任辛 **中** 阴 壬 兑 柱 惊
符英庚 **开** 蛇 辛 艮 任 生	地芮戊 **生** 天 己 坎 蓬 休	阴柱壬 **杜** 合 癸 乾 心 开

壬辰时

合心癸 **伤** 常 丙 巽 辅 杜	地芮戊 **生** 符 庚 离 英 景	常辅丙 **休** 地 戊 坤 芮 死
白禽丁 **死** 元 乙 震 冲 伤	阴柱壬 **杜** 白 丁 五 禽 中	符英庚 **开** 阴 壬 兑 柱 惊
天蓬己 **惊** 蛇 辛 艮 任 生	元冲乙 **景**使 天 己 坎 蓬 休	蛇壬辛 **中** 合 癸 乾 心 开

癸己时

阴柱壬 **杜** 常 丙 巽 辅 杜	元冲乙 **景**使 符 庚 离 英 景	白禽丁 **死** 地 戊 坤 芮 死
合心癸 **伤** 元 乙 震 冲 伤	蛇任辛 **中** 白 丁 五 禽 中	天蓬己 **惊** 阴 壬 兑 柱 惊
地芮戊 **生** 蛇 辛 艮 任 生	常辅白 **休** 天 己 坎 蓬 休	天英庚 **开** 合 癸 乾 心 开

甲午时

白辅丙 **杜** 白 丙 巽 辅 杜	天英庚 **景** 天 庚 离 英 景	元芮戊 **死** 元 戊 坤 芮 死
常冲乙 **伤** 常 乙 震 冲 伤	合禽丁 **中** 合 丁 五 禽 中	蛇柱壬 **惊** 蛇 壬 兑 柱 惊
符任辛 **生**使 符 辛 艮 任 生	地蓬己 **休** 地 己 坎 蓬 休	阴心癸 **开** 阴 癸 乾 心 开

乙未时

天英庚 **中** 白 丙 巽 辅 杜	合禽丁 **休** 天 庚 离 英 景	蛇柱壬 **伤** 元 戊 坤 芮 死
符任辛 **杜** 常 乙 震 冲 伤	地蓬己 **开** 合 丁 五 禽 中	常冲乙 **生**使 蛇 壬 兑 柱 惊
白辅丙 **景** 符 辛 艮 任 生	阴心癸 **死** 地 己 坎 蓬 休	元芮戊 **惊** 阴 癸 乾 心 开

丙申时

符任辛 **开** 白 丙 巽 辅 杜	白辅丙 **死** 天 庚 离 英 景	阴心癸 **杜** 元 戊 坤 芮 死
蛇柱壬 **中** 常 乙 震 冲 伤	天英庚 **惊** 合 丁 五 禽 中	元芮戊 **景** 蛇 壬 兑 柱 惊
常冲乙 **休** 符 辛 艮 任 生	合禽丁 **伤** 地 己 坎 蓬 休	地蓬己 **生**使 阴 癸 乾 心 开

丁酉时

蛇柱壬 **惊** 白 丙 巽 辅 杜	常冲乙 **伤** 天 庚 离 英 景	合禽丁 **中** 元 戊 坤 芮 死
阴心癸 **开** 常 乙 震 冲 伤	符任辛 **生**使 合 丁 五 禽 中	地蓬己 **休** 蛇 壬 兑 柱 惊
元芮戊 **死** 符 辛 艮 任 生	白辅丙 **杜** 地 己 坎 蓬 休	天英庚 **景** 阴 癸 乾 心 开

戊戌时

地蓬己 **生**使 白 丙 巽 辅 杜	阴心癸 **杜** 天 庚 离 英 景	符任辛 **开** 元 戊 坤 芮 死
天英庚 **惊** 常 乙 震 冲 伤	元芮戊 **景** 合 丁 五 禽 中	白辅丙 **死** 蛇 壬 兑 柱 惊
合禽丁 **伤** 符 辛 艮 任 生	蛇柱壬 **中** 地 己 坎 蓬 休	常冲乙 **休** 阴 癸 乾 心 开

己亥时

元芮戊 **景** 白 丙 巽 辅 杜	蛇柱壬 **中** 天 庚 离 英 景	天英庚 **惊** 元 戊 坤 芮 死
地蓬己 **生**使 常 乙 震 冲 伤	常冲乙 **休** 合 丁 五 禽 中	合禽丁 **伤** 蛇 壬 兑 柱 惊
阴心癸 **杜** 符 辛 艮 任 生	符任辛 **开** 地 己 坎 蓬 休	白辅丙 **死** 阴 癸 乾 心 开

阴二局丁壬日

庚子时

常冲乙 休 白 丙 巽 辅 杜	符白平 开 天 庚 离 英 景	地蓬己 生使 元 戊 坤 芮 死
元芮戊 景 常 乙 震 冲 伤	白辅丙 死 合 丁 五 禽 中	阴心癸 杜 蛇 壬 兑 柱 惊
蛇柱壬 中 符 辛 艮 任 生	天英庚 惊 地 己 坎 蓬 休	合禽丁 伤 阴 癸 乾 心 开

辛丑时

白辅丙 死 白 丙 巽 辅 杜	天英庚 惊 天 庚 离 英 景	元芮戊 景 元 戊 坤 芮 死
常冲乙 休 常 乙 震 冲 伤	合禽丁 伤 合 丁 五 禽 中	蛇柱壬 中 蛇 壬 兑 柱 惊
符任辛 开 符 辛 艮 任 生	地蓬己 生使 地 己 坎 蓬 休	阴心癸 杜 阴 癸 乾 心 开

壬寅时

合禽丁 伤 白 丙 巽 辅 杜	地蓬己 生使 天 庚 离 英 景	常冲乙 休 元 戊 坤 芮 死
白辅丙 死 常 乙 震 冲 伤	阴心癸 杜 合 丁 五 禽 中	符任辛 开 蛇 壬 兑 柱 惊
天英庚 惊 符 辛 艮 任 生	元芮戊 景 地 己 坎 蓬 休	蛇柱壬 中 阴 癸 乾 心 开

癸卯时

阴心癸 杜 白 丙 巽 辅 杜	元芮戊 景 天 庚 离 英 景	白辅丙 死 元 戊 坤 芮 死
合禽丁 伤 常 乙 震 冲 伤	蛇柱壬 中 合 丁 五 禽 中	天英庚 惊 蛇 壬 兑 柱 惊
地蓬己 生使 符 辛 艮 任 生	常冲乙 休 地 己 坎 蓬 休	符任辛 开 阴 癸 乾 心 开

甲辰时

合辅丙 杜 合 丙 巽 辅 杜	地英庚 景 地 庚 离 英 景	元芮戊 死 常 戊 坤 芮 死
白冲乙 伤 白 乙 震 冲 伤	阴禽丁 中 阴 丁 五 禽 中	符柱壬 惊使 符 壬 兑 柱 惊
天任辛 生 天 辛 艮 任 生	元蓬己 休 元 己 坎 蓬 休	蛇心癸 开 蛇 癸 乾 心 开

乙巳时

天任辛 中 合 丙 巽 辅 杜	合辅百 休 地 庚 离 英 景	蛇心癸 伤 常 戊 坤 芮 死
符柱壬 杜 白 乙 震 冲 伤	地英庚 开 阴 丁 五 禽 中	常芮戊 生 符 壬 兑 柱 惊
白冲乙 景 天 辛 艮 任 生	阴禽丁 死 元 己 坎 蓬 休	元蓬己 惊使 蛇 癸 乾 心 开

丙午时

符柱壬 开 合 丙 巽 辅 杜	白冲乙 死 地 庚 离 英 景	阴禽丁 杜 常 戊 坤 芮 死
蛇心癸 中 白 乙 震 冲 伤	天任辛 惊使 阴 丁 五 禽 中	元蓬己 景 符 壬 兑 柱 惊
常芮戊 休 天 辛 艮 任 生	合辅丙 伤 元 己 坎 蓬 休	地阴庚 生 蛇 癸 乾 心 开

丁未时

蛇心癸 惊使 合 丙 巽 辅 杜	常芮戊 伤 地 庚 离 英 景	合辅丙 中 常 戊 坤 芮 死
阴禽丁 开 白 乙 震 冲 伤	符柱壬 生 阴 丁 五 禽 中	地英庚 休 符 壬 兑 柱 惊
元蓬己 死 天 辛 艮 任 生	白冲乙 杜 元 己 坎 蓬 休	天任辛 景 蛇 癸 乾 心 开

戊申时

地英庚 生 合 丙 巽 辅 杜	阴禽丁 杜 地 庚 离 英 景	符柱壬 开 常 戊 坤 芮 死
天任辛 惊使 白 乙 震 冲 伤	元蓬己 景 阴 丁 五 禽 中	白冲乙 死 符 壬 兑 柱 惊
合辅丙 伤 天 辛 艮 任 生	蛇心癸 中 元 己 坎 蓬 休	常芮戊 休 蛇 癸 乾 心 开

己酉时

元蓬己 景 合 丙 巽 辅 杜	蛇心癸 中 地 庚 离 英 景	天任辛 惊使 常 戊 坤 芮 死
地英庚 生 白 乙 震 冲 伤	常芮戊 休 阴 丁 五 禽 中	合辅丙 伤 符 壬 兑 柱 惊
阴禽丁 杜 天 辛 艮 任 生	符柱壬 开 元 己 坎 蓬 休	白冲乙 死 蛇 癸 乾 心 开

庚戌时

常芮戊 休 合 丙 巽 辅 杜	符柱壬 开 地 庚 离 英 景	地英庚 生 常 戊 坤 芮 死
元蓬己 景 白 乙 震 冲 伤	白冲乙 死 阴 丁 五 禽 中	阴禽丁 杜 符 壬 兑 柱 惊
蛇心癸 中 天 辛 艮 任 生	天任辛 惊使 元 己 坎 蓬 休	合辅丙 伤 蛇 癸 乾 心 开

辛亥时

白冲乙 死 合 丙 巽 辅 杜	天任辛 惊使 地 庚 离 英 景	元蓬己 景 常 戊 坤 芮 死
常芮戊 休 白 乙 震 冲 伤	合辅丙 伤 阴 丁 五 禽 中	蛇心癸 中 符 壬 兑 柱 惊
符柱壬 开 天 辛 艮 任 生	地英庚 生 元 己 坎 蓬 休	阴禽丁 杜 蛇 癸 乾 心 开

阴二局戊癸日

壬子时

合辅丙 伤 合 丙 巽 辅 杜	地英庚 生 地 庚 离 英 景	常芮戊 休 常 戊 坤 芮 死
白冲乙 死 白 乙 震 冲 伤	阴禽丁 杜 阴 丁 五 禽 中	符柱壬 开 符 壬 兑 柱 惊
天任辛 惊使 天 辛 艮 任 生	元蓬己 景 元 己 坎 蓬 休	蛇心癸 中 蛇 癸 乾 心 开

癸丑时

阴禽丁 杜 合 丙 巽 辅 杜	元蓬己 景 地 庚 离 英 景	白冲乙 死 常 戊 坤 芮 死
合辅丙 伤 白 乙 震 冲 伤	蛇心癸 中 阴 丁 五 禽 中	天任辛 惊使 符 壬 兑 柱 惊
地英庚 生 天 辛 艮 任 生	常芮戊 休 元 己 坎 蓬 休	符柱壬 开 蛇 癸 乾 心 开

甲寅时

阴辅丙 杜 阴 丙 巽 辅 杜	元英庚 景 元 庚 离 英 景	自芮戊 死 白 戊 坤 芮 死
合冲乙 伤 合 乙 震 冲 伤	蛇禽丁 中 蛇 丁 五 禽 中	天柱壬 惊 天 壬 兑 柱 惊
地任辛 生 地 辛 艮 任 生	常蓬己 休 常 己 坎 蓬 休	符心癸 开使 符 癸 乾 心 开

乙卯时

天柱壬 中 阴 丙 巽 辅 杜	合冲乙 休 元 庚 离 英 景	蛇禽丁 伤 白 戊 坤 芮 死
符心癸 杜 合 乙 震 冲 伤	地任辛 开使 蛇 丁 五 禽 中	常蓬己 生 天 壬 兑 柱 惊
白芮戊 景 地 辛 艮 任 生	阴辅丙 死 常 己 坎 蓬 休	元英庚 惊 符 癸 乾 心 开

丙辰时

符心癸 开使 阴 丙 巽 辅 杜	白芮戊 死 元 庚 离 英 景	阴辅丙 杜 白 戊 坤 芮 死
蛇禽丁 中 合 乙 震 冲 伤	天柱壬 惊 蛇 丁 五 禽 中	元英庚 景 天 壬 兑 柱 惊
常蓬己 休 地 辛 艮 任 生	合冲乙 伤 常 己 坎 蓬 休	地任辛 生 符 癸 乾 心 开

丁巳时

蛇禽丁 惊 阴 丙 巽 辅 杜	常蓬己 伤 元 庚 离 英 景	合冲己 中 白 戊 坤 芮 死
阴辅丙 开使 合 乙 震 冲 伤	符心癸 生 蛇 丁 五 禽 中	地任辛 休 天 壬 兑 柱 惊
元英庚 死 地 辛 艮 任 生	白芮戊 杜 常 己 坎 蓬 休	天柱壬 景 符 癸 乾 心 开

戊午时

地任辛 生 阴 丙 巽 辅 杜	阴辅丙 杜 元 庚 离 英 景	符心癸 开使 白 戊 坤 芮 死
天柱壬 惊 合 乙 震 冲 伤	元英庚 景 蛇 丁 五 禽 中	白芮戊 死 天 壬 兑 柱 惊
合冲乙 伤 地 辛 艮 任 生	蛇禽丁 中 常 己 坎 蓬 休	常蓬己 休 符 癸 乾 心 开

己未时

元英庚 景 阴 丙 巽 辅 杜	蛇禽丁 中 元 庚 离 英 景	天柱壬 惊 白 戊 坤 芮 死
地任辛 生 合 乙 震 冲 伤	常蓬己 休 蛇 丁 五 禽 中	合冲己 伤 天 壬 兑 柱 惊
阴辅丙 杜 地 辛 艮 任 生	符心癸 开使 常 己 坎 蓬 休	白芮戊 死 符 癸 乾 心 开

庚申时

常蓬己 休 阴 丙 巽 辅 杜	符心癸 开使 元 庚 离 英 景	地任辛 生 白 戊 坤 芮 死
元英庚 景 合 乙 震 冲 伤	白芮戊 死 蛇 丁 五 禽 中	阴辅丙 杜 天 壬 兑 柱 惊
蛇禽丁 中 地 辛 艮 任 生	天柱壬 惊 常 己 坎 蓬 休	合冲乙 伤 符 癸 乾 心 开

辛酉时

白芮戊 死 阴 丙 巽 辅 杜	天柱壬 惊 元 庚 离 英 景	元英庚 景 白 戊 坤 芮 死
常蓬己 休 合 乙 震 冲 伤	合冲乙 伤 蛇 丁 五 禽 中	蛇禽丁 中 天 壬 兑 柱 惊
符心癸 开使 地 辛 艮 任 生	地任辛 生 常 己 坎 蓬 休	阴辅丙 杜 符 癸 乾 心 开

壬戌时

合冲乙 伤 阴 丙 巽 辅 杜	地任辛 生 元 庚 离 英 景	常蓬乙 休 白 戊 坤 芮 死
白芮戊 死 合 乙 震 冲 伤	阴辅丙 杜 蛇 丁 五 禽 中	符心癸 开使 天 壬 兑 柱 惊
天柱壬 惊 地 辛 艮 任 生	元英庚 景 常 己 坎 蓬 休	蛇禽丁 中 符 癸 乾 心 开

癸亥时

阴辅丙 杜 阴 丙 巽 辅 杜	元英庚 景 元 庚 离 英 景	白芮戊 死 白 戊 坤 芮 死
合冲乙 伤 合 乙 震 冲 伤	蛇禽丁 中 蛇 丁 五 禽 中	天柱壬 惊 天 壬 兑 柱 惊
地任辛 生 地 辛 艮 任 生	常蓬己 休 常 己 坎 蓬 休	符心癸 开使 符 癸 乾 心 开

奇门旨归卷三十一

阴遁一局

处暑上　大雪下

大暑中　秋分中

甲己日十二时局

乙庚日十二时局

丙辛日十二时局

丁壬日十二时局

戊癸日十二时局

阴一局甲己日

甲子时

元辅丁 **杜** 元 丁 巽 辅 杜	蛇英己 **景** 蛇 己 离 英 景	天芮乙 **死** 天 乙 坤 芮 死
地冲丙 **伤** 地 丙 震 冲 伤	常禽癸 **中** 常 癸 五 禽 中	台柱辛 **惊** 合 辛 兑 柱 惊
阴任庚 **生** 阴 庚 艮 任 生	符蓬戊 **休**使 符 戊 坎 蓬 休	白心壬 **开** 白 壬 乾 心 开

乙丑时

地冲丙 **中** 元 丁 巽 辅 杜	阴任庚 **休**使 蛇 己 离 英 景	符蓬戊 **伤** 天 乙 坤 芮 死
天芮乙 **杜** 地 丙 震 冲 伤	元辅丁 **开** 常 癸 五 禽 中	白心壬 **生** 合 辛 兑 柱 惊
合柱辛 **景** 阴 庚 艮 任 生	蛇英己 **死** 符 戊 坎 蓬 休	常禽癸 **惊** 白 壬 乾 心 开

丙寅时

天芮乙 **开** 元 丁 巽 辅 杜	合柱辛 **死** 蛇 己 离 英 景	蛇英己 **杜** 天 乙 坤 芮 死
符蓬戊 **中** 地 丙 震 冲 伤	地冲丙 **惊** 常 癸 五 禽 中	常禽癸 **景** 合 辛 兑 柱 惊
白心壬 **休**使 阴 庚 艮 任 生	阴任庚 **伤** 符 戊 坎 蓬 休	元辅丁 **生** 白 壬 乾 心 开

丁卯时

符蓬戊 **惊** 元 丁 巽 辅 杜	白心壬 **伤** 蛇 己 离 英 景	阴任庚 **中** 天 乙 坤 芮 死
蛇英己 **开** 地 丙 震 冲 伤	天芮乙 **生** 常 癸 五 禽 中	元辅丁 **休**使 合 辛 兑 柱 惊
常禽癸 **死** 阴 庚 艮 任 生	合柱辛 **杜** 符 戊 坎 蓬 休	地冲丙 **景** 白 壬 乾 心 开

戊辰时

元辅丁 **生** 元 丁 巽 辅 杜	蛇英己 **杜** 蛇 己 离 英 景	天芮乙 **开** 天 乙 坤 芮 死
地冲丙 **惊** 地 丙 震 冲 伤	常禽癸 **景** 常 癸 五 禽 中	合柱辛 **死** 合 辛 兑 柱 惊
阴任庚 **伤** 阴 庚 艮 任 生	符蓬戊 **中** 符 戊 坎 蓬 休	白心壬 **休**使 白 壬 乾 心 开

己巳时

常禽癸 **景** 元 丁 巽 辅 杜	符蓬戊 **中** 蛇 己 离 英 景	地冲丙 **惊** 天 乙 坤 芮 死
元辅丁 **生** 地 丙 震 冲 伤	白心壬 **休**使 常 癸 五 禽 中	阴任庚 **伤** 合 辛 兑 柱 惊
蛇英己 **杜** 阴 庚 艮 任 生	天芮乙 **开** 符 戊 坎 蓬 休	合柱辛 **死** 白 壬 乾 心 开

庚午时

白心壬 **休**使 元 丁 巽 辅 杜	天芮乙 **开** 蛇 己 离 英 景	元辅丁 **生** 天 乙 坤 芮 死
常禽癸 **景** 地 丙 震 冲 伤	合柱辛 **死** 常 癸 五 禽 中	蛇英庚 **杜** 合 辛 兑 柱 惊
符蓬戊 **中** 阴 庚 艮 任 生	地冲丙 **惊** 符 戊 坎 蓬 休	阴任庚 **伤** 白 壬 乾 心 开

辛未时

合柱辛 **死** 元 丁 巽 辅 杜	地冲丙 **惊** 蛇 己 离 英 景	常禽癸 **景** 天 乙 坤 芮 死
白心壬 **休**使 地 丙 震 冲 伤	阴任庚 **伤** 常 癸 五 禽 中	符蓬戊 **中** 合 辛 兑 柱 惊
天芮乙 **开** 阴 庚 艮 任 生	元辅丁 **生** 符 戊 坎 蓬 休	蛇英己 **杜** 白 壬 乾 心 开

壬申时

阴任庚 **伤** 元 丁 巽 辅 杜	元辅丁 **生** 蛇 己 离 英 景	白心壬 **休**使 天 乙 坤 芮 死
合柱辛 **死** 地 丙 震 冲 伤	蛇英己 **杜** 常 癸 五 禽 中	天芮乙 **开** 合 辛 兑 柱 惊
地冲丙 **惊** 阴 庚 艮 任 生	常禽癸 **景** 符 戊 坎 蓬 休	符蓬戊 **中** 白 壬 乾 心 开

癸酉时

蛇英己 **杜** 元 丁 巽 辅 杜	常禽癸 **景** 蛇 己 离 英 景	合柱辛 **死** 天 乙 坤 芮 死
阴任庚 **伤** 地 丙 震 冲 伤	符蓬戊 **中** 常 癸 五 禽 中	地冲丙 **惊** 合 辛 兑 柱 惊
元辅丁 **生** 阴 庚 艮 任 生	白心壬 **休**使 符 戊 坎 蓬 休	天芮乙 **开** 白 壬 乾 心 开

甲戌时

常辅丁 **杜** 常 丁 巽 辅 杜	符英己 **景**使 符 己 离 英 景	地芮乙 **死** 地 乙 坤 芮 死
元冲丙 **伤** 元 丙 震 冲 伤	白禽癸 **中** 白 癸 五 禽 中	阴柱辛 **惊** 阴 辛 兑 柱 惊
蛇任庚 **生** 蛇 庚 艮 任 生	天蓬戊 **休** 天 戊 坎 蓬 休	合心壬 **开** 合 壬 乾 心 开

乙亥时

地芮乙 **中** 常 丁 巽 辅 杜	阴柱辛 **休** 符 己 离 英 景	符英己 **伤** 地 乙 坤 芮 死
天蓬戊 **杜** 元 丙 震 冲 伤	元冲丙 **开** 白 癸 五 禽 中	白禽癸 **生** 阴 辛 兑 柱 惊
合心壬 **景**使 蛇 庚 艮 任 生	蛇任庚 **死** 天 戊 坎 蓬 休	常辅丁 **惊** 合 壬 乾 心 开

阴一局乙庚日

丙子时

元蓬戊 **开** 常　丁 巽 辅　杜	合心壬 **死** 符　己 离 英　景	蛇任庚 **杜** 地　乙 坤 芮　死
符英己 **中** 元　丙 震 冲　伤	地芮乙 **惊** 白　癸 五 禽　中	常辅丁 **景**使 阴　辛 兑 柱　惊
白禽癸 **休** 蛇　庚 艮 任　生	阴柱辛 **伤** 天　戊 坎 蓬　休	元冲丙 **生** 合　壬 乾 心　开

丁丑时

符英己 **惊** 常　丁 巽 辅　杜	白禽癸 **伤** 符　己 离 英　景	阴柱辛 **中** 地　乙 坤 芮　死
蛇任庚 **开** 元　丙 震 冲　伤	天蓬戊 **生** 白　癸 五 禽　中	元冲丙 **休** 阴　辛 兑 柱　惊
常辅丁 **死** 蛇　庚 艮 任　生	合心壬 **杜** 天　戊 坎 蓬　休	地芮乙 **景**使 合　壬 乾 心　开

戊寅时

元冲丙 **生** 常　丁 巽 辅　杜	蛇任庚 **杜** 符　己 离 英　景	天蓬戊 **开** 地　乙 坤 芮　死
地芮乙 **惊** 元　丙 震 冲　伤	常辅丁 **景**使 白　癸 五 禽　中	合心壬 **死** 阴　辛 兑 柱　惊
阴柱辛 **伤** 蛇　庚 艮 任　生	符英己 **中** 天　戊 坎 蓬　休	白禽癸 **休** 合　壬 乾 心　开

己卯时

常辅丁 **景**使 常　丁 巽 辅　杜	符英己 **中** 符　己 离 英　景	地芮乙 **惊** 地　乙 坤 芮　死
元冲丙 **生** 元　丙 震 冲　伤	白禽癸 **休** 白　癸 五 禽　中	阴柱辛 **伤** 阴　辛 兑 柱　惊
蛇任庚 **杜** 蛇　庚 艮 任　生	天蓬戊 **开** 天　戊 坎 蓬　休	合心壬 **死** 合　壬 乾 心　开

庚辰时

白禽癸 **休** 常　丁 巽 辅　杜	天蓬戊 **开** 符　己 离 英　景	元冲丙 **生** 地　乙 坤 芮　死
常辅丁 **景**使 元　丙 震 冲　伤	合心壬 **死** 白　癸 五 禽　中	蛇任庚 **杜** 阴　辛 兑 柱　惊
符英己 **中** 蛇　庚 艮 任　生	地芮乙 **惊** 天　戊 坎 蓬　休	阴柱辛 **伤** 合　壬 乾 心　开

辛巳时

合心壬 **死** 常　丁 巽 辅　杜	地芮乙 **惊** 符　己 离 英　景	常辅丁 **景**使 地　乙 坤 芮　死
白禽癸 **休** 元　丙 震 冲　伤	阴柱辛 **伤** 白　癸 五 禽　中	符英己 **中** 阴　辛 兑 柱　惊
天蓬戊 **开** 蛇　庚 艮 任　生	元冲丙 **生** 天　戊 坎 蓬　休	蛇任庚 **杜** 合　壬 乾 心　开

壬午时

阴柱辛 **伤** 常　丁 巽 辅　杜	元冲丙 **生** 符　己 离 英　景	白禽癸 **休** 地　乙 坤 芮　死
合心壬 **死** 元　丙 震 冲　伤	蛇任庚 **杜** 白　癸 五 禽　中	天蓬戊 **开** 阴　辛 兑 柱　惊
地芮乙 **惊** 蛇　庚 艮 任　生	常辅丁 **景**使 天　戊 坎 蓬　休	符英己 **中** 合　壬 乾 心　开

癸未时

蛇任庚 **杜** 常　丁 巽 辅　杜	常辅丁 **景**使 符　己 离 英　景	合心壬 **死** 地　乙 坤 芮　死
阴柱辛 **伤** 元　丙 震 冲　伤	符英己 **中** 白　癸 五 禽　中	地芮乙 **惊** 阴　辛 兑 柱　惊
元冲丙 **生** 蛇　庚 艮 任　生	白禽癸 **休** 天　戊 坎 蓬　休	天蓬戊 **开** 合　壬 乾 心　开

甲申时

白辅丁 **杜** 白　丁 巽 辅　杜	天英己 **景** 天　己 离 英　景	元芮乙 **死** 元　乙 坤 芮　死
常冲丙 **伤** 常　丙 震 冲　伤	合禽癸 **中** 合　癸 五 禽　中	蛇柱辛 **惊** 蛇　辛 兑 柱　惊
符任庚 **生**使 符　庚 艮 任　生	地蓬戊 **休** 地　戊 坎 蓬　休	阴心壬 **开** 阴　壬 乾 心　开

乙酉时

地蓬戊 **中** 白　丁 巽 辅　杜	阴心壬 **休** 天　己 离 英　景	符任庚 **伤** 元　乙 坤 芮　死
天英己 **杜** 常　丙 震 冲　伤	元芮乙 **开** 合　癸 五 禽　中	白辅丁 **生**使 蛇　辛 兑 柱　惊
合禽癸 **景** 符　庚 艮 任　生	蛇柱辛 **死** 地　戊 坎 蓬　休	常冲丙 **惊** 阴　壬 乾 心　开

丙戌时

天英己 **开** 白　丁 巽 辅　杜	合禽癸 **死** 天　己 离 英　景	蛇柱辛 **杜** 元　乙 坤 芮　死
符任庚 **中** 常　丙 震 冲　伤	地蓬戊 **惊** 合　癸 五 禽　中	常冲丙 **景** 蛇　辛 兑 柱　惊
白辅丁 **休** 符　庚 艮 任　生	阴心壬 **伤** 地　戊 坎 蓬　休	元芮乙 **生**使 阴　壬 乾 心　开

丁亥时

符任庚 **惊** 白　丁 巽 辅　杜	白辅丁 **伤** 天　己 离 英　景	阴心壬 **中** 元　乙 坤 芮　死
蛇柱辛 **开** 常　丙 震 冲　伤	天英己 **生**使 合　癸 五 禽　中	元芮乙 **休** 蛇　辛 兑 柱　惊
常冲丙 **死** 符　庚 艮 任　生	合禽癸 **杜** 地　戊 坎 蓬　休	地蓬戊 **景** 阴　壬 乾 心　开

阴一局丙辛日

戊子时

天英乙 生使 白 丁 巽 辅 杜	蛇柱辛 杜 天 己 离 英 景	天英己 开 元 乙 坤 芮 死
地蓬戊 惊 常 丙 震 冲 伤	常冲丙 景 合 癸 五 禽 中	合禽癸 死 蛇 辛 兑 柱 惊
阴心壬 伤 符 庚 艮 任 生	符任庚 中 地 戊 坎 蓬 休	白辅丁 休 阴 壬 乾 心 开

己丑时

常冲丙 景 白 丁 巽 辅 杜	符任庚 中 天 己 离 英 景	地蓬戊 惊 元 乙 坤 芮 死
元芮乙 生使 常 丙 震 冲 伤	白辅丁 休 合 癸 五 禽 中	阴心壬 伤 蛇 辛 兑 柱 惊
蛇柱辛 杜 符 庚 艮 任 生	天英乙 开 地 戊 坎 蓬 休	合禽癸 死 阴 壬 乾 心 开

庚寅时

白辅丁 休 白 丁 巽 辅 杜	天英己 开 天 己 离 英 景	元芮乙 生使 元 乙 坤 芮 死
常冲丙 景 常 丙 震 冲 伤	合禽癸 死 合 癸 五 禽 中	蛇柱辛 杜 蛇 辛 兑 柱 惊
符任庚 中 符 庚 艮 任 生	地蓬戊 惊 地 戊 坎 蓬 休	阴心壬 伤 阴 壬 乾 心 开

辛卯时

合禽癸 死 白 丁 巽 辅 杜	地蓬戊 惊 天 己 离 英 景	常冲丙 景 元 乙 坤 芮 死
白辅丁 休 常 丙 震 冲 伤	阴心壬 伤 合 癸 五 禽 中	符任庚 中 蛇 辛 兑 柱 惊
天英己 开 符 庚 艮 任 生	元芮乙 生使 地 戊 坎 蓬 休	蛇柱辛 杜 阴 壬 乾 心 开

壬辰时

阴心壬 伤 白 丁 巽 辅 杜	元芮乙 生使 天 己 离 英 景	白辅丁 休 元 乙 坤 芮 死
合禽癸 死 常 丙 震 冲 伤	蛇柱辛 杜 合 癸 五 禽 中	天英己 开 蛇 辛 兑 柱 惊
地蓬戊 惊 符 庚 艮 任 生	常冲丙 景 地 戊 坎 蓬 休	符任庚 中 阴 壬 乾 心 开

癸巳时

蛇柱辛 杜 白 丁 巽 辅 杜	常冲丙 景 天 己 离 英 景	合禽癸 死 元 乙 坤 芮 死
阴心任 伤 常 丙 震 冲 伤	符任庚 中 合 癸 五 禽 中	地蓬戊 惊 蛇 辛 兑 柱 惊
元芮乙 生使 符 庚 艮 任 生	白辅丁 休 地 戊 坎 蓬 休	天英己 开 阴 壬 乾 心 开

甲午时

合辅丁 杜 合 丁 巽 辅 杜	地英己 景 地 己 离 英 景	常芮乙 死 常 乙 坤 芮 死
白冲丙 伤 白 丙 震 冲 伤	阴禽癸 中 阴 癸 五 禽 中	符柱辛 惊使 符 辛 兑 柱 惊
天任庚 生 天 庚 艮 任 生	元蓬戊 休 元 戊 坎 蓬 休	蛇心壬 开 蛇 壬 乾 心 开

乙未时

地阴己 中 合 丁 巽 辅 杜	阴禽癸 休 地 己 离 英 景	符柱辛 伤 常 乙 坤 芮 死
天任庚 杜 白 丙 震 冲 伤	元蓬戊 开 阴 癸 五 禽 中	白冲丙 生 符 辛 兑 柱 惊
合辅丁 景 天 庚 艮 任 生	蛇心任 死 元 戊 坎 蓬 休	常芮乙 惊使 蛇 壬 乾 心 开

丙申时

天任庚 开 合 丁 巽 辅 杜	合辅丁 死 地 己 离 英 景	蛇心壬 杜 常 乙 坤 芮 死
符柱辛 中 白 丙 震 冲 伤	地英己 惊使 阴 癸 五 禽 中	常芮乙 景 符 辛 兑 柱 惊
白冲丙 休 天 庚 艮 任 生	阴禽癸 伤 元 戊 坎 蓬 休	元蓬戊 生 蛇 壬 乾 心 开

丁酉时

符柱辛 惊使 合 丁 巽 辅 杜	白冲丙 伤 地 己 离 英 景	阴禽癸 中 常 乙 坤 芮 死
蛇心壬 开 白 丙 震 冲 伤	天任庚 生 阴 癸 五 禽 中	元蓬戊 休 符 辛 兑 柱 惊
常芮乙 死 天 庚 艮 任 生	合辅丁 杜 元 戊 坎 蓬 休	地英己 景 蛇 壬 乾 心 开

戊戌时

元蓬戊 生 合 丁 巽 辅 杜	蛇心壬 杜 地 己 离 英 景	天任庚 开 常 乙 坤 芮 死
地英己 惊使 白 丙 震 冲 伤	常芮乙 景 阴 癸 五 禽 中	合辅丁 死 符 辛 兑 柱 惊
阴禽癸 伤 天 庚 艮 任 生	符柱辛 中 元 戊 坎 蓬 休	白冲丙 休 蛇 壬 乾 心 开

己亥时

常芮乙 景 合 丁 巽 辅 杜	符柱辛 中 地 己 离 英 景	地英己 惊使 常 乙 坤 芮 死
元蓬戊 生 白 丙 震 冲 伤	白冲丙 休 阴 癸 五 禽 中	阴禽癸 伤 符 辛 兑 柱 惊
蛇心壬 杜 天 庚 艮 任 生	天任庚 开 元 戊 坎 蓬 休	合辅丁 死 蛇 壬 乾 心 开

阴一局丁壬日

庚子时

白冲丙 **休** 合 丁 巽 辅 杜	天任庚 **开** 地 己 离 英 景	元蓬戊 **生** 常 乙 坤 芮 死
常芮乙 **景** 白 丙 震 冲 伤	合辅丁 **死** 阴 癸 五 禽 中	蛇心壬 **杜** 符 辛 兑 柱 惊
符柱辛 **中** 天 庚 艮 任 生	地英己 **惊**使 元 戊 坎 蓬 休	阴禽癸 **伤** 蛇 壬 乾 心 开

辛丑时

合辅丁 **死** 合 丁 巽 辅 杜	地英己 **惊**使 地 己 离 英 景	常芮乙 **景** 常 乙 坤 芮 死
白冲丙 **休** 白 丙 震 冲 伤	阴禽癸 **伤** 阴 癸 五 禽 中	符柱辛 **中** 符 辛 兑 柱 惊
天任庚 **开** 天 庚 艮 任 生	元蓬戊 **生** 元 戊 坎 蓬 休	蛇心壬 **杜** 蛇 壬 乾 心 开

壬寅时

阴禽癸 **伤** 合 丁 巽 辅 杜	元蓬戊 **生** 地 己 离 英 景	白冲丙 **休** 常 乙 坤 芮 死
合辅丁 **死** 白 丙 震 冲 伤	蛇心壬 **杜** 阴 癸 五 禽 中	天任庚 **开** 符 辛 兑 柱 惊
地英己 **惊**使 天 庚 艮 任 生	常芮乙 **景** 元 戊 坎 蓬 休	符柱辛 **中** 蛇 壬 乾 心 开

癸卯时

蛇心壬 **杜** 合 丁 巽 辅 杜	常芮乙 **景** 地 己 离 英 景	合辅丁 **死** 常 乙 坤 芮 死
阴禽癸 **伤** 白 丙 震 冲 伤	符柱辛 **中** 阴 癸 五 禽 中	地英己 **惊**使 符 辛 兑 柱 惊
元蓬戊 **生** 天 庚 艮 任 生	白冲丙 **休** 元 戊 坎 蓬 休	天任庚 **开** 蛇 壬 乾 心 开

甲辰时

阴辅丁 **杜** 阴 丁 巽 辅 杜	元英己 **景** 元 己 离 英 景	白芮乙 **死** 白 乙 坤 芮 死
合冲丙 **伤** 合 丙 震 冲 伤	蛇禽癸 **中** 蛇 癸 五 禽 中	天柱辛 **惊** 天 辛 兑 柱 惊
蛇任庚 **生** 地 庚 艮 任 生	常蓬戊 **休** 常 戊 坎 蓬 休	符心壬 **开**使 符 壬 乾 心 开

乙巳时

地任庚 **中** 阴 丁 巽 辅 杜	阴辅丁 **休** 元 己 离 英 景	符心壬 **伤** 白 乙 坤 芮 死
天柱辛 **杜** 合 丙 震 冲 伤	元英己 **开**使 蛇 癸 五 禽 中	白冲乙 **生** 天 辛 兑 柱 惊
合冲丙 **景** 地 庚 艮 任 生	蛇禽癸 **死** 常 戊 坎 蓬 休	常蓬戊 **惊** 符 壬 乾 心 开

丙午时

天柱辛 **开**使 阴 丁 巽 辅 杜	合冲丙 **死** 元 己 离 英 景	蛇禽癸 **杜** 白 乙 坤 芮 死
符心壬 **中** 合 丙 震 冲 伤	地任庚 **惊** 蛇 癸 五 禽 中	常蓬戊 **景** 天 辛 兑 柱 惊
白芮乙 **休** 地 庚 艮 任 生	阴辅丁 **伤** 常 戊 坎 蓬 休	元英己 **生** 符 壬 乾 心 开

丁未时

符心壬 **惊** 阴 丁 巽 辅 杜	白芮乙 **伤** 元 己 离 英 景	阴辅丁 **中** 白 乙 坤 芮 死
蛇禽癸 **开**使 合 丙 震 冲 伤	天柱辛 **生** 蛇 癸 五 禽 中	元英己 **休** 天 辛 兑 柱 惊
常蓬戊 **死** 地 庚 艮 任 生	合冲丙 **杜** 常 戊 坎 蓬 休	地任庚 **景** 符 壬 乾 心 开

戊申时

元英己 **生** 阴 丁 巽 辅 杜	蛇禽癸 **杜** 元 己 离 英 景	天柱辛 **开**使 白 乙 坤 芮 死
地任庚 **惊** 合 丙 震 冲 伤	常蓬戊 **景** 蛇 癸 五 禽 中	合冲丙 **死** 天 辛 兑 柱 惊
阴辅丁 **伤** 地 庚 艮 任 生	符心壬 **中** 常 戊 坎 蓬 休	白芮乙 **休** 符 壬 乾 心 开

己酉时

常蓬戊 **景** 阴 丁 巽 辅 杜	符心壬 **中** 元 己 离 英 景	地任庚 **惊** 白 乙 坤 芮 死
元英己 **生** 合 丙 震 冲 伤	白芮乙 **休** 蛇 癸 五 禽 中	阴辅丁 **伤** 天 辛 兑 柱 惊
蛇禽癸 **杜** 地 庚 艮 任 生	天柱辛 **开**使 常 戊 坎 蓬 休	合冲丙 **死** 符 壬 乾 心 开

庚戌时

白芮乙 **休** 阴 丁 巽 辅 杜	天柱辛 **开**使 元 己 离 英 景	元英己 **生** 白 乙 坤 芮 死
常蓬戊 **景** 合 丙 震 冲 伤	合冲丙 **死** 蛇 癸 五 禽 中	蛇禽癸 **杜** 天 辛 兑 柱 惊
符心壬 **中** 地 庚 艮 任 生	地任庚 **惊** 常 戊 坎 蓬 休	阴辅丁 **伤** 符 壬 乾 心 开

辛亥时

合冲丙 **死** 阴 丁 巽 辅 杜	地任庚 **惊** 元 己 离 英 景	常蓬戊 **景** 白 乙 坤 芮 死
白芮乙 **休** 合 丙 震 冲 伤	阴辅丁 **伤** 蛇 癸 五 禽 中	符心壬 **中** 天 辛 兑 柱 惊
天柱辛 **开**使 地 庚 艮 任 生	元英己 **生** 常 戊 坎 蓬 休	蛇禽癸 **杜** 符 壬 乾 心 开

阴一局戊癸日

壬子时

阴辅丁 **伤** 阴 丁 巽 辅 杜	元英己 **生** 元 己 离 英 景	白芮乙 **休** 白 乙 坤 芮 死
合冲丙 **死** 合 丙 震 冲 伤	蛇禽癸 **杜** 蛇 癸 五 禽 中	天柱辛 **开**使 天 辛 兑 柱 惊
地任庚 **惊** 地 庚 艮 任 生	常蓬戊 **景** 常 戊 坎 蓬 休	符心壬 **中** 符 壬 乾 心 开

癸丑时

蛇禽癸 **杜** 阴 丁 巽 辅 杜	常蓬戊 **景** 元 己 离 英 景	合冲丙 **死** 白 乙 坤 芮 死
阴辅丁 **伤** 合 丙 震 冲 伤	符心壬 **中** 蛇 癸 五 禽 中	地任庚 **惊** 天 辛 兑 柱 惊
元英己 **生** 地 庚 艮 任 生	白芮乙 **休** 常 戊 坎 蓬 休	天柱辛 **开**使 符 壬 乾 心 开

甲寅时

蛇辅丁 **杜** 蛇 丁 巽 辅 杜	常英己 **景** 常 己 离 英 景	合芮乙 **死** 合 乙 坤 芮 死
阴冲丙 **伤** 阴 丙 震 冲 伤	符禽癸 **中**使 符 癸 五 禽 中	地柱辛 **惊** 地 辛 兑 柱 惊
元任庚 **生** 元 庚 艮 任 生	白蓬戊 **休** 白 戊 坎 蓬 休	天心壬 **开** 天 壬 乾 心 开

乙卯时

地柱辛 **中**使 蛇 丁 巽 辅 杜	阴冲丙 **休** 常 己 离 英 景	符禽癸 **伤** 合 乙 坤 芮 死
天心壬 **杜** 阴 丙 震 冲 伤	元任庚 **开** 符 癸 五 禽 中	白蓬戊 **生** 地 辛 兑 柱 惊
合芮乙 **景** 元 庚 艮 任 生	蛇辅丁 **死** 白 戊 坎 蓬 休	常英己 **惊** 天 壬 乾 心 开

丙辰时

天心壬 **开** 蛇 丁 巽 辅 杜	合芮乙 **死** 常 己 离 英 景	蛇辅丁 **杜** 合 乙 坤 芮 死
符禽癸 **中**使 阴 丙 震 冲 伤	地柱辛 **惊** 符 癸 五 禽 中	常英己 **景** 地 辛 兑 柱 惊
白蓬戊 **休** 元 庚 艮 任 生	阴冲丙 **伤** 白 戊 坎 蓬 休	元任庚 **生** 天 壬 乾 心 开

丁巳时

符禽癸 **惊** 蛇 丁 巽 辅 杜	白蓬戊 **伤** 常 己 离 英 景	阴冲丙 **中**使 合 乙 坤 芮 死
蛇辅丁 **开** 阴 丙 震 冲 伤	天心壬 **生** 符 癸 五 禽 中	元任庚 **休** 地 辛 兑 柱 惊
元英庚 **死** 元 庚 艮 任 生	合芮乙 **杜** 白 戊 坎 蓬 休	地柱辛 **景** 天 壬 乾 心 开

戊午时

元任庚 **生** 蛇 丁 巽 辅 杜	蛇辅丁 **杜** 常 己 离 英 景	天心壬 **开** 合 乙 坤 芮 死
地柱辛 **惊** 阴 丙 震 冲 伤	常英己 **景** 符 癸 五 禽 中	合芮乙 **死** 地 辛 兑 柱 惊
阴冲丙 **伤** 元 庚 艮 任 生	符禽癸 **中**使 白 戊 坎 蓬 休	白蓬戊 **休** 天 壬 乾 心 开

己未时

常英己 **景** 蛇 丁 巽 辅 杜	符禽癸 **中**使 常 己 离 英 景	地柱辛 **惊** 合 乙 坤 芮 死
元任庚 **生** 阴 丙 震 冲 伤	白蓬戊 **休** 符 癸 五 禽 中	阴辅丙 **伤** 地 辛 兑 柱 惊
蛇辅丁 **杜** 元 庚 艮 任 生	天心壬 **开** 白 戊 坎 蓬 休	合芮乙 **死** 天 壬 乾 心 开

庚申时

白蓬戊 **休** 蛇 丁 巽 辅 杜	天心壬 **开** 常 己 离 英 景	元任庚 **生** 合 乙 坤 芮 死
常英己 **景** 阴 丙 震 冲 伤	白芮乙 **死** 符 癸 五 禽 中	蛇辅丁 **杜** 地 辛 兑 柱 惊
符禽癸 **中**使 元 庚 艮 任 生	地柱辛 **惊** 白 戊 坎 蓬 休	阴冲丙 **伤** 天 壬 乾 心 开

辛酉时

合芮乙 **死** 蛇 丁 巽 辅 杜	地柱辛 **惊** 常 己 离 英 景	常英己 **景** 合 乙 坤 芮 死
白蓬戊 **休** 阴 丙 震 冲 伤	阴冲丙 **伤** 符 癸 五 禽 中	符禽癸 **中**使 地 辛 兑 柱 惊
天心壬 **开** 元 庚 艮 任 生	元任庚 **生** 白 戊 坎 蓬 休	蛇辅丁 **杜** 天 壬 乾 心 开

壬戌时

阴冲丙 **伤** 蛇 丁 巽 辅 杜	元任庚 **生** 常 己 离 英 景	白蓬戊 **休** 合 乙 坤 芮 死
合芮乙 **死** 阴 丙 震 冲 伤	蛇辅丁 **杜** 符 癸 五 禽 中	天心壬 **开** 地 辛 兑 柱 惊
地柱辛 **惊** 元 庚 艮 任 生	常英己 **景** 白 戊 坎 蓬 休	符禽癸 **中**使 天 壬 乾 心 开

癸亥时

蛇辅丁 **杜** 蛇 丁 巽 辅 杜	常英己 **景** 常 己 离 英 景	合芮乙 **死** 合 乙 坤 芮 死
阴冲丙 **伤** 阴 丙 震 冲 伤	符禽癸 **中**使 符 癸 五 禽 中	地柱辛 **惊** 地 辛 兑 柱 惊
元任庚 **生** 元 庚 艮 任 生	白蓬戊 **休** 白 戊 坎 蓬 休	天心壬 **开** 天 壬 乾 心 开

奇门旨归卷三十二

武侯玄机赋上篇

值符休门天晴朗，坤维兵伏宜防早。主将虚惊利坐中，客逃西南车马倒。

捕捉乾宫丑日擒，出军道路知安好。

值符会休门，主天晴朗，三四月有风，六月有雷，十月有雪。出兵道路平坦，至晚有人窥伺。西南方有伏兵，宜防备。有一蜀中大汉，同妇人来降。主将有虚惊，宜安坐中营，遇子日子时方吉。客将车破马倒，逃奔坤方，不可擒捉。捕贼：伏西北方老妇人家，至丑日可擒。

值符生门雷兼雨，未时方晴北方举。兵利南方不利乾，主将功成午未许。

客军丑命来防破，捕在妇人草屋里。

值符会生门，天时主大雷雨，未时方止。风自北方来，三日住止。行兵利南方，不宜西北方。山冈下有人，别路有楚中兄弟二人来降，贪酒色，不宜收。主将有大功，当于午未时出兵，大利，不可迟。客将亦有利，丑命人来防，破之，旌旗数易。捕捉：有妇人引至草屋下擒之。

值符伤门日象阴，无边风雨不曾停。兵行逆地攻兵速，路远山高不利征。

主将急移防刺客，客逃中矢捕休论。

值符会伤门，主太阳有亏，有不测风雨至。行兵遇逆地，当速攻打。三山五岭，地势险兀，只宜屯营，不利前进。有败兵来降，宜收之。主将当急移营寨，防内变。三马并行吉，否则防刺客。客将中流矢而逃，速追可擒。捕捉：已去不可得，追之三五日可见面。

值符杜门天大晴，兵遇重关碍不行。上下不谐降可受，将军劳瘁不宜征。

客军厌战将和解，捕捉逃亡难获寻。

值符会杜门，天时大晴，无霜无雨。出兵行过石门重关，往来皆不利。子丑二时，有一人贪酒，有二人贪色，上下不和，来将可受。主将劳瘁不可出征，客将厌战，宜用说客和解。捕捉：难获。

符景云收并雨散，丑日雨霖为军患。进前必败有舆尸，主沐君恩受封拜。

客将争伤主则强，捕捉之时在离宫。

值符会景门，天上云收雨散，至丑日有雨。行兵难以前进，进则必败，有舆尸之凶。若主受封拜，大君有命。客将马虎争冲，客伤主胜。捕捉：三人执绳可缚，正在南方。

符死阴雨坤风晴，若在秋时雷震声。行军车陷城难拔，主将宜畋不利征。

三日客擒五日败，小人可捉君子贞。

值符会死门，主天时连日雨，必待西南风始晴。二八月，有雷声从地起。行兵有陷车之险，城郭完固不破。有正人自吴中来，用之大利于国。主将只宜田猎，出征防小灾。客将三日就擒，五日亡，兵败主降。捕捉：小人可获，君子不可捉。

符惊多雨遇辰晴，地险兵亡祸立侵。若合奇门方有吉，将旗折喜遇天英。

客军我往人多败，捕捉惟宜术士临。

值符会惊门，主天多雨，至辰巳日方晴。出军地险，有陷军之危。过山涉水，凶祸莫救，得奇门庶获安全。有间谍者，即因而问之，可知敌情。主将有折旗之事，无咎。得合天英星方吉。客将此往彼必亡，得奇不亡。捕捉：可获，乃术士也。

符开必丙晴可必，无丙当临四十日。敌国空言不见人，行兵宜水不宜陆。

有奇则胜无奇退，客败逃亡难捕获。

值符会开门，遇丙奇，主天晴。无丙奇，主四十日雨。行兵宜舟不宜陆。敌国相约，未见来人，只见信至。其人性刚难调和。有奇百战百胜，无奇不可出兵。客将不利士卒，宜用背值符击对冲之法。捕捉：见影不见形，迟则可得。

螣蛇合休多雨阴，丙日晴明雷电生。老将行兵乾有伏，逢奇可进得秦人。

主军训练方能胜，客将逢灾捕不擒。

螣蛇会休门，主天多阴雨，至丙日辰日方晴。丙日有雷电，行兵须老将，埋伏西北方，有奇可进。得一近视眼，是陕西人，有才可用。主将宜练士卒，出则敌胜。客将渡水有难。若天英在宫下可击。捕捉：只宜谨防，不宜捉获。

螣蛇合生风雨行，风停雨细巳时止。主客亦合勿讨寻，遇奇得将贤人至。

主将宜攻守不成，客从乾破捕阴人。

螣蛇会生门，主天时风动雨生，风止雨细，巳时晴明。行兵进则伤，主将宜讲和，穷寇莫追，可得一大将，遇奇更得多贤。主兵利战不利守，客将于十三日后可从西北方破之。捕捉：在织机房，妇人隐匿。

螣蛇合伤风雨狂，若逢大雾见阳光。兵宜结寨在平洋，遇奇山谷逢君子。

主将刑伤奇不妨，客胜难击捕林藏。

螣蛇会伤门，主天有雨，若大雾无雨。行兵宜结寨在平洋，如遇奇可进山谷，有君子进、小人退之事。主将防兵刃之伤，有奇可救。客将大胜，不可击。捕捉：藏在竹木林中，宜缓捕之。

螣蛇合杜密云布，若遇辅星三日雨。行兵设伏在小路，男女来投切莫用。

主将英星称大武，客兵奔败逃难捕。

螣蛇会杜门，主天时密云不雨。若遇辅星，有三日雨。行兵有山有河，可以埋伏。有夫妇二人来投，不宜重用。主将得英星大利，不然仅可守旧。客将亦不利，宜退不宜进，进则失辎重。捕捉：贼已去，不可追。

螣蛇合景天晴光，三日兑上有火起。兵进山前锋莫当，主将有灾得邑免。

客军行动将身凶，捕捉坎地剿无妨。

螣蛇会景门，主天大晴，三日有火起于西方。行兵前有两大山，后有一小山，此处即可进兵。有一矮人从西方来，可用。主将有无妄之灾，得三邑可免。客将行有眚，无攸利。捕捉：在北方，可进剿。

螣蛇合死晴光丽，奇云掩斗三日雨。兵进遇火逢文士，主将举动咸得宜。

客军覆败应子午，捕喜无奇擒即至。

螣蛇会死门，无奇大晴，有奇云掩斗口，二日得雨。行兵则进，须防火来攻。有蓬星至，得一文士，得术士，是贤人，否则无贤人。主将上下相合，举动皆利，进退不难。客将有覆军杀将之灾，应在子午日。捕捉：遇丙奇可逃，无奇可擒。

螣蛇合惊气蒙茸，丑日艮风云雾散。行兵山格路难通，主副将兵冲可进。

客贪财帛败无踪，捕在江湖水里逢。

螣蛇会惊门，主天有云雾相连，欲雨不雨，丑日遇东北风方晴。行兵则左山右水阻格，不可进兵，平洋可进。有兵卒荷兵器来，可用之。主将有水灾，惟利用副将可进，遇冲星可大进。客将多贪财帛，贿之可破。捕捉：隐在江湖为水客，通医数者可擒。

螣蛇合开风雨从，神坛社庙防有伏。不利行兵遇老翁，主将出征获匪丑。

客来焚死败无踪，捕防格斗有刑冲。

螣蛇会开门，主天久雨无晴。行兵则神坛社庙内有伏兵，不宜进。有一老年人至，谈神仙事，可用之。主将出征有嘉折首，获非其丑。客将来则焚，去则死应，三九日见。捕捉：不利，防格斗，且有伤。

太阴值休门，天时常遇阴。蓬星有雨半月望，兵无桥渡不能行。

有文士，善阴谋，主将病侵休浪战。客军已渡宜坚守，捕捉西东难到手。

太阴会休门，天时常阴。遇蓬星有雨，二八日应。行兵则前有河水，无桥可渡，不宜进兵。有文士通家来见，善阴谋。主将有疾，不能督兵。客将鸡鸣渡关城，宜守不宜战。捕捉：或东或西难捉摸。

太阴值生门，丙丁晴乙雨。兵至鹊巢贼有伏，速宜退步勿前举。

医巽来知贼衷怀，主将天冲能破敌。客军败北泣如雨，捕捉本家丑日遇。

太阴会生门，主天时有雨。丁奇天晴，多东南风。有乙奇有雨，无奇骤雨至。出行兵则前有鹊巢，乃伏兵之所，宜退不宜进。有医士从东南方来，知敌人消息。主将得天冲星，破敌国如摧柯。客将专听小人之计，用兵必败。捕捉：隐伏在本家，丑日可擒。

太阴值伤门，艮风晴辅雨。异人指示贼巢窝，整兵进战贼无旅。

大将怯，士卒勇，主似焚巢无栖止。客军前喜后还输，捕捉无功空此举。

太阴会伤门，主天晴明，有东北风自巳时起，至申时止，次日晴。若遇辅星，主有雨。进兵则有异人指示贼巢。大将有退志，士卒退而不退，终得胜。主将懦弱，如鸟焚巢，无穴可栖。客先胜后败，先喜后悲。捕捉：远人无家，难定其所，不可捉。

太阴值杜门，丙丁都邑焚。行兵阻水前难渡，固守前津功必成。

安心腹，帛与金，主防刺客来床下。客将无能当速侵，捕捉须迅急可擒。[①]

太阴会杜门，主天时本日雨、来日晴，有西风方晴。出兵则城西南有伏兵，可守不可攻，必俟奇到方可破。有高才人，可合诸侯、连说客，但不可使敌人。主将利西南方，不利东北。客将有三日大利，两日不利，可于坎宫徐击之，胜。捕捉：本人在东方，进饭后即行，宜速图之，可获。

太阴值景门，风雷多雨少。火药伏埋防火患，平洋地面宜搜讨。

三人来，计何巧，主将利乾巽莫讨。客军水厄收宜早，捕捉无形西北道。

太阴会景门，天时多风雷少雨，从巳午时起。出兵平洋中，有火药埋伏，宜防之。有三人同来，皆兵卒也，欲为奸细，谨备之。主将利征西北方，不利东南方。客将有水厄，宜守旧，不可动。捕捉难获，有三人送在西北，或西方巡夜人家。

太阴值死门，有雨来朝晴。坤方有伏宜坚守，奇到方能破敌兵。

才高客，善游说。主将利西南，客军迟可击，捕捉擒之须迅急。

太阴会死门，天时主本日雨，来日晴，有西风方晴。出兵，城西南有伏兵，可守不可攻，必候奇到方可破。有高才人，可合诸侯，可连说客，不可使敌人。主将利西南方，不利东北方。客将有三日大利，两日不利，可于[②]坎宫徐击之，胜。捕捉，本人在东方，进饭后即行，宜速图之，可获。[③]

太阴值惊门，甘霖养万物。震险利我不利渠，进兵征伐破可必。

有贼降，不诚实，主将三日可全胜。客将降人贼败北，大将匿离擒难获。

太阴会惊门，主天霖雨降，万物滋生。行兵则东方多险，我利彼不利，可破之。降者有名无实，不可信他。主将命在冲星，有小灾。或三日出师，可以全胜。客将得降人智力，城可破，有奇不可破。捕获则是大将避在离宫，可和不可捉。和则有大功，捉则有祸。

太阴值开门，丑日见阳光。兵行路坦宜前进，退则遭殃军败亡。

母子来，用不藏，主兵大利东风起。客谍花言智莫与，捕捉阴人男已扬。

---

① “捕捉须迅急可擒”一句，原本无，据《御定奇门宝鉴》校补。

② 原文为“须”，据南京图书馆藏本改。

③ 景死二门之赋及注文底本原缺，据《御定奇门宝鉴》校补。

太阴会开门，主久雨，至丑日晴。行兵则路空亡，可进不可退，退则我军败亡。母子同来，子弱母强。主将有奇，东风起，用火攻；无东风，只可固守。客将用间谍来善言。捕捉：女人可获，男人弃逃不可获。

六合休兮奇至晴，无奇申刻北风生。行兵水阻贤人至，主将谋为多不成。

客军得助浑难伐，捕问阴人卯未擒。

六合会休门，主天时有乙奇即晴，无奇则申刻起北风。行兵则水道不通，有小人接引。有贤人从震方来，五日后至。主将有谋为，不成，宜坚守，吉。客将得大人力，有救，不可伐。捕捉则有女人知音信，在水边，卯日未日可擒。

六合生兮雷无雨，得蓬星兮雷雨注。行兵宜在西南利，主将守攻咸称意。

客军可破阴①计谋，捕在僧房捉可遇。

六合会生门，主天时有雷无雨。如得蓬星，则午时有大雷雨。行兵则进入险难，恶事消散，利西南。主将进可战，退可守，大吉。客将其士卒不练，多阴谋诡计，可以计破之。捕捉则在念佛人家，可获。

六合伤兮风雨厉，有兵变兮西南起。行兵奇主乾方利，主防火发卯与戌。

客贪酒色兵离异，捕在西方土木民。

六合会伤门，得心星，主风雨兼至。主西南方有兵变，应在吴越。行兵则逢高峻之山，有奇，兵从西北方可进。有一术士献投，可信之。主将防火灾，应在卯戌日。客将贪酒色，失士卒心，宜协力进兵。捕捉则属土音姓人，在西方木音姓人家可捉。

六合杜兮久雨频，地阴窖兮敌备轻。出兵九天伏九地，主将家难三九临。

客必损将并折兵，捕匿酒房速去寻。

六合会杜门，主天时阴阳失和，四时失序，时风时雨，四十日方晴。行兵则虽有险途，无埋伏，可进兵。出九天方，人伏九地方。主将家有隐忧，三九日有信至。客将折兵，不利。捕捉：藏在酒铺中宿，实时捕之可获。

六合景兮不时雷，坤兵变兮酉辰推。出兵我利贼就缚，主将遭霖车马亏。

客得天心兵不败，捕捉娼家西半隅。

六合会景门，主天有不时之雷。西北方有兵变，辰酉日起。行兵则我利彼不利，其来可破。三人同心，贼人就擒。主将有车马之厄，出阵遇云雨。客将当得天心星，不可破。捕捉则在娼家饮酒，西方可即捉之。

六合死兮无奇晴，路逢陷兮龙虎争。妇作间谍言难信，主军进退事皆亨。

客有飞符兵亦精，敌诱我军捕难寻。

六合会死门，主天时有雷电，无奇大晴。行兵则一蛇当道，二虎争冲。途中有妇人来行间，在帐下，不可信从。主将天时顺利，人心亨通，无往不利。客将有主意，

---

① 阴，底本作“阳”，据《御定奇门宝鉴》改正。

有飞符至，多顺少逆。捕捉则是一军为敌所诱，在西北方，不可获。

六合惊兮天大旱，城中空兮伏兵悍。偏将奇谋可即从，主防婢害午来看。

客军将进须防探，捕有虚言终不见。

六合会惊门，主天时大晴，丁奇至并大旱。行兵则三里之城有伏兵，城中皆虚设。有偏将献劫寨之策，可从。主将有一小婢谋害，午未时防之。客将有渡关河之志，宜防备。捕捉则虽有人说信，皆虚诈，军兵为敌所诱，不可捉获。

六合开兮雷电惊，兵宜守险计谋倾。客自吴来谋可用，主防副将夺权争。

客利固守犯天嗔，捕捉贼人反遭擒。

六合会开门，主天时寒露节多有雷声。若在春时雷起，行兵则百人守险，万夫难敌。宜用计以破之。有客从吴中来，多出奇计，宜重用之。主将有副将争权谋害，不宜进兵。客将天地不交，四时不顺，可守不可攻。捕捉则其人甚勇，捕之反受伤。

白虎加休天即晴，行兵前路有虚惊。切莫纵兵防中计，百人奋勇敢先登。

主将谋为皆不遂，客军利战莫安营，捕捉娼家不可擒。

白虎会休门，主天时有雨，一日即晴。行兵则有虚惊，若纵兵掳掠，则中敌计，宜慎之。营盘中有百人奋勇敢前效死，宜从。主将谋不成，求不遂；客将利战不利守。捕捉则有一草头姓人，在娼家饮酒，不可捉。

白虎加生天即霁，午后巽风三日已。行兵险阻破东方，处士谈玄心莫喜。

主将贵谋休浪战，客军防烧辎粮地，捕捉火攻大得利。

白虎会生门，主天时晴，午后有东南风起，三日方止。行兵则有险阻，可从东方破之。有处士着青衣至，谈玄门事，不可用。主将谋在之我，成之在天，不可强进。客将东南方有火星起，防烧粮食。捕捉则有一将守水道，可用火攻之。

白虎加伤丁奇会，坎主风雷奇不晦。出兵颠险势堪赢，[1] **敌将真降情不说。**

主宜严厉不宜宽，客将骄盈事机退，捕捉急迫翻有悔。

白虎会伤门，有丁奇加坎，定有风雨雷电，无奇天晴。行兵则前有虎山龙岭，皆兵马出入之所，可破。有敌将来降，是真情，宜收之。主将宜威严，用杀戮，不宜放释罪人，释则祸生肘腋。客将好胜，谋将事多不成。捕捉则待其人再回可获，急则反去，不可获。

白虎加杜雾大恶，霉收风起阳光作。行兵守险勿轻狂，敌有文书称主客。

主将屯兵防阵亡，客军鼠斗牛翻却。捕捉艮出小桥获。

白虎会杜门，主天时有大雾，多霉，风起则晴。行兵则有人固守隘口，不可轻进。有使客将文书至，得佳音。主帅出师阵亡，宜守不宜进。客将牛鼠相斗，牛伤鼠无恙，午未日有信。捕捉则在东北方小桥处逃避，可捉。

① 赢，底本作嬴。据《御定奇门宝鉴》更正。下同。

白虎加景天心合，时雨时晴三日歇。行兵拿伏宜往北，营中心腹[1]生反覆。

主将色迷用怒激，客将利亥子丑杀，捕捉自来何用缚。

白虎会景门，得天心星，主时雨时晴，三日后方大晴。行兵则中途有埋伏，宜往北方而进。本营中有腹[2]心人反覆，不可信，宜防之。主将被女色迷恋，不肯出征，以怒激之方行。客将亥子日出兵利，丑日亡。捕捉则其人自来，不必去捉。

白虎加死黄云乾，五日雨至灾星缠。行兵桥断渡河击，中途谋叛岂真然。

主患偷营防袭寨，捕人只在火房边。

白虎会死门，主西北方有黄云起，五日后有雨，有小灾。行兵则有水无桥，被敌所折，渡河击之可胜。行至中途，有人谋致，不可信也。主将于丑未日有劫营之殃，宜防之。客将地利人和，可战可守，不宜袭人营寨。捕捉则在火房潜藏，宜急捉可获。

白虎加惊有异云，三日狂风发屋惊。行兵有险不可进，君差良将丑未临。

主不劳兵得土地，客军好战将自倾，捕惟获信纵难寻。

白虎会惊门，主午后有异云铺顶，三日后有狂风坏人房屋。行兵则前有凶险，不可轻进。朝中差委良将，丑未日时到。主将可不劳兵刃，破人城池，得人土地。客将甘战不甘守，追逐之自败。捕捉则有三五人同谋，在东南方火烧山下，难捉，三日见信。

白虎加开奇至晴，若无奇合两相因。行兵宜步休乘马，刺客还防在我营。

主军出入兵皆利，客有助扶战即赢，捕在营中可就擒。

白虎会开门，主有奇即晴，无奇即雨。行兵则车马难进，步兵可进。有刺客在小军营中，宜查察防备。主将出入，无往不利。客将有友人带兵来相助战，主将宜防之。捕捉则本营中隐藏，即在营中获之。

玄武兮休门，白云兮天晴，黄云兮雨生。行兵鹿走前途伏，远客人来谋可听。

主将有奇方可进，客军坚守战休轻，捕往他方不可擒。

玄武会休门，主白云盖顶即晴，发雹即大雨。行兵逢鹿走，下有伏兵，仅百余人可进。有友来访，是远方人，见之无妨。主将谋事不成，宜守不宜进。有奇可进，亦无大胜。客将君子道长，小人道消，人心坚固不可破。捕捉则已往他方，不可获。

玄武兮生门，微雨兮不久，午戌兮应有。巽僧引前险可进，游子告信贼情丑。

主将平安称无咎，客军不睦[3]起兵寇，捕捉东方竹林口。

玄武会生门，主微雨不久，应午戌日。行兵则东南方有一僧人接引，入贼营地，虽险，兵可进。有游食人道贼情来，亦可信。主将无咎，客将多不和，有越兵为害。捕捉：在东方竹林内人家，可获。

---

① 底本作膂，据《御定奇门宝鉴》更正。

② 腹，底本作伏，据《御定奇门宝鉴》更正。

③ 睦，底本作陆，据正文注释及《御定奇门宝鉴》改正。

玄武兮伤门，霖雨兮济旱，戌日兮方断。行兵伏遇草头人，商贾人来报逆叛。

主将须防忽中风，客军利涉休登岸，贼人久向潢池散。

玄武会伤门，主有霖雨，可以济大旱，到戌日方晴。行兵则有草头姓人埋伏在山中，举火为号，不可轻进。有商人知贼消息而来，宜敬重之。主将有中风之疾，于子午日防之。客将利涉大川，不利山谷。捕捉则贼人久去，不可捉。

玄武兮杜门，风雷兮电扫，甲寅兮晴好。行兵临渡须防贼，预探方能免折耗。

主军谋胜战成功，客好营中防火燎，贼已远去人难找。

玄武会杜门，主时有雷电至，甲寅日方止，有太阳光见。行兵则渡河时谨防贼于河中设计候渡，勿中其计。主将善谋略，出兵大胜，必成伟功。客军当有火灾，焚烧军营。捕捉则早已远去，不可寻获。

玄武兮景门，半月兮阳光，过望兮雨狂。行兵路坦无埋伏，抵掌谈人用不妨。

主军有疾终无咎，客将收兵宜善藏，捕捉东方五日亡。

玄武会景门，主有半月晴，过望兮而雨。行兵则无险，可进兵，更无埋伏、奸伪等情。有人至善言谈，谈必可用，用不误事。主将有疾病，无大咎。客将利涉大川，不利出师。捕捉则贼在东方，五日可擒。

玄武兮死门，蓬会兮雨霖，三日兮不晴。行兵坤地通微径，厭贼双双一是真。

主军利动防车倒，客遇奸谋事不成，贼人捕匿在僧庭。

玄武会死门，又得蓬星，当大雨三日不晴。行兵则前有大溪，进退俱不可，西南方有小路可进。有二人同来，一人献策，一人图利。主将利于举动，但有车折之咎。客将有小军，用女乐献媚，其计不成，无咎。捕捉则在燃火之处藏躲，多是僧道。

玄武兮惊门，乍雨兮乍晴，晴后兮复倾。行兵有险休轻进，僧道偏能荐贵人。

主军利水乘舟楫，客将将亡木姓擒，贼已离巢不必寻。

玄武会惊门，有丁奇到，自辰至午晴，自午至未雨，雨后复转晴。行兵则前有险阻，不可进，进则有伤。有僧道引攀龙之客来。主将吉利，登舟楫而行。客将不吉，当败于陆，见擒于木姓人。捕捉则贼知我信音，已离巢穴，不可捉。

玄武兮开门，庚午兮艮风，风起兮日红。行兵鸟道险难攻，刺客来营言可从。

主将有灾无大咎，客宜坚壁固潜踪，贼人已在震之东。

玄武会开门，庚午日未时有东北风起即无雨。行兵则有羊肠鸟路之险，可守不可攻。有剑客至，宜重用之。主将有灾，亦无大害。客将亦不宜出兵。捕捉不在原处，当在东方寻之，可获。

九地会休门，问雨却偏晴，若遇蓬星风雨倾。行兵有地山名火，险极当从西北行。

主将升迁在日兮，客军多智莫相轻。捕捉难，何处寻？

九地会休门，求晴反雨，求雨反晴。如得蓬星，有大风雨。行兵则前有地名火山，甚险。当从西北方而进，不日有天使至。主将有升擢，客将有机械，不可轻敌。捕捉难获。

九地会生门，霖霪久不停，大水瀑淹军营兵。军发宜进退休轻，朝颁恩诏显光荣。主人震怒量非宏，客得坤人助我赢。捕捉近，在问津。[①]

九地会生门，天时有大雨，久不得晴，有大水至，防淹沉军营。行兵去顺来险，不可轻退。当有天子勅书至，主将因金帛事有怒。客将有西南方河州人来助战。捕捉：人不远，匿在江河近地。[②]

九地会伤门，忽雨忽兼晴，晴中有雨雨中晴。兵遇重关毋遽进，客来谈笑不宜凭。主战水灾丑未临，客难大作攻则擒，捕在坎小桥濒。

九地会伤门，晴明忽然起风雨，忽雨又忽晴。行兵，路上有重关之险，上有数百人守之，不可进，宜下营，相时度势而行。有佳士来投，不宜收之，难以凭依。主将出战，失水大灾，丑未日不宜出兵。客将如鱼跃入火中，不可救助，宜攻之胜。捕捉：在北方小涧桥边，二人同事。

九地会杜天有云，北风起兮天光晴。行兵利陆不利水，骑马报贼消息真。主将三六九灾兴，客利西方巽上倾，捕人乾地吏家寻。

九地会杜门，多云有北风，无雨。行兵陆路可进，水路不可进。有一人骑马至，报敌人消息，甚真。主将三六九日见凶灾。客将利西方，不利东南方，有从巽方发兵击之，可破。捕捉：在公吏人家，藏匿西北方上。

九地会景门，无奇必久雨，奇至巳午晴可许。出兵舟里遇敌粮，文士引儿来见语。主将功成名大遂，客军乃是倭夷侣，捕捉尚在巢窝里。

九地会景门，主天时久雨。有奇至，巳午日见太阳，必久晴，无奇必雨。出兵则从舟中去，获贼辎重货物，大利。有一文士引一儿来见。主将所求必得，所欲必遂，有大功。客将是外国人得胜。捕捉：其人尚在，急去可捉。

九地会死门，天时必大晴，日逢翼轸微雨经。行兵地险雄如虎，奇到贤人来助兵。主将力弱不从心，客军大利士卒精，捕匿在艮巳亥擒。

九地会死门，主天时大晴。过翼轸星值日有雨，亦不大。行兵则猛虎当道，大旱屏迹。有贤人来谒，有奇到则来助。主将心虽欲战，力不从心，得水姓人来助。客军车马士卒皆利，宜先发制人，独不利于主。捕捉则在东北方潜藏，己亥日可捉。

九地会惊门，巳午时多风，云上于天雨不逢。行兵险胜平洋否，官道来临福曜从。主将变化如飞龙，客将多疑事不通，贼已投人捕捉空。

九地会惊门，主巳午有风，密云不雨。行兵则居险地胜，平地不胜。有宫人同道

---

① 九地会伤门、九地会杜门赋诀原缺，据《御定奇门宝鉴·元机赋》校补。

② 点校者注："九地会生门"条原文下注："九地会生门，主多云，有北风，无雨。行兵则陆路可进，水路不可进。有一人骑马至，报敌人消息，甚真。主将三六九日见凶灾，客将利西方不利东方。有从巽方发兵击之，可破。捕捉则在公吏人家，藏匿西北方上。"经与《御定奇门宝鉴·元机赋》相对应条校对，误，据《御定奇门宝鉴》改正。

士来，是吉星相临。主将如飞龙变化，目下飞腾进退皆利。客将多疑无决断，不敢进兵，有奇至，得太阴相助，战必胜。捕捉则贼已向西北方投降，人去不可捉。

九地会开门，太阳正当空，有雨骤来意外逢。行兵守吉进则凶，三人交合百谋通。主将转退进成功，客虽小灾亦利攻。捕捉贼盗即报功。

九地会开门，主天时太阳当空[①]无雨，若有雨必骤。行兵则君子进有厄、退有利；有三人交合，百事皆成。主将有大功，退兵三舍，宜速进。客将亦利，有小灾。捕捉盗贼难逃，三日可得。

九天休门兮，雨散云收兮，午未之日大晴兮。出兵越境而守兮，虎马命奸人诈降兮。主将褒封敕书至兮，客军不利北面受缚兮，捕得缺唇报信可捉兮。

九天会休门，主云收雨散，必晴，至午未日时必大晴。出兵越境而守，有忧。有虎马命人来，是奸人诈降。主将先宜出境，有褒封，敕书至。客将不利，必北面受缚，有奇至可免。捕捉则必得破唇人报信，捕之可捉。

九天生门兮，遇云连雨兮，严冬之日大雪兮。行兵险阻可击兮，草头姓人知兵兮。主将休征副将坐营兮，客将辅车邻人助胜兮，捕在西方谋事难捉兮。

九天会生门，得天任星主连日雨，冬时即连日下雪，欲晴不晴。行兵则有险阻处可击，平易处不可击，击之有灾。有草头姓人见来，知兵法，可用。主将不宜出兵，宜副将坐营中。客将有辅车之势，得邻人助阵，胜。捕捉：在西方最高之所居住，欲谋大事，不可轻捉。

九天伤门兮，天时大晴兮，旱干之灾三月兮。行兵峻岭夏破兮，外亲接见大利兮。主将乘云遇荣兮，客军管鲍莫击其冲兮，捕捉在东知交藏匿兮。

九天会伤门，主大晴，有三月旱灾。行兵则有高山峻岭，六月可破。有外人接引至亲来见，大利。主将步步登云，进退荣显。客将有管鲍之交来，不可击其冲。捕捉则在东方相识人家躲避。

九天杜门兮，此日乍晴兮，黄云次朝午后雨兮。兵渡大江风起巽兮，两人解粮来归兮。主将迟疑战将吉兮，客军遂意亦受显荣兮，捕在乾方术精远扬兮。

九天会杜门，主天一日晴，如未时有黄云盖顶，次日午后有雨。行兵则利登舟，渡大江有东南风起，有两人解粮草来，又有一女人至。主将迟疑，战将出兵吉。客将凡事遂意，有荣显之兆。捕捉则贼在西北方水边住，通术数，不可捉。

九天景门兮，雨后东风兮，三日之期雨上[②]兮。行兵水阻利西兮，敌信蜀人来知兮。主将成功褒封至兮，客贪师出用法可制兮，捕捉水边滨顷刻可擒兮。

九天会景门，主天时二三日雨，遇午日东风起，方有雨。行兵则东北方有水阻，不可进兵，利进南方。有一朋友从蜀中来，知敌消息。主将可安坐收功，不日有褒封

① “空”字底本无，据《御定奇门宝鉴校补》。

② 上，《御定奇门宝鉴》作“止”。

至。客将损下益上，出兵宜用法制之。捕捉则酒醉在河边人家，即刻可擒。

九天死门兮，阴晦生风兮，严冬无雨雪飘兮。行兵开山破敌兮，营中忌刻贤去兮。主将利水不宜步兮，客将乖违急攻可破兮，捕捉潜移再来可获兮。

九天会死门，五更有大风起，即无雨，但阴晦无日，冬时有雪。行兵则执柯伐柯，开山破林，可败敌人。营中贤人不能容，有去志。主将不利水战，不宜步骑，有奇至，亦可用。客将上下各一心，可破之。捕捉则其人已移居，难捉，再来可获。

九天惊门兮，寅巳日晴兮，午未雨丑子雷兮。行兵危险缓进兮，武夫持戈助吉兮。主将褒封五日至兮，客善谋断贤人辅助兮，捕捉西兑据山难获兮。

九天会惊门，寅巳日晴，午未日雨，丑子日雷。行兵则如履虎尾、薄冰，危险可畏，不可轻进。有武夫持戈相助，吉。主将五日后有大褒封，吉。客将多谋断，更有贤人辅助。捕捉则在西方峻山下扎营，不可轻进，难获。

九天开门兮，午未大风兮，冬时久雪不晴兮。行兵水火利乾兮，夫妇同至交通兮。主将发火慎防灾兮，客勇宜避亥子相进兮，捕捉动移他往难获兮。

九天会开门，主无雨多晴，午未日有大风起，冬时亥子日有雪，久不得晴。行兵则前有大火，后有大水，进兵利西北方。有夫妇同来，上下交通，吉。主将军中火灾起，宜防之，无害。客将步步得进，宜退避，不宜交锋。丑亥子日进兵得利。捕捉则已往他方，难获。

八将会门，是值使门会八将也。取用天盘，不用地盘。假如阳二局乙庚日戊寅时，甲戌值符加三宫，伤门值使加七宫，上临螣蛇，是螣蛇会伤门。占天时主有雨，若大雾无雨。行兵则宜结寨在平洋，如遇奇可进山谷，系丁加癸凶格，不可进也。主将防兵刃之伤，如有奇可救，系凶格无救。客将大胜，不可击。捕捉则在竹木林中，宜缓捕之。余仿此。

奇门旨归卷三十三

武侯玄机赋中篇

门气休兮机巧藏，生门岂可即相当。

遇休门，将兵当隐伏埋藏，毋轻出战。遇生门可以出战，坐生击死，一敌万人。若坐死击生，必败。

伤乘金克不安和，杜发生机半是讹。

遇伤门兵马损伤，若加乾兑宫，或合天心、天柱星，是金能克木，必然败北。遇杜门，宜闭塞固守，不可出营门。虽欲出兵，只可虚诞。

景气忽闻如霹雳，死中退步是谋生。

遇景门兵威大震，锋不可当。遇死门兵马瘟疫死亡，战必败没，惟有退兵固守，始得免祸。敌兵挑战，切勿应之。

惊门气促不为美，开气施威任纵横。

遇惊门营中怪异虚惊，兵马不久退败。遇开门行兵无碍，四通八达，纵横自如，莫敢阻当，兵威大震。

细评诸气之宗，亦可曲尽形容。仔细决之调度，运之处处成功。

以上细推八门所到之吉凶，各有不同，宜仔细详审。然后可以调度兵马，遇吉则动，遇凶则止；战必胜，攻必取，无不成功。

天乙飞宫莫急进，乘之生合可逃生。

值符加庚为天乙飞宫，甲受庚克，不宜进兵。若乘生门及六仪相合，则可免灾。如六甲加己、六庚加乙、六辛加丙、六壬加丁、六戊加癸是也。

丙加庚位他不欣，我军急急进前程。

六丙加庚为荧入白，庚受丙克，贼兵必来，必主败北。我军当急进之，必得胜，利主不利客。

白临荧位君须避，六乙加辛岂长锐。六辛加乙锋难当，此刻三军真可畏。

六庚加丙为白入荧，此时贼兵必来。营中当整顿兵马，防备以应之，不宜先出兵。六乙加辛为青龙逃走，客兵不利，亦不宜先出兵以攻讨，必主大败。六辛加乙为白虎猖狂，客兵利，宜先出兵，百战百胜，闻风披靡，不利为主，兵甲无存。

庚癸相加难对敌，加己为刑常遭失。

六庚加癸为大格，癸为天网，行兵阻格，难与对敌。六庚加己为刑格，己为地户，行兵伤残，必遭败北。

我军值符是六庚，我军须避是丙丁。切莫移军加景门，庚符所畏火来争。

再临六丙是飞悖，切莫错认龙回首。如占此时有此格，退则须兮进则逆。

我军以六庚为值符，则兵马出入切莫犯着丙丁二奇，并不可移军到景门上。盖庚符所畏者火也，宜谨避之。若庚符临于丙上，名为飞悖，亦为格悖，切勿认为青龙回首。若行兵遇此时，当速退兵固守，战则大伤流血。

阳用下强非真强，阴用上弱非真弱。阴阳强弱仔细分，主客动静须斟酌。

进退吉凶要分明，疆场成败要揣度。吉则行兮凶则逃，但取三胜可逍遥。

甲乙丙丁戊为阳时，己庚辛壬癸为阴时。阳时则神居天上，故当用天盘星神奇仪门，强盛得地，旺相相生。若地盘强、天盘弱而阳时用之，为无益。阴时则神居地下，故当用地盘奇仪星门，强盛得地，旺相相生。若天盘强、地盘弱而阴时用之，亦无益。阳时利为客，宜先动，用上强；阴时利为主，宜后应，用下强。为客利先动，则先进者胜；为主利后应，则后动者胜。疆场战斗，成败在于顷刻，必预先审度，使之成局在胸，然后可以出战，不可冒昧而行。临战求胜，侥幸成功也。吉则行，凶则避。此定理也。若值符不利，断不得妄动。如贼兵压境，不能待时，则当取三胜之地以出战。三胜者，一值符，二九天，三生门。坐此三胜之地而击其冲，无有不胜。

若遇三奇多入墓，求之美格亦为祸。譬如鬼遁用伏藏，此为用格正相当。

局中得三奇者固吉，然乙木到坤、丙丁火到乾，皆为入墓，虽美不吉，用之反凶。如丁奇与开门休合，上临九地，为鬼遁，只利伏藏、偷劫，此谓用格之法。若在艮宫，为丁奇入墓，用之必主败亡。须在他宫则吉。

自刑伏宫祸自起，请入凶地而击之。

自刑者，甲午到离、甲辰到巽及伏吟是也。自刑之地，祸从自起，变从中生。当急速整顿兵士，砍破营寨，以劫掠之。亦须择其门克宫、宫克主之凶地，冲破而砍击之，必大胜。

反吟格须求之进，吉凶反掌非为幸。

反吟事多反覆，不利出兵，主中途颠蹶。若得甲加丙、丙加甲、门克宫、吉格，则当立刻进兵，转凶为吉，如反掌之易。

反吟之时利乱之，击刑之时利诱之。

反吟之时，主反覆颠倒，可以扰乱贼营，乘乱砍杀以取胜。击刑之时，或设伏要路，或藏兵暗地，示利以诱之，佯北以引之，使敌入我伏中，起而攻击，无有不胜。

伏吟虽静亦为动，开门九天值符宫。劫寨安民行军得，奇门全在相合同。

伏吟格，天地两盘奇仪星门皆同和，虽主安静伏藏，不利动作，然亦有利动之时。要择九天伏吟之宫、值符伏吟之宫、开门伏吟之宫，此三伏吟皆大利。一利偷营劫寨，一利恤众安民，一利行军渡险，三者最利用伏吟。天地两盘相合均同，遇吉重吉，遇凶重凶，为主为客，两者皆利。

美格占之忌重刻，天地两盘与时日。甲日逢庚丙遇壬，地克天兮时克[1]日。

美格者，如龙回首、鸟跌穴、三诈五假、九遁之类，最忌相克。行兵尤忌下克上，或星相克，或仪相克，或门相克。一克其凶犹缓，两克其凶为重。又逢时干克日干，如甲时逢庚时、乙日逢辛时、丙日逢壬时、丁日逢癸时，皆是时干克日干，主下犯上，主胜客，行兵者不可不知之。

三奇要用须符使，乙奇逢己奇旺处。更得休门生气助，莫使惊开来相遇。

三奇最吉，若要用之，须合值符值使两宫，然后得力。如乙奇逢甲戌己为木克土，又要乙奇到震宫旺地始得力，又要合休门水来相生助之，尤妙。若合惊开二门，乙受金克，虽在旺地，为力减半。地下六己虽受乙克，而惊开之金为己之子，子能报仇，乙木自救且不暇，安能害人？故主军亦不为灾。

丙奇最喜子逢临，虽得伤门也是欣。若得景门为此助，休门虽吉亦相侵。

丙奇属火，临于甲子戊上，甲木生丙火，丙火生戊土，此宫最吉，虽合伤门，亦无伤害。是木来生火，火能助丙，亦主胜捷。若得合景门，火以助火，行军大胜。倘使休门来合，虽是吉门，而水能克火，反主凶祸，避之为吉。

丁在壬兮相合同，但逢伤杜不为荣。遁逃之时若得此，生门吉助足成功。

六丁加六壬，为丁壬相合，若会伤、杜二门，虽曰相生，一防闭塞，一防伤害，皆不可用。若逃亡绝迹者，逢之最利，但要生门相会以助之，定得吉。逃者不得，追者不见。

用奇用合举兵时，下寨安营但取之。乙在庚兮丁在壬，丙临辛上是同心。

奇仪相合两家乘，遇敌应之可罢兵。交合即为和合格，相宜主客议和成。

用奇门，得奇仪相合，则安营下寨最为吉利，定免凶灾。乙在庚上为乙庚相合，丁在壬上为丁壬相合，丙在辛上为丙辛相合，戊在癸上为戊癸相合，甲在己上为甲己相合。两仪相合，天地和同。主客对垒，自当罢兵讲和。

安营须用未时占，庚与玄武仔细看。若在山兮樵夫遇，水边渔人更相参。

若从大道行商贾，探听军情也是奸。须得拘留无走漏，园林村墅索其潜。

安营立寨，须用未时推占。日有六庚与玄武二者所临之宫，主有贼兵来偷营劫寨，所遇皆是奸细。若在山中，樵夫便是奸细；若在水中，渔父亦是奸细。至于商贾、术士、僧道、乞丐等人，皆是探听我军之奸细，一切概当拘留，毋得走漏。密遣兵将于村落林木之中搜索伏匿，必有潜躲之贼。

玄武重重内带格，乙在辛上岂利客。备严来劫贼自惊，生旺收此客情伏。

---

① 底本作刻，从《御定奇门宝鉴》改正。

阳将阴神，两重玄武，俱在十干之上，又六乙加辛为龙逃走，辛金克乙木，不利为客。此时宜整顿严备，必有贼来偷劫，自败而还。若六乙得旺气，即当向此一路搜捉前去。

辛加乙上利来客，此际占之亦是迫。若无开惊动神位，虽得凶兮无可畏。

六辛加乙为虎猖狂，是辛金克乙木为上克下，客兵大胜，主军破败。若六辛不会合开惊二门，则阴金无力，虽猖狂，不大为害。若会休门，则乙奇得助，辛金泄气。主客若交锋，胜败两平分。

年月日格及兼悖，庚丙之气为相逆。倘或日格月悖之，纪纲法令终须失。

甲申六庚丙戌时，此为遇悖遭时格。

年月日时干逢庚为格，复加丙为悖格，诸事皆悖乱阻格，颠倒难成。年干为父，月干为兄弟，日干为己身，时干为子孙。或以生我之干为父母，我生之干为子孙，比和之干为兄弟，天上时干为己身。各看其所格者，分类以推占。若天上干逢格，地下干逢悖，为格悖，主纲常倒置，法度废坏。如甲申庚值符逢丙戌时，为时格符悖，先逢阻格，而后遭悖乱，诸事无成。

天遁生门六丙丁，乘之施令及登程。丙丁气旺生门助，此为用格实精明。

天上六丙合生门，下临六丁宫为天遁，其方可以发号施令。出兵行营，要丙丁乘旺气，又得生门助之，可以兴王定伯，威震天下，此用美格之法也。

地遁开门六乙己，乙奇得使不为否。设伏安营及埋藏，万用万灵无可比。

天上六乙合开门，下临六己宫为地遁，又为乙奇得使。其方可以设伏安营，埋藏兵马，万举①万全。

人遁休门共太阴，原来此处可逃形。阴神更兼六合气，用事逢之真为利。

天上六丁合休门，上临太阴为人遁，其方最好。若阴神更逢六合，可以选将招贤，和敌列阵，设伏大利。

青龙回首真美时，值符在丙相辅之。值符贵神为大将，丙气销金性勿迟。

甲丙丙甲一同看，总是六庚相畏之。

值符六甲加六丙，为青龙回首，木来生火，主兵大利，客亦不凶，出师掠地，大震威名。值符为贵神，行兵专主大将。丙火为甲木之子孙，火能消金，性刚烈，遇庚金即克之，不留余地。六丙加六甲，为飞鸟跌穴，下生上，客兵大利，主亦无灾。若会合生门相助，则坐生击死，百战百胜。如丙临六庚，客军大利，所向披靡。惟六庚值符，俱不可用。

吉门合丙临壬地，雀入江兮实非利。

时干六丙加于六壬之上，俱为朱雀投江，虽有三吉门与丙奇会合，亦不可救。主

① “万举”二字据《御定奇门宝鉴》校补。

兵得力，客兵败亡，更有文书牵缠、水火之灾。

六仪击刑真是凶，值符天乙遇亦穷。六仪非值终无吉，吉凶轻重义相同。

此际切宜遁取吉，勿于此地想成功。子三戌二寅刑四，申八辰四午离中。

戌刑在未寅在巽，巽有巳兮申缓从。

六仪击刑，此时极凶，不可举动。行兵败亡，诸将损伤，终受刑戮，只宜固守，逃亡绝迹。虽使六仪为值符，遇亦不可用。凡方位有刑，犯之不吉，即当避之，另择吉利方行事为妙。甲子到三、甲戌到二、甲寅到四、甲申到八、甲辰到四、甲午到九，皆为击刑。

入墓丁艮乙丙乾，所谋吉事一无成。

三奇入墓，闭塞不通，暗昧不振，诸事皆凶。乙阴木长生在午、墓于戌，丙火长生在寅墓于戌，故乙丙到乾为墓。丁阴火长生在酉、墓丑，故丁到艮为墓。是谓三奇入墓，诸事难成。

刑格之占义实真，庚临己位是凶神。庚癸之格非为鬼，甲寅之将遁从之。

本义甲寅在虎上，庚加六癸大格对。庚加壬兮为上格，庚加甲辰非是敌。

只因辰丙己居之，己本刑申非是吉。六仪击刑在宫位，三格相逢天地施。

甲申遇巳壬癸上，此方用事实难支。

六庚加己为刑格，加癸为大格，加壬为上格，又为小格。三格相逢，出兵车破马倒，中途而止，士卒逃亡，慎勿追赶，反招其咎。贼来冲击，彼亦自受刑伤。

值符加庚天乙飞，贼行遇此莫进窥。若至前途必有伏，定然此地带伤归。

值符加庚为天乙飞宫格，贼来当固守以避之，切勿进兵，前途必有贼伏要害以伺候。我军虽强，欲进兵必受丧败而归。

倘居天乙伏宫中，速去丙丁备来攻。若是安居甲地上，庚凶难抵客成功。

六庚加地下值符宫，为天乙伏宫格，必有贼兵来攻劫，主将当速移帐房到天上丙丁方避之。丙丁火能克金，故移此地，贼来必自败走。别调精锐于值符上，以防御之。若安居值符宫不动，必受贼残伤，反使贼成功。

飞格俱从天乙飞，伏宫皆从天乙伏。

遇飞宫格，则将军当随天上值符而飞；遇伏宫格，则将军当随天上值符而伏。飞则远避，勿得进攻；伏则隐伏，勿得举动，庶免灾危。

五不遇时时克日，小人作事多利益。更兼玄武相得气，此际占之贼势利。

时干克日干，为五不遇时，是下犯上、贱妨贵，主小人得利，君子道消。若遇玄武，主贼势猖狂。门宫得气，则不可抵御。

丁临六癸雀入江，为主行兵喜飞扬。为客强行终取败，定然将士带刑伤。

六丁加癸为朱雀投江，下克上。遇交战，主胜客败。若欲先发兵攻人，则为客，必主大败，将士刑伤。

六癸加丁蛇夭矫，主兵冒守莫自骄。倘然遇敌终遭害，急迁戊己可逍遥。

六癸加丁为蛇夭矫，上克下，主军宜固守。倘有贼来攻我，切勿对敌，若交战必败。主将军宜急移帐房到甲子戊、甲戌己两土宫，以制癸水，贼来不能为害。

三奇入墓并时日，倘或得一去乘之。所为动作皆无吉，叠叠相逢当避之。

丙戌之日莫临乾，艮中丁丑一同看。壬辰巽上须知避，乙未应知坤不安。

坤方本是甲之墓，乙未木墓日相连。日墓之方奇入墓，纵有铁骑也徒然。

三奇入墓者，乙奇到坤，丙奇到乾，丁奇到艮，又值日时入墓。如乙未、丙戌、丁丑是也。阴阳各有所墓，倘遇奇即为凶。若层层叠叠逢之，即当急避。若交锋必主大败，片甲无存。①

三胜生门及九天，值符天乙最当权。值符更得生门助，万举万全无差误。

三胜，生门、九天、值符三宫也，最为吉庆。行兵交战，坐而击其冲，士卒一可当百，万举万全，敌兵大败。

丙加值符真为利，客军得用为生气。甲加丙上主生之，此时为主真得地。

丙加甲，利为客，宜握旗击鼓，呐喊前征，必得大胜。甲加丙，利为主，宜衔枚暗渡，设伏埋藏，后出应敌，必主大胜。

本宫阳将及门仪，阴神余气细求之。眼前见凶有阴余，阴余有喜终见喜。

倘若搜索俱为凶，此际遁逃不为否。

凡做事行兵出行之本宫，看值符之阳将及值使上之阴神，与天盘门仪上之余气，细细推详。若逢凶格、凶门，或门宫迫制，或奇仪克墓，凶祸相临。须查阴神，得吉余气，复旺相相生，则虽有凶，不过眼前，久必有吉。若搜索阴神，又无余气，又休囚，无一善状，则兵败如山崩，不可抵止，宜急移营待吉。

阴余所喜值符临，兼并六合及生门。但逢吉门必可行，取用伤门及九天。

莫逢白虎见伤残，杜门必须藏匿顺。死中有救可逃迁，景门虽喜不为绵。

惊飞逢忧必是忧，休门坚守不为愁。

凡作出行行兵之本宫，阴神余气最喜遇，作值符临之为吉，行兵必能转祸为福。其次喜六合来临，主将军中有人来求和或归降，事必成就。又要合生门以助之，兵必大胜。但逢吉门，便可出兵。若交战最利伤门，合阴神上之九天，则战必胜、攻必取。若阴神得白虎，则兵将皆有败衄伤残。得杜门则伏藏兵马，以暗计取胜。得死门则不利行兵，当移营逃遁，避贼凶锋。得景门火性燥烈，虽可出战以取胜，只不耐久，胜后即当收兵自固，若再追便防败衄。得惊门不可出兵，出②必遇贼，惊惶自乱。得休门，则宜坚守安静，休兵养锐，各随所合之门，以知兵之胜负也。

翻变阴神暗余气，阴神八将起于使。余气天盘宫必是，旺相休囚门宫视。

---

① 存，底本作“成”，据《御定奇门宝鉴》校正。

② “出”，据《御定奇门宝鉴》补。

龙从此处得其真，展翅飞腾万法生。阴余即是翻与暗，借神搜索真无算。

阳将阴神者，八将也。阳将者，以八将值符加于天上本将六甲旬头而行。阴神者，以八将值符加于天上值使之宫而行。时干为阳，故干上之将为阳将。时支为阴，故门上之将为阴神。同一八门也，一加于干上，一加于支上，两迁相合而翻出吉凶。吉能变凶，凶能变吉，故曰“翻变”。如干上之将吉，又要支上之将吉。若干上之将凶，得支上之将吉，则其凶可救。若干上之将凶，[1] 而支上之将又不吉，则其凶败不可救矣。余气者，以天上八门之五行，权四时之气候。当时者为旺，我生者为相，我克者为休，克我者为囚，生我者为废。如休门属水，旺于亥子月，相于寅卯月，休于巳午月，囚于辰戌丑未月，废于申酉月。余仿此。此余气得旺相相生之气，吉者愈吉。如逢囚死之气，则虽得吉门，无所用之。气之旺相休囚，各随四时而定，无有形迹，故曰“暗余”。是故星仪门将遇凶未可竟言凶，遇吉未可竟言吉，[2] 必查值使之阴神与八门之余气，然后可以定之。若阴神余气合得吉，始为全吉。凡行兵出阵，[3] 进退无阻，纵横自如，展翅飞腾，随我所向，无不胜捷。此乃借神借时令搜索吉凶，灵应无比。

旺相休囚即从门，吉凶反掌此处论。旺相之义非时候，生不生兮死不死。

吉凶全凭余气救，生则生兮死不死。若论八门气何所，开则通兮杜则阻。

景门小喜不久长，休为藏聚不飞扬。伤能转运捕捉获，惊是忧惶岂得昌？

天上八门当审其旺相休囚之气，此气即所谓“余气”也。八门之旺相休囚相值时候，则吉凶之见自易如反掌。假如休门为吉门值冬月，到坎宫得旺时居旺地，则吉者愈吉。又如惊门为凶门值夏月，到离宫得囚时居囚地，则凶者不能为凶。若八门不得生旺之气，则生门不生，死门真死。若余有救，则生门得生，死门不得死。八门皆然。开则四通八达，杜则闭塞阻滞。景门发扬振作得喜而不久长，休门休息聚会而不扬兵。伤门只可运粮而并捕捉，惊门惊惶忧惧而多怪异。若未合时候者，吉凶未可遽定。

---

① 凶，底本作“吉”，据《御定奇门宝鉴》改正。
② “遇吉未可竟言吉”，据《御定奇门宝鉴》补。
③ “行兵出阵”，据《御定奇门宝鉴》补。

奇门旨归卷三十四

武侯玄机赋下篇

天地定位，风雨无差。吉凶自呈，何用羲经。

天地能变，风雨无算。六甲无主，门气难处。

疆场之气最为灵，须自知之即有神。若是占之宜谨慎，[1] 何如生克化其真。

进退吉凶从此断，门仪神将细搜寻。九星八卦加八门，决此天机骨髓真。

天高地下，乾坤定位，则风雨应期，无有差忒。而奇门之天地两盘，亦如天地之安静定位，则风雨自有常期，吉凶自有定准。不必揲蓍求卦，搜寻爻象也。若天地两盘各有生克，八门休旺各随时候，俱难定准，必于盘中参考之。至于疆场争战之事，查看局中胜败存亡，尤为足验，但须占者知之以运用。神妙之术，要谨慎隐秘，视其生克变化之真机，与夫进退吉凶之玄奥，皆从八门、三奇、六仪、阳将、阴神、余气，搜寻断之自无不知，不可徒事口耳以泄漏玄机也。

法在天兮用在人，占物之应莫搜奇。壬先射覆奇克应，恍惚之中用使时。

忽然午未难分别，或言辰巳是和非。此乃轩辕定时法，静中察物辨其宜。

奇门之法，玄妙难知，如天之高而不穷，故天地间之事事物物，悉在其中。吉可趋，凶可避，造化可以挽回，随问随答，不假思索，顺乎天而不杂以人，自然吉凶之验如响应声，无所不灵。切勿以私心搜索玄奇，以涉于伪妄。六壬以射覆为先锋，奇门以克应为微妙，触机即发，物来顺应。凡有所遇，恍惚之中，或用当正时，或随便撮取一时，布局推占。云翳雨蒙，皆用此法。不必搜求时刻，只要静心理会，无有不验。

甲乙自然体相木，丙丁火性自无移。戊己中央必是土，庚辛壬癸金水仪。

木直土方金主圆，水形弯曲火形尖。木蓝土黄金色白，火为紫赤水为玄。

长胜他兮即木体，偏斜尖削火形占。形兼方正土为主，金末砂尘也是圆。

多纹多曲皆为水，五行分属并无偏。

此以三奇六仪推占克应之法。甲乙属木，体长色青蓝；丙丁属火，体偏斜尖削色紫赤；戊己属土，体方正色黄；庚辛属金，体圆砂碎色白；壬癸属水，体多纹湾曲色

---

[1] “若是占之宜谨慎”，据《御定奇门宝鉴》补。

苍黑。

蓬星为白芮星黑，冲是碧兮辅是绿。中央禽将色为黄，心星色白柱星赤。

任星白兮亦兼黄，英星紫兮尤兼赤。追体之时有生克，总然消长搜其实。

此以九星推占克应之法。天蓬水星，其色为白。天芮土星，其色为黑。天冲木星，其色为碧。天辅木星，其色为绿。天禽土星，其色为黄。天心金星，其色为白。天柱金星，其色为赤。天任土星，其色为白。天英火星，其色为紫。而其物之方圆曲直，亦如奇门之法推之。其物之多少、新旧、全缺、生死，皆以生克衰旺推之。

值符贵物及钱财，体是青龙木属排。螣蛇非丑多形怪，假作空虚异处栽。

太阴雕作文书事，又兼飞物并羽毛。六合原来是布帛，果实相连上下交。

白虎物烈多伤损，铁石相兼破及危。玄武通灵不测物，水族胎形字迹随。

九地之司光不佳，深藏旧物及神祇。九天利器及盘旋，更得有声与有足。

此以八将推占克应之法。值符属六甲，为青龙，是贵神，主尊贵之物及银钱财帛。螣蛇主丑陋、怪异、空虚、花假之物。太阴主雕琢、刻镂及文书字迹，或羽毛飞动之物。六合是布帛、果实、二体交连之物。白虎是燥烈、损伤之物或铁石之类，其体必有破坏兼有锋芒。玄武是水中鱼蛇蛹蛋、字迹、屈曲、多[①]纹之物。九地是故旧神像、糊涂暗昧不明之物。九天是刀衅、活动、有声、有足、光亮、玲珑之物。

甲乙之气是青龙，木体苍然直瘦同。更有丝麻兼布帛，总然花果属相从。

丙丁之物朱雀是，彩体华形状若尖。更有文书兼字迹，羽毛飞舞属相连。

戊己之属是螣蛇，形若盘旋有口斜。物属土形方且厚，沙与磁器真不谬。

庚辛白虎属是金，体洁身坚若有声。阳气在时真铁石，阴强必定是金银。

壬癸之属玄武是，两体相成形假如。鳞甲水中一切物，更兼水曲及珍珠。

此以时干推占克应之法。甲乙属木，故其物花卉、直[②]瘦，或丝麻、布帛、花果之类。丙丁属火，故其物华彩、偏斜、尖角，文字、飞动、羽毛之类。戊己属土，故其物盘旋、有口、方厚，瓷器、砖瓦之类。庚辛属金，故其物坚实、洁净、有声在阳宫是铁石，在阴宫是金银。壬癸属水，故其物多纹、弯曲，鳞甲、珍珠、水族之物，或其形状皆两体合成一物。

休为坎坑象，包裹亦相同。生是初成物，身如山体隆。

伤为转动者，其气附青龙。杜有难通利，乍成无有终。

景气必奢华，光芒体似霞。死中无活动，体废定无差。

惊气多损伤，有口及歪斜。开门通利物，刚健动相加。

此以八门推占克应之法。休门属水，故其物有坑坎缺陷，外有包裹。生门属土，是新成之物，其身高大，如山之有峰峦。伤门属木，故其物能震动，有响声。杜门属

---

① “坏兼有锋芒。玄武是水中鱼蛇蛹蛋、字迹、屈曲、多”一段，原本阙，据《御定奇门宝鉴》补。

② “卉、直”，原作“青赤”，据《御定奇门宝鉴》改正。

木，故其物闭塞不通、尚未成就者。景门属火，其物华彩有光芒，皎洁可爱。死门属土，其物死而不活，且废缺不全。惊门属金，其物伤损缺口，歪斜不正。开门属金，其物圆转通利，刚健能动，是官贵家所存者。

诸物形体有分属，将神主管各归宗。上衣下裳成六合，丝麻布帛是青龙。

石为白虎金同主，九天金主石难同。玄武螣蛇俱转变，再观利器九天重。

值符常为首领物，玄武多来下物看。太阴六合交合物，有声飞舞入九天。

歪异螣蛇伤是虎，玄武乘之有秽污。

此以阳将阴神推占克应之法。诸物之形体，六合为上衣下裳相和而成物。青龙即值符，为丝麻、布帛之物。白虎为金石之物，九天为金铁之物。玄武螣蛇相合，其物能转移变动者。白虎九天相合，为利器刀枪。值符是首上之物，玄武是下体之物。太阴、六合是两体相合文彩之物。九天是飞扬有声之物，白虎是伤残之物。螣蛇是歪斜怪异之物，玄武是秽污不洁之物。

击刑之物必无余，定有身伤体不坚。更为刑格占同类，不缺身躯少半边。

入墓之物不遇时，更兼美物不扬之。天乙飞宫将欲损，动之破败真有准。

伏宫之格埋藏物，此物当藏不当露。玉女守门物喜食，隐私和合喜盈溢。

青龙逃走受损伤，本物身形将有失。白虎猖狂口大开，一般美物忽然衰。

白入荧兮因火成，荧入白兮因火败。丁合重重何所主，兼之饮食妇人依。

青龙回首钱财进，旺相休囚是总机。飞鸟跌穴文书至，门神气内合其宜。

五行为主俱全备，一一挨排仔细推。合体合形合其的，总然灵应要相随。

取其配合各相当，多生多喜多光辉。多死多伤多破败，阴阳变化依此推。

此以诸格推占克应之法。击刑、刑格主刑破伤损，故其物必主残伤破缺。奇仪入墓，必非应时之物，暗昧无光彩。天乙飞宫，将损未损，动之方破败。太乙伏宫，其物隐藏不露，无人见者。玉女守门，其物从饮宴中来，阴私和合之物。龙逃走，其物受伤，身形破缺。虎猖狂，其物有口而张开，美物忽变为丑恶。白入荧，是火中锻炼而成者。荧入白，是为火烧毁而败者。上下丙丁相合，玉女重重，当有酒食欢迎、妇人归依者。龙回首，钱财进益。鸟跌穴，文书到家。总以八门阴神余气休囚旺相推断之。天地两盘，推排无差，自无不验。其奇仪星门多生则多喜有光辉，多死则多伤有破败。

人取年干为命，主时之局为定。便取本命为题，次看九星何宜。

推人命运，以本人生时奇门之局为主，然后即于局中搜寻本人生年干支局，即其为人之本命。取其本命之局以推，其一生之穷通寿夭、吉凶祸福、妻财子禄，俱可知也。

正时推占重时位，符为我兮使为配。

此不知本命而以正时推占其命运也。天上值符宫之星仪门将为本身，值符下地盘之星仪门将为住宅、为子孙，值使之门为立业、为妻妾、为官职、为客旅，值使下地盘之星仪八门为地头、为任所、为子女。

生我之干为父母，我生之干为子孙。比肩即是兄弟，克我官禄兼疾。

我克妻位及财，阴阳分别宜忌。十干之气本流通，命数相逢有吉凶。

合用奇仪评消长，九宫休旺视门中。

推人年命，以局内年干为主。以正时推占，则以局内天上时干为主。查看各宫，凡奇仪之生我干者为父母，我干所生之奇仪为子息，与我干相比肩之奇仪为兄弟，奇仪之克我干者为官、为疾厄，我干所克之奇仪为妻妾、为财禄、为奴仆。皆以奇仪之阴阳分男女贵贱，以八门之生克休旺定各属之吉凶。

父母休兮亲更切，兄弟爱敬心诚竭。子孙不宜聚与藏，官禄安稳病难灭。

妻妾当为重似珍，财帛丰隆永不绝。

休门主休养安和。父母逢休，父慈子孝，和气蔼然。兄弟逢休，真心爱敬，无分彼我。子孙逢休，少有和合，各守家园。官禄逢休，功名得手，职位安稳。疾病逢休，隐虚暗疾，延拖难愈。妻妾逢休，幽闲贞静，和偕得助。财帛逢休，钱财益进，滔滔不绝。

父母生兮先最重，兄弟和顺自多情。子嗣兴旺及忠诚，官禄荣华无疾生。

妻妾和同诚且贞，生平财物自嘉亨。

生门主发生安闲。父母逢生，财禄旺相，安福尊荣。兄弟逢生，和顺爱敬，情谊深切。子孙逢生，家道兴隆，义高得厚。官禄逢生，官职荣升，显荣赫奕。疾厄逢生，身躯强壮，无灾无病。妻妾逢生，和顺贞洁。财帛逢生，积聚富厚。

父母伤兮半似萍，兄弟交谊淡无情。子嗣气美多振发，官禄颇佳疾不成。

妻妾才德调内治，欲多财帛用辛勤。

伤门主振动伤残。父母逢伤，残忍寡爱，性若浮萍。兄弟逢伤，一生不和，无情无义。子孙逢伤，后嗣美丽，振作英发。官禄逢伤，显赫威权，亦多掣时。疾病逢伤，手足拘挛，骨节疼痛。妻妾逢伤，才德俱全，内治有力。财帛逢伤，远谋奔走，辛勤成家。

父母杜兮难逢，兄弟不堪交接。子嗣欲得阴功，官禄难兮病息。

妻妾性难调和，晚年方许财帛。

杜门主闭塞无为。父母逢杜，一生蹇滞，牢守家园。兄弟逢杜，彼此睽违，情同陌路。子孙逢杜，难生少育，须藉阴功。官禄逢杜，仕途闭塞，难得职位。疾厄逢杜，少病少灾，风病宜防。妻妾逢杜，心性闭涩，难以调和。财帛逢杜，少年贫窘，晚来方裕。

父母景兮假爱，兄弟面目相待。子嗣生多实少，官禄疾病年少。

妻妾初和后怨，财物虚花易见。

景门主张大虚花之事，事无实济。父母逢景，浮躁虚假，狂风疾雨。兄弟逢景，无情少义，面上虚文。子孙逢景，生产难育，后养螟蛉。官禄逢景，少年早发，忽升忽降。疾病逢景，风火暴疾，易作易止。妻妾逢景，聪明智慧，心性乖舛。财帛逢景，以无为有，虚张声势。

父母死兮难济，兄弟莫伸仁义。子嗣虽有若无，官禄疾厄无气。

妻妾见克方存，财帛耗伤聊聚。

死门主死亡败绝，凡百无成。父母逢死，病不离床，死亡相继。兄弟逢死，无情少义，刑克伤亡。子孙逢死，刑伤忤逆，虽有若无。官禄逢死，功名不遂，南亩终身。疾病逢死，困苦难疗，终致损生。妻妾逢死，必有死亡，继室方安。财帛逢死，虚耗伤败，聚散不常。

父母惊兮难稳，兄弟两两存心。子息才多少德，官禄闲职疾危。

妻妾口舌不和，财帛虽有若无。

惊门主惊惶不安。父母逢惊，生平多怨，父子不和。兄弟逢惊，乖戾欺妒，各使神通。子孙逢惊，恃财矜夸，刻薄少情。官禄逢惊，风波不定，间职闲员。疾厄逢惊，卒暴惊险，危笃傍惶。妻妾逢惊，诡诈口舌，夫妇不和。财帛逢惊，寡少难聚，入不偿出。

父母开兮性似萍，兄弟疏淡半为情。子孙在此多聪俊，官禄丰隆疾不侵。

妻妾多能并多德，资材易聚亦易分。

开门主豁达开畅。父母逢开，性不真切，浮泛相待。兄弟逢开，意不相联，似亲非亲。子孙逢开，聪明俊秀，科甲贵显。官禄逢开，功名显达，职位高迁。疾厄逢开，一生少病，强健安和。妻妾逢开，正直果决，内助贤能。财帛逢开，赀财难聚，聚亦易散。

值符天乙为多吉，螣蛇古怪半虚花。太阴谋算非全美，六合多权岂是伪。

白虎伤残多破损，玄武心灵诡诈准。九地暗昧少繁华，九天无情面是假。

此以八将推占年命之法。值符为贵神，加本命非贵即富，正直端方，人皆尊敬，生平有吉无凶。螣蛇加本命，做人必古怪难交，言语欺诳，作事虚花，有名无实。太阴加本命，一生善于计算，阴谋诡诈，终无良策。六合加本命，心性和同，恩仇一类，善恶无分，同流合污。白虎加本命，做人残刻无情，所遇伤损，一生破败。玄武加本命，不是穿窬便是劫盗，立心阴险，做事恶毒。九地加本命。阴晦暗滞，昏迷度日，毫无光彩之色。九天加本命，虚张声势，爱假门面，情义实少，不可依仗。

探取格局命宫占，星吉仪安生气全。若得将神为我用，格高元内占为天。

若寻子午卯酉位，临一合一定无偏。五行全备为生气，上下循环为转旋。

此乃占之为尊格，五行迫逆莫交连。旺气最喜阳生阴，不堪阴气迫相兼。

占问性气何所来，旺相休囚将性看。

此以格局推占年命之法。凡人本命之宫，要奇仪无克，九星不入墓、击刑之乡，不逢凶格，宫门相生，阳将阴神值符、太阴、六合、九天扶助，又落在子午卯酉正四宫，又属阳时阴星生旺，此为最尊贵之高格局。主其人才学出众，安富尊荣，科甲联登，官居极品，出将入相，封先荫后贵极之命。而其气性，即于八将九星仪奇八门之旺相休囚定矣。

坐命青龙，满面仁风，更和美格，多始多终。

螣蛇之性，虚戏无诚，成之败之，多疑多惊。

太阴之性，多谋多为，刚柔其性，廉洁其德。

六合多情，心性如萍，男少悭吝，女多妖淫。

白虎金神，性急无情，女则多伤，男则多刑。

玄武诡谲，穿窬盗贼，性多奸诈，暗地筹划。

九地蒙蒙，其质多恭，幽隐暗计，为毒为凶。

九天锵锵，其气扬扬，无私无曲，为暴为刚。

此又以八将推占人性情之法。六甲值符属青龙，其人仁厚温和，若合得美格更妙，作事有始有终。螣蛇之性，虚花不实，无有诚信，多疑猜，善呻吟，有成有败。太阴多谋多为，能刚能柔，其性廉洁。六合面上有情，心无专主，不生悭吝，女命逢之，淫乱污秽。白虎性刚激烈，逼迫无情，有杀伐之心，遭刀兵之惨，在女人则有损伤。玄武性多奸诈，不是盗贼，便是穿窬，暗地谋人，难于防备。九地性昏蒙，秉质重厚，能阴谋，善筹划，作事手毒。九天性气发扬，浮躁刚暴，英气逼人，令人难当，然心无私曲，掣日月而行，不为暗昧事。

十干克制不堪当，甲乙金宫怕性刚。丙丁坎内宜无吉，戊己原来惧杜伤。

庚辛离上为仇敌，壬癸须愁生死方。

此以十干迫制推占年命之法。甲乙属木，加于乾兑两金宫，木被金克，金旺木衰主有折伤之祸，木旺金衰则木无恙。丙丁属火，加于坎宫，火被水克，水旺火衰则主有灭亡之祸，火旺水衰则火无害。戊己属土，加于震巽两宫，土被木克，木旺土衰主有痈疽疮毒之症，土旺木衰则土无伤。庚辛属金，加于离宫，金被火克，火旺金衰主有痰火嗽痨之症，金旺火衰则金无咎。壬癸属水，加于坤艮两宫，水被土克，土旺水衰主有下元虚耗之灾，水旺土衰则水平安。凡门宫奇仪同宫相克犯，皆如此法占之。

九宫最喜是天乙，螣蛇白虎有疾厄。太阴诸宫俱加之，六合不堪女淫佚。

玄武最喜疾并财，九地藏财为大吉。九天刚烈何所宜，官禄命宫真有益。

此以八将推占年命之法。八将之中，最喜是值符贵神，命宫及父母、兄弟、子孙宫遇之，必主富贵尊荣。螣蛇白虎加之，必主有疾。太阴吉神，不拘何宫，加之皆吉。六合之宫，百事和谐，惟妻妾宫忌之，有此必主淫佚无耻、丑声远播。玄武各宫俱不宜，到惟疾厄宫加之，则终身少病；财帛宫加之，则喜聚金钱，必成富翁。九地幽暗闭藏，诸宫俱不喜，疾厄尤忌，定见死亡；惟财帛宫逢之则吉，金银满室，盗贼不能劫。九天性烈，他宫不宜，惟官禄宫逢之，主功高显达，职位超迁；本命宫遇之，尤喜。

宫中合格有忌宜，三遁不宜惟中吉。甲丙丙甲诸位尊，疾厄不堪逢此格。

金临火位财有耗，火临金位为疾厄。螣蛇夭矫俱为凶，朱雀投江厄中厄。

小格大格并入墓，天网击刑伤且祸。诸凶最喜疾厄宫，又有相同不相同。

螣蛇夭矫生怪异，不堪疾厄最为凶。诸般美格俱喜之，此是疾厄当避时。

此以所合格局推占年命之法。诸格中有宜有忌。如天地人三遁是吉格，而本命宫中得之则不吉，只可安守家园，不能显达。惟甲加丙、丙加甲，各宫皆利；惟疾厄宫得之，一生疾病缠绵。太白入荧惑，作事受亏，一世贫穷。荧惑入太白，火旺克金，嗽唠喘急。六癸加丁，昏迷惑乱，事事嗟伤。六丁加癸，忧愁恐惊，自投刑狱。庚加癸为大格，庚加壬为小格，庚加己为刑格。奇仪入墓、天网四张、击刑、自刑诸凶格，逢之俱有刑伤阻格，惟疾厄宫逢之则无灾无疾。若逢关格、反吟、伏吟，则主反胃痞塞。螣蛇夭矫、白虎猖狂，不利疾厄宫，逢之必主久病淹缠、怪异癫狂之病，有性命之忧。余格均喜。

值符九星透羲易，临宫配卦占凶吉。更有门宫配卦法，阴阳动静互相质。

爻中纳甲配宗亲，穷通寿夭六位陈。世是命兮身是应，若居吉位显尊荣。

大限阳升阴即降，便从命上起初终。小限升沉反于此，周而复始出身中。

再查贵神与禄马，刑冲破煞及三凶。

此以值符、值使所到之宫配合重卦，以推占人年命之法。值符之九星为上卦，地下之宫为下卦，合之成重卦，此以占男子、占在家及本身之吉凶。值使之门为上卦，地下之宫为下卦，合之成重卦，此以占妻妾、占妇人、占出外经营、仕途之吉凶。既成卦象，配纳甲取其生克，加以六亲，世爻为命，应爻为身，大运以轨数取之。视世爻之策若干，分阴阳老少之数，再加纳甲干支先天之数，共得若干，以卦爻六数去之，用余数为初限，倍余数去六数为中限，倍中数去六数为末限。每爻十年，周而复始，此大运也。大限自世爻起，阳爻自下而升，阴爻自上而降，五年一爻，周而复始。小限亦从世爻起，阳爻自上而降，阴爻自下而上，周而复始。再查贵神、禄马到何爻，刑冲破煞在何位，则穷通寿夭、富贵贫贱皆可预知。详具别卷。

择日须知兼所忌，本命行年宜畏避。三奇要识五行全，六神随运看兴替。

莫将次第说盛衰，泊宫本位君须记。数重刑害数重丧，几处凶神几祸至。

纯阳不利纯阳龙，纯阴不利纯阴地。自刑一遇便遭凶，造命荒唐岂为功。

龙虎二符遇三奇，若得吉地偏多喜。阴阳对照百神藏，胜于九宫数尊帝。

此是通玄经内文，句句真谛须细味。

此系选择吉日法也。凡本命行年，不可遇刑冲破害，符使要得吉星方吉。若遇凶门凶星，必遭殃祸。自刑之日，尤不可用。至于《通书》中选择必造成一命局，尤属不通。甲辰壬、申寅癸，一为天网，一为地网，俱不可用；然得三奇相合，反能召吉。一切起造营葬，总须太阳对照，百凶皆避，不敢为殃。

阴阳二遁分三元，逆顺诸宫自具陈。第一随年求太岁，次看月建打头轮。

月建轮流分善恶，分明更检九宫因。乾坎艮离为吉宿，坤兑震巽是四宾。

中宫土宿非良曜，九座惟兹要杀人。超神接气能久悟，择日临方是此真。

年、月、日、时，俱分三元。年、月俱用一四七阴局。日则冬至后用阳局一七四，夏至后用阴局九三六，阳顺行，阴逆行。第一要查太岁在何宫，次查月建在何宫，即将年月干支所到宫之星，提入中宫，顺飞九宫，以查生克吉凶。假如阳一局，以一宫起甲子，二宫乙丑，三宫丙寅，四宫丁卯。如系丁卯年月，即以四绿入中宫，五黄飞在乾，六白在兑。九星所到，各有吉凶，惟五黄最凶，到处犯之，无有不损伤人口，选择最宜谨慎。

随日既能神妙用，再从月建觅游神。从建求来起太岁，只将太岁避凶神。

丧门岁前二宫是，官符岁后八宫分。此是三神游地下，犯之立见祸相侵。

太岁原为地下君，犯之飞祸入门庭。受祸无非是家长，一家沦落不由人。

丧门命要收魂魄，犯之丧祸便临门。死者就中多少壮，常闻哭泣动比邻。

官符自来招官讼，犯者纷纷起斗争。枷锁狱中无计免，他时流泪不由人。

岁破之星忧宅母，白虎丧讼小儿凶。病符灾疾忧家长，吊客死符丧祸重。

惟有太阳与福德，添丁生子制诸凶。太阴除病家生女，龙德能消瘟疫空。

此是仙人真秘诀，凡夫莫与论其踪。

此论择日以十二支方取太岁定吉凶也。以地盘岁支位上起，一太岁，二太阳，三丧门，四太阴，五官符，六死符，七岁破，八龙德，九白虎，十福德，十一吊客，十二病符，顺行十二宫。犯太岁，宅长，大凶。修太阳，能制诸煞，移床此方必生子。犯丧门，主死丧哭泣。修太阴，主生女，散病患。犯官符，主口舌官讼。犯死符，主灾病死亡。犯岁破，杀宅母。修龙德，散疫讼。犯白虎，主哭泣死亡，杀小儿。修福德，添丁生子。犯吊客，主丧服。犯病符，主疾病。

极究机中玄奥，凡占俱备无空。观定宫内何主，次搜消息吉凶。

泄尽天机玄妙，当为圣主图功。虽得千金勿授，妄传小辈兴戎。

若将此法轻言，罪犯天诛不容。谨藏金匮玉函，更宜口慎三缄。

此赋发尽奇门玄奥，诸事皆备。先观符使两宫，是何格局，有无生克，是否刑墓，然后搜寻其吉凶推详断之。得其要妙之法，可以占卜百事，可以趋避吉凶，可以营造驱遣，战必胜，攻必取，兴王定霸，建功策勋，宰制六合，传名千古，真济世之宝也。若妄传匪类，侍得真法，兴兵创乱，屠毒生灵，为害不小，慎之重之。

按：此赋上中下三篇，天事人事兵事，无不悉备；而于奇门玄奥，固已发尽无遗，的是武侯真本，非后世伪托者所能望其万一。学者须熟读其词，冥心理会，反覆研究，无间初终，则旨趣之深，久自融会而有得也。独惜坊本以讹传讹，篇段错简，字句乖违，每深憾焉。近得抄传古本，较核厘正，无残断割裂之苦，无疑似莫解之嗟，故述之以公同好焉。**星源氏识。**

奇门旨归卷三十五

奇门演卦

奇门演卦，其法不一。有以值符与值使合而成卦者，有以八门共八方合而成卦者，二者所用不同。其符使所成之卦，可用之以克静应日期时候。军兵对垒，用之以定主客雌雄、阵势得失。或邦国治乱，以之卜地土安危；谒访出行，以之占去向通塞。至于捕捉、逃亡、行人、失物，俱可用此而推之。其门方所成之卦，可以克路应、察来意，又可以卜自己日内之吉凶，并可以决他人未来之祸福。至于鸦鸣鹊噪，什物响动，一切异兆，皆可用之而预卜其休咎。

符使演卦例

其法以地盘值符所在之宫为内卦，天盘值使所在之宫为外卦。假如阳遁一局甲戌旬中辛巳时，地盘直符在坤二宫，天盘值使飞在九离宫，离为火为外，坤为地为内，内外共合演成火地晋卦，装出世应、六亲、六神，以断休咎，则了然矣。余例推。

门方演卦例

其法以八方定位为外卦，飞临之八门为内卦。假如阳遁一局丁卯时，此时休门值使到四巽宫，即为水风井卦。余皆例推。但一时有八卦，而所用止一卦。如克路应，只看所去方上之卦；卜来人善恶，只看其来方之卦；卜来人灾福，只看其人所坐方位之卦；卜自己吉凶，须看何方响动，即看其方之卦；卜鸦鸣鹊噪，并一切怪异，均看其所在方位之卦。

节候发验

万物之成在于何时，则其败坏之期，即定于其成之之时也。物之败坏，当在世爻破空绝之时。而埋碑碣文书，须看何时提出世卜所伏之父母爻，及何旬空去其世爻，是其期也。又须合内外两卦之数，以定其年分、日子之多少。假如阳遁一局乙亥时，演成雷地豫卦，世爻未土败于酉，绝于巳，破于辰，受克于寅卯，空于甲申旬。凡此甲申旬中，寅卯巳酉年月合破也。若定开折文书、发掘碑记，当在甲申旬子午年月日时也。盖以子水文书，伏在世爻乙未之下，赖子来提起，午来冲起，而用甲申旬中，又能空去飞爻未土故也。

主客雌雄

世为客，应为主。世克应、应生世，利为客，宜先动；应克世、世生应，利为主，宜后动。世空客兵不进，应空主兵不前。世衰应旺，客弱主强；世旺应衰，客勇主怯。世应比和，主不战，亦不分胜负。若世应俱受月日伤克，多败。

阵势得失

我为客，则以应为彼。世为我，我为主，则以世为彼，应为我。我克彼宜战，彼克我宜守。我生彼而旁爻并月日伤彼，宜用奇兵以胜彼。彼生我而旁爻月日伤我，宜防贼来侵我。彼乘火，我乘水，利水战。彼乘金，我乘火，利用火攻。又我金彼木，宜排圆阵，用白旗，金命人前出，可以制胜。我火彼金，宜排尖阵，用红旗，火命人前出可以制胜。我土彼水，宜排方阵，用黄旗，土命人前出，可以制胜。彼土我水，宜排长阵，用绿旗，木命人前出，可以全胜。如克彼之爻居离宜从南击北，居兑宜从西击东，居坎宜从北击南。月日助我则吉，助彼则凶。

六亲克应

父：为老人、为缝人、为画师、为吏人、为文人、为书册、为布帛。

子：为小儿、为禽兽、为道士、为医生。

财：为妇女、为饮食、为钱财。

官：为官员、为公人、为病人、为恶人。

兄：为亲戚、为朋友、为贫子。

六神克应

青龙：为儒者、为僧道、为医生、为书客、为轿伞、为鱼、为树枝、为喜庆事，如嫁娶、祝寿、馈赠等事。

朱雀：为文人、为书吏、为口舌、为呼唤、为牙行人、为哭啼、为笑语、为飞禽、为红色物。

勾陈：为流作、为农人、为跎子、为牵牛、羊人、为捕捉、为公门人、为拐子、为提携、为阻塞、为争斗、为跌。

螣蛇：为妇人、为卖婆、为朵花、为骂詈、为奇闻异见、为绳索、为蛇、为污秽、为臭气。

白虎：为恶人、为屠人、为病人、为孝服人、为血光、为斗打、为行丧、为石匠、为刀斧、为鼓声、为疱人。

玄武：为卖鱼人、为卖盐人、为乞丐、为娼、为贼、为酒醉、为雨伞、为木匠、为水夫、为鱼、盐、酒、油。

八门克应

乾：为官长、为老人、为病人、为僧道、为公门人、为孝服人、为马。

坎：为渔人、为水法人、为乞丐、为猪、为鱼、盐、为油、为水。

艮：为童子、为山人、为猫、为犬、为砖石。

震：为龙、为雷、为轿、为鼓声、为术士、为商人、为舟子、为木匠、为笔客。

巽：为风、为女人、为鸡鹅鸭、为道士、为秀才、为柴薪、为竹器、为花木。

离：为妇女、为炉治人、为患目人、为红衣人。

坤：为老妇、为农夫、为裁缝、为乐人、为戏子、为医生、为牛、为布帛、为食物、为药饵。

兑：为少妇、为尼姑、为羊、为响声、为歌唱、为口舌。

地支克应

子：为妇女、为小儿、为渔人、为舟子、为染匠，乘勾陈为蛇子，乘玄武为盗贼、乘螣蛇为轻狂妇女、为菜，为青菱、为菜油，青龙为笔。

丑：为耆老、为故旧、为庭书、为耕失、为尼姑、为秃头人、为大腹人。

寅：为官员、为公吏、为儒者、为祝子、为胡须人。

卯：为童稺、为舟子，乘朱雀、为牙行人。

辰：为凶徒、为牙侩、为猎人，乘白虎为屠人、为网罟，为鱼，乘勾陈为缸。

巳：为画师、为匠工、为远客、为疱人、为二女、为师姑、为炉治人、为扇子、为花朵，乘朱雀为印、乘白虎为弓弩。

午：为马夫，乘龙为官员，乘螣蛇为妇女、为旌旗，乘勾为武官，乘虎为患目人。

未：为农夫、为乐人、为戏子、为裁缝、为寡妇、为媒婆、为师巫，乘勾为牵羊人、为柳，乘龙为医生，乘朱为橘。

申：为贵人、为铜锡匠、为剃头人，乘龙为僧人、为铜钱，乘为缉捕人，乘虎为猎人、为箭、为绵絮。

酉：为妇女、为银匠、为佛婆，乘玄为娼妓、为酒保，乘虎为孝服人、为锣声，乘朱为鸡、鹅、鸭。

戌：为犬、为猎人、为狱吏、为军卒、为僧人、为聚众，乘蛇为菊花，乘虎为铁器，乘玄为鲁。

亥：为卖鱼人、为挑水人、为屠宰人，乘虎为梅花，乘玄为雨伞、为蓑笠，乘蛇为绳索、为猪秽，乘龙为图画、为幼孩，乘朱为猪玄蛇、为乞丐、为龙为鱼，乘朱虎蛇为哭泣，乘勾虎蛇为鍊锁。

八门主事

开：宜征讨、谋望、入官、见贵、应举、远行、嫁娶、移徙、商贾、营建，不宜治政有私人窥伺。

休：宜面君、谒贵、上到任、嫁娶、移徙、商贾、营建诸事皆吉，不宜行刑、断狱。

生：宜征讨、谋望、入官、见贵、嫁娶、移徙百事皆吉，不宜埋葬、治丧。

伤：宜渔猎、捕讨、索债、博戏、收敛货财，俱不宜。

杜：宜捕盗、翦凶、决隐狱、填塞沟壑，余俱不宜。

景：宜上书、献策、招贤、谒贵、拜职、遣使、行诛、突阵、破围等事，余俱不宜。

死：宜决断、刑狱、吊丧、埋葬等事。

惊：宜掩捕盗贼、惊惑乱众等事。

右八门最怕迫制，吉门有气益吉，无气减吉，凶门有气益凶，无气减凶。

九星主事：

蓬：宜安抚边境、修筑城池。不宜入官见贵、嫁娶、移徙、商贾、营建。凡征战将兵辰戌丑未月日加二五八宫、利为主。申亥子月日加九宫、利为客，贪狼星也。

任：宜立国邑、化人民、入官见贵、求请、应举、商贾、嫁娶。不宜移徙、营建。凡将兵亥子寅卯月日加三四宫、利为主。辰戌丑未月日加一宫、利为客，左辅星也。

冲：宜征伐战斗、报怨酬恩，不宜上官见贵、嫁娶、移徙、商贾、营建。凡征战四季申酉月日加六宫七宫、利为主。亥子寅卯月日加二五八宫为客，禄存星也。

辅：宜修道设教、诛凶伐暴、入官见贵、嫁娶、移徙、商贾、营建、应举、谋望。凡将兵征伐与冲星同，文曲星也。

禽：宜祭祀、祈福、断灭群凶、入官见贵、锡爵赏功、应谋望、嫁娶、移徙、商贾、营建。凡将兵征伐亥子寅卯月日加三四宫、利为主。辰戌丑未月日加一宫、利为客，廉贞星也。

英：宜上官、见贵、应举、报书，不宜嫁娶、移徙、商贾、营建、祭祀、远行。凡征战申酉亥子月日加一宫，利为主。寅卯巳午月日加六七宫，利为客，右弼星也。

芮：宜崇尚道尊、师友亲，入官、见贵、嫁娶、移徙、商贾、营建，凡将兵征伐与任星同，巨门星也。

柱：宜修筑营垒、训练士卒，不宜入官见贵、嫁娶、移徙、商贾、营建、凡将兵征伐寅卯巳未月日加九宫，利为主，四季申酉月日加三四宫，利为客，破军星也。

心：宜兴师陈旅，诛暴伐恶，入官见贵，应举求谋，嫁娶移徙，商贾营建。凡将兵征伐，与柱星同，武曲星也。

右九星有气而合奇门，吉者益吉，凶者减凶。若无气而不合奇门，则凶者益凶，吉者不吉。

八卦类神

坎：北道、舟程、黑色、咸味、酱糊、水膏、绳索、乐器、水泻、遗精、耳肾、腰疾、深听、智谋、漫事、曲折。

坤：城隍、司命、土社、谷帛、田野、仓场、云雾、沙石、老女、道姑、脾胃、腹疾、乡农、斗殴、思虑、牢狱、符药、丸散、医筮、算卜。

震：甲乙、青龙、禁庭、内翰、舟船、车马、泰岳、宫观、庙宇、家神、林麓、妖怪、肝胆、四肢、长男、忧喜、游猎、威声、相貌、俊伟、蒜菜、瓜菜、腥酸、鲜味、功力、巧雕、云龙、怪异。

巽：山林、竹舍、进退、藏隐、悬吊、安柱、绳索萦结、工巧机关、诸事湾环、长女新妇、秀士幽闲、绝烟神庙、股肱、手足、风寒、气证、肝胆、眼目。

乾：君父、显官、僧道、老人、宝石、铜铁、金石、丝声、色白、形圆、体坚、味辛、刀砧、锤铃、骨脑、股肋。

兑：破损、毁折、阴人、灾厄、少女、妓妾、咽喉、口舌、妖邪、不正、诡言、虚谲、缺地、废井、刀针、铜铁。

艮：少男、山冈、径路、石岸、土坑、瓦块、山村、寺观、动止不常、坚硬多节、鼻背、手指、气血积结、色黄、味甘、进退、生灭、脊背、痈疽、手足疮疖、虎豹狼狈、鼠狗之物。

离：神圣公像、闪电星光、赤鸦丹凤、火龛烟窗、灯笼红盒、酒食馨香、焙炙药物、带壳而尝、炊炒性热、紧急熏蒸、祖先宗庙、明堂客厅、炉鼎火具、诗赋词文、眼目心血、潮热虚惊。

九星类神

蓬：为水、为后、为水火盗贼，其音为羽，入官逢盗贼，起造移徙防兵火，婚姻防翁姑，胎产损伤，商贾远方遇仇人侵害，行人即归，兖州分野。

芮：为士、为教师、为良朋益友，其音为宫，宜于秋冬，起造、嫁娶、迁徙，当招官讼，或有盗侵。占行人则归，经商失财，破侣，梁州分野。

冲：为雷祖天帝、为木、为武士，其音为角，宜出军，若移徙、商贾不吉，嫁娶防害，一年之内见凶，修造三年，当有凶事，上官利武职，徐州分野。

辅：为草、为民，其音为角，春夏婚姻、移徙大吉，秋冬诸事不利，荆州分野。

禽：为工、为师巫、为法士，其音为宫，宜祭祀神祇，商贾、埋葬、移徙皆吉，秋冬大利，春夏小凶，寄于坤宫，依门傍户，其神不正，吉亦非全，豫州分野。

心：为金、为高道、为名医，其音为商，宜书符合药，春夏不利修造。宜移徙、嫁娶，不可商贾。此日时晴明大吉，冀州分野。

柱：为金、为隐士、为修铼，其音为商，宜固守隐迹，或为阴谋，不可移徙、商贾、嫁娶皆不吉，雍州分野。

任：为土、为富室，其音为宫，嫁娶生子大贵，上官谒贵全吉，惟修造不利，商贾、远行春夏大吉，青州分野。

英：为火、为炉冶人、为残患，其音为徵，宜远行、献书，不宜商贾，主失财物，修造失火，上官有灾，只宜嫁娶，扬州分野。

九神类神

值符：禀中央之土，为贵人之位，能育万物，大将宜居其下，为人性清高而重厚，为仙佛、为尊贵，失令则为牙媒，于物为印绶文章、金银首饰、丝麻布帛、珍宝谷鳖、獬牛之类。变异则为水木之妖，鳞鱼之怪，其于事也，旺相则为喜庆、诏书、筵会、酒食，休囚则为哭泣、愁闷，其色黄白，其形端方，其数八。

螣蛇：禀南方之火，为虚耗之神，为人性虚伪，而巧诈，为公吏、为妇人，失令为市井人、为奴婢、牙婆。于物为光亮，为丑陋，为歪科破损，为花黎、为绳索、为蛇、为闪电，其于事也，为胎产、婚姻、文契、钱货，奇闻异见，变异则为光怪，火烛惊疑，为淹缠、为恶梦、为血光、为脱赚骂詈，为污秽臭气之类，其色红，其形虚幻勾曲，其数二。

太阴：禀西方之金，为阴佑之神，能为祯祥护持，为人正直无私，性气难驯，为台垣谏府，为文人。失令为婢妾宵小，于物为雕琢金银，羽毛精洁，阴霖露雨，霜雪冰冻，佛寺字迹。其于事也，旺相则为喜庆、恩泽、赦宥、婚姻、胎产，休囚则为淫滥、忧疑、欺诈、阴私、口舌、诅咒、哭泣、暗昧、密约、私通、走失，其色白、其体柔、其数九。

六合：禀东方之木，为雷部雨师护卫之神，能飞腾变化，为人性好贤喜乐，为贵族高隐。失令则为工巧技艺，僧道术士，医生、书客。于物为菓品、盐菜、羽毛、布帛、衣裳、轿伞、彩仗、印玺、书契、树枝、舟车、钱财。变异则为草木之精，水族之怪。其于事也，旺相则为爵禄荣庆，婚姻和合，胎产。休囚则为婢女口舌，争财致疾，囚系胆怯，讪谤通谋，求降勾引。其色黄赤，其形光彩，其数六与七。

白虎：禀西方之金，为刚猛之神，主兵戈战斗，为人性猛烈威雄，为催官侍者，侍卫虎贲。失令则为军卒、丑妇、工匠、农失、牧童、捕役、屠宰凶人、孝服病人，于物为金银刀剑，财帛木实，鱼鳖蛟龙。失令则为朽铁瓦石，网罗。变异则为冰雹、狂风，迅雷害物。于事为争讼、疾病、死丧、道路跌伤、留连遗失，其色青白，其形锐利，其数五。

玄武：禀北方之水，为刑戮奸谗之神，为人性聪明而躁急，巧辨而反覆。为文士、醉客、孕妇。失令则为牙侩、书吏、盗贼、娼妓、卖鱼盐人。于物为文章、印信、勅令、服物、鱼蛇、卵蛋、盐卤、油酒、伞炭之类。变异则为妖魔鬼魅，于事则为谒官求望，失令则为口舌、啼哭、梦想、离别、惊恐、遗失、逃亡、奸佞，其色赤黑，其形缺，其数四与九。

九地：坤土之象，万物之母，为阴晦之神，为人性柔顺吝啬，为神像、为大腹、为医卜人、为老妇、为道姑、乡农狱卒。于物为子母牛，为五谷、布帛与金沙石云物、符箓、药饵、旧物。于人为模糊、忧思、病患、牢狱、暗昧、哭泣、死丧，其色黑，其形厚有柄，其数八与二。

九天：乾金之象，万物之父，为显扬之神，为人性刚健而不测，为君父、为官长、为僧道老人、为首脑、肋股。于物为马、为金玉、宝石、剑戟、刀砧、锤铃、钱镜、寒冰、铜铁、水菓、丝竹、光亮、玲珑、旋转活动，有声、有足之物。于事为谋望、博奕、远行之类，其色赤白、形圆，其质坚，其数一与二（六）。

天干类神

甲：其为质也劲，其为性也直，其为色也青，其为味也酸，其为声也浊，其为体也方与长，其为用也萌与动。得时则为栋梁，失令则为废材，克战太过则为朽腐无用，生旺太过则为漂泊无依，其性过于自负，不能娴于世故。

乙：其为质也润，其为性也曲，其为色也碧，其为味也酸甘，其为声也婉转，其为体也柔，其为用也无差。得时则繁华，失令则枯朽。其性矫揉造作，依附世情。

丙：其为质也廉（虚），其为性也烈，其为色也紫赤，其为味也苦辣，其为声也苍雄，其为体裹腹，其为用也抑与扬。得时则辉煌，失令则灰槁，有可大之材，而不可有恒，有转变之功，而不可干犯。其性刚愎自用，惟好趋承。

丁：其为质也媚，其为性也顺，其为色也淡红，其为味也爽快，其为声也清亮，其为体也秀而扬，其为用也便而捷。得时则能销镕暴戾，洞察奸邪，失令则为穷愁呻吟，幽人嫠妇，投其机似可狎，当其锐则不可撄，其性柔佞，不可测识。

戊：其为质也烈燥，其为性也耿介，其为味也甘辛，其为声也刚雄，其为体也涩而滞，其为用也卤而粗。得时则豪雄果敢，失令则柔懦痴愚，其性执拘，不可强制。

己：其为质也博厚，其为性也坦真，其为味也甘辛，其为声也婉切，其为体也沉而静，其为用也顺而柔。得时则陶镕品汇，失令则抱质坚贞，其性宽宏，而不凝滞于物。

庚：其为质也刚劲，其为性也急锐，其为味也辛辣，其为声也雄尖，其为体也硬直，其为用也暴戾。得时逞其专制，失令失其雄威，可柔以化之，不可刚以制之，其性坚执，能屈人，而不能屈于人。

辛：其为质也铿锐，其为性也柔刚，其为味也苦辣，其为声也铿锵，其为体也沉静，如锥处囊。其为用也坚耐，似玉出璞。得时则黄钟，失令则瓦缶，必待秋风，方能扶摇直上。

壬：其为质也润，其为性也淫，其为味也咸，其为声也洪，其为体也圆活，其为用也流通。得时则济物利人，失令则妨贤病国。其性柔险，可与共忧，不可与同乐。

癸：其为质也重，其为性也阴，其为味也浊，其为声也亮，其为体也沉厚，有沉溺由己之情。其为用也浅露，无包容涵蓄之量。得时则从容变化，失令则摇尾乞怜，其性憨直，惟知排难解纷，不知察奸烛弊。

地支类神

子：为水、为河、为池井、为沟渠、为后宫，其于人也，为妇人、为盗贼、为乳妇，其于物也，为鼠、为燕蝠，其于事也，见吉神为聪明，见凶神为淫泆。

丑：为土、为桑园、为桥梁、为宫殿、为坟墓，其于人也，为君人、为尊长、为贵人，其于物也，为牛骡，其于事也，见吉神为喜庆、为迁官，见凶神为咀咒、冤仇、讼狱、忧离、远行、疾病。

寅：为木、为神像、为山林、为桥梁、为公门，其于人也，为丞相、为夫妇、为道人、为贵人、为人马、为公吏、为家长、为宾客，其于物也，为虎豹、为猫，其于事也，见吉神为文书、财帛、信息，凶神为口舌、失财、疾病、官事、是非。

卯：为木、为门窗、为街士，其于人也，为妇、为兄弟、为姑母、为盗贼，其于物也，为舟车，其于事也，见吉神为门户、舟车安然无事，见凶神为口舌、官事、追呼、分离，虽无奇门，亦不避形。

辰：为土、为岗岭、为麦地、为奇观、为土堆、为坟墓、为田园，其于人也，为丑妇、为僧道、为仆人、为屠宰，其于事也，见吉神为医人、药物，见凶神为屠宰、争竞。

巳：为火、为炉冶、为镬，其于人也，为妇人、为乞丐，其于事也，见吉神为文书，见凶神为梦寐、疾病。

午：为火、为厅堂、为菜食，其于人也，为宫女、为使者、为亭长、为蚕姑，其于事也，见吉神为文章、信息，见凶神为口舌、惊疑。

未：为土、为庭院、为墙垣、为坟墓、为茶房，其于人也，为父母、为白头翁、为寡妇、为师巫、为放羊人、为道人，其于物也，为羊、为鹰，其于事也，见吉神为酒食、宴会，见凶神为官事、孝服、毒药、争竞、疾病，此方遇奇门，可以逃难藏形。

申：为金、为仙、为神堂、为道路、为碓磨、为城宇、为祠庙、为湖池，其于人也，为公人、为贵客、为行人、为军徒，为凶人，其于物也，为猿猴、为狮子，其于事也，见吉神为行程奔走，见凶神为口舌、车碾道途、损失疾病。

酉：为金、为碑碣、为街巷、为白塔，其于人也，为外亲、为婢妾、为妇人、为阴贵人、为卖酒人，其于物也为鸽雉，其于事也，见吉神为清静、恬淡、和合，见凶神为失财、病患、离别，此方遇奇门，可以藏形遁迹。

戌：为土、为虚堂、为牢狱、为坟墓、为寺观、为冈岭、为厕溷、为死尸，其于物也，为驴犬，其于人也，为僧道、为善人、为孤寒下士、为狱吏、为屠儿，其于事也，见吉神为僧道，见凶神为虚诈、及走失、争竞、牢狱之灾。

亥：为水、为牢狱、为庭廨、为厕坑、为寺院、为江湖、为楼台、为仓房，其于人也，为盗贼、为小儿、为乞丐、为赶猪人、为罪人，其于事也，见吉神为婚姻、乞索，见凶神为争斗、产难。

奇门旨归卷三十六

奇门兵事主客分法

以本宫为主，星门为客，宫生星门利客，星门生宫利主，宫克星门利主，星门克宫利客，两相比和，主客势均，一克一生，主客互伤。

出兵方

奇门会合之方，可以出兵，若无奇门，阳时宜从天盘直符下出兵，阴时宜从地盘直符下出兵。又阳时地盘生门、合天盘三奇，天盘生门、合地盘三奇，皆可出兵。

背击

凡战，宜背生击死，背孤击虚，背雄击雌，背德击刑，背亭亭击白奸。宜坐三胜宫，宜避五不击，宜趋三避五，背天目向地耳。又宜背游都、太岁、太将军、太阴、月建、河魁，避地丙。急则从天马方出。又甲乙日不西攻，壬癸日不攻四维，丙丁日不北攻，庚辛日不南攻，戊己日不东攻。又不可以囚攻相，以死攻生。

孤虚

年月日时，俱以前一位空亡为孤、对冲为虚。如子年以亥为孤、巳为虚，万人以上用年孤，千人以上用月孤，五百人以上用旬孤，百人以上用日孤，数十人以上用时孤。

雄雌

春寅、夏巳、秋申、冬亥为雄，对冲为雌。

亭亭白奸

以月将加正时，视神后所临，为亭亭方。功曹、胜光、天罡所临，为白奸方。二神所泊常合于巳亥，格于寅申，合时宜战，格时宜守。

游都鲁都

甲己日丑、乙庚日子、丙辛日寅、丁壬日巳、戊癸日申为游都，对冲为鲁都。

三胜地

直符、九天、生门也。

五不击

直符、直使、九天、九地、生门五宫也。

趋三

直使到震宫宜向之。

避五

直使到五[1]宫宜避之。

天马方

以月将加正时，数到卯位上是也。

① 五，底本作“巽”，据上下文意订正。

旺相休囚

春	木相	火旺	水废	金囚	土休
夏	火相	土旺	木废	水囚	金休
秋	金相	水旺	土废	火囚	木休
冬	水相	木旺	金废	土囚	火休

天目

甲子旬庚午、甲戌旬庚辰、甲申旬庚寅、甲午旬庚子、甲辰旬庚戌、甲寅旬庚申。

地耳

甲子旬戊辰、甲戌旬戊寅、甲申旬戊子、甲午旬戊戌、甲辰旬戊申、甲寅旬戊午。

太岁

即地盘岁支之宫。

月建

一名地宝，一名小时，《经》曰：能知地宝，万事无殆，故宜背之。

太阴

即九神太阴宫也。一云即玉女方。

太将军

寅卯辰年在子、巳午未年在卯、申酉戌年在午、亥子丑年在酉。

时中将星

申子辰日卯时、巳酉丑日子时、亥卯未日午时、寅午戌日酉时。

五将方

寅午戌日东方、亥卯未日南方、申子辰日西方、巳酉丑日北方，为五将方。凡遇敌，必审五将方所在，避之大吉，犯之必败。敌若从此方来，当择利便击之则胜。

天罡时

以月将加用事之时，视上盘天罡之方为斗星方，一百二十位神煞凶恶能制，行兵破阵必胜，凡用皆吉。

破军加时法

以戌加月建，顺十二位，数到所用之时，寻破军，随破军所临之时，行九宫顺飞八方，如贪武辅三吉入中宫，号为圣人登殿，能压一切凶煞，凡事大吉。

天营

即天上太岁所临下，不可犯。

四神

凡出阵日，勿令魁罡蛇虎四神，临于将军年命，日辰须查明避四神所在，尤忌出入。

占风

急临敌时，后有风渐急，则须速乘其势，若有风从左右来，或前来，即宜勒兵向风来处，必有伏兵。

旬中地丙日

甲子旬寅日、甲戌旬子日、甲申旬戌日、甲午旬甲日、甲辰旬午日、甲寅旬辰日，将兵者，不可用犯之，上将死于阵。

安营法

《三元经》曰：法以六甲为首，十时一易，取六甲旬首而推布之。大将居青龙甲，旗鼓居蓬星乙，士卒居明堂丙，伏兵居太阴丁，判断居天庭辛，系粮储居天牢壬，伏藏居天藏癸。

涉险法

《三元经》曰：若涉险危急之中，山岩水涧之际，兵不得移动，敌从利方上来，即视天时。阳时即令士卒袒左肩，引声大呼，鸣锣击鼓，先举而击之。阴时即令士卒，衔枚摘铃，静以待之。敌人若四面合围，当分军为三部：一居月建上，一居月德上，一居生门；大将居亭亭，引兵击之，大胜。

出入山中法

伍公曰：凡入山，以天辅时、奇门合处入，出山则以明堂、奇门合处出，大吉。

逃避法

子胥对吴王曰："凡有急难逃避，使人家起一围，从青龙上起足，过明堂上，出天门，入地户，向太阴，到华盖上，出军战斗大胜，出行不逢盗贼。"又曰："昔避楚王之难，困于王宫不得出，乃在宫中画一子午卯酉十二围，从青龙发足而走，禁兵不见。"

九星吉凶歌

天蓬平稳宜坚固，天芮须忧士卒亡。天辅远凶近则吉，天柱军马近还伤。
天英兵将何从出，亦应危难见恓惶。天冲扬威万里行，天禽雄猛敌军惊。

天心密计他须败，天任何忧不大赢。

奇门行兵杂摘

○天乙飞宫，不宜进兵，后应则吉。○白入荧利主，荧入白利客。○龙逃走、雀投江不利客，宜后应。○蛇夭娇、虎猖狂不利主，宜先举。○大格、刑格必败。○值符是庚，又宜避丙丁之宫，此是格悖，非回首也。○阳时要天盘强，阴时要地盘强。○返吟有吉格，亦宜进兵，当乘乱破杀。○伏吟宜藏兵暗地，使敌入我伏中。○要择九天、开门、值符下出兵吉。○回首、跌穴、三诈、九遁之类，最忌下克上。○时干克日干，主下犯上，主客胜。○奇仪相合，安营最利。○立寨须看六庚，与玄武所临之宫，主有劫营之贼，所遇无非奸细。○阳将阴时，遇两重玄武，贼兵必来偷劫。○乙加辛，贼来偷劫，必自败而退。○若乙得旺气，此一路必有伏兵。○虎猖狂不会惊开二门，不甚为害，利为客。○龙回首，主兵大利，客亦不凶。○丙加壬，有文书缠绵遗失。○六仪击刑最凶，虽为值符，亦不可用。○三奇入墓，百无一成。○刑格、大格、小格，遇此车破马倒，慎勿追赶，反受其咎。○天乙飞宫，切勿进兵。○天乙伏宫，须移帐于丙丁方避之。○飞宫则将军当随天上值符而飞，伏宫则将军当随天上值符而伏。○夭矫不可对敌，宜移帐到戊己方。○六合临主敌有人降，事必成就。○交战最利伤门，景门胜而不久，休门只宜坚守。○白入荧贼来偷营，即伏兵于此方迎战。○荧入白，凡遇贼兵，可即时发兵，迟则让贼为客，又宜避之。○置阵之法：用本日干之五行，甲乙为直阵，丙丁为锐阵，戊己为方阵，庚辛为圆阵，壬癸为曲阵。

安营方所

出兵征伐，安营列阵，步用六百。外圆内方，象天地之式。量士卒多寡，以令为之，四通八达。运粮水道，盘回屈曲。法度井龙，不得犯恶石及冢墓、草莽、绝道、死水、隘狭、险峻之地。

凡择胜地，然后表十二位旗上，将军居九天之上，大将军居青龙之上，竟五位，开军门，背月建，不向太岁大将军。

凡军次宿，大将军当居玉帐之中，得天神之助，及天乙宫、值使宫、地下旬支也。坐阵临阵，天上干也。《经》曰“天动地静”，正此谓也。

甲子旬军门辰上，将军子；甲戌旬军门寅上，将军戌；甲申旬军门子上，将军申；甲午旬军门戌上，将军午；甲辰旬军门申上，将军辰；甲寅旬军门午上，将军寅。大将军居青龙六甲也。

军门开五位系守营，军门开六戊系战营也。旗鼓居蓬星六乙也，士卒居明堂六丙也，伏兵居太阴六丁也，军门居天门六戊也，小将居地户六己也，齐众斩断居六庚也，判罪运粮居六辛也，囚系移谷居六壬也，府藏之库居六癸也。

行军择地

驱驰千里，破军杀将；存亡所关，安危所系。虽曰本乎人事，而实天时居半，地利居半。故《经》曰："知天之时，可以合战；识地之利，可以全军。天时不知，地利不识，每出必败。"故上将之道，度天地而后因之，故曰"胜敌者地也"。地有步地、车地、骑地，步地利于险，车地利于平，骑地利于旷，故能因利而制胜，是为上将。

长江亘前，舟梁皆绝，军难飞渡，名曰"天堑"。

高山密围，四望无缺，水潦皆至，名曰"天井"。

峰巅乱起，路多分析，来去不见，名曰"天房"。

丛林相薄，四面若回，逶迤其路，名曰"天罗"。

群山相挟，松柏深黑，路如羊肠，名曰"天牢"。

地多下湿，高高低低，泥泞粘足，名曰"天陷"。

怪石遍地，处处井塘，或突或兀，名曰"天隙"。

树木数里，葱荫极目，去路必由，名曰"天障"。

城邑相邻，野多树落，鸡犬时惊，名曰"天市"。

前有平原，崇山后绕，林木阴蔽，名曰"天屏"。

峻岭前回，旁无去路，步步欲高，名曰"天梯"。

山分左右，壁立百仞，一水飞流，名曰"天涧"。

险阻在旁，一峰挺出，八方皆见，名曰"天月"。

大山两岸，中流独时，水势从空，名曰"天界"。

蔓草相延，丛生莞苇，风飚数起，名曰"天灶"。

浩浩荡荡，四望无山，坦平如砥，名曰"天场"。

路曲山巅，曲折崎岖，竟日不尽，名曰"天栈"。

众树交加，隔离天日，细路入山，名曰"天穴"。

环山数里，进路不通，内储富厚，名曰"天仓"。

面山背水，进可以战，退可以守，名曰"天府"。

荒坟古冢，观宇相仍，夜多鬼火，名曰"天幽"。

故善用兵者，因其地势而用之，进无接，退无及；分车列骑，无易无阨；前后远近，内外左右，无所不虑，无所不备，则无所不利，乃可以全军。故制胜之道，莫先于地。当留不留，当去不去，当奇不奇，当伏不伏，是谓死将。当进不进，当退不退，当避不避，当争不争，是谓死军。军死无功，将死无及。

回止恶风

忽有骤风夜间拔树屋，此为贼风。若大风起有声，大树枝条不动者，谓之鬼风。贼风主兵，鬼风主病，均宜急避之。

司马仲达曰："凡有风动，但以八门遁甲课之，若在奇门相合上来则吉，若在凶门不得奇者为凶。故军中遇恶风不止，旗竿倒折，取乾坤艮巽四穷上土作泥人，长三尺，手执桃弓、苇箭，仍执刀披发，向风三叩齿"

咒曰："天有四狗，以守四境。地有四狗，以守四隅。以城为山，以池为河。寇贼不得过，来者不得进，去者不得还。急急如律令。"咒毕，弃之而去。

又咒曰："道风之道，灾殃消除，急急如律令。"

明随地置变之术

地有异形，兵有异机。一险一易，地之形也。因地制宜，兵之机也。随地制变，虽有不同，而便利存焉。故能因其形，乃可得其利。敌虽欲困我，亦无由也。晁错曰："用兵临战，其所最急者有三：一曰先明地形、二曰士卒服习、三曰器械利用。"国之所恃以战者，将也。将之所赖者，兵也。有能之将，有制之兵，无往不胜。将不能而兵无制，何以取胜乎？故《兵法》曰："丈尺沟堑，草木茂林，依土积石，邱阜所在，此步兵之地，车骑二不当一。土山平原，四面旷野，此车骑之地，步兵十不当一。平易相远，山谷幽涧，居高临下，此弓弩之地，短兵百不当一。两阵相近，平地浅草，可后可前，此长戟之地，剑盾三不当一。萑苇竹篠，草木丛密，此矛铤之地，弓弩三不当一。士不选练，卒不服习，起坐不安，动静无常，前击后解，与金鼓旗帜所指，皆不得当，此不素习之过也。兵不完，器不利，与空手同。甲不坚密，与袒裼同。弓弩不能及远，与短兵同。射不的中，与无矢同。中不深入，与无镞同。"此将不省兵之过也。《兵法》曰："器械不利，以其卒与敌也。卒不可用，以其将与敌也。将不知兵，以其主予敌也。主不择将，以其国予敌也。"此四者，用兵之至要也。是以太乙用兵之法，克敌于未然，制胜于未兆；临机观变，全在于将，故曰："出兵从门，置阵顺地"，此之谓也。

明选将之术

武王问太公曰："王者举兵，欲简练英雄，不知士之高下，为之奈何?"太公曰："夫士之外貌不与中情相近者十五：有严而不肃者，有温良而为盗者，有貌恭敬而心慢易者，有外廉让而内无诚信者，有精精而无情者，有湛湛而无诚者，有好谋而不决者，有果敢而无能者，有悾悾而不信者，有恍恍惚惚而反忠实者，有诡激而见功效者，有外勇而内怯者，有肃肃而反平易者，有嗃嗃而反诚悫者，有形貌虚劣而智略过人足以有为者，有独行不苟、庸人所轻而君子所重者。"

人固不易知，知人亦不易，非有大明不能得其涯际也。以山涛之资，而不知其子简；以王济之才，历三十年而不知其叔湛。夫亲莫亲于父子叔侄，而乃有三十年而不知者，况其他乎？世固有砥中而玉表、羊质而虎皮者，亦有大智若愚、大辩若讷、大巧若拙者，故曰："以貌取人，失之子羽。以言取人，失之宰我"，是以中情外貌之不相应也。

武王曰："如何知之?"太公曰："知之有八征：一曰问之以言以观其词，二曰穷之以词以观其变，三曰试之以谋以观其知，四曰使之以事以观其德，五曰与之以财以观其廉，六曰间之以色以观其贞，七曰告之以危以观其勇，八曰醉之以酒以观其态。八征既备，则贤不肖别矣。"

人虽有难知之情，而有可知之理。所谓问之以言者，盖言为心声，情动于中，乃形之于言，故"吉人辞寡，躁人词多"。汉高祖于韩信，登台拜将之初，先有"将军何以教寡人"之言是也。穷之以词者，欲尽其言之蕴、究其所以尽是变者，而以知其所得于心也。孙武之见吴王，吴王既与之言，而复使勒兵是也。试之以谋者，事之可否成败，必先计其始终，有识者乃预知其得失，所谓"谋事在人、成事在天"也。使之以事者，事有难易，可以见其材力与操守之正。此光武初见邓禹，所以有"何能"之问也。与之以财者，人无贪心，则货赂亦不能移，不贪即廉矣。间之以色者，女色最易惑人，惟所守者正则不为所摇，而间不能入矣，故知其贞。告之以危者，敢于有为，斯无所畏避，而勇往直前，无所顾虑也。醉之以酒者，内有所养，则不为酒所使，醉而仍不改其常度者，所养益深矣。八征既备，人之内外，皆得而知，而贤不肖判然矣。

明教兵之术

武王问太公曰："合三军之众，欲令士卒服习教战之法，为之奈何？"太公曰："凡领三军，必有金鼓之节，所以整齐士众也。为将者必先明告吏士，申之以三令，教之以起居进退、旌旗指挥之法。"

故教士吏，先使一人学战，教成合之十人；十人学成，合之百人；百人学成，合之千人；千人学成，合之万人；万人学成，合之三军，而后及于百万之众，以成其大兵，而立威于天下。苟不教之以战，一旦迫之而为兵，是驱市人以就死地也，是乌合之众也。然教之必于平日所习而立劝惩之法，五人为伍，伍有其长，前后左右，各有其方，教成则长有赏，是劝之也。不成则长有罚，如犯法之罪，是惩之也。劝惩之法既明，则人自为战，无往而不克。金鼓之节，鼓以进之，金以退之，一进一退各有节，此士卒所以整齐也。三令而五申之，申明军法，使士卒皆知所守而不敢乱，乃可以行教之之法。由寡以及众，欲其力不劳而教易成也。自一人以至千百万人，必教之有素而后合之有序，以能成大兵，而立威于天下也。其后孙武子与尉缭子教兵之法，亦由少而及多，以次递加，皆太公之教法，遵而行之，变化以尽其用也。

明用兵分合术

《经》曰："用兵之法，三军之众，必有分合之变。"

其大将先定战地战日，然后移檄与各处将吏士卒，告之以攻城围邑之期，使之毕集其所。大将乃设营立表于辕门，清道禁行，以待其来；先至有赏，后至有诛，则远近皆至，三军咸集。大将乃发令启行，克期进兵，并力以战，此分合之用也。分不分縻军，合不合孤旅，分合之变，兵之至要也。盖用兵之道，其始也分，其终也合。始之分者，使之各据其要地；终之合者，临阵则并力而合战也。武王之伐纣也，孟津大会，牧野陈师，一举而成王业，此用兵之至善也。汉高祖垓下之役，始与信布等会，期而未至，高祖深以为忧，及信、布等发兵俱至，而后高祖之业定矣。此会期并力之効也。

按：此数篇皆仍《太乙·原本篇》中间引，后事乃注以为证，非答问语也。细看自明，故仍之。**星源识。**

奇门旨归卷三十七

天罡所指

天罡指巳天地开，

以月将加用时，寻天罡至巳，为天地初开。

出军行师任徘徊。

用兵大胜，开地千里。

指午坐帐宜弹琴，

指午为天地纵横，不宜出军，宜坐帐弹琴吉。

指未小通亦可裁。

天地小通，出军亦吉。

指申迫争君须忌，

天地争更之时，用兵须忌。

指酉人马受惊骇。

天地闭塞之时，车伤马死，战主大凶。

反来戌上指乖隔，

出军主士卒乖隔伤和。

加亥天窄不称怀。

用兵主损伤惊恐。

指子半路魂魄散，

行至半路魂魄不安。

指丑途宿待明来。

为小通、出军三十里待来朝，任意而行必大胜。

临寅有喜战获胜，

行者有喜，战必大捷。

到卯闭塞宜埋藏。

为天地闭塞、宜藏匿避之，凡事不宜。

复临辰地关梁塞，

关梁闭塞，只可安营下塞，不可妄动。

掌上兵机仔细排。

占迷路法[①]

黄石公曰：出行道逢三路，未知何道通，以月将加时占之，天罡加孟左道通，加季右道通，加仲中道通。寅申巳亥为四孟，子午卯酉为四仲，辰戌丑未为四季。

立知井泉法

兵屯山阜，被贼围困，又无溪涧处觅水，急用磁碗覆地，将土壅碗口，待过一晚，至早揭碗，视之底有水珠，有泉脉也。掘地数尺，可以得水。

卜螺法

取山中赤色大螺，取时忌妇人、孝子、鸡犬见之。凡预卜胜负，取二螺安盘中。直画一路，左为我，右为贼。盘内盛水一寸许，将螺各记之，咒曰："田螺舞舞，能知风雨。贼若来遇，入我境界。田螺索索，风雨不著。贼若不来，各守城郭。"咒毕，候至天明，依法断之。若贼螺入我境界，宜固守，不可与战。我螺入贼界，宜急攻之。

春螺头向东大利，向西被贼，向南有惊，向北小吉。

夏螺头向东小吉，向南大利，向西贼来，向北大惊。

秋螺头向西大利，向南有神助，向东大吉获财，向北战胜宜守。

冬螺头向北大利，向西平安，向南城能破，向东小惊，宜固守。

甲乙日螺头向东，贼来急，不宜战。向南五日内贼来，向西十四日贼来，向北贼不至。

丙丁日螺头向南九日去，向西七日去，向北当日至，交战我胜敌败，向东贼散。

戊己日占，宜各守，不论螺头何向。

庚辛日螺头向西与贼平，向北贼散，向南贼来而复去，向东有贼来大战。

壬癸日螺头向南贼败而去，向西贼不来，向东各固守，向北宜平。

① 如七月申时，以巳将加地盘申上顺数，辰时天罡在地盘未上，未为季，右道通。余仿此。

密访法

欲得贼消息，天目听之吉。[1] 欲访机密事，地耳不须疑。[2]

占渡河

天有三河壬子癸，地有三井卯酉辰。月将加时看三河，一河临井必覆舟。[3]

劫粮觅水法

我军欲劫粮，大小吉下详。我军欲求水，小吉太冲里。[4]

占敌使虚实

敌有使来看日辰，[5] 日干为客辰主人。日干上神克辰上，[6] 其言虚谬不可闻。若是辰上克日上，彼必畏我言词真。[7]

突围法

我被兵围不要忙，加时出路是天罡。[8] 若值绛宫申酉地，[9] 明堂时往太冲方。[10] 玉堂宜突天魁下，[11] 利若锋铓八极张。[12] 日辰上将相生吉，相克须防有损伤。[13]

---

① 天目日，大吉、小吉方也。

② 地耳日，太冲、从魁方也。

③ 又曰：太冲加日主风雨，神加季急渡则吉。

④ 小吉、太冲为井泉神，地下觅之可得。

⑤ 辰即时也。

⑥ 日克时。

⑦ 朱空太阴禄，乘日上主彼诈，辰上主我诈。

⑧ 太公曰：兵围千里，斗道必通。斗者，天罡也。以月将加时寻天罡，其下一突可出。若从天罡方无路可出，当寻三宫时。三宫者，亥子丑也。

⑨ 以月将加时，若亥临子午卯酉为绛宫，宜向天盘申酉下出。

⑩ 子临子午卯酉为明堂，宜向天盘卯方出。

⑪ 丑临子午卯酉为玉堂，宜向戌方出。

⑫ 逢豪强之贼，势不可当，向天罡可出，此为八极也。

⑬ 日辰与上将年命相生则吉，克则小利，用兵者最宜详审。

察贼所在法

闻贼未知贼所在，加时春乙夏居丁。① 秋辛冬癸名天目，② 贼当在下伏其形。③

抽军避寇法

贼势频临我未强，抽军回避看天罡。④ 系孟直须从右隐，⑤ 仲季还宜向左藏。⑥
从魁小吉太冲地，⑦ 天上加临为好方。⑧ 大吉神后与紫盖，能藏万物形无害。⑨

伏匿藏形法

伍子胥曰：凡有急难，欲伏匿藏形，当画地布局，乘青龙六甲，历蓬星六乙，过明堂六丙，伏太阴六丁，出天门六戊，入地户六己，伐天刑六庚，判天庭六辛，羁天牢六壬，入天藏六癸，走月厌方而去。⑩

假如六甲日甲子时初起，乘青龙甲子，历蓬星乙丑，过明堂丙寅，出天门戊辰，入地户己巳，伏太阴丁卯，取草折半，以半置卯地，以半障人中，入天藏癸酉而出，人无见之者，过太阴时，咒曰："天翻地覆，九道皆塞。有来迫我，至此而极。视我者死，追我者亡。吾奉九天玄女道母元君急急如律令！"咒毕，径入天藏，慎勿反顾。庚为天刑，辛为天庭，壬为天牢，切记谨避，向则反被擒缚。

天月将⑪

正月亥，二月戌，三月酉，四月申，五月未，六月午，
七月巳，八月辰，九月卯，十月寅，十一月丑，十二月子。

---

① 乙干寄辰、丁干寄未。
② 辛干寄戌、癸干寄丑。
③ 以月将加时，视天目之方，贼在其下。天目者，春辰、夏未、秋戌、冬丑也。春占寻辰。余仿此。
④ 以月将加时，看天罡落何宫，可避雄猛。
⑤ 辰为天罡，如加寅申巳亥四孟，从右道避之。
⑥ 子午卯酉为四仲，辰戌丑未为四季，天罡加此向左藏无咎。
⑦ 酉为从魁、未为小吉、卯为太冲，此三神为天三门，再得除、危、定、开四地户助之更吉。
⑧ 以月将加时，看天盘卯酉未落何宫，可以避难。如遇时令旺方，亦不可去，如春不东去是也，余仿此。
⑨ 大吉为紫房，神后为华盖，凡有急难避藏其下，人不能掩袭也。
⑩ 月厌：正月戌，每月以次逆数便是。
⑪ 即太阳。

地月将[1]

正月寅，二月卯，三月辰，四月巳，五月午，六月未，
七月申，八月酉，九月戌，十月亥，十一月子，十二月丑。

天气将

正月雨水壬，二月春分乾，三月谷雨辛，四月小满庚，
五月夏至坤，六月大暑丁，七月处暑丙，八月秋分巽，
九月霜降乙，十月小雪甲，十一月冬至艮，十二月大寒癸。

地气将

正月立春子，二月惊蛰亥，三月清明戌，四月立夏酉，
五月芒种申，六月小暑未，七月立秋午，八月白露巳，
九月寒露辰，十月立冬卯，十一月大雪寅，十二月小寒丑。

十二支神将图

巳 太乙 螣蛇	**午** 胜光 朱雀	**未** 小吉 太常	**申** 传送 白虎
辰 天罡 勾陈			**酉** 从魁 太阴
卯 太冲 六合			**戌** 河魁 天空
寅 将功曹 神青龙	**丑** 将大吉 神天乙	**子** 将神后 神天后	**亥** 将登明 神玄武

① 即建。

八门飞加克应

一白，坎宫，北方，天蓬星，休门，属水，旺于秋冬壬癸亥子年月日时，性能润物，晦朔三五之象，五十中之一也。

太虚周易，雨露江河，壬癸玄武，轻微湾曲，鱼盐茶酒，
羹汤豕鱼，海味水物，井穴沟坑，北道舟程，黑色咸味，
酱糊水膏，水泻遗精，耳肾腰疾，深听智谋，慢事曲折。

《易》曰：“坎者，陷也。”天一生水，惟习坎生物，不敢与对宫离火相敌，故谓“休门”，“休”之为言广也。**宜：**上章面君、安边守塞、修筑城池，凡请谒求谋、造葬嫁娶、上官赴任、兴师破敌、立寨安营、积水开河、通渠挖井、取鱼下水，均吉。

休加坎，乃门宫比和，再看上下干生克、合吉凶格、详主客用之。如天蓬星亦在坎，谓之伏吟格。战宜固守，凡事迟缓，惟利积水养鱼、通渠导河、收货积粮、置买鱼盐、茶酒之利。**克应：**主有弓弩，或湾曲之物，或无足，水中鱼鳖、盐茶酒膏、绳索、乐器之声，主人耳肾，血证吐泻，中男疾厄，隐伏之事、陷险之忧。

休加艮，乃宫克门，战利为主。若求名讼事吉，诸事求谋耗费，先难后易。若合吉格则吉，合凶格只宜固守。**克应：**主内黑外黄，形方面曲之物，或瓦器神像，或有水土之忧，争界水田土之祸。

休加震，乃门生宫，战利为主。若合吉格，凡事吉；如遇凶格，须详主客慎用之。**克应：**主进益鱼盐酒货之利，凡为皆吉。宜应有根蒂浸润之物，或盆桶盘盒，或桃枣菓品、鲜味。

休加巽，乃门生宫，亦利为主。若得上干生下干，或干支带合，百事皆吉。反此则诸事有始无终。**克应：**主有婚姻和合喜悦之事，物系绳索相连，或木中鲜色之物，或多枝叶之类。又主常隐伏之物。

休加离，乃门克宫。若合吉格，大利为客。诸事不吉，多破败。如得上干生合下干，诸事先忧后吉。**克应：**主水上虚惊，或酒中生非，或湖海中人相害。又主水火相济之物，或破损尖曲之物，或有眼之器。

休加坤，乃宫克门。若下干克上，战利为主，凡求名官讼得意。如上干克下，战防后败，诸事有始无终。**克应：**主田产生非，或老母阴人之厄，退散之忧。或应卑湿土成之器，或土产连壳之物，或属方长之器。

休加兑，乃宫生门。若合吉格，或下干生上干，或下干受上干克，为客兵大胜。凡事不吉，多破败。主有婚姻和合之事，或好言有益，或因说合得财，或应钟盘有有口之物，或盛水破损之物。

休加乾，乃宫生门。若下干生上干，或上干克下干，战利为客。求名得意，官讼

得理。诸事求谋，多耗散不遇，有始无终。**克应：**主有贵人相扶，得珍宝之利，或亲上结亲。在物主形圆上等珍宝之物，或壶盏笔墨之器，或斧锯镜盆之物。

休加中，乃宫克门。若合吉格，大利为主，贼兵不战自退。如上干克下干，当防虚诈。凡谋为不遂，多败少成。**克应：**主田产中生财，或有阴人主张，而得水中茶盐酒货之财。在物主土砖石器，或瓦盆水缸，形方四正之物。

二黑，坤宫，西南方，天芮星，死门，属土，旺于四季辰戌丑未戊己年月日时。土能生物，而为不定之局。乃中央戊己之象，是五行之主，得五土之数。主四时运行，济人利物。

城隍司令，土社之神，高路田野，仓场窖库，店业铺户，

文章诗赋，云雾砂石，嫠妇老母，算卜筮师，羸物山园，

村女道姑，脾胃皮肤，肿胀肚腹，思虑牢狱，符药丸子。

《易》曰：坤者，顺也。因对宫艮土止而复生，有生则有死，故谓之“死门”，“死”之为言终也。**宜：**攻城击垒，行刑诛戮，射猎捕鱼，种田耕地，填堤积水，塞井下葬，截路砌街，又宜训练士卒，培养锐气，受业修道，交易田产。

死加坤，乃门宫比和。若上下干相生，主客大利。若合吉格，诸事皆利。若合凶格，主客均不吉。如芮星同在坤宫，为伏吟，只宜种田置产、安埋筑墙、积粮藏货等事。**克应：**主合婚、交易、田产，或乡里耆老排解经管之事。在物布帛、斧柄之物，形直而方，有囊有腹，或帷幕轿衣、土石之物。

死加兑，乃门生宫。若奇仪比合，或相生，战利为主，诸事先难后利。若合凶格，或上干克下干，战宜防诈，诸事有始无终。**克应：**主祖宗吉地庇荫，又宜安葬、迁茔、置产、阴人之利。在物主有目有腹，或锅磬缸罐之器。

死加乾，乃门生宫，天地相通。若合吉格奇仪相生，战利为主。若合凶格，诸事破败，求谋不遇。**克应：**主和合亲事，则多进益；或捕猎种田，得田土交易之利。凡安葬、迁改大吉。在物应贵重古器，或上圆下方，或宝石金玉之物。

死加坎，乃门克宫。若奇仪相生比和，或上干克下干，战利为客，大胜。谋为诸事破败，求吉召凶。**克应：**主田土生非，或冢墓水反不通，龙神不结，四面无情；或旧事不明，阴人灾厄。在物应有腹，或盛水之器，或土坑石舂，形方而圆，或井栏瓦器。

死加艮，乃门宫比和。若天上奇仪生地下奇仪，或受地下之克，战利为主。若天上奇仪受地下奇仪生，或天上克地下，战利为客。如合吉格，或上下相生比和，诸事吉，凡谋为皆遂。合凶格，诸事艰难。若逢天芮星同于艮宫，为返吟格。宜犒赏散粮，折墙破屋，开河挖井，余事不吉。**克应：**主见阴人之益，或和合之事。主田地反覆，忧喜相半。在物为五谷杂粮，或瓦石之器，或生成美器，或冢墓所得，可用之物。

死加震，乃门被宫克。若上生下，或下克上，战利为客。若合吉格，诸事有势，

但吉而不实耳。若合凶格，主有始无终。**克应：**主得山林之财，或动中之利，或田产退败，或阴地崩塌水反，或阴人灾病。在物主土木相兼之器，或常动门枢，或木杵长棍。

死加巽，乃宫克门。若下干克上干，或上干生下干，战利为主，求名讼事得意。若上干克下干，或合凶格，诸事有始无终，所图不遂，战防虚诈。**克应：**主家宅有暗耗，或妻妾不和，因园圃生灾，或有重婚私配。在物主不通之物，或悬吊土石之器，或带土连根之物，或土产新味。

死加离，乃宫生门。若奇仪下生上，或上克下，战利为客。若奇仪上生下，或下克上，战宜用谋得胜，诸事耗费不实。**克应：**主和合喜庆，宅舍兴隆，添丁进口，因喜费财，或有阴人当权。在物主文书笔砚，或箱盒火柜，或炼煅之物，或火炉火器。

死加中，乃门宫比和。若合吉格，为主客俱利。再详主客用法，如合吉格，上下干相生合，诸事迪吉，凡谋为皆遂。或上干克下，战宜固守，诸事破败，求吉招非。**克应：**主田产交易，或阴人有益。若天禽归中，宜安埋动土，筑墙填塞。在物主土器，或旧物，或土中砖石，或土坑石匣之类。

三碧，震宫，正东方，天冲星，伤门，属木，旺于春夏甲乙寅卯年月日时。动能结物，而为妻财。乃东方日出、上弦之象。二八之数。

内翰禁廷，风雷恭肃，甲乙青龙，泰岳宫观，山林震动，
庙宇家神，舟船车马，林麓妖怪，肝胆四肢，长男忧喜，
游猎威声，相貌长大，蒜菜瓜菓，腥酸鲜味，巧样长物。

《易》曰：震者，动也。动而受对宫兑金之伤，故谓之“伤门”，“伤”之为言损也。**宜：**击贼张威，捕捉索债，斩邪伐恶，积粮收货，阴谋密计，动中有益，射猎打围。

伤加震，乃门宫比和，主客皆利。若合吉格，天上奇仪生合地下奇仪，则诸事大吉，凡谋为喜事重逢。若遇天冲星同临震宫，为伏吟格，战宜固守，军兵演习，培养锐气，积粮置货，种树编篱。**克应：**主山林交易，或木货得利，或长男和合之事。在物主多节，或有声之器，或繁鲜、笋菜、兔鱼之味。

伤加巽，乃门宫比和。若上下奇仪生合，主客皆利；上下相克，诸事不吉。战则详主客用之。克应：主和合婚姻，男女喜事，或木货之利，亦主动中得财。在物长短二事之物，或进出隐微悬吊之物，或枝叶茂盛菓品之属。

伤加离，乃门生宫。若合吉格，或天上生合地下，战利为主，诸事不谋自就。若上干克下干，战利为客，诸事先吉后忧。**克应：**主有山林之利，合欢喜悦交易，或宅舍兴隆，进益美满。在物美文书诗画，长尖之物，或野味烘腌、麂獐鹿马之类。

伤加坤，乃门克宫。若天上奇仪，克地下奇仪，或上受下生，战则大利，为客奏凯而回。图谋诸事，求吉招凶，破败无成。若下克上，或上下干比和，只宜守旧，战

宜固守。**克应：**有动中之非，或木货之忧，婚姻之费，阴人之厄。在为土木相兼，或花草古盆，或石舂石缸，或土产之味。

伤加兑，乃宫克门。若地下奇仪克天上奇仪，或上生下，战利为主，大胜，诸事吉。若上克下，或比和，战宜防诈，诸事不利，有破败耗散之忧。若天冲同临兑宫，为返吟。宜散众分赏，伐木脱货，图谋诸事，反覆难成。**克应：**有口舌虚惊，或伐木房屋惊忧，或因阴人破败。在物或金木相兼刀斧之属，或有口之物，或鸡鱼之味。

伤加乾，乃宫克门。若合吉格，战利为主，凡为先破后成。合凶格，或上克下，战防后败，图谋诸事大凶。**克应：**主有贵人相助，获山林木货之财。在物贵重珍宝之器，或钟磬文器，或破损木器，或菓栗桃枣有核之物，猪鹅首美味。

伤加坎，乃宫生门。若地下奇仪生合天上奇仪，战宜为客大胜，诸事破败。若上克下、或下生上，亦利为客，凡为大凶。**克应：**主田产、五谷、山林之利，交利货物木器得利。在物花木繁鲜，近水之物，或浮物木器，雨伞舟车，或时菓鲜品佳味。

伤加艮，乃门克宫。若天上奇仪克地下奇仪，战利为客，诸事多破败，耗散招非。若下克上或比和，诸事无后。**克应：**因长男破败，或动中生非，或因林木为害。在物主可仰可覆，或木土相连，或四时花木，或虎豹鱼菜之味。

伤加中，乃门克宫。若合吉格，或上克下，战利为客，凡为诸事不吉。若合凶格，或下克上，战宜固守，凡事宜守旧。**克应：**不宜动作，或开沟通渠，或挖古墓神祠招灾。在物为长木器柜匣之类，或瓦盆花草、土产无味之物。

四绿，巽宫，东南方，天辅星，杜门，属木，旺于春夏甲乙寅卯年月日时，能收敛阖闭，隐伏盖藏。

山林竹舍，进退藏匿，茅冈树蓬，长途远遁，悬吊逃避，

工巧机关，形长绳索，诸事不呆，秀士隐士，长女新妇，

绝姻神庙，股肱手足，风寒气证，肝胆眼目，鲜味木菓。

《易》曰：巽者，入也。因对宫乾金之克势，不得不敛，而退藏以避之，故谓之"杜门"，"杜"之为言绝也。**宜：**掩捕逃亡，诛斩凶恶，剪伐不平，判决刑狱，填塞沟坑，邀截道路，避灾杀祸，埋藏补砌。

杜加巽，乃门宫比和。若天上奇仪生地下奇仪，或比和，战利为主，百事吉庆，所图皆遂。若下克上、亦利主、求名吉，官讼宜，余大凶。如天辅星同临巽宫，为伏吟格，宜积粮收买，埋窖财宝，种园栽树，隐遁修仙。**克应：**有亲上加亲，重重暗昧，心事不露。当主木货、菓品之利。在物为绳索悬吊之器，或精巧木竹木之物，或风箱、匣柜、扇等物。

杜加离，乃门生宫。若天上奇仪合地下奇仪，战利为主，诸事皆遂，许多进益。若下克上，或比和，亦利主，但须以利诱之，则能取胜，凡事虽吉，先要费力方妥。**克应：**有阴人之利，或重婚私合，或寡妇之家财。在物主篩、杓、火箱、风箱，或野

鸭、兔鹿、鹊鸟之味。

杜加坤，乃门克宫。若天上奇仪克地下奇仪，或下生上，为客兵大胜，诸事招凶。若上生下或合吉格，其凶灾免半。**克应：**有山林之厄，阴人之忧，婚姻被藏隐之害。在物形长有腹，或木土相兼之物，或带枝时菓，或山羊蛇牛之味。

杜加兑，乃宫克门，若地下奇仪克天上奇仪，或上生下，战利为主，诸事皆吉，先破费而后成耳。若上克下，事虽吉，不免艰难，战不可攻，当防虚诈。**克应：**主口舌惊忧，有因山林破耗，或有重婚之费，或亲上加亲，或剖明旧事。在物主破损之物，或有口眼，长圆有声，开闭有时，悬吊之物。

杜加乾，乃宫克门，若天上奇仪生地下奇仪，或下克上，战利为主。凡事皆吉，但先耗费而后有益耳。**克应：**主阳盛阴衰，老少不投，心各不易。在物为金木相兼之器，或形长圆，如斧锄扇棍之属。

杜加坎，乃宫生门，若天上奇盘克地下奇仪，或下生上，战利为客，所图诸事，必逢骗陷。若上生下，战以智取，诸事平常。**克应：**园圃水利，鱼盐茶利，或交易合婚之喜，或舟中得意。在物主浮轻野菜，彩色诗书，纸笔舟船，海味鲜品，或水去无形之属。

杜加艮，乃门克宫。若天上奇仪克地下奇仪，或下生上，战利客兵，大胜。凡谋为破败，求吉招凶，若上生下，其凶稍可。**克应：**主阴人之非，田产之厄，山林闭塞，婚姻破耗。在物主绳索相连，或盛物之器，或有肱股之物，或木梯板櫈之属。

杜加震，乃门宫比和。若天地奇仪生合，为大吉之格，战宜主，和则吉。若上生下，皆有进益，所图皆遂。若上克下，诸凡先吉后忧，或因美事耗财费力。**克应：**宜交易山林之货，或合婚进口，而动静有益。在物有长短相配，或进出不常之物，或多菜鸡鱼蹄兔之味。

杜加中，乃门克宫。若天上奇仪克地下奇仪，或下生上，百战百胜，大利客兵。诸事不吉，反破财生忧。**克应：**主家宅不安，古树木为害，阴人生非，或动土所犯，主老阴人，或宅主生忧。在物土木花盆石舂、碗盘美味、新物土产之器。

五黄，中宫，天禽星，属土，旺于四季戊己辰戌丑未年月日时，乃君主。五行不定，随局从使，变化五行，吉凶之所主也。用者详之。**宜：**出师征伐，禳灾祈福，驱瘟遣祟，赏功封爵，上任、求名利、婚嫁、请谒、造葬。若合吉格，万事大吉，但主客须各详其用。

六白，乾宫，西北方，开门，天心星，属金，旺于秋冬庚辛申酉年月日时。金能杀物，而为官鬼，乃西方日人、下弦之象。为四九之数。

君父显官，重权威武，老人僧道，宝石铜铁，金石丝声，
安老康宁，庚辛白虎，冷暖刚金，色白形圆，体坚多骨，
首脑股筋，咳嗽肺疾，刀针锤铃，眉舌头顶，马鹅味辛。

《易》曰：乾，健也。乾为天，天行健而不息，因对宫巽木受乾金之克，而杜绝则闭矣。造化终无绝闭之理，闭则复开，故谓之“开门”，“开”之为言辟也。**宜：**兴师征伐，请谒求名，上官赴任，出入求谋，造葬安营，婚嫁更改，疗病合药，求福祈晴，开门放水，万事大吉。

开加乾，乃门宫比和。若天地奇仪相生相合，战则主客均利，诸事大吉，百谋百就。若上克下，战利客，诸事有始无终。若天心星同临，为伏吟格，宜访道求贤，积粮收货，练兵藏宝，埋伏取胜。**克应：**有贵人相钦，士庶同心，喜悦陈雷，军兵合意。在物主金玉贵品，或有首之物，或有声圆物，与镜钱之属。

开加坎，乃门生宫。若天盘奇仪生合地盘而合吉格，战利为主，凡为一切诸事，多进益美满。若上下相克刑冲，诸事半吉，战宜机变。**克应：**有父母之靠，或官贵之力，而有珍宝之利，公门之望。在物主沉水之物，或茶酒瓶盘钟盂之属。

开加艮，乃宫生门。若地盘奇盘生合天盘，战利为客，诸事先耗费而后有益。若下克上，诸事先吉后凶，战则先败后胜。**克应：**因山林破费，或好事破财，因名失利。在物主金石相兼宝物，或首饰手镯，或有声价之器。

开加震，乃门克宫。若天上奇仪克地下奇仪，战利为客。凡为诸事，因吉招凶。若下克上，凡为不美，战胜勿追。**克应：**有官贵之厄，或钱粮长者之忧，或以大欺小。在物主金木相兼之器，或钟声响器，或短圆之器，或犯当神之怒。

开加巽，乃门克宫。若天上奇仪克地下奇仪，战利为客，一切诸事，不可求谋，恐遭破败。若下生上，皆为不吉。若天心星同临巽宫，为反吟格，宜散粮赏赐、开门放水、迁营改换。**克应：**或得罪贵人，或老少不和，或有阴人之非，或逢刀伤斧砍虚惊。在物主锋利斧锤木金相兼之器。

开加离，乃宫克门。若地盘奇仪克天盘，战利为主，大胜。若求名官讼大吉，余事耗财无终。若下生上，亦不吉。**克应：**有文书之忧，或阴人为祸，宅舍暗败，或因烧丹费财，或有犯官贵长者。在物主煅炼炉冶倾销等物，无用之器，铸造圆尖之物。

开加坤，乃宫生门。若地盘奇仪，生合天盘，或合吉格，战宜为客，大利，诸事先虚后实。若上克下，诸事休举。**克应：**有合和婚亲之喜，或得土中之利，田产布帛之财。在物主美器，金石之物，或土中古器，或二事交互之物。

开加兑，乃门宫比和。若上下奇仪生合，又合吉格，战征主客均利，凡为诸事皆吉。若上克下，战利客兵，诸事先吉后忧。如下克上，诸事先忧后喜。**克应：**主因说合相投耗费，或花酒中破败。在物主有口、有锋、缺圆之器，或阴人之物，或刀针、灯台、夹剪。

开加中，乃宫生门。若合吉格，上下奇仪生合，主客均利，此为子入母腹，又曰“抱胎从原”，主多发福，诸事皆吉，百谋百就，如合凶格，吉事减半。**克应：**主有贵人临门，子母六亲重会，或故旧交好，每有进益。在物主金玉宝石、大小方圆之器，或土塞腹满之器，或土中旧铜物器。

七赤，兑宫，正西方，天柱星，惊门，属金，旺于秋冬庚辛申酉年月日时。金能杀物，刚强横行，乃日入、下弦，四九之数。

少女妓妾，诡言巫语，琢削补器，毁拆破损，房门损破，
缺地废井，溪泉屋舍，邪妖不正，阴人非厄，口舌咽喉，
鸡首雉肉，羊羔腿蹄，猿鹭野味，泽中之物，刀针铜器。

《易》曰：兑者；悦也，因对宫雷震而撼动之，故谓“惊门”，“惊”之为言骇也。**宜：**祭风祈雨，诡言破敌，剖白对词，攻击劫寨，渔猎博戏，修筑城营，训练士卒，养威蓄锐。

惊加兑，乃门宫比和。若合吉格，或上下奇仪比和生合，主客皆利，诸事大吉。如合凶格，诸事不宜。若天柱星同临，为伏吟格，宜守旧，埋藏，积粮，训练。**克应：**有阴人之非，或家眷不和，口舌相干，或诬言之灾。在物主纯金之器，或有声音，多嘴之物，或破金损器，茶壶酒器之属。

惊加乾，乃门宫比和。若合吉格，或上下相生，战利主客，凡为诸事皆吉。若合凶格，或上克下，诸事有阻，而不利于后。**克应：**主老少不和，宅合生非，阴人为祸，但虽有不凶。在物主空鸣钟磬之声，或金银人物、鸳鸯鸟兽之物。

惊加坎，乃门生宫。若天上奇仪，生合地下奇仪，战利为主，诸事大吉，所为皆利。若上克下，或下生上，吉。**克应：**有阴人之利，或阴人有私之喜，或得美吉之益。在物主盛水盆水桶之属，或铜钩铜杓。

惊加艮，乃宫生门。若合吉格，或上下奇仪生合，战利主客，凡事得意，所为如心。若上下冲克，再分宾主用之。**克应：**有婚姻之喜，夫妻相得，有妻财之助，因口舌得财。在物主金石相兼之物，或古器，或当用财宝之物。

惊加震，乃门克宫。若天上奇仪克地下奇仪，战利为客，诸事大凶。若下克上，凡事虽凶稍可。若天柱星同临，为反吟格，宜入山伐木，散粮赏众，击打贼寨。**克应：**阴人之非，或砍伐之害，斗杀之害，反情争败。在物多动之物，或金木相兼，形短破缺，有口之物。

惊加巽，乃门克宫。若合吉格，或上克下，或下生上，战利为客，大胜，诸事不吉。若上生下，诸凶减半。**克应：**主妻妾不和，阴人之厄，或重娶之忧，口舌虚惊，男女病厄。在物缺损之器，或形长有口眼，风箱火盆，或簪钻风扇之类。

惊加离，乃宫克门。若地下奇仪克天上奇仪，战利为主，大胜，求名、官讼大吉，余事有耗散之忧。若上生下，诸事迪吉。**克应：**有阴人持权，寡妇当家，文书为靠，房屋之利，不成口舌，时常争斗。在物为不全旧器，缺损之物，或铸造未成之器。

惊加坤，乃宫生门。若地盘生天盘，战宜为客，大利，诸事破费迟缓。若上生下合吉格，诸事最吉，以小利而获大利。**克应：**主阴人退耗，或母为其女，因婚娶费财，

或田产之益。在物主土金有用之物，或锄铲之器，或瓦壶古井美器，或坟茔内所得者。

惊加中，乃宫生门，断意同惊加坤。

八白，艮宫，东北方，天任星，生门，属土，旺于四季戊己辰戌丑未年月日时。土能生物，四时运行，任意循环，造化无尽矣。

少男山冈，村居阻隔，径路岸石，山村寺观，动止不常，
生灭有时，坚硬多节，刚柔进退，土石瓦块，鼻背手指，
气血结积，疮疱肿毒，色黄味甘，虎豹豺狼，狗鼠土物。

《易》曰：艮者，止也。前乎此则震巽木生离火，离火生坤土，坤土又生兑金，金又生坎水，水畏艮土在前克之，陷而不能生乾，故曰“艮为止”也。天地生物之化，不能终止，终则复始，生生而不息，故谓“生门”，“生”之为言育也。**宜：**选将兴师，上官赴任，更改入宅，造葬请谒，嫁娶求谋，入山耕种，商贾出入，万事大吉。

生加艮，乃门宫比和。若合吉格，或上下奇仪比和生合，战则主客皆利，诸事迟吉。若天任星同临为伏吟格，宜收货积粮，砌墙填塞等事，均吉。**克应：**主山林田产之交，或坟茔有益，水路不通。在物主多节刚柔，性偏之物，或可仰可覆，止断之物。

生加震，乃宫克门。若地下奇仪克天上奇仪，战利为主，诸事虽吉，必多破费，而后有益。若上生下，百事尤佳。**克应：**主兄弟不和，或争产是非，或因山林有厄，动止不决。在物主土木相兼之物，或笋菜菓品、土产鲜味。

生加巽，乃宫克门。若奇仪下克上，合吉格，战利为主，大胜，求谋诸事吉。若上克下，诸事先吉后败，战胜勿追。**克应：**有山林之财，或合婚之费，或偏藏阻隔，事逢暗害。在物主内土外木，或风炉火柜，或带土连根之物，或园圃花木。

生加离，乃宫生门。若地下奇仪，生合天上奇仪，战利为客，大胜，凡事破费，先难后易。若上生下，百事尤多光彩。**克应：**主文书有益，阴人相助，田产之利，婚姻之喜。在物主煅炼之器，或瓦盆、土灶之类。

生加坤，乃门宫比和。若合吉格，或上下奇仪生合比和，行兵大胜，主客均利，诸事皆吉。若上克下，诸事先成后败，且主反覆。若天任星同临，为反吟格，宜挖井、开河、拆墙、赏赐。**克应：**主田产反覆之疑，或行止不定，母子不和。在物为土块石器，山水景物，或坟向差错，或墙路倒塞。

生加兑，乃门生宫，若合吉格相生，战则主客均利，诸事皆吉。若上克下，诸事虽吉，恐美中忧生。**克应：**有喜事重重，而有进益，或因房产山冈得利，或因恋色而败，或因和事而得。在物为美器、金玉、瓦石之类。

生加乾，乃门生宫。若天上奇仪生合地下奇仪，战宜为主，大胜，诸事大吉。若上克下，吉事减半，先成后败。**克应：**主山林田产进益，而有好子孙，父子显达如心。在物为首饰戒指金玉之器，或图书玺印之属。

生加坎，乃门克宫。若天上奇仪生合地下奇仪，战利为客，以机取胜，诸事先忧

后吉。若上克下，或下生上，战亦利客，凡事大凶。**克应：**主田产山林之厄，或同类相欺，或坟水阻滞，骨肉不亲。在物为积水之物，或瓦罐石缸、水中之物，或沟港闭塞相碍。

生加中，乃门宫比和。若诸星奇仪相生相合，主客均利，凡事皆吉。若上生下，诸事尤吉。此谓之土成山岳，得高厚之势。**克应：**主田产山林之益，或母子重会，六亲和合，宅舍光辉。在物为四方之物，多镇静之器，或花瓶、石床、石鼓、石虎、土牛。

九紫，离宫，正南方，天英星，景门，属火，旺于春夏丙丁巳午年月日时。火能实物，而为父母，乃南方既望明之象，二七之数。

神圣公像，闪电荧烈，丙午朱雀，烦燥性热，紧急熏蒸，
劳苦冤结，祖宗先庙，宫观院馆，焚炉场灶，文章词赋，
眼目心血，膏末焙炎，房舍火灾，带壳味苦，煎炒红物。

《易》曰：离者，丽也。因对宫坎水涵太阳日精，重明丽上于中天，化化生生，功德最大，故谓之“景门”，“景”之为言大也。**宜：**上书献策，求士招贤，选将练兵，觅职求名，拜师受业，造葬婚嫁，诸事迪吉。若征伐，宜用火攻，径捣巢穴。

景加离，乃门宫比和。若合吉格，或上下奇仪比和生合，战利主客，凡为皆吉。若上生下，凡事尤吉。若遇天英同临，为伏吟格，只宜积粮收货，诸事宜静而不动。**克应：**有婚姻喜事，家宅兴隆，文书得意。在物为空明之器，或有囊腹甲胄、弓矢灯笼、红盒纸帐之属。

景加坤，乃门生宫。若天上奇仪生合地下奇仪，战利为主，诸事如心，所为皆顺。若上克下，吉事减半，战胜勿追。**克应：**有文书之益，或有女夫之靠，房产之喜。在物为文彩精器，或煅炼之器，或灯盏火柜、瓦石宝贵、有腹之物。

景加兑，乃门克宫。若天上克地下奇仪，或下生上，战利为客，大胜，凡为诸事凶。若上生下，其事稍可，但亦不吉。**克应：**有文书之厄，或产业之害，或炼烧破家，或火灾惊恐，或妻妾姊妹参商。在物瓦瓶石舂、古器缺损、首饰并有口腹之物。

景加乾，乃门克宫。若天上奇仪克地下奇仪，战宜为客，大胜，诸事大凶，所图皆败。若下克上，或上生下，吉凶各半。**克应：**主有奏章之厄，夫妻不和，或宅舍火灾，惊忧飞祸。在物为文具美器，或书籍拜匣，或火盆炉灶。

景加坎，乃宫克门。若合吉格，或地下奇仪克天上奇仪，战利为主，求名、官事得胜，凡为他事，先耗后益。若上克下，事多反覆。若天英星同临，为反吟格，宜散粮赏众，更改宅舍，文书有失。**克应：**主阴阳不和，或龙飞水走，事不同心，家女相争。在物为水桶石匣，或无用漏泄之物，或无底花盆，瓦石之器。

景加艮，乃门生宫。若天上奇仪，生合地下奇仪，战利为主，凡为一切等事大吉。若上克下，吉事减半。**克应：**主图书古画，大厦楼台，坟山吉地，寺观来脉。或有贵人扶持，家多光彩，婚姻喜悦。或有火灾虚惊，文书忧喜，但无害耳。

景加震，乃宫生门。若天上奇仪克地下奇仪，战则客胜，凡为诸事不吉。若上生下，谋为有成。**克应：**主光彩木属，[1] 逢渔猎人、走狗逐兔之事，及匠人竖造、鼓乐之声，文书争斗之应。又主宅舍火烛、男女婚事。在物为火柜竹器、蒸笼食盒，以及火烘之类。

景加巽，乃宫生门。若地下奇仪生合天上奇仪，战利为客，凡谋为一切均吉，但恐有始无终。**克应：**主有阴人相合，或重婚之喜。在物有羽毛文彩，华丽悬挂之属，或野鸡雀鸟之味。

① 底本下无，据《奇门探索录》之《八门克应》相应条校补。

奇门旨归卷三十八

楚北兴国朱浩文星源演绎　北京刘金亮复盘并注释

点校者按：此书第三十八卷，全为朱星源先生实例记述。为全面理解案例推演过程，特请北京刘金亮先生以其自创软件复盘并加以注释。

刘金亮按：《奇门旨归》第三十八卷名为“占验课”，全部是案例，共有二十五个，时间跨度自1853～1892年，共40年。案例内容涉及出师、战事、官禄、疾病、乡榜、上梁、产孕、应期、射覆等多个方面。有趣的是，其中不仅包括为苏子熙军门选择开赴广东抗法前线的课例，还有测算当代著名国学大师、当年清华国学研究院四大导师之一的陈寅恪先生的祖父陈宝箴的例子。

《奇门旨归》布局法

一、局数全部用折补，是折断的折，不叫现在通称的“拆补”，尽管内涵是相同的。作者坚定认为，折补法最合理，他还以一个实例反驳超接之法。

二、采用全飞之法，即星、门、神和奇仪全飞。门是九个，八门之外又加上中门，按休、死、伤、杜、中、开、惊、生、景的顺序飞，阴阳遁皆顺；九星按蓬芮冲辅禽心柱任英的顺序，阴阳皆顺。神亦为九个，按值、蛇、阴、合、勾、常、朱、地、天的顺序阳顺阴逆飞布。

三、天地盘九神全用。

《奇门旨归》断卦原则

一、《奇门旨归》的断法不同于转盘主要看时干、日干、用神宫之法，也不是《奇门鸣法》体系所用的三乙、四宫、六亲、用神断法，而是只看值符和值使两宫，看两宫的格局和相生相克关系，偶尔看用神宫。

二、占出军值符为客，值使为主；守城以值符为主，值使为客。

三、非常注重暗干，25例中有15个用暗干。注重暗干是飞盘奇门的特色，转盘一般不看暗干。《奇门旨归》的暗干有两种布法，一般情况下从地盘直符宫开始，按阳顺阴逆顺序飞布“甲乙丙丁戊己庚辛壬”九个天干；当时干是乙或者丁时，暗干另有一套布法：时干入中宫，阳顺阴逆飞布六仪三奇，见例 8 和例 22。

四、应期既看旺衰，也看值使下所临之干或支，有时看庚下临之干，有时直接用时干或时支，或时支所冲之支。

点校者按：以下排盘，由北京刘金亮以其自主开发的《金亮奇门系列软件研究版》于 2004 年复盘而成，以便研究。时家奇门中不考虑分钟数，因此盘局中的分钟数随意而取，仅为起课方便，不必认真。

一、粤匪寇兴国州城课①

咸丰癸丑九月初三申时，粤匪寇兴国州城课。

1853 年 10 月 5 日 16 时 0 分农历：九月初三日

［清］文宗（爱新觉罗奕詝）　咸丰 3 年

旨归飞盘测事：［金亮奇门系列软件］起局

癸丑辛酉乙巳甲申秋分下元阴四局甲申庚午未空

值符天芮星在 2 宫值使死门在 2 宫

辛　九地 　　天辅　戊 地　杜门　戊	丙　太阴 　空天英　壬 阴　景门　壬	甲　值符 　空天芮　庚 值　死门　庚
壬　九天 　　天冲　己 天　伤门　己	庚　玄武 　　天禽　乙 玄　中门　乙	戊　白虎 　　天柱　丁 虎　惊门　丁
丁　六合　马 　　天任　癸 合　生门　癸	乙　螣蛇 　　天蓬　辛 蛇　休门　辛	己　太常 　　天心　丙 常　开门　丙

阴四局，乙巳日甲申时，符使同泊坤宫，天庚加地庚。夫庚为太白、为贼，天地同临，应主贼势猖狂，城为所踞，数定故也。

金亮按：洪秀全领导的太平军起义在新中国是受到正面评价的，作者的时代被称为贼。

① 太平军攻陷兴国州城。

二、贼陷义宁州城课[1]

乙卯五月初九辰时，贼陷义宁州城课。

1855年6月22日8时0分农历：五月初九日

［清］文宗（爱新觉罗奕詝）　咸丰5年

旨归飞盘测事：［金亮奇门系列软件］起局

乙卯壬午庚午庚辰芒种中元阳三局甲戌己申酉空

值符天辅星在5宫值使杜门在1宫

甲　九天 　　天冲　戊 值　惊门　己	己　白虎 　　天任　癸 常　伤门　丁	辛　玄武 　空天蓬　丙 地　中门　乙
壬　九地 　　天芮　乙 天　开门　戊	乙　值符 　　天辅　己 蛇　生门　庚	丁　太阴 　空天心　辛 合　休门　壬
戊　六合　马 　　天柱　壬 虎　死门　癸	庚　太常 　　天英　丁 玄　杜门　丙	丙　螣蛇 　　天禽　庚 阴　景门　辛

阳三局。庚午日庚辰时。值符泊中，客也，加地庚为飞宫格，凶不可当。值使泊坎，我也，受中宫土克，又临以杜门主闭塞不通，又伏天庚加地丙，犯太白入荧凶格。经曰：白入荧兮贼即来。又是日是时为夏至，正阳极阴生交战时也，无可制伏。合观主宫不吉如此，故城为贼陷，屠戮一空，亦数定也。

金亮按：此例指太平军攻陷义宁州城，今江西修水。

① 太平军攻陷义宁州城，涉及暗干。

三、援黔毅新苏军绕赴湖南靖通边境防剿乱苗出军课[1]

光绪乙亥十二月十七巳时，援黔毅新苏军由施洞口绕赴湖南靖通边境，防剿四脚牛、六洞乱苗出军课。

金亮按：四脚牛为贵州黎平县境内侗族四个村寨的合称，六洞是该地六个侗族村寨的合称

1876 年 1 月 13 日 10 时 6 分农历：十二月十七日

［清］德宗（爱新觉罗载湉）　光绪 2 年

旨归飞盘测事：［金亮奇门系列软件］起局

乙亥己丑庚辰辛巳小寒上元阳二局甲戌己申酉空

值符天冲星在 5 宫值使伤门在 1 宫 9 入中 5 为卦身

乙　九天 天芮　戊 蛇　开门　庚	庚　白虎 天柱　癸 玄　死门　丙	壬　玄武 空天英　丙 天　杜门　戊
甲　九地 天蓬　乙 值　中门　己	丙　值符 天冲　己 阴　惊门　辛	戊　太阴 空天禽　辛 虎　景门　癸
己　六合 天心　壬 常　休门　丁	辛　太常 天任　丁 地　伤门　乙	丁　螣蛇　马 天辅　庚 合　生门　壬

阳二局，庚辰日辛巳时。天值符泊中，我也，坐太阴吉神，天丙又飞来暗伏，且中五为主宰之宫，八宫皆听其统率，故吉无不利。值使同伤门泊坎，敌也，受我宫中五土克。应主战胜攻取，出门可成。

金亮按：此例即是苏子熙率军平定苗民起义之课。苗民起义在新中国也是受到正面评价的农民反抗清朝反动统治的义举。

① 涉及暗干。

四、进攻九厥砦乘势夜袭蜡树坳要卡连破水口大塞出军课[①]

金亮按：蜡树坳在今湖南省邵阳市境内。

丙子正月十四申时，苏军进攻九厥砦，乘势夜袭蜡树坳要卡，连破水口大塞，出军课。

1876年2月8日16时12分农历：正月十四日

［清］德宗（爱新觉罗载湉）　光绪2年

旨归飞盘测事：［金亮奇门系列软件］起局

丙子庚寅丙午丙申立春下元阳二局甲午辛辰巳空

值符天禽星在9宫值使中门在7宫

壬　白虎 　空天英　丙 天　死门　庚	戊　值符 　天禽　辛 虎　惊门　丙	庚　太阴 　天柱　癸 玄　景门　戊
辛　六合 　天任　丁 地　休门　己	甲　太常 　天蓬　乙 值　伤门　辛	丙　九地 　天冲　己 阴　中门　癸
丁　九天　马 　天辅　庚 合　开门　丁	己　螣蛇 　天心　壬 常　生门　乙	乙　玄武 　天芮　戊 蛇　杜门　壬

阳二局，丙午日丙申时。天值符泊离，我也，得辛加丙为天地合，又喜戊来飞伏，加丙成青龙回首吉格。地值符同伤门泊中，敌也，飞乙加辛而成龙逃走凶格。此利客不利主课也，拔塞攻卡，往无不利。故蜡树坳坚卡竟以数十人袭而破之。

金亮按：此例与上例有关联，是苏子熙出军后的第一仗。

① 涉及暗干。

五、苏军进拔古邦乘胜袭取高青出军课[①]

金亮按：古邦、高青在今贵州省黎平县，都是清军镇压侗族起义发生战斗的地方。

丙子正月二十一卯时，苏军进拔古邦，乘胜袭取高青，出军课。

1876年2月15日6时18分农历：正月廿一日

［清］德宗（爱新觉罗载湉）　光绪2年

旨归飞盘测事：［金亮奇门系列软件］起局

丙子庚寅癸丑乙卯立春上元阳八局甲寅癸子丑空

值符天辅星在7宫值使杜门在5宫

甲　玄武　马 天蓬　庚 值　伤门　癸	己　太阴 天心　丙 常　生门　己	辛　白虎 天任　戊 地　休门　辛
壬　太常 天英　己 天　死门　壬	乙　九地 天芮　辛 蛇　杜门　丁	丁　值符 天辅　癸 合　开门　乙
戊　朧蛇 空天禽　丁 虎　惊门　戊	庚　六合 空天柱　乙 玄　景门　庚	丙　九天 天冲　壬 阴　中门　丙

阳八局，癸丑日乙卯时。天值符泊兑，合太公应验神符经第五十六局：丁奇同辅星临开门，号曰豹变南山，出师大胜捷，无往不利。

金亮按：此例表明，《奇门旨归》中的暗干是指从旬首宫开始，十个时辰依次配甲乙丙丁戊己庚辛壬癸而得之干。此例为甲寅旬，旬首甲寅癸在巽四宫，故从巽四宫起甲，阳遁顺行，中五宫为乙，乾六宫为丙，兑七宫为丁，即可得到上面得“丁奇同辅星临开门”。

① 涉及暗干。

六、苏军进攻高岩出军课

金亮按：高岩也是清军镇压侗族起义发生战斗的地方。

丙子正月二十二酉时，苏军进攻高岩，出军课。

1876 年 2 月 16 日 18 时 26 分农历：正月廿二日

[清] 德宗（爱新觉罗载湉） 光绪 2 年

旨归飞盘测事：[金亮奇门系列软件] 起局

丙子庚寅甲寅癸酉立春中元阳五局甲子戊戌亥空

值符天禽星在 1 宫值使中门在 5 宫 7 入中 5 为卦身

六合 马 空天任 辛 天 杜门 乙	九天 空天辅 乙 虎 景门 壬	螣蛇 马 空天心 己 玄 死门 丁
太阴 空天柱 庚 地 伤门 丙	白虎 空天英 壬 值 中门 戊	玄武 空天芮 丁 阴 惊门 庚
九地 马 空天冲 丙 合 生门 辛	值符 空天禽 戊 常 休门 癸	太常 马 空天蓬 癸 蛇 开门 己

阳五局，甲寅日癸酉时。天值符同禽星、戊仪泊坎宫，坐太常神。夫天禽为主宰之星，戊仪为十干之首，同值符主帅在天，故攻克无不利。

七、苏子熙军门开赴广东抗法前线课[①]

甲申四月初四辰时，统领湖南毅新全军，苏子熙军门元春，由永州出军赴粤课。

1884年4月28日8时34分农历：四月初四日

［清］德宗（爱新觉罗载湉） 光绪10年

旨归飞盘测事：［金亮奇门系列软件］起局

甲申戊辰戊申丙辰谷雨下元阳八局甲寅癸子丑空

值符天辅星在6宫值使杜门在6宫 2入中7为卦身

甲 九地 马 空天芮 辛 值 死门 癸	己 六合 空天柱 乙 常 惊门 己	辛 太常 马 空天英 已 地 景门 辛
壬 玄武 空天蓬 庚 天 休门 壬	乙 九天 空天冲 壬 蛇 伤门 丁	丁 螣蛇 空天禽 丁 合 中门 乙
戊 太阴 马 空天心 丙 虎 开门 戊	庚 白虎 空天任 戊 玄 生门 庚	丙 值符 马 空天辅 癸 阴 杜门 丙

阳八局，戊申日丙辰时。符使同杜门、天辅星泊干宫，坐丙奇、太阴，又得天丙飞伏。惜癸仪飞临加地丙克入，故丙丁月均不利，腊月丁丑尤甚。以丁为灯烛之火，正受癸水克制也，已应为法夷所败。过此则无不吉矣。盖武官专以杜门为官星，符使同临，应其原为统帅也。乾为八卦之首，为坐宫，应补授广西提督，督办广西边防也。天辅为文星，应太子少保文衔也。太阴为至吉之神，同丙奇坐地盘。丙为南方卦，故利南关也。又法夷西人属金，畏丙奇太阳火克，故利南关坐镇也。合观符使星门奇仪神宫，吉者应吉，凶者应凶，均无不验。而均定出军之一时，出军选时诚不可不慎也。

管带毅新中军陈一山都督桂林，同时出军，后充分统，旋授南宁协，故亦吉。

① 涉及暗干。

八、毅新全军营务处陈庆余镇军由永州出军赴粤课[1]

甲申四月初四卯时，毅新全军营务处陈庆余镇军，由永州出军赴粤课。

1884 年 4 月 28 日 6 时 34 分农历：四月初四日

[清] 德宗（爱新觉罗载湉）　光绪 10 年

旨归飞盘测事：[金亮奇门系列软件] 起局

甲申戊辰戊申乙卯谷雨下元阳八局甲寅癸子丑空

值符天辅星在 7 宫值使杜门在 5 宫 1 入中 6 为卦身

玄武　马 空天蓬　庚 值　伤门　癸	太阴 空天心　丙 常　生门　己	白虎　马 空天任　戊 地　休门　辛
太常 空天英　己 天　死门　壬	九地 空天芮　辛 蛇　杜门　丁	值符 空天辅　癸 合　开门　乙
螣蛇　马 空天禽　丁 虎　惊门　戊	六合 空天柱　乙 玄　景门　庚	九天　马 空天冲　壬 阴　中门　丙

阳八局。戊申日乙卯时。值符泊兑宫，坐六合、乙奇，天癸加临生之。值使同杜门、芮星泊中，得九地，加螣蛇，辛仪加丁，又得乙奇飞伏。夫地丁奇，火也，坐以生宫而克辛金。法夷西人属金，故主战有功也。夫九地属坤土，为土地之象，应补授贵州安仪镇也。惜地螣蛇属火，为虚花耗散之神，虽能生宫而不实。加以中五为阴阳分寄宫，故甫报捷乃伤发而卒于军，不得履其任也。乙为日奇，伏于局外，虽能暗生丁火以克辛金，究嫌坐宫土受木克。故圣眷虽隆，不克生享其荣也。合观课局，吉凶已定，应验无差，亦先定于出军之一时。奇门首重时，不诚然哉。

金亮按：此例及后面的例 22 似乎表明，《奇门旨归》在时干是乙和丁的时候，就把时干入中，按阳顺阴逆的顺序飞布六仪三奇。

① 涉及暗干。

九、毅新全军帮办营务处马仲平镇军盛治由永州出军赴粤课[①]

甲申四月初二辰时，毅新全军帮办营务处马仲平镇军盛治，由永州出军赴粤课。

1884年4月26日8时44分农历：四月初二日

［清］德宗（爱新觉罗载湉）　光绪10年

旨归飞盘测事：［金亮奇门系列软件］起局

甲申戊辰丙午壬辰谷雨下元阳八局甲申庚午未空

值符天蓬星在3宫值使休门在9宫5入中1为卦身

丁　螣蛇　马 空天芮　辛 合　中门　癸	壬　玄武 空天柱　乙 天　休门　己	乙　九天　马 空天英　己 蛇　伤门　辛
丙　值符 空天蓬　庚 阴　杜门　壬	戊　太阴 空天冲　壬 虎　开门　丁	庚　白虎 空天禽　丁 玄　生门　乙
辛　太常　马 空天心　丙 地　景门　戊	甲　九地 空天任　戊 值　死门　庚	己　六合　马 空天辅　癸 常　惊门　丙

阳八局，丙午日壬辰时。此时干克日干为五不遇，奇门最忌之格。故出军两载未遇敌接仗。所喜者，值符同杜门泊震属木，地坐壬水生之，又坐太阴神照之，又得天蓬飞临来生，木宫之旺极矣。虽天庚飞临，然生地壬水以生宫，气泄已尽，故但须防堵而不必交锋也。更喜天丙暗伏，得门宫生之。丙南方卦也，南关自是其旺地。初虽暗伏不见，其终则吉也。后接充总统，旋授柳庆镇，均验不爽。

① 涉及暗干。

十、杨厚庵宫保岳斌由辰州招军至湖南入城课[1]

甲申十月初三申时，督办闽浙军务杨厚庵、宫保岳斌，由辰州招军至湖南入城课。

1884 年 11 月 20 日 16 时 30 分农历：十月初三日

［清］德宗（爱新觉罗载湉）　光绪 10 年

旨归飞盘测事：［金亮奇门系列软件］起局

甲申乙亥甲戌壬申立冬下元阴三局甲子戊戌亥空

值符天冲星在 8 宫值使伤门在 4 宫 7 入中 3 为卦身

壬　白虎　马 空天任　壬 天　伤门　乙	丁　九天 空天辅　乙 合　生门　辛	乙　玄武　马 空天心　丁 蛇　休门　己
甲　太常 空天柱　癸 值　死门　戊	辛　六合 空天英　辛 地　杜门　丙	己　螣蛇 空天芮　己 常　开门　癸
戊　值符　马 空天冲　戊 虎　惊门　壬	丙　九地 空天禽　丙 阴　景门　庚	庚　太阴　马 空天蓬　庚 玄　中门　丁

阴三局，甲戌日壬申时。壬为时干、为值符，主也，泊艮宫。乙为时支、为值使，兵也，泊巽宫。巽木克艮土，为奴宫克主宫，不吉。又值符为统帅，天冲星为武士，甲子戊为十干之首，同飞入艮，显是为大帅之象。惜惊门同临克星，星又克宫，回环相克。又白虎凶神坐地，应主惊疑、反复、口舌、凶残之事，均不能免。加以巽宫值使，天白虎又与伤门同临，决其不能无凶。所幸壬干主帅明暗飞来，又得地九天神到。夫九天属金，主飞扬，当是因扬散而见之象。且其凶当不在外人，而在主帅飞临之象。至十四日乙酉，马厂兵勇果以遣散滋事，宫保于五更亲出城镇压，杀十四人始定。盖时之值使临乙，故应乙酉日。自壬申顺数至乙酉恰是一十四，故应十四日杀十四人。合观课格，天白虎加地九天，其应因遣散而凶固妙，其应十四日杀十四人则尤妙。宫保于是日午刻已抵湘省，分统营官未刻均已人城。宫保以庞省三中丞出城迎接，迟至申刻始入，后之，无不应验，亦数定也。

---

[1] 涉应期、暗干、传递。

十一、前湖南靖州直隶州知州占次日上院谒中丞庞课①

乙酉正月三十日酉时，前湖南靖州直隶州知州盛锡吾、太守庆巘，占次日上院谒中丞庞课。

1885年3月16日18时30分农历：正月三十日

［清］德宗（爱新觉罗载湉）　光绪11年

旨归飞盘测事：［金亮奇门系列软件］起局

乙酉己卯庚午乙酉惊蛰中元阳七局甲申庚午未空

值符天英星在6宫值使景门在1宫1入中5为卦身

戊　九地　马 空天柱　戊 虎　伤门　丁	甲　六合 空天冲　癸 值　生门　庚	丙　太常　马 空天禽　丙 阴　休门　壬
丁　玄武 空天心　乙 合　死门　癸	己　九天 空天任　己 常　杜门　丙	辛　螣蛇 空天蓬　辛 地　开门　戊
壬　太阴　马 空天芮　壬 天　惊门　己	乙　白虎 空天辅　丁 蛇　景门　辛	庚　值符　马 空天英　庚 玄　中门　乙

阳七局。庚午日乙酉时。值符同中门天英星泊乾，天庚加地乙克人，不吉。值使同景门、天辅星坎泊，门受克宫，亦不吉。又天勾陈加地螣蛇，勾绞惊疑之事应主不免。虽得天丁飞临加地辛，然丁为朱雀神，亦只口舌虚花耳。更可畏者，乙奇从局外飞来暗伏，加地辛成龙逃走凶格，纵有天辅文星受宫生，秉令持权，决其暗伤不能免。至二月初三癸酉日辛酉时，果奉谕旨：据湖南巡抚庞甄别属员一折，湖南候补知府盛庆绂，前在善后局，信任私人，擅发巨款，应行革职。惟文理尚优，着降为教授，归部铨选。钦此。其应酉日时者，以值使在辛，暗伏龙逃走凶格亦在辛也。

① 涉应期、暗干。

十二、湖南候补知县江海门司马渤占补缺课[1]

乙酉二月初三午时，湖南候补知县江海门司马渤占补缺课。

1885 年 3 月 19 日 12 时 30 分农历：二月初三日

［清］德宗（爱新觉罗载湉） 光绪 11 年

旨归飞盘测事：［金亮奇门系列软件］起局

乙酉己卯癸酉戊午惊蛰中元阳七局甲寅癸子丑空

值符天冲星在 7 宫值使伤门在 7 宫 7 入中 3 为卦身

玄武 马 空天英 庚 蛇 景门 丁	太阴 空天禽 丙 玄 中门 庚	白虎 马 空天柱 戊 天 惊门 壬
太常 空天任 己 值 生门 癸	九地 空天蓬 辛 阴 休门 丙	值符 空天冲 癸 虎 伤门 戊
螣蛇 马 空天辅 丁 常 杜门 己	六合 空天心 乙 地 开门 辛	九天 马 空天芮 壬 合 死门 乙

阳七局。癸酉日戊午时。符使同泊兑，得癸加戊为天地合，吉。最可喜者，开门官星同天心星、辛仪泊坎生宫，吉。又加以六合旺神、乙木旺奇同临，受宫生，是谓得奇、得门、得星、得神，允为全吉。更喜坎为内界，应主最速。决其逢午日时必应。后二十四日甲午果得藩台牌示，补授安仁县。应午，值使也。应甲午者，遁在开门辛仪也。

以上二课均犯乙加辛龙逃凶格。然盛占上院谒见，客也。江自占补缺，主也。故应一凶一吉。《经》云："龙逃凶格，为主者不害。"故奇门看格，总以先定主客为紧要。凡例已辨，此明征也。

① 涉应期。

十三、湖北候补知府徐稚生太守家干占委署课[①]

丙戌九月十六午时，湖北候补知府徐稚生太守家干，占委署课。

1886 年 10 月 13 日 12 时 12 分农历：九月十六日

[清] 德宗（爱新觉罗载湉）　光绪 12 年

旨归飞盘测事：[金亮奇门系列软件] 起局

丙戌戊戌丙午甲午寒露下元阴三局甲午辛辰巳空

值符天英星在 9 宫值使景门在 9 宫　3 人中 8 为卦身

太常　马 空天辅　乙 常　杜门　乙	值符 空天英　辛 值　景门　辛	九地　马 空天芮　己 地　死门　己
玄武 空天冲　戊 玄　伤门　戊	白虎 空天禽　丙 虎　中门　丙	太阴 空天柱　癸 阴　惊门　癸
螣蛇　马 空天任　壬 蛇　生门　壬	九天 空天蓬　庚 天　休门　庚	六合　马 空天心　丁 合　开门　丁

阴三局。丙午日甲午时。符使同泊离宫，本命日干辛加辛又同临，已为至吉。又喜开门官星泊乾，得天六合加地六合、天丁奇加地丁奇同到，尤为至吉。乾西北方卦，应得西北方缺。又为内界，决其应最速也。丁奇应丁日时也。次日十七丁未，藩台牌示署荆州府，正鄂垣西北，果验。此课初看伏吟，亦似不动之象。故人皆以为原有保甲差事定伏不动，未为吉也。及见应之速，始服其妙。

金亮按：徐稚生，字家干

① 涉应期。

十四、荆州道广观察署外旗杆风折课[1]

丁亥四月十七巳时，荆州道广观察署外旗杆风折课。

1887 年 5 月 9 日 10 时 13 分农历：四月十七日

［清］德宗（爱新觉罗载湉）　光绪 13 年

旨归飞盘测事：［金亮奇门系列软件］起局

丁亥乙巳甲戌己巳立夏下元阳七局甲子戊戌亥空

值符天柱星在 8 宫值使惊门在 3 宫 9 入中 5 为卦身

庚　太常　马 空天冲　癸 玄　生门　丁	丙　螣蛇 空天任　己 阴　杜门　庚	戊　六合　马 空天蓬　辛 虎　开门　壬
己　勾陈 空天芮　壬 常　惊门　癸	辛　玄武 空天辅　丁 地　景门　丙	甲　九天 空天心　乙 值　死门　戊
乙　值符　马 空天柱　戊 蛇　伤门　己	丁　太阴 空天英　庚 合　中门　辛	壬　九地　马 空天禽　丙 天　休门　乙

阳七局。甲戌日己巳时。值符同伤门泊兑，门受宫克[2]，又坐螣蛇。值使同惊门泊震宫为门迫，天勾陈又飞临，虽得天壬加地癸可以生宫，而天己又飞伏暗克，应主暗中多勾绞惊疑。所喜地坐太常吉神，本年应平安无恙，但恐终难全吉耳。次年四月丁巳，果奉开缺送部引见之。命以天壬与丁合化，又巳为值使故也。

金亮按：即当时的时支。

① 涉应期、暗干。

② 应为“值符同伤门泊艮，宫受门克”。

十五、徐稚生太守占其封翁疾病吉凶课[①]

丁亥又（闰）四月初八巳时，徐稚生太守占其封翁疾病吉凶课。

1887 年 5 月 30 日 10 时 18 分农历：闰四月初八日

［清］德宗（爱新觉罗载湉）　光绪 13 年

旨归飞盘测事：［金亮奇门系列软件］起局

丁亥乙巳乙未辛巳小满上元阳五局甲戌己申酉空

值符天心星在 8 宫值使开门在 4 宫 9 入中 5 为卦身

辛　太常　马 空天芮　丁 地　开门　乙	丁　螣蛇 空天柱　庚 合　死门　壬	己　六合　马 空天英　壬 常　杜门　丁
庚　白虎 空天蓬　癸 玄　中门　丙	壬　玄武 空天冲　丙 天　惊门　戊	乙　九天 空天禽　戊 蛇　景门　庚
丙　值符　马 空天心　己 阴　休门　辛	戊　太阴 空天任　辛 虎　伤门　癸	甲　九地　马 空天辅　乙 值　生门　己

阳五局，乙未日辛巳时。天芮病神泊巽，病神受宫克应减。惜天辛飞来暗伏，加地乙而成虎猖狂凶格。又嫌年命日干庚同死门飞入离宫，庚被火克，门受火生，恐终不吉。果于初八至十一[②]数日病已大减，至十二日子时病忽加重，酉时竟逝[③]。

① 涉及暗干。

② 乙未、丙申、丁酉、戊戌。

③ 己亥日癸酉时。

十六、占义宁州乡榜课①

戊子九月初三酉时，占义宁州乡榜课。

1888年10月7日18时2分农历：九月初三日

［清］德宗（爱新觉罗载湉）　光绪14年

旨归飞盘测事：［金亮奇门系列软件］起局

戊子辛酉辛亥丁酉秋分上元阴七局甲午辛辰巳空

值符天辅星在1宫值使杜门在1宫　3入中5为卦身

玄武　马 空天柱　戊 值　惊门　辛	螣蛇 空天冲　壬 虎　伤门　丙	九天　马 空天禽　庚 阴　中门　癸
九地 空天心　己 蛇　开门　壬	太常 空天任　乙 天　生门　庚	六合 空天蓬　丁 玄　休门　戊
太阴　马 空天芮　癸 常　死门　乙	值符 空天辅　辛 合　杜门　丁	白虎　马 空天英　丙 地　景门　己

阴七局，辛亥日丁酉时。值符为主考，值使为帘官，辛日干为士子，丁奇为文章，同聚坎一宫，又得杜门、天辅星同临，全美格也。杜门属四，又受坎生，决其应中四人，亦且大旺。榜发果中四人，一中第二亚魁，一中第六，开榜外中散榜二人。

① 断数字。

十七、占兴国州乡榜课①

戊子九月初七戌时，占兴国州乡榜课。

1888年10月11日20时30分农历：九月初七日

［清］德宗（爱新觉罗载湉）　光绪14年

旨归飞盘测事：［金亮奇门系列软件］起局

戊子壬戌乙卯丙戌寒露中元阴九局甲申庚午未空

值符天柱星在2宫值使惊门在5宫8入中5为卦身

丁　九地　马 空天英　戊 合　开门　癸	己　太阴 空天禽　壬 地　死门　戊	辛　值符　马 空天柱　庚 常　杜门　丙
戊　九天 空天任　己 虎　中门　丁	丙　玄武 空天蓬　乙 阴　惊门　壬	甲　白虎 空天冲　丁 值　景门　庚
壬　六合　马 空天辅　癸 天　休门　己	庚　螣蛇 空天心　辛 玄　伤门　乙	乙　太常　马 空天芮　丙 蛇　生门　辛

阴九局，乙卯日丙戌时。值符主考泊坤，庚加丙犯太白入荧，伏干格，不吉。幸值使帘官泊中，坐太阴吉神，乙奇士子同之，又得丙值符主考飞来暗伏。决其中则定有，但恐中五为半阴半阳之宫，只中副榜。人皆以为未必验也。榜发果仅中副榜一人。中五半应亦奇哉。

① 断数字、暗干。

十八、鄂垣万寿宫建升官楼上梁课[①]

己丑三月初七巳时鄂垣万寿宫，建升官楼上梁课。

1889年4月6日10时36分农历：三月初七日

［清］德宗（爱新觉罗载湉）　光绪15年

旨归飞盘测事：［金亮奇门系列软件］起局

己丑戊辰壬子乙巳清明上元阳四局甲辰壬寅卯空

值符天任星在3宫值使生门在9宫6入中2为卦身

己　螣蛇　马 空天英　癸 常　伤门　戊	乙　玄武 空天禽　己 蛇　生门　癸	丁　九天　马 空天柱　辛 合　休门　丙
戊　值符 空天任　壬 虎　死门　乙	庚　太阴 空天蓬　丁 玄　杜门　己	壬　白虎 空天冲　乙 天　开门　辛
甲　太常　马 空天辅　戊 值　惊门　壬	丙　九地 空天心　庚 阴　景门　丁	辛　六合　马 空天芮　丙 地　中门　庚

阳四局，壬子日乙巳时。值符泊震，坐乙奇升殿得禄，又得天壬飞临生之。又乙为日奇，应得太阳高照。又为君象，应得圣眷优隆，升迁不次。值使泊离，得天乙奇暗伏生宫，又得值符宫震木来生，此为符使相生，木火通明之象。官星显耀，其曷有涯。是年二三两月阴雨连绵，是日寅时仍雨，辰时少住，巳时则太阳大现，至酉、戌时复雨。日奇既验，后应不爽。

① 涉及暗干。

十九、前护江苏巡抚调补湖北藩台黄子寿方伯彭年接印课

庚寅十月初一辰时，前护江苏巡抚调补湖北藩台黄子寿方伯彭年接印课。

1890 年 11 月 12 日 8 时 6 分农历：十月初一日

［清］德宗（爱新觉罗载湉） 光绪 16 年

旨归飞盘测事：［金亮奇门系列软件］起局

庚寅丁亥丁酉甲辰立冬上元阴六局甲辰壬寅卯空

值符天芮星在 2 宫值使死门在 2 宫 5 入中 1 为卦身

九地 马 空天辅 庚 地 杜门 庚	太阴 空天英 丁 阴 景门 丁	值符 马 空天芮 壬 值 死门 壬
九天 空天冲 辛 天 伤门 辛	玄武 空天禽 己 玄 中门 己	白虎 空天柱 乙 虎 惊门 乙
六合 马 空天任 丙 合 生门 丙	螣蛇 空天蓬 癸 蛇 休门 癸	太常 马 空天心 戊 常 开门 戊

阴六局，丁酉日甲辰时。甲辰遁壬，符使同伏坤宫。符为印绶，即其人壬水为符使，同伏坤土宫，受死门、芮星重重土克，应主人卒于官之象。十二月初四日己亥日戊辰时果卒于署。时之所遇，亦数定也。

金亮按：黄彭年，字子寿。

二十、新授湖北臬台陈右铭廉访宝箴接印课[①]

金亮按： 右铭是陈宝箴的号；臬台、廉访都是清代对按察使的称呼。明朝省级地方官员分为三司，分别是布政使司、按察使司和都指挥使司，布政使管“民政”，按察使管“刑名”，都指挥使则管“一省军务”。三司分别相当于现在的省长、省法院院长、省军区司令。清朝布政使主管民政赋税；按察使职掌不变；都指挥使废置不设。清代减去都指挥使司，变成“二司”。二司的长官布政使和按察使，俗称藩台、臬台，同为省长。藩台管行政财政，臬台管司法监察邮驿。

庚寅十二月初四辰时，新授湖北臬台陈右铭廉访宝箴接印课。

1891年1月13日8时30分农历：十二月初四日

[清] 德宗（爱新觉罗载湉）　光绪17年

旨归飞盘测事：[金亮奇门系列软件] 起局

庚寅己丑己亥戊辰小寒中元阳八局甲子戊戌亥空

值符天任星在8宫值使生门在3宫2入中7为卦身

己　太常　马 空天辅　癸 常　景门　癸	乙　螣蛇 空天英　己 蛇　中门　己	丁　六合　马 空天芮　辛 合　惊门　辛
戊　白虎 空天冲　壬 虎　生门　壬	庚　玄武 空天禽　丁 玄　休门　丁	壬　九天 空天柱　乙 天　伤门　乙
甲　值符　马 空天任　戊 值　杜门　戊	丙　太阴 空天蓬　庚 阴　开门　庚	辛　九地　马 空天心　丙 地　死门　丙

阳八局，己亥日戊辰时。值符泊艮居内界，又得戊加戊助之，最吉。值使泊震亦内界，得壬加壬生之，亦最吉。更可喜者，开门官星泊坎居内界，秉令又得太阴加太阴。夫太阴为至吉之神，天地均得其为福，固有难预拟而预量者。又得庚加庚比助开门官星以生宫，坐宫愈旺，官星愈显。局外又飞丙奇暗伏，丙为月奇，与太阴会合，其福力当更猛而更速矣。是日，黄藩台即于是时病故出缺，次日即升署藩篆。

金亮按： 此例与上例有联系，此例中的黄藩台即上例中的黄子寿。黄接印上任之

① 涉及暗干。

课不吉，预示将死于任上。陈宝箴恰于黄去世的同一时辰接印上任，第二天陈即再次升迁，补黄所留藩台空缺。

二一、包云浦刺史占孕何时生并男女喜课[①]

壬辰七月初七酉时，包云浦刺史占孕何时生并男女喜课。

1892年8月28日18时8分农历：七月初七日

［清］德宗（爱新觉罗载湉）　光绪18年

旨归飞盘测事：［金亮奇门系列软件］起局

壬辰戊申壬辰己酉处暑下元阴七局甲辰壬寅卯空

值符天冲星在6宫值使伤门在7宫6入中5为卦身

太阴　马 空天蓬　丁 天　景门　辛	玄武 空天心　己 合　中门　丙	白虎　马 空天任　乙 蛇　惊门　癸
六合 空天英　丙 值　生门　壬	螣蛇 空天芮　癸 地　休门　庚	九天 空天辅　辛 常　伤门　戊
九地　马 空天禽　庚 虎　杜门　乙	太常 空天柱　戊 阴　开门　丁	值符　马 空天冲　壬 玄　死门　己

阴七局，壬辰日己酉时。值使泊兑，得辛加壬（当为辛加戊），天辛正秉令，决辛亥时必生。又天芮为胎神泊中，天盘得癸仪、螣蛇神同临。癸属阴干，螣蛇属阴神，应是女喜。果于十点钟亥正生女。

① 断应期。

二二、潜幕占徐稚生观察在河口土税总局闻讣晋省何日过潜课[①]

壬辰七月初九卯时，潜幕占徐稚生观察，在河口土税总局闻讣晋省何日过潜课。

1892年8月30日6时30分农历：七月初九日

［清］德宗（爱新觉罗载湉）　光绪18年

旨归飞盘测事：［金亮奇门系列软件］起局

壬辰戊申甲午丁卯处暑上元阴一局甲子戊戌亥空

值符天蓬星在4宫值使休门在7宫6入中2为卦身

丙　值符　马 空天蓬　戊 玄　惊门　丁	庚　白虎 空天心　壬 蛇　伤门　己	戊　太阴　马 空天任　庚 天　中门　乙
乙　螣蛇 空天英　己 地　开门　丙	丁　九天 空天芮　乙 常　生门　癸	壬　玄武 空天辅　丁 合　休门　辛
辛　太常　马 空天禽　癸 阴　死门　庚	己　六合 空天柱　辛 值　杜门　戊	癸　九地　马 空天冲　丙 虎　景门　壬

阴一局，甲午日丁卯时。值使泊兑，得壬加辛。天庚在坤加乙，应于初十乙未日辛巳时必过。以庚格临乙，值使在辛也。初十巳正果到。

以上两课局法：罗氏通书于初七壬辰注：超处暑下阴四局；于初九甲午注：超白露上阴九局。均伪不可遵，不验。初七必须用阴七局，初九必须用阴一局方准。超接局法首卷凡例已辨，此尤明征也。

金亮按：《奇门旨归》似乎在时干为丁或乙之时，把时干入中宫，按阳顺阴逆的顺序飞布六仪三奇。此例及例8证明了这一点。

① 断应期、时干入中。

二三、占书信何时到课①

乙酉八月初八辰时，占书信何时到课。

1885 年 9 月 21 日 8 时 30 分农历：八月十三日

［清］德宗（爱新觉罗载湉）　光绪 11 年

旨归飞盘测事：［金亮奇门系列软件］起局

乙酉乙酉己卯戊辰白露上元阴九局甲子戊戌亥空

值符天英星在 9 宫值使景门在 5 宫 5 入中 1 为卦身

太常　马 空天辅　癸 常　生门　癸	值符 空天英　戊 值　杜门　戊	九地　马 空天芮　丙 地　开门　丙
玄武 空天冲　丁 玄　惊门　丁	白虎 空天禽　壬 虎　景门　壬	太阴 空天柱　庚 阴　死门　庚
螣蛇　马 空天任　己 蛇　伤门　己	九天 空天蓬　乙 天　中门　乙	六合　马 空天心　辛 合　休门　辛

阴九局，己卯日戊辰时。值符在离，值使同景门书信泊中，得太阴神照，吉。庚格在兑，天地同临，与宫比和，最为旺相。决本日庚午时必到。至午时果到，验。

① 断应期。

二四、克应覆物课

乙酉三月二十未时，克应覆物课。

1885年5月4日14时17分农历：三月廿十日

［清］德宗（爱新觉罗载湉）　光绪11年

旨归飞盘测事：［金亮奇门系列软件］起局

乙酉庚辰己未辛未谷雨下元阳八局甲子戌戌亥空

值符天任星在2宫值使生门在6宫2入中7为卦身

太阴　马 空天蓬　庚 常　开门　癸	九地 空天心　丙 蛇　死门　己	值符　马 空天任　戊 合　杜门　辛
螣蛇 空天英　己 虎　中门　壬	六合 空天芮　辛 玄　惊门　丁	太常 空天辅　癸 天　景门　乙
玄武　马 空天禽　丁 值　休门　戊	九天 空天柱　乙 阴　伤门　庚	白虎　马 空天冲　壬 地　生门　丙

阳八局，己未日辛未时。值使泊干，生门飞临。乾体圆色白，生门艮土色黄，应主外白内黄之物。又勾陈神加九地，并应物有相连者。开视之，碗顶盛鸡卵。门宫神仪均应。

二五、占江华猺乱吉凶[①]

光绪庚辰九月十四日寅时，时余小住湘省，适江华猺乱，初九夜起事，后警报连至省中，咸有戒心，因拈时演遁，以决吉凶。

1880年10月17日4时1分农历：九月十四日

［清］德宗（爱新觉罗载湉）　光绪6年

旨归飞盘测事：［金亮奇门系列软件］起局

庚辰丙戌己卯丙寅阴三局甲子戊戌亥空

值符天冲星在5宫值使伤门在1宫

壬　螣蛇　马 空天芮　己 天　开门　乙	丁　太常 空天柱　癸 合　死门　辛	乙　六合　马 空天英　辛 蛇　杜门　己
甲　太阴 空天蓬　庚 值　中门　戊	辛　值符 空天冲　戊 地　惊门　丙	己　九地 空天禽　丙 常　景门　癸
戊　玄武　马 空天心　丁 虎　休门　壬	丙　白虎 空天任　壬 阴　伤门　庚	庚　九天　马 空天辅　乙 玄　生门　丁

阴三局，己卯日丙寅时。值符泊中，主也，得戊加丙为青龙回首吉格，地盘又坐九地神，全吉象也。值使泊坎，贼也，宫受我克，地盘坐庚，天白虎同伤门飞临，贼象不利已甚显然。又加丙，值符飞来暗伏，加临地庚为荧入白格。《经》云："荧入白兮贼即去。"决其大兵一到即平。毅新各军至，贼首果自缢，余党悉降。

① 涉及暗干。

北京学易斋书目

书名	作者	定价	版别
影印涵芬楼本正统道藏 (宣纸线装(全 512 函 1120 册)	(明)张宇初编	480000.00	九州
影印涵芬楼本正统道藏 (道林纸线装(全 512 函 1120 册)	(明)张宇初编	280000.00	九州
易藏(宣纸线装(全 50 函 200 册)	编委会主编	98000.00	九州
重刊术藏(精装全 100 册)	编委会主编	68000.00	九州
续修术藏(精装全 100 册)	编委会主编	68000.00	九州
易藏(精装全 60 册)	编委会主编	48000.00	九州
道藏(精装全 60 册)	编委会主编	48000.00	九州
菩提叶彩绘明内宫写本金刚经(1 函 1 册)	宣纸线装	480.00	文物
故宫旧藏宋刊妙法莲华经(1 函 3 册)	宣纸线装	900.00	文物
铁琴铜剑楼藏钱氏述古堂抄营造法式(1 函 8 册)	宣纸线装	2800.00	文物
唐楷道德经(通行本全 1 函 1 册)	宣纸线装	380.00	文物
通志堂经解(全 138 种 600 册)	宣纸线装	36000.00	文物
芥子园画传(彩版 3 函 13 册)	(清)李渔纂辑	3800.00	华龄
十竹斋书画谱(彩版 2 函 12 册)	(明)胡正言编印	2800.00	华龄
黄帝内经素问灵枢(影宋本 2 函 9 册)	宣纸线装	3980.00	海南
仲景全书(影宋本 2 函 8 册)	宣纸线装	3980.00	海南
影宋刻备急千金要方(4 函 16 册)	(唐)孙思邈著	2380.00	海南
影元刻千金翼方(2 函 12 册)	(唐)孙思邈著	2380.00	海南
王翰林集注八十一难经(1 函 3 册)	宣纸线装	1280.00	海南
王氏脉经(1 函 5 册)	宣纸线装	1280.00	海南
增补评注温病条辨(1 函 4 册)	宣纸线装	980.00	海南
神农本草经(1 函 1 册)	宣纸线装	380.00	海南
重修政和经史证类备用本草(3 函 12 册)	宣纸线装	3800.00	文物
御制本草品汇精要(宣纸线装彩版 8 函 32 册)	(明)刘文泰等著	18000.00	海南
御纂医宗金鉴(20 函 80 册)	(清)吴谦等著	28000.00	海南
大德重校圣济总录(宣纸线装 20 函 100 册)	官板	38000.00	海南
乾隆大藏经(64 开精装 120 册全本)	雍正编	23800.00	文物
影印文明书局藏善本文献集成	布面精装 60 种	12800.00	九州
影印明天启初刻武备志(精装全 16 册)	(明)茅元仪撰	13800.00	华龄
药王千金方合刊(精装全 16 册)	(唐)孙思邈著	13800.00	华龄
焦循文集(精装全 18 册,库存 1 套)	(清)焦循撰	9800.00	九州
邵子全书(精装全 16 册)	(宋)邵雍撰	12800.00	九州
子平遗书第 1—6 辑(四柱案例集甲子至辛酉全 18 册)	精装古本影印	5880.00	华龄
子部珍本 1:校正全本地学答问	1 函 3 册	680.00	华龄
子部珍本 2:赖仙原本催官经	1 函 1 册	280.00	华龄
子部珍本 3:赖仙催官篇注	1 函 1 册	280.00	华龄

书　　名	作者	定价	版别
子部珍本 4:尹注赖仙催官篇	1函1册	280.00	华龄
子部珍本 5:赖仙心印	1函1册	280.00	华龄
子部珍本 6:新刻赖太素天星催官解	1函2册	480.00	华龄
子部珍本 7:天机秘传青囊内传	1函1册	280.00	华龄
子部珍本 8:阳宅斗首连篇秘授	1函1册	280.00	华龄
子部珍本 9:精刻编集阳宅真传秘诀	1函2册	480.00	华龄
子部珍本 10:秘传全本六壬玉连环	1函2册	480.00	华龄
子部珍本 11:秘传仙授奇门	1函2册	480.00	华龄
子部珍本 12:祝由科诸符秘卷秘旨合刊	1函2册	480.00	华龄
子部珍本 13:校正古本入地眼图说	1函2册	480.00	华龄
子部珍本 14:校正全本钻地眼图说	1函2册	480.00	华龄
子部珍本 15:赖公七十二葬法	1函2册	480.00	华龄
子部珍本 16:杨筠松秘传开门放水阴阳捷径	1函2册	480.00	华龄
子部珍本 17:校正古本地理五诀	1函2册	480.00	华龄
子部珍本 18:重校古本地理雪心赋	1函2册	480.00	华龄
子部珍本 19:吴景鸾先天后天理气心印补注	1函1册	280.00	华龄
子部珍本 20:宋国师吴景鸾秘传夹竹梅花院纂	1函2册	480.00	华龄
子部珍本 21:影印原本任铁樵注滴天髓阐微	1函4册	1080.00	华龄
子部珍本 22:地理真宝一粒粟	1函1册	280.00	华龄
子部珍本 23:聚珍全本天机一贯	1函3册	680.00	华龄
子部珍本 24:阴宅造福秘诀	1函1册	280.00	华龄
子部珍本 25:增补诹吉宝镜图	1函2册	480.00	华龄
子部珍本 26:诹吉便览宝镜图	1函1册	280.00	华龄
子部珍本 27:诹吉便览八卦图	1函1册	280.00	华龄
子部珍本 28:甲遁真授秘集	1函4册	880.00	华龄
子部珍本 29:太上祝由科	1函2册	680.00	华龄
子部珍本 30:邵康节先生心易梅花数	1函1册	280.00	华龄
子部善本 1:新刊地理玄珠(宣纸线装)	2函10册	3000.00	华龄
子部善本 2:参赞玄机地理仙婆集(宣纸线装)	2函8册	2400.00	华龄
子部善本 3:章仲山地理九种(宣纸线装)	1函5册	1500.00	华龄
子部善本 4:八门九星阴阳二遁全本奇门断	2函18册	5400.00	华龄
子部善本 5:六壬统宗大全(宣纸线装)	2函6册	1800.00	华龄
子部善本 6:太乙统宗宝鉴(宣纸线装)	2函8册	2400.00	华龄
子部善本 7:重刊星海词林(宣纸线装)	14函56册	16800.00	华龄
子部善本 8:万历初刻三命通会(宣纸线装)	2函12册	3600.00	华龄
子部善本 9:增广沈氏玄空学(宣纸线装)	2函8册	2400.00	华龄
子部善本 10:江公择日秘稿(宣纸线装)	2函6册	1800.00	华龄
子部善本 11:刘氏家藏阐微通书(宣纸线装)	3函12册	3600.00	华龄
子部善本 12:影印增补高岛易断(宣纸线装)	2函8册	2400.00	华龄
子部善本 13:清刻足本铁板神数(宣纸线装)	3函13册	3900.00	华龄
子部善本 14:增订天官五星集腋(宣纸线装)	2函10册	3000.00	华龄

书　名	作者	定价	版别
子部善本 15:太乙奇门六壬兵备统宗(宣纸线装)	9 函 36 册	10800.00	华龄
子部善本 16:御定景祐奇门大全(宣纸线装)	8 函 32 册	9600.00	华龄
子部善本 17:地理四秘全书十二种(宣纸线装)	4 函 16 册	4800.00	华龄
子部善本 18:全本地理统一全书(宣纸线装)	3 函 15 册	4500.00	华龄
子部善本 19:廖公画策扒砂经(宣纸线装)	1 函 4 册	1200.00	华龄
子部善本 20:明刊玉髓真经(宣纸线装)	7 函 21 册	6300.00	华龄
子部善本 21:蒋大鸿家藏地学捷旨(宣纸线装)	1 函 4 册	1200.00	华龄
子部善本 22:阳宅安居金镜(宣纸线装)	1 函 4 册	1200.00	华龄
子部善本 23:新刊地理紫囊书(宣纸线装)	2 函 6 册	1800.00	华龄
子部善本 24:地理大成五种(宣纸线装)	8 函 24 册	7200.00	华龄
子部善本 25:初刻鳌头通书大全(宣纸线装)	2 函 10 册	3000.00	华龄
子部善本 26:初刻象吉备要通书大全(宣纸线装)	3 函 12 册	3600.00	华龄
子部善本 27:武英殿板钦定协纪辨方书	8 函 24 册	7200.00	华龄
子部善本 28:初刻陈子性藏书(宣纸线装)	2 函 6 册	1800.00	华龄
重刻故宫藏百二汉镜斋秘书四种(一):火珠林	1 函 1 册	300.00	华龄
重刻故宫藏百二汉镜斋秘书四种(二):灵棋经	1 函 1 册	300.00	华龄
重刻故宫藏百二汉镜斋秘书四种(三):滴天髓	1 函 1 册	300.00	华龄
重刻故宫藏百二汉镜斋秘书四种(四):测字秘牒	1 函 1 册	300.00	华龄
中外戏法图说:鹅幻汇编鹅幻余编合刊	1 函 3 册	780.00	华龄
连山(一函一册)	(清)马国翰辑	280.00	华龄
归藏(一函一册)	(清)马国翰辑	280.00	华龄
周易虞氏义笺订(一函六册)	(清)李翊灼订	1180.00	华龄
周易参同契通真义	1 函 2 册	480.00	华龄
御制周易(一函三册)	武英殿影宋本	680.00	华龄
宋刻周易本义(一函四册)	(宋)朱熹撰	980.00	华龄
易学启蒙(一函二册)	(宋)朱熹撰	480.00	华龄
易余(一函二册)	(明)方以智撰	480.00	九州
奇门鸣法(一函二册)	(清)龙伏山人撰	680.00	华龄
奇门衍象(一函二册)	(清)龙伏山人撰	480.00	华龄
奇门枢要(一函二册)	(清)龙伏山人撰	480.00	华龄
奇门仙机(一函三册)	王力军校订	298.00	华龄
奇门心法秘纂(一函三册)	王力军校订	298.00	华龄
御定奇门秘诀(一函三册)	(清)湖海居士辑	680.00	华龄
宫藏奇门大全(线装五函二十五册)	(清)湖海居士辑	6800.00	星易
遁甲奇门秘传要旨大全(线装二函十册)	(清)范阳耐寒子辑	6200.00	星易
增广神相全编(线装一函四册)	(明)袁珙订正	980.00	星易
耕寸集(线装一函一册)	李锵涛校正	268.00	星易
全本命理约言(线装一函一册)	李锵涛校正	388.00	星易
龙伏山人存世文稿(五函十册)	(清)龙伏山人撰	2800.00	九州
奇门遁甲鸣法(一函二册)	(清)龙伏山人撰	680.00	九州
奇门遁甲衍象(一函二册)	(清)龙伏山人撰	480.00	九州

书　　名	作者	定价	版别
奇门遁甲枢要(一函二册)	(清)龙伏山人撰	480.00	九州
遯甲括囊集(一函三册)	(清)龙伏山人撰	980.00	九州
增注蒋公古镜歌(一函一册)	(清)龙伏山人撰	180.00	九州
古本皇极经世书(一函三册)	(宋)邵雍撰	980.00	九州
明抄真本梅花易数(一函三册)	(宋)邵雍撰	480.00	九州
订正六壬金口诀(一函六册)	(清)巫国匡辑	1280.00	华龄
六壬神课金口诀(一函三册)	(明)适适子撰	298.00	华龄
改良三命通会(一函四册,第二版)	(明)万民英撰	980.00	华龄
增补选择通书玉匣记(一函二册)	(晋)许逊撰	480.00	华龄
绘图全本鲁班经匠家镜	1函4册	680.00	华龄
菊逸山房地理正书(天函):地理点穴撼龙经	1函3册	680.00	华龄
菊逸山房地理正书(地函):秘藏疑龙经大全	1函1册	280.00	华龄
菊逸山房地理正书(人函):杨公秘本山法备收	1函1册	280.00	华龄
青囊海角经	1函4册	680.00	华龄
阳宅三要	1函3册	298.00	华龄
子部珍本备要(宣纸线装)		分函售价	九州
001 岣嵝神书	1函1册	280.00	九州
002 地理啖蔗録	1函4册	880.00	九州
003 地理玄珠精选	1函4册	880.00	九州
004 地理琢玉斧峦头歌括	1函4册	880.00	九州
005 金氏地学粹编	3函8册	1840.00	九州
006 风水一书	1函4册	880.00	九州
007 风水二书	1函4册	880.00	九州
008 增注周易神应六亲百章海底眼	1函1册	280.00	九州
009 卜易指南	1函1册	280.00	九州
010 大六壬占验	1函1册	280.00	九州
011 真本六壬神课金口诀	1函3册	680.00	九州
012 太乙指津	1函2册	480.00	九州
013 太乙金钥匙 太乙金钥匙续集	1函1册	280.00	九州
014 奇门遁甲占验天时	1函2册	480.00	九州
015 南阳掌珍遁甲	1函1册	280.00	九州
016 达摩易筋经 易筋经外经图说 八段锦	1函1册	280.00	九州
017 钦天监彩绘真本推背图	1函2册	680.00	九州
018 清抄全本玉函通秘	1函3册	680.00	九州
019 灵棋经	1函1册	280.00	九州
020 道藏灵符秘法	4函9册	2100.00	九州
021 地理青囊玉尺度金针集	1函6册	1280.00	九州
022 奇门秘传九宫纂要	1函1册	280.00	九州
023 影印清抄耕寸集一真本子平真诠	1函2册	480.00	九州
024 新刊合并官板音义评注渊海子平	1函2册	480.00	九州
025 影抄宋本五行精纪	1函6册	1080.00	九州

书　　名	作者	定价	版别
026 影印明刻阴阳五要奇书 1—郭氏阴阳元经	1 函 2 册	480.00	九州
027 影印明刻阴阳五要奇书 2—克择璇玑括要	1 函 1 册	280.00	九州
028 影印明刻阴阳五要奇书 3—阳明按索图	1 函 2 册	480.00	九州
029 影印明刻阴阳五要奇书 4—佐玄直指	1 函 2 册	480.00	九州
030 影印明刻阴阳五要奇书 5—三白宝海钩玄	1 函 1 册	280.00	九州
031 相命图诀许负相法十六篇合刊	1 函 1 册	280.00	九州
032 玉掌神相神相铁关刀合刊	1 函 1 册	280.00	九州
033 古本太乙淘金歌	1 函 1 册	280.00	九州
034 重刊地理葬埋黑通书	1 函 2 册	480.00	九州
035 壬归	1 函 2 册	480.00	九州
036 大六壬苗公鬼撮脚二种合刊	1 函 1 册	280.00	九州
037 大六壬鬼撮脚射覆	1 函 2 册	480.00	九州
038 大六壬金柜经	1 函 1 册	280.00	九州
039 纪氏奇门秘书仕学备余	1 函 1 册	280.00	九州
040 八门九星阴阳二遁全本奇门断	2 函 18 册	3680.00	九州
041 李卫公奇门心法	1 函 1 册	280.00	九州
042 武侯行兵遁甲金函玉镜海底眼	1 函 1 册	280.00	九州
043 诸葛武侯奇门千金诀	1 函 1 册	280.00	九州
044 隔夜神算	1 函 1 册	280.00	九州
045 地理五种秘笈合刊	1 函 1 册	280.00	九州
046 地理雪心赋句解	1 函 2 册	480.00	九州
047 九天玄女青囊经	1 函 1 册	280.00	九州
048 考定撼龙经	1 函 1 册	280.00	九州
049 刘江东家藏善本葬书	1 函 1 册	280.00	九州
050 杨公六段玄机赋杨筠松安门楼玉辇经合刊	1 函 1 册	280.00	九州
051 风水金鉴	1 函 1 册	280.00	九州
052 新镌碎玉剖秘地理不求人	1 函 2 册	480.00	九州
053 阳宅八门金光斗临经	1 函 1 册	280.00	九州
054 新镌徐氏家藏罗经顶门针	1 函 2 册	480.00	九州
055 影印乾隆丙午刻本地理五诀	1 函 4 册	880.00	九州
056 地理诀要雪心赋	1 函 2 册	480.00	九州
057 蒋氏平阶家藏善本插泥剑	1 函 1 册	280.00	九州
058 蒋大鸿家传地理归厚录	1 函 1 册	280.00	九州
059 蒋大鸿家传三元地理秘书	1 函 1 册	280.00	九州
060 蒋大鸿家传天星选择秘旨	1 函 1 册	280.00	九州
061 撼龙经批注校补	1 函 4 册	880.00	九州
062 疑龙经批注校补—全	1 函 1 册	280.00	九州
063 种筠书屋较订山法诸书	1 函 2 册	480.00	九州
064 堪舆倒杖诀 拨砂经遗篇 合刊	1 函 1 册	280.00	九州
065 认龙天宝经	1 函 1 册	280.00	九州
066 天机望龙经刘氏心法 杨公骑龙穴诗合刊	1 函 1 册	280.00	九州

书　　名	作者	定价	版别
067 风水一夜仙秘传三种合刊	1函1册	280.00	九州
068 新镌地理八窍	1函2册	480.00	九州
069 地理解醒	1函1册	280.00	九州
070 峦头指迷	1函3册	680.00	九州
071 茅山上清灵符	1函2册	480.00	九州
072 茅山上清镇禳摄制秘法	1函1册	280.00	九州
073 天医祝由科秘抄	1函2册	480.00	九州
074 千镇百镇桃花镇	1函2册	480.00	九州
075 轩辕碑记医学祝由十三科治病奇书合刊	1函1册	280.00	九州
076 清抄真本祝由科秘诀全书	1函3册	680.00	九州
077 增补秘传万法归宗	1函2册	480.00	九州
078 祝由科诸符秘卷祝由科诸符秘旨合刊	1函1册	280.00	九州
079 辰州符咒大全	1函4册	880.00	九州
080 万历初刻三命通会	2函12册	2480.00	九州
081 新编三车一览子平渊源注解	1函3册	680.00	九州
082 命理用神精华	1函3册	680.00	九州
083 命学探骊集	1函1册	280.00	九州
084 相诀摘要	1函2册	480.00	九州
085 相法秘传	1函1册	280.00	九州
086 新编相法五总龟	1函1册	280.00	九州
087 相学统宗心易秘传	1函2册	480.00	九州
088 秘本大清相法	1函2册	480.00	九州
089 相法易知	1函1册	280.00	九州
090 星命风水秘传	1函1册	280.00	九州
091 大六壬隔山照	1函2册	480.00	九州
092 大六壬考正	1函1册	280.00	九州
093 大六壬类阐	1函2册	480.00	九州
094 六壬心镜集注	1函1册	280.00	九州
095 遁甲吾学编	1函2册	480.00	九州
096 刘明江家藏善本奇门衍象	1函1册	280.00	九州
097 遁甲天书秘文	1函2册	480.00	九州
098 金枢符应秘文	1函2册	480.00	九州
099 秘传金函奇门隐遁丁甲法书	1函2册	480.00	九州
100 六壬行军指南	2函10册	2080.00	九州
101 家藏阴阳二宅秘诀线法	1函2册	480.00	九州
102 阳宅一书阴宅一书合刊	1函1册	280.00	九州
103 地理法门全书	1函1册	280.00	九州
104 四真全书玉钥匙	1函1册	280.00	九州
105 重刊官板玉髓真经	1函4册	880.00	九州
106 明刊阳宅真诀	1函2册	480.00	九州
107 阳宅指南	1函1册	280.00	九州

书　　名	作者	定价	版别
108 阳宅秘传三书	1函1册	280.00	九州
109 阳宅都天滚盘珠	1函1册	280.00	九州
110 纪氏地理水法要诀	1函1册	280.00	九州
111 李默斋先生地理辟径集	1函2册	480.00	九州
112 李默斋先生辟径集续篇 地理秘缺	1函2册	480.00	九州
113 地理辨正自解	1函1册	280.00	九州
114 形家五要全编	1函4册	880.00	九州
115 地理辨正抉要	1函1册	280.00	九州
116 地理辨正揭隐	1函1册	280.00	九州
117 地学铁骨秘	1函1册	280.00	九州
118 地理辨正发秘初稿	1函1册	280.00	九州
119 三元宅墓图	1函1册	280.00	九州
120 参赞玄机地理仙婆集	2函8册	1680.00	九州
121 幕讲禅师玄空秘旨浅注外七种	1函1册	280.00	九州
122 玄空挨星图诀	1函1册	280.00	九州
123 影印稿本玄空地理筌蹄	1函1册	280.00	九州
124 玄空古义四种通释	1函2册	480.00	九州
125 地理疑义答问	1函1册	280.00	九州
126 王元极地理辨正冒禁录	1函1册	280.00	九州
127 王元极校补天元选择辨正	1函3册	680.00	九州
128 王元极选择辨真全书	1函1册	280.00	九州
129 王元极增批地理冰海原本地理冰海合刊	1函1册	280.00	九州
130 王元极三元阳宅萃篇	1函2册	480.00	九州
131 尹一勺先生地理精语	1函1册	280.00	九州
132 古本地理元真	1函2册	480.00	九州
133 杨公秘本搜地灵	1函1册	280.00	九州
134 秘藏千里眼	1函1册	280.00	九州
135 道光刊本地理或问	1函1册	280.00	九州
136 影印稿本地理秘诀	1函2册	480.00	九州
137 地理秘诀隔山照 地理括要 合刊	1函1册	280.00	九州
138 地理前后五十段	1函2册	480.00	九州
139 心耕书屋藏本地经图说	1函1册	280.00	九州
140 地理古本道法双谭	1函1册	280.00	九州
141 奇门遁甲元灵经	1函1册	280.00	九州
142 黄帝遁甲归藏大意 白猿真经 合刊	1函1册	280.00	九州
143 遁甲符应经	1函2册	480.00	九州
144 遁甲通明钤	1函1册	280.00	九州
145 景祐奇门秘纂	1函2册	480.00	九州
146 奇门先天要论	1函2册	480.00	九州
147 御定奇门古本	1函2册	480.00	九州
148 奇门吉凶格解	1函1册	280.00	九州

书　名	作者	定价	版别
149 御定奇门宝鉴	1 函 3 册	680.00	九州
150 奇门阐易	1 函 2 册	480.00	九州
151 六壬总论	1 函 1 册	280.00	九州
152 稿抄本大六壬翠羽歌	1 函 1 册	280.00	九州
153 都天六壬神课	1 函 1 册	280.00	九州
154 大六壬易简	1 函 2 册	480.00	九州
155 太上六壬明鉴符阴经	1 函 1 册	280.00	九州
156 增补关煞袖里金百中经	1 函 1 册	280.00	九州
157 演禽三世相法	1 函 2 册	480.00	九州
158 合婚便览 和合婚姻咒 合刊	1 函 1 册	280.00	九州
159 神数十种	1 函 1 册	280.00	九州
160 神机灵数一掌经金钱课合刊	1 函 1 册	280.00	九州
161 阴阳二宅易知录	1 函 2 册	480.00	九州
162 阴宅镜	1 函 2 册	480.00	九州
163 阳宅镜	1 函 1 册	280.00	九州
164 清精抄本六圃地学	1 函 1 册	280.00	九州
165 形峦神断书	1 函 1 册	280.00	九州
166 堪舆三昧	1 函 1 册	280.00	九州
167 遁甲奇门捷要	1 函 1 册	280.00	九州
168 奇门遁甲备览	1 函 1 册	280.00	九州
169 原传真本石室藏本圆光真传秘诀合刊	1 函 1 册	280.00	九州
170 明抄全本壬归	1 函 4 册	880.00	九州
171 董德彰水法秘诀水法断诀合刊	1 函 1 册	280.00	九州
172 董德彰先生水法图说	1 函 1 册	280.00	九州
173 董德彰先生泄天机纂要	1 函 2 册	480.00	九州
174 李默斋先生地理秘传	1 函 2 册	480.00	九州
175 新镂希夷陈先生紫微斗数全书	1 函 3 册	680.00	九州
176 海源阁藏明刊麻衣相法全编	1 函 2 册	480.00	九州
177 袁忠彻先生相法秘传	1 函 3 册	680.00	九州
178 火珠林要旨 筮杙	1 函 2 册	480.00	九州
179 火珠林占法秘传 续筮杙	1 函 1 册	280.00	九州
180 六壬类聚	1 函 4 册	880.00	九州
181 新刻麻衣相神异赋	1 函 1 册	280.00	九州
182 诸葛武侯奇门遁甲全书	1 函 2 册	480.00	九州
183 张九仪传地理偶摘	1 函 1 册	280.00	九州
184 张九仪传地理偶注	1 函 1 册	280.00	九州
185 阳宅玄珠	1 函 1 册	280.00	九州
186 阴宅总论	1 函 1 册	280.00	九州
187 新刻杨救贫秘传阴阳二宅便用统宗	1 函 1 册	280.00	九州
188 增补理气图说	1 函 2 册	480.00	九州
189 增补罗经图说	1 函 1 册	280.00	九州

书　　名	作者	定价	版别
190 重镌官板阳宅大全	1函4册	880.00	九州
191 景祐太乙福应经	1函1册	280.00	九州
192 景祐遁甲符应经	1函3册	680.00	九州
193 景祐六壬神定经	1函3册	680.00	九州
194 御制禽遁符应经	1函2册	480.00	九州
195 秘传匠家鲁班经符法	1函3册	680.00	九州
196 哈佛藏本太史黄际飞注天玉经	1函1册	280.00	九州
197 李三素先生红囊经解	1函1册	280.00	九州
198 杨曾青囊天玉通义	1函1册	280.00	九州
199 重编大清钦天监焦秉贞彩绘历代推背图解	1函2册	680.00	九州
200 道光初刻相理衡真	1函4册	880.00	九州
201 新刻袁柳庄先生秘传相法	1函3册	680.00	九州
202 袁忠彻相法古今识鉴	1函2册	480.00	九州
203 袁天纲五星三命指南	1函2册	480.00	九州
204 新刻五星玉镜	1函3册	680.00	九州
205 游艺录:筮遁壬行年斗数相宅	1函1册	280.00	九州
206 新订王氏罗经透解	1函2册	480.00	九州
207 堪舆真诠	1函3册	680.00	九州
208 青囊天机奥旨二种	1函1册	280.00	九州
209 张九仪传地理偶录	1函1册	280.00	九州
210 地学形势集	1函8册	1680.00	九州
211 神相水镜集	1函4册	880.00	九州
212 稀见相学秘笈四种合刊	1函2册	480.00	九州
213 神相金较剪	1函1册	280.00	九州
214 神相证验百条	1函2册	480.00	九州
215 全本神相全编	1函3册	680.00	九州
216 神相全编正义	1函3册	680.00	九州
217 八宅明镜	1函2册	480.00	九州
218 阳宅卜居秘髓	1函3册	680.00	九州
219 地理乾坤法窍	1函3册	680.00	九州
220 秘传廖公画筴拨砂经	1函4册	880.00	九州
221 地理囊金集注	1函1册	280.00	九州
222 赤松子罗经要旨	1函1册	280.00	九州
223 萧仙地理心法堪舆经	1函2册	480.00	九州
224 新刻地理搜龙奥语	1函2册	480.00	九州
225 新刻风水珠神真经	1函2册	480.00	九州
226 寻龙点穴地理索隐	1函1册	280.00	九州
227 杨公撼龙经考注	1函2册	480.00	九州
228 李德贞秘授三元秘诀	1函1册	280.00	九州
229 地理支陇乘气论	1函2册	480.00	九州
230 道光刻全本相山撮要	2函6册	1500.00	九州

书　　名	作者	定价	版别
231 药王真传祝由科全编	1 函 1 册	280.00	九州
232 梵音斗科符箓秘书	1 函 2 册	580.00	九州
233 御定奇门灵占	1 函 4 册	880.00	九州
234 御定奇门宝镜图	1 函 2 册	480.00	九州
235 汇纂大六壬玉钥匙心诀	1 函 1 册	280.00	九州
236 补完直解六壬五变中黄经	1 函 2 册	480.00	九州
237 六壬节要直讲	1 函 2 册	480.00	九州
238 六壬神课捷要占验	1 函 1 册	280.00	九州
239 六壬袖传神课捷要	1 函 1 册	280.00	九州
240 秘藏大六壬大全善本	2 函 8 册	1800.00	九州
241 阳宅藏书	1 函 2 册	480.00	九州
242 阳宅觉元氏新书	1 函 1 册	280.00	九州
243 阳宅拾遗	1 函 2 册	480.00	九州
244 阳基集腋	1 函 2 册	480.00	九州
245 阴阳二宅指正	1 函 2 册	480.00	九州
246 九天玄妙秘书内经	1 函 1 册	280.00	九州
247 青乌葬经葬经翼	1 函 1 册	280.00	九州
248 阳宅六十四卦秘断	1 函 1 册	280.00	九州
249 杨曾地理秘传捷诀	1 函 3 册	680.00	九州
250 三元堪舆秘笈救败全书	1 函 4 册	880.00	九州
251 纪氏地理末学	1 函 2 册	480.00	九州
252 堪舆说原	1 函 1 册	280.00	九州
253 河洛正变喝穴集	1 函 1 册	280.00	九州
254 太上洞玄灵宝素灵真符	1 函 1 册	280.00	九州
255 道家神符霸咒秘传	1 函 1 册	280.00	九州
256 堪舆秘传六十四论记师口诀	1 函 2 册	480.00	九州
257 相法秘笈太乙照神经	1 函 3 册	680.00	九州
258 哈佛藏子平格局解要	1 函 2 册	480.00	九州
259 三车一览命书详论	1 函 2 册	480.00	九州
260 万历初刊平学大成	1 函 4 册	880.00	九州
261 古本推背图说	1 函 2 册	680.00	九州
262 董氏诹吉新书	1 函 2 册	480.00	九州
263 蒋大鸿四十八局图	1 函 1 册	280.00	九州
264 阳宅紫府宝鉴	1 函 2 册	480.00	九州
265 宅经类纂	1 函 3 册	680.00	九州
266 杨公画筴图	1 函 1 册	280.00	九州
267 刘江东秘传金函经	1 函 1 册	280.00	九州
268 茔元总录	1 函 2 册	480.00	九州
269 纪氏奇门占验奇门遁甲要略合刊	1 函 1 册	280.00	九州
270 奇门统宗大全	1 函 4 册	880.00	九州
271 刘天君祛治符法秘卷	1 函 3 册	680.00	九州

书　　名	作者	定价	版别
272 圣济总录祝由术全编	1函2册	480.00	九州
273 子平星学精华	1函1册	280.00	九州
274 紫微斗数命理宣微	1函1册	280.00	九州
275 火珠林卦爻精究集	1函2册	480.00	九州
276 韩图孤本奇门秘要	1函1册	280.00	九州
277 哈佛藏明抄六壬断易秘诀	1函1册	280.00	九州
278 大六壬会要全集	1函3册	680.00	九州
279 乾隆初刊六壬视斯	1函2册	480.00	九州
280 精抄历代六壬占验汇选	2函6册	1280.00	九州
281 张九仪先生东湖地学	1函1册	280.00	九州
282 张九仪先生东湖砂法	1函1册	280.00	九州
283 张九仪先生东湖水法	1函1册	280.00	九州
284 姚氏地理辨正图说	1函1册	280.00	九州
285 地理辨正补注	1函2册	480.00	九州
286 地理丛谈元运发微	1函1册	280.00	九州
287 元空宅法举隅	1函1册	280.00	九州
288 平洋地理玉函经	1函1册	280.00	九州
289 元空法鉴三种	1函3册	680.00	九州
290 蒋大鸿先生地理合璧	2函7册	1480.00	九州
291 新刊地理五经图解	1函3册	680.00	九州
292 三元地理辨惑	1函1册	280.00	九州
293 风水内传秘旨	1函1册	280.00	九州
294 杜氏地理图说	1函2册	480.00	九州
295 地学仁孝必读	1函5册	1080.00	九州
296 地理秘珍	1函2册	480.00	九州
297 秘传四课仙机水法	1函1册	280.00	九州
298 地理辨正图诀	1函1册	280.00	九州
299 灵城精义笺	1函1册	280.00	九州
300 仰山子新辑地理条贯	2函6册	1280.00	九州
301 秘传堪舆经传类纂	1函1册	280.00	九州
302 秘传堪舆论状类纂	1函1册	280.00	九州
303 秘传堪舆秘书类纂	1函1册	280.00	九州
304 秘传堪舆诗赋歌诀类纂	1函2册	480.00	九州
305 秘传堪舆问答类纂	1函1册	280.00	九州
306 秘传堪舆杂录类纂	1函2册	480.00	九州
307 秘传堪舆辨惑类纂	1函1册	280.00	九州
308 秘传堪舆断诀类纂	1函1册	280.00	九州
309 秘传堪舆穴法类纂	1函1册	280.00	九州
310 秘传堪舆葬法类纂	1函1册	280.00	九州
311 大六壬兵占三种	1函2册	480.00	九州
312 大六壬秘书四种	1函2册	480.00	九州

书名	作者	定价	版别
313 大六壬毕法注解	1函1册	280.00	九州
314 大六壬课体订讹	1函1册	280.00	九州
315 大六壬类占	1函2册	480.00	九州
316 大六壬全编	1函2册	480.00	九州
317 大六壬杂释	1函1册	280.00	九州
318 大六壬心镜	1函2册	480.00	九州
319 六壬灵课玉洞金书	1函1册	280.00	九州
320 六壬通仙	1函4册	880.00	九州
321 五种秘窍全书－1－地理秘窍	1函1册	280.00	九州
322 五种秘窍全书－2－选择秘窍	1函4册	880.00	九州
323 五种秘窍全书－3－天星秘窍	1函1册	280.00	九州
324 五种秘窍全书－4－罗经秘窍	1函4册	880.00	九州
325 五种秘窍全书－5－奇门秘窍	1函2册	480.00	九州
326 新编杨曾地理家传心法捷诀一贯堪舆	2函8册	1780.00	九州
327 玉函铜函真经阴阳剪裁图注	1函3册	680.00	九州
328 新刻石函平砂玉尺经全书	1函2册	480.00	九州
329 三元通天照水经	1函2册	480.00	九州
330 堪舆经书	1函5册	1080.00	九州
331 神相汇编	1函2册	480.00	九州
332 管辂神相秘传	1函1册	280.00	九州
333 冰鉴秘本七篇月波洞中记合刊	1函1册	280.00	九州
334 太清神鉴录	1函2册	480.00	九州
335 新刊京本厘正总括天机星学正传	2函10册	2180.00	九州
336 新监七政归垣司台历数袖里璇玑	1函4册	880.00	九州
337 道藏古本紫微斗数	1函2册	480.00	九州
338 增补诸家选择万全玉匣记	1函2册	480.00	九州
339 杨公造命要诀	1函1册	280.00	九州
340 造命宗镜	1函6册	1280.00	九州
341 上清灵宝济度金书符咒大成	2函9册	1980.00	九州
342 青城山铜板祝由十三科	1函2册	480.00	九州
343 抄本祝由科别传	1函1册	280.00	九州
344 遁甲演义	1函2册	480.00	九州
345 武侯奇门遁甲玄机赋	1函1册	280.00	九州
346 北法变化禽书	1函1册	280.00	九州
347 卜筮全书	1函6册	1280 .00	九州
348 卜筮正宗	1函4册	880.00	九州
349 易隐	1函4册	880.00	九州
350 野鹤老人占卜全书	1函5册	1280.00	九州
351 地理会心集	1函2册	480.00	九州
352 罗经会心集	1函2册	480.00	九州
353 阳宅会心集	1函1册	280.00	九州

书　　名	作者	定价	版别
354 秘传图注龙经全集	1函3册	680.00	九州
355 地理精微集	1函2册	480.00	九州
356 地理拾铅峦头理气合编	1函2册	480.00	九州
357 萧客真诀	1函1册	280.00	九州
358 地理铁案	1函2册	480.00	九州
359 秘传四神课书仙机消纳水法	1函2册	480.00	九州
360 蒋大鸿先生地理真诠	2函7册	1480.00	九州
361 蒋大鸿仙诀小引	1函1册	280.00	九州
362 管氏地理指蒙	1函1册	280.00	九州
363 原本山洋指迷	1函2册	480.00	九州
364 形家集要	1函1册	280.00	九州
365 重镌地理天机会元	3函15册	3080.00	九州
366 地理方外别传	1函2册	480.00	九州
367 堪舆至秘旅寓集	1函1册	280.00	九州
368 堪舆管见	1函1册	280.00	九州
369 四神秘诀	1函2册	480.00	九州
370 地理辨正补	1函3册	680.00	九州
371 金书秘奥地理一片金合刊	1函1册	280.00	九州
372 阳宅玉髓真经阴宅制煞秘法合刊	1函1册	280.00	九州
373 堪舆至秘旅寓集 堪舆秘传	1函1册	280.00	九州
374 地学杂钞连珠水法合刊	1函1册	280.00	九州
375 黄妙应仙师五星仙机制化砂法	1函2册	480.00	九州
376 造葬便览	1函1册	280.00	九州
377 大六壬秘本	1函2册	480.00	九州
378 太乙统类	1函1册	280.00	九州
379 新雕注疏珞琭子三命消息赋	1函1册	280.00	九州
380 新编四家注解经进珞琭子消息赋	1函2册	480.00	九州
381 清代民间实用灵符汇编	1函2册	680.00	九州
382 王国维批校宋本焦氏易林	1函2册	480.00	九州
383 新刊应验天机易卦通神	1函1册	280.00	九州
384 新镌周易数	1函5册	1080.00	九州
增补四库青乌辑要(全18函59册)	郑同校	11680.00	九州
第1种:宅经(1册)	(署)黄帝撰	180.00	九州
第2种:葬书(1册)	(晋)郭璞撰	220.00	九州
第3种:青囊序青囊奥语天玉经(1册)	(唐)杨筠松撰	220.00	九州
第4种:黄囊经(1册)	(唐)杨筠松撰	220.00	九州
第5种:黑囊经(2册)	(唐)杨筠松撰	380.00	九州
第6种:锦囊经(1册)	(晋)郭璞撰	200.00	九州
第7种:天机贯旨红囊经(2册)	(清)李三素撰	380.00	九州
第8种:玉函天机素书至宝经(1册)	(明)董德彰撰	200.00	九州
第9种:天机一贯(2册)	(清)李三素撰辑	380.00	九州

书　　名	作者	定价	版别
第 10 种:撼龙经(1 册)	(唐)杨筠松撰	200.00	九州
第 11 种:疑龙经葬法倒杖(1 册)	(唐)杨筠松撰	220.00	九州
第 12 种:疑龙经辨正(1 册)	(唐)杨筠松撰	200.00	九州
第 13 种:寻龙记太华经(1 册)	(唐)曾文辿撰	220.00	九州
第 14 种:宅谱要典(2 册)	(清)铣溪野人校	380.00	九州
第 15 种:阳宅必用(2 册)	心灯大师校订	380.00	九州
第 16 种:阳宅撮要(2 册)	(清)吴鼒撰	380.00	九州
第 17 种:阳宅正宗(1 册)	(清)姚承舆撰	200.00	九州
第 18 种:阳宅指掌(2 册)	(清)黄海山人撰	380.00	九州
第 19 种:相宅新编(1 册)	(清)焦循校刊	240.00	九州
第 20 种:阳宅井明(2 册)	(清)邓颖出撰	380.00	九州
第 21 种:阴宅井明(1 册)	(清)邓颖出撰	220.00	九州
第 22 种:灵城精义(2 册)	(南唐)何溥撰	380.00	九州
第 23 种:龙穴砂水说(1 册)	清抄秘本	180.00	九州
第 24 种:三元水法秘诀(2 册)	清抄秘本	380.00	九州
第 25 种:罗经秘传(2 册)	(清)傅禹辑	380.00	九州
第 26 种:穿山透地真传(2 册)	(清)张九仪撰	380.00	九州
第 27 种:催官篇发微论(2 册)	(宋)赖文俊撰	380.00	九州
第 28 种:入地眼神断要诀(2 册)	清抄秘本	380.00	九州
第 29 种:玄空大卦秘断(1 册)	清抄秘本	200.00	九州
第 30 种:玄空大五行真传口诀(1 册)	(明)蒋大鸿等撰	220.00	九州
第 31 种:杨曾九宫颠倒打劫图说(1 册)	(唐)杨筠松撰	200.00	九州
第 32 种:乌兔经奇验经(1 册)	(唐)杨筠松撰	180.00	九州
第 33 种:挨星考注(1 册)	(清)汪董缘订定	260.00	九州
第 34 种:地理挨星说汇要(1 册)	(明)蒋大鸿撰辑	220.00	九州
第 35 种:地理捷诀(1 册)	(清)傅禹辑	200.00	九州
第 36 种:地理三仙秘旨(1 册)	清抄秘本	200.00	九州
第 37 种:地理三字经(3 册)	(清)程思乐撰	580.00	九州
第 38 种:地理雪心赋注解(2 册)	(唐)卜则嵬撰	380.00	九州
第 39 种:蒋公天元余义(1 册)	(明)蒋大鸿等撰	220.00	九州
第 40 种:地理真传秘旨(3 册)	(唐)杨筠松撰	580.00	九州
增补四库未收方术汇刊第一辑(全 28 函)	线装影印本	11800.00	九州
第一辑 01 函:火珠林·卜筮正宗	(宋)麻衣道者著	340.00	九州
第一辑 02 函:全本增删卜易·增删卜易真诠	(清)野鹤老人撰	720.00	九州
第一辑 03 函:渊海子平音义评注·子平真诠·命理易知	(明)杨淙增校	360.00	九州
第一辑 04 函:滴天髓:附滴天秘诀·穷通宝鉴:附月谈赋	(宋)京图撰	360.00	九州
第一辑 05 函:参星秘要诹吉便览·玉函斗首三台通书·精校三元总录	(清)俞荣宽撰	460.00	九州
第一辑 06 函:陈子性藏书	(清)陈应选撰	580.00	九州
第一辑 07 函:崇正辟谬永吉通书·选择求真	(清)李奉来辑	500.00	九州

书　　名	作者	定价	版别
第一辑 08 函:增补选择通书玉匣记·永宁通书	(晋)许逊撰	400.00	九州
第一辑 09 函:新增阳宅爱众篇	(清)张觉正撰	480.00	九州
第一辑 10 函:地理四弹子·地理铅弹子砂水要诀	(清)张九仪注	340.00	九州
第一辑 11 函:地理五诀	(清)赵九峰著	200.00	九州
第一辑 12 函:地理直指原真	(清)释如玉撰	280.00	九州
第一辑 13 函:宫藏真本入地眼全书	(宋)释静道著	680.00	九州
第一辑 14 函:罗经顶门针·罗经解定·罗经透解	(明)徐之镆撰	360.00	九州
第一辑 15 函:校正详图青囊经·平砂玉尺经·地理辨正疏	(清)王宗臣著	300.00	九州
第一辑 16 函:一贯堪舆	(明)唐世友辑	240.00	九州
第一辑 17 函:阳宅大全·阳宅十书	(明)一壑居士集	600.00	九州
第一辑 18 函:阳宅大成五种	(清)魏青江撰	600.00	九州
第一辑 19 函:奇门五总龟·奇门遁甲统宗大全·奇门遁甲元灵经	(明)池纪撰	500.00	九州
第一辑 20 函:奇门遁甲秘笈全书	(明)刘伯温辑	280.00	九州
第一辑 21 函:奇门庐中阐秘	(汉)诸葛武侯撰	600.00	九州
第一辑 22 函:奇门遁甲元机太乙秘书六壬大占	(宋)岳珂纂辑	360.00	九州
第一辑 23 函:性命圭旨	(明)尹真人撰	480.00	九州
第一辑 24 函:紫微斗数全书	(宋)陈抟撰	200.00	九州
第一辑 25 函:千镇百镇桃花镇	(清)云石道人校	220.00	九州
第一辑 26 函:清抄真本祝由科秘诀全书·轩辕碑记医学祝由十三科	(上古)黄帝传	800.00	九州
第一辑 27 函:增补秘传万法归宗	(唐)李淳风撰	160.00	九州
第一辑 28 函:神机灵数一掌经金钱课·牙牌神数七种·珍本演禽三世相法	(清)诚文信校	440.00	九州
增补四库未收方术汇刊第二辑(全 36 函)	线装影印本	13800.00	九州
第二辑第 1 函:六爻断易一撮金·卜易秘诀海底眼	(宋)邵雍撰	200.00	九州
第二辑第 2 函:秘传子平渊源	燕山郑同校辑	280.00	九州
第二辑第 3 函:命理探原	(清)袁树珊撰	280.00	九州
第二辑第 4 函:命理正宗	(明)张楠撰集	180.00	九州
第二辑第 5 函:造化玄钥	庄圆校补	220.00	九州
第二辑第 6 函:命理寻源·子平管见	(清)徐乐吾撰	280.00	九州
第二辑第 7 函:京本风鉴相法	(明)回阳子校辑	380.00	九州
第二辑第 8—9 函:钦定协纪辨方书 8 册	(清)允禄编	780.00	九州
第二辑第 10—11 函:鳌头通书 10 册	(明)熊宗立撰辑	880.00	九州
第二辑第 12—13 函:象吉通书	(清)魏明远撰辑	1080.00	九州
第二辑第 14 函:选择宗镜·选择纪要	(朝鲜)南秉吉撰	360.00	九州
第二辑第 15 函:选择正宗	(清)顾宗秀撰辑	480.00	九州
第二辑第 16 函:仪度六壬选日要诀	(清)张九仪撰	680.00	九州
第二辑第 17 函:葬事择日法	郑同校辑	280.00	九州
第二辑第 18 函:地理不求人	(清)吴明初撰辑	240.00	九州
第二辑第 19 函:地理大成一:山法全书	(清)叶九升撰	680.00	九州

书名	作者	定价	版别
第二辑第 20 函:地理大成二:平阳全书	(清)叶九升撰	360.00	九州
第二辑第 21 函:地理大成三:地理六经注·地理大成四:罗经指南拔雾集·地理大成五:理气四诀	(清)叶九升撰	300.00	九州
第二辑第 22 函:地理录要	(明)蒋大鸿撰	480.00	九州
第二辑第 23 函:地理人子须知	(明)徐善继撰	480.00	九州
第二辑第 24 函:地理四秘全书	(清)尹一勺撰	380.00	九州
第二辑第 25—26 函:地理天机会元	(明)顾陵冈辑	1080.00	九州
第二辑第 27 函:地理正宗	(清)蒋宗城校订	280.00	九州
第二辑第 28 函:全图鲁班经	(明)午荣编	280.00	九州
第二辑第 29 函:秘传水龙经	(明)蒋大鸿撰	480.00	九州
第二辑第 30 函:阳宅集成	(清)姚廷銮纂	480.00	九州
第二辑第 31 函:阴宅集要	(清)姚廷銮纂	240.00	九州
第二辑第 32 函:辰州符咒大全	(清)觉玄子辑	480.00	九州
第二辑第 33 函:三元镇宅灵符秘箓·太上洞玄祛病灵符全书	(明)张宇初编	240.00	九州
第二辑第 34 函:太上混元祈福解灾三部神符	(明)张宇初编	360.00	九州
第二辑第 35 函:测字秘牒·先天易数·冲天易数/马前课	(清)程省撰	360.00	九州
第二辑第 36 函:秘传紫微	古朝鲜抄本	240.00	九州
子部善本 1:新刊地理玄珠	精装古本影印	380.00	华龄
子部善本 2:参赞玄机地理仙婆集	精装古本影印	380.00	华龄
子部善本 3:章仲山地理九种(上下)	精装古本影印	760.00	华龄
子部善本 4:八门九星阴阳二遁全本奇门断	精装古本影印	760.00	华龄
子部善本 5:六壬统宗大全	精装古本影印	380.00	华龄
子部善本 6:太乙统宗宝鉴	精装古本影印	380.00	华龄
子部善本 7:重刊星海词林(全五册)	精装古本影印	1900.00	华龄
子部善本 8:万历初刻三命通会(上下)	精装古本影印	760.00	华龄
子部善本 9:增广沈氏玄空学(上下)	精装古本影印	760.00	华龄
子部善本 10:江公择日秘稿	精装古本影印	380.00	华龄
子部善本 11:刘氏家藏阐微通书(上下)	精装古本影印	760.00	华龄
子部善本 12:影印增补高岛易断(上下)	精装古本影印	760.00	华龄
子部善本 13:清刻足本铁板神数	精装古本影印	380.00	华龄
子部善本 14:增订天官五星集腋(上下)	精装古本影印	760.00	华龄
子部善本 15:太乙奇门六壬兵备统宗(上中下)	精装古本影印	1140.00	华龄
子部善本 16:御定景祐奇门大全(上下)	精装古本影印	760.00	华龄
子部善本 17:地理四秘全书十二种	精装古本影印	380.00	华龄
子部善本 18:全本地理统一全书	精装古本影印	380.00	华龄
子部善本 19:廖公画策扒砂经(上下)	精装古本影印	760.00	华龄
子部善本 20:明刊玉髓真经(上下)	精装古本影印	760.00	华龄
子部善本 21:蒋大鸿家藏地学捷旨	精装古本影印	380.00	华龄
子部善本 22:阳宅安居金镜(上下)	精装古本影印	760.00	华龄
子部善本 23:新刊地理紫囊书(上下)	精装古本影印	760.00	华龄

书　　名	作者	定价	版别
子部善本 24:地理大成五种(上下)	精装古本影印	760.00	华龄
子部善本 25:初刻鳌头通书大全(上中下)	精装古本影印	1140.00	华龄
子部善本 26:初刻象吉备要通书大全(上中下)	精装古本影印	1140.00	华龄
子部善本 27:武英殿板钦定协纪辨方书(上下)	精装古本影印	760.00	华龄
子部善本 28:初刻陈子性藏书(上下)	精装古本影印	760.00	华龄
风水择吉第一书:辨方(简体精装)	李明清著	168.00	华龄
珞琭子三命消息赋古注通疏(精装上下)	一明注疏	188.00	华龄
增补高岛易断(简体横排精装上下)	(清)王治本编译	198.00	华龄
白话高岛易断(上下)	孙正治孙奥麟译	128.00	九州
中国古代术数基础理论(精装 1 函 5 册)	刘昌易著	495.00	团结
飞盘奇门:鸣法体系校释(精装上下)	刘金亮撰	198.00	九州
周易辞海	郭文友编著	128.00	巴蜀
增广沈氏玄空学(纪念版)	宋政隆校正	200.00	巴蜀
润德堂丛书全编 1:述卜筮星相学	袁树珊著	38.00	华龄
润德堂丛书全编 2:命理探原	袁树珊著	38.00	华龄
润德堂丛书全编 3:命谱	袁树珊著	68.00	华龄
润德堂丛书全编 4:大六壬探原 养生三要	袁树珊著	38.00	华龄
润德堂丛书全编 5:中西相人探原	袁树珊著	38.00	华龄
润德堂丛书全编 6:选吉探原 八字万年历	袁树珊著	38.00	华龄
润德堂丛书全编 7:中国历代卜人传(上中下)	袁树珊著	168.00	华龄
三式汇刊 1:大六壬口诀纂	(明)林昌长辑	68.00	华龄
三式汇刊 2:大六壬集应钤	(明)黄宾廷撰	198.00	华龄
三式汇刊 3:奇门大全秘纂	(清)湖海居士撰	68.00	华龄
三式汇刊 4:大六壬总归	(宋)郭子晟撰	58.00	华龄
三式汇刊 5:大六壬心镜	(唐)徐道符辑	48.00	华龄
三式汇刊 6:壬窍	(清)无无野人撰	48.00	华龄
青囊汇刊 1:青囊秘要	(晋)郭璞等撰	48.00	华龄
青囊汇刊 2:青囊海角经	(晋)郭璞等撰	48.00	华龄
青囊汇刊 3:阳宅十书	(明)王君荣撰	48.00	华龄
青囊汇刊 4:秘传水龙经	(明)蒋大鸿撰	68.00	华龄
青囊汇刊 5:管氏地理指蒙	(三国)管辂撰	48.00	华龄
青囊汇刊 6:地理山洋指迷	(明)周景一撰	32.00	华龄
青囊汇刊 7:地学答问	(清)魏清江撰	58.00	华龄
青囊汇刊 8:地理铅弹子砂水要诀	(清)张九仪撰	68.00	华龄
青囊汇刊 9:地理啖蔗录	(清)袁守定著	48.00	华龄
青囊汇刊 10:八宅明镜	(清)箬冠道人编	48.00	华龄
青囊汇刊 11:罗经透解	(清)王道亨著	58.00	华龄
青囊汇刊 12:阳宅三要	(清)赵玉材撰	48.00	华龄
青囊汇刊 13:一贯堪舆(上下)	(明)唐世友辑	108.00	华龄
青囊汇刊 14:地理辨证图诀直解	(唐)杨筠松著	58.00	华龄
青囊汇刊 15:地理雪心赋集解	(唐)卜应天著	58.00	华龄

书　　名	作者	定价	版别
青囊汇刊16:四神秘诀	(元)董德彰撰	58.00	华龄
子平汇刊1:渊海子平大全	(宋)徐子平撰	48.00	华龄
子平汇刊2:秘本子平真诠	(清)沈孝瞻撰	38.00	华龄
子平汇刊3:命理金鉴	(清)志于道撰	38.00	华龄
子平汇刊4:秘授滴天髓阐微	(清)任铁樵注	48.00	华龄
子平汇刊5:穷通宝鉴评注	(清)徐乐吾注	48.00	华龄
子平汇刊6:神峰通考命理正宗	(明)张楠撰	38.00	华龄
子平汇刊7:新校命理探原	(清)袁树珊撰	48.00	华龄
子平汇刊8:重校绘图袁氏命谱	(清)袁树珊撰	68.00	华龄
子平汇刊9:增广汇校三命通会(全三册)	(明)万民英撰	168.00	华龄
纳甲汇刊1:校正全本增删卜易	郑同点校	68.00	华龄
纳甲汇刊2:校正全本卜筮正宗	郑同点校	48.00	华龄
纳甲汇刊3:校正全本易隐	郑同点校	48.00	华龄
纳甲汇刊4:校正全本易冒	郑同点校	48.00	华龄
纳甲汇刊5:校正全本易林补遗	郑同点校	38.00	华龄
纳甲汇刊6:校正全本卜筮全书	郑同点校	68.00	华龄
纳甲汇刊7:火珠林注疏	刘恒注解	48.00	华龄
古今图书集成术数丛刊:卜筮(全二册)	(清)陈梦雷辑	80.00	华龄
古今图书集成术数丛刊:堪舆(全二册)	(清)陈梦雷辑	120.00	华龄
古今图书集成术数丛刊:相术(全一册)	(清)陈梦雷辑	60.00	华龄
古今图书集成术数丛刊:选择(全一册)	(清)陈梦雷辑	50.00	华龄
古今图书集成术数丛刊:星命(全三册)	(清)陈梦雷辑	180.00	华龄
古今图书集成术数丛刊:术数(全三册)	(清)陈梦雷辑	200.00	华龄
四库全书术数初集(全四册)	郑同点校	200.00	华龄
四库全书术数二集(全三册)	郑同点校	150.00	华龄
四库全书术数三集:钦定协纪辨方书(全二册)	郑同点校	98.00	华龄
增广沈氏玄空学	郑同点校	68.00	华龄
地理点穴撼龙经	郑同点校	32.00	华龄
绘图地理人子须知(上下)	郑同点校	78.00	华龄
玉函通秘	郑同点校	48.00	华龄
绘图人地眼全书	郑同点校	28.00	华龄
绘图地理五诀	郑同点校	48.00	华龄
一本书弄懂风水	郑同著	48.00	华龄
风水罗盘全解	傅洪光著	58.00	华龄
堪舆精论	胡一鸣著	29.80	华龄
堪舆的秘密	宝通著	36.00	华龄
中国风水学初探	曾涌哲	58.00	华龄
全息太乙(修订版)	李德润著	68.00	华龄
时空太乙(修订版)	李德润著	68.00	华龄
故宫珍本六壬三书(上下)	张越点校	128.00	华龄

书　名	作者	定价	版别
大六壬通解(全三册)	叶飘然著	168.00	华龄
壬占汇选(精抄历代六壬占验汇选)	肖岱宗点校	48.00	华龄
大六壬指南	郑同点校	28.00	华龄
六壬金口诀指玄	郑同点校	28.00	华龄
大六壬寻源编(全三册)	(清)周螭辑录	180.00	华龄
六壬辨疑　毕法案录	郑同点校	32.00	华龄
大六壬断案疏证	刘科乐著	58.00	华龄
六壬时空	刘科乐著	68.00	华龄
御定奇门宝鉴	郑同点校	58.00	华龄
御定奇门阳遁九局	郑同点校	78.00	华龄
御定奇门阴遁九局	郑同点校	78.00	华龄
奇门秘占合编:奇门庐中阐秘·四季开门	(汉)诸葛亮撰	68.00	华龄
奇门探索录	郑同编订	38.00	华龄
奇门遁甲秘笈大全	郑同点校	48.00	华龄
奇门旨归	郑同点校	48.00	华龄
奇门法窍	(清)锡孟樨撰	48.00	华龄
奇门精粹——奇门遁甲典籍大全	郑同点校	68.00	华龄
御定子平	郑同点校	48.00	华龄
增补星平会海全书	郑同点校	68.00	华龄
五行精纪:命理通考五行渊微	郑同点校	38.00	华龄
绘图三元总录	郑同编校	48.00	华龄
绘图全本玉匣记	郑同编校	32.00	华龄
周易初步:易学基础知识36讲	张绍金著	32.00	华龄
周易与中医养生:医易心法	成铁智著	32.00	华龄
增广梅花易数(精装)	刘恒注	98.00	华龄
梅花心易阐微	(清)杨体仁撰	48.00	华龄
梅花心易疏证	杨波著	48.00	华龄
梅花易数讲义	郑同著	58.00	华龄
白话梅花易数	郑同编著	30.00	华龄
梅花周易数全集	郑同点校	58.00	华龄
梅花易数	(宋)邵雍撰	28.00	九州
梅花易数(大字本)	(宋)邵雍撰	39.00	九州
河洛理数	(宋)邵雍述	48.00	九州
易数钩隐图 大易象数钩深图	(宋)刘牧 撰	58.00	九州
周易正义	(魏)王弼注	78.00	九州
周易本义	(宋)朱熹 撰	68.00	九州
周易集注:易经来注图解(上下)	(明)来知德 撰	88.00	九州
周易禅解	(明)释智旭 撰	58.00	九州
周易尚氏学(上下)	(清)尚秉和著	78.00	九州
船山易学集成(上下)	(清)王夫之著	158.00	九州

书　　名	作者	定价	版别
一本书读懂易经	郑同著	38.00	华龄
白话易经	郑同编著	38.00	华龄
知易术数学:开启术数之门	赵知易著	48.00	华龄
术数入门——奇门遁甲与京氏易学	王居恭著	48.00	华龄
周易虞氏义笺订(上下)	(清)李翊灼校订	78.00	九州
阴阳五要奇书	(晋)郭璞撰	88.00	九州
中国风水史	傅洪光撰	32.00	九州
古本催官篇集注	李佳明校注	48.00	九州
鲁班经讲义	傅洪光著	48.00	九州
天星姓名学	侯景波著	38.00	燕山
解梦书	郑同、傅洪光著	58.00	燕山
命理精论(精装繁体竖排)	胡一鸣著	128.00	燕山
辨方(繁体横排)	张明清著	236.00	星易
古易旁通	刘子扬著	320.00	星易
四柱预测机缄通	明理著	300.00	星易
奇门万年历	刘恒著	58.00	资料
校正增删卜易	(清)野鹤老人著	120.00	影印